21世纪高职高专物流管理专业实用规划教材

供应链管理(第 2 版)

张 艳 陈 华 主编
蒋 亮 盛 鑫 副主编

清华大学出版社
北 京

内 容 简 介

本书采用案例教学模式，从整体到局部，从宏观到微观，将供应链管理的理论与方法分为 10 章，主要内容包括分析产品与供应链、设计供应链网络、构建电子化供应链、采购与供应商管理、供应链库存控制、供应链生产运作管理、供应链销售管理、供应链物流管理、供应链财务管理，以及供应链绩效评价与激励机制。

本书所选取的案例基于实际的经济环境和背景，以我国(为主)或国外(为辅)某企业的经营与管理问题为研究对象，应用供应链管理的理论，提出和分析问题，力求实现理论与实践的有效结合，充分提高教学效果。同时，本书重视定量分析与决策能力的培养，在适当章节安排供应链优化技术的学习。通过案例分析及学习定量优化技术两个方面，培养学生思考创新和解决实际问题的能力。

本书可作为高职高专、应用型本科物流管理、供应链管理等专业学生的学习用书，也可作为物流从业人员的培训教材或参考用书。

本书封面贴有清华大学出版社防伪标签，无标签者不得销售。
版权所有，侵权必究。举报：010-62782989，beiqinquan@tup.tsinghua.edu.cn。

图书在版编目(CIP)数据

供应链管理/张艳，陈华主编. —2 版. —北京：清华大学出版社，2018 (2022.1重印)
(21 世纪高职高专物流管理专业实用规划教材)
ISBN 978-7-302-49286-3

Ⅰ. ①供… Ⅱ. ①张… ②陈… Ⅲ. ①供应链管理—高等职业教育—教材 Ⅳ. ①F252.1

中国版本图书馆 CIP 数据核字(2018)第 002432 号

责任编辑：姚 娜 吴艳华
封面设计：杨玉兰
责任校对：王明明
责任印制：杨 艳

出版发行：清华大学出版社
网　　址：http://www.tup.com.cn, http://www.wqbook.com
地　　址：北京清华大学学研大厦 A 座　　邮　编：100084
社 总 机：010-62770175　　邮　购：010-62786544
投稿与读者服务：010-62776969, c-service@tup.tsinghua.edu.cn
质量反馈：010-62772015, zhiliang@tup.tsinghua.edu.cn
课件下载：http://www.tup.com.cn, 010-62791865

印 装 者：北京国马印刷厂
经　　销：全国新华书店
开　　本：185mm×260mm　　印 张：20.75　　字 数：500 千字
版　　次：2012 年 8 月第 1 版　　2018 年 2 月第 2 版　　印 次：2022 年 1 月第 5 次印刷
定　　价：58.00 元

产品编号：077538-02

再版前言

随着我国经济的快速发展，供应链管理水平提升对许多企业来说已经成为企业间竞争的核心内容。企业要想使上下游运作更加流畅，在激烈的竞争中脱颖而出，必须突破供应链管理滞后存在的束缚。经过多年发展，我国企业在供应链合作理念、具体实施、信息化应用、整合电子商务等方面取得了重大的进展，领先企业树立了行业标杆，为我国企业提高供应链管理水平树立了良好的榜样。另一方面，信息化应用与电子商务的发展，渗透进生活生产的方方面面，潜移默化地为企业供应链管理发展改善了土壤，更新了企业管理者思维，培养了新型人才，提高了劳动者素质，也使相关企业有了紧迫感，同时看到并存的机遇与挑战。

综上所述，可见供应链管理环境发生了很大的变化，传统的企业物流管理已经转向全面的供应链管理。企业管理者认为，仅仅拥有物流管理相关的技能和知识，已经远远不能满足企业经营的需要，在企业内部，任何决策都涉及诸多方面，管理人员必须具有供应链全方位的知识和理解，才有能力为企业作出正确的决策。因此，供应链管理已是每位企业管理者的必修课，其重要性越来越凸显。

同时我们也看到，随着信息化发展，电子商务模式多样化，已经越来越与供应链管理相互融合，基础的供应链管理知识已经被成功应用供应链管理的领先企业很好地运用，目前行业中更多关注的是供应链管理的创新，以及深度地与电子商务相整合。

因此，在第 2 版中，供应链管理基础知识方面并没有较大变动，考虑到读者对供应链管理的理解已较几年前有了较大提高，从部分知识性内容中删减了一些解释性语句，以使文字简洁易懂。同时，对案例做了较大的改动，尤其涉及电子商务方面，删除了几年前在读者认知中还比较新颖的，但如今已经广为人知的电子商务模式和一些不适应现在行业情况的老旧案例，选取了更多能够反映出企业供应链管理创新的案例，从管理创新、模式创新、技术创新等方面更深入地研究和探索我国企业在供应链管理领域中的实际应用经验。另外，在第 2 版中，每章增加了学习目标和导读，以使读者能够提纲挈领地把握各章内容。

本书由大连职业技术学院张艳、眉山职业技术学院陈华主编，张艳负责编写前言、第一、第三、第六(第三节与章后案例)和第八章部分；天津开发区职业技术学院蒋亮负责编写第六(除第三节与章后案例)、第七章；广州番禺职业技术学院盛鑫负责编写第二、第九、第十章；河南焦作大学方辉负责编写第四、第五章；张艳、陈华负责全书结构的策划和最后统稿。本书在编写过程中，参考了不少资料，作者已尽可能详细地在参考文献中列出，在此对这些专家学者们表示深深的谢意。也有可能引用了有些资料而由于疏忽没有指出资料出处，若有此类情况发生，在此表示万分歉意。

由于编者知识与经验有限，面对快速更新的企业供应链管理实践，认识和研究还远未深入，希望读者批评指正。

编　者

前言

在信息化越来越普及并受到高度重视的21世纪,企业在复杂的竞争环境下要获得生存和发展,必须重新审视企业的供应链管理运作水平。供应链管理不仅是一种管理工具,更重要的是与时俱进的管理理念、见微知著的企业内外环境认识、高瞻远瞩的企业经营战略规划以及科学的实施手段。因此,提高我国企业的供应链管理理念与运作水平,使企业建立高效率、低成本的全新业务模式和管理模式,提高应对内外经济环境变化的柔性与稳定性,不仅能够为企业参与市场竞争提供利器,更有助于培育和建立公平、开放、竞争、高效的具有良好运行机制的市场环境,为我国经济发展作出贡献。

"供应链管理"是高职物流管理专业、企业管理专业的主干课程之一。本书采用案例教学模式,从整体到局部,从宏观到微观,将供应链管理的理论与方法分为10章,分别为分析产品与供应链、设计供应链网络、构建电子化供应链、采购与供应商管理、供应链库存控制、供应链生产运作管理、供应链销售管理、供应链物流管理、供应链财务管理以及供应链绩效评价与激励机制。

本书基于实际的经济环境和背景,以国内外典型企业的经营与管理问题为研究对象,选取了大量案例,应用供应链管理的理论,提出和分析问题,力求实现理论与实践的有效结合,充分提高教学效果。同时,本书重视定量分析与决策能力的培养,在适当章节安排供应链优化技术的学习。通过案例分析及优化技术学习两个方面,培养学生思考创新和解决实际问题的能力。

每章开篇都有"本章导读",通过若干导入案例引入课程内容;文中多辅以生动的案例,引导学生关注供应链管理现状,学会观察和分析实际问题;每章结尾进行小结,并归纳了复习思考题,设计实训项目,精选的大型案例帮助读者掌握在实践中运用供应链管理的理论与技巧,做到学用结合、知行合一。

本书由大连职业技术学院张艳、眉山职业技术学院陈华主编,张艳负责编写前言、第一、第三、第六(第三节与章后案例)和第八章部分;天津开发区职业技术学院蒋亮负责编写第六(除第三节与章后案例)、第七章;广州番禺职业技术学院盛鑫负责编写第二、第九、第十章;河南焦作大学方辉负责编写第四、第五章;张艳、陈华负责全书结构的策划和最后统稿。本书在编写过程中,参考了不少资料,作者已尽可能详细地在参考文献中列出,在此对这些专家学者们表示深深的谢意。也有可能引用了有些资料而由于疏忽没有指出资料出处,若有此类情况发生,在此表示万分歉意。

由于编者知识与经验的局限，再加上供应链管理是一个不断发展的研究与实践领域，编者对它的认识和研究还不够深入，因此在本书的叙述中难免出现谬误。作者真心希望读者提出批评意见，并能及时反馈给我们。

编　者

目录

第一章 分析产品与供应链 1

 第一节 供应链与供应链管理 3
  一、认识供应链 3
  二、认识供应链管理 7
 第二节 产品供应链分析 13
  一、产品供应链的内涵 13
  二、供应链视角的产品分析 15
 第三节 价值链分析 16
  一、价值链的内涵 16
  二、价值链分析法 17
  三、价值链管理 20
  四、行业价值链管理 21
 本章小结 23
 复习思考题 24
 综合案例 1-1：生鲜商超如何
  打造供应链 24
 综合案例 1-2：产业价值链的
  几个例子 27

第二章 设计供应链网络 31

 第一节 供应链的战略管理 32
  一、供应链战略概述 32
  二、供应链战略与企业竞争
   战略的匹配 34
 第二节 核心竞争力与业务外包 38
  一、企业核心竞争力 38
  二、供应链管理下的业务
   外包 41
 第三节 供应链合作伙伴的选择 44
  一、供应链合作伙伴关系
   概述 44
  二、选择供应链合作伙伴 48
 第四节 供应链网络结构的建立 52
  一、供应链设计的原则 52
  二、供应链网络结构的组织
   设计 54
  三、基于产品的供应链设计
   步骤 55
 本章小结 56
 复习思考题 57
 综合案例 2-1：通用公司打造全球
  供应链 57
 综合案例 2-2：赢得外包——如何成为
  跨国企业的物流伙伴 59

第三章 构建电子化供应链 61

 第一节 电子商务与电子供应链 63
  一、认识电子商务 63
  二、认识电子供应链 66
  三、企业电子供应链的实施 67
 第二节 电子采购 69
  一、电子采购概述 69
  二、电子采购平台 70
  三、企业电子采购的实施 72
 第三节 电子配送 73
  一、电子配送概述 73
  二、B2C 电子配送 75
  三、B2B 电子配送 75
 第四节 电子集市与供应链协同 78
  一、电子集市 78
  二、供应链协同 80
  三、供应链电子同步化 81
 本章小结 83
 复习思考题 84
 综合案例 3-1：一采通的电子采购
  解决方案 84
 综合案例 3-2：海尔以信息化整合
  供应链 86

目 录

第四章 采购与供应商管理 91

第一节 传统采购与供应链采购 93
    一、传统采购系统 93
    二、供应链管理中的采购 94

第二节 及时采购策略 97
    一、及时采购的内涵 97
    二、JIT 采购的实施 100

第三节 供应商的选择与管理 102
    一、供应商的选择 102
    二、供应商的管理 110

本章小结 113
复习思考题 113
综合案例 4-1：明基逐鹿新希望
    六和 SRM 解决方案 114
综合案例 4-2：联想的供应链
    双链模型 116

第五章 供应链库存控制 119

第一节 库存管理的基本原理和
    方法 121
    一、库存理论基础 121
    二、库存控制的策略和方法 ... 122

第二节 供应链库存管理的
    主要问题 125
    一、供应链环境下的库存
        问题 125
    二、影响库存的因素分析 127

第三节 供应链环境下的库存控
    制策略 132
    一、供应商管理库存 132
    二、联合库存管理 134
    三、多级库存控制 136
    四、零库存管理 138
    五、从工作流管理进行库存
        控制 140

本章小结 141
复习思考题 141
综合案例 5-1：雀巢与家乐福的
    供货商管理库存系统 142
综合案例 5-2：别拿别人的库存
    不当钱 145

第六章 供应链生产运作管理 147

第一节 生产运作管理概述 150
    一、生产运作的内涵与特征 ... 150
    二、生产运作管理的内涵 152
    三、生产运作管理的发展
        趋势 153

第二节 基于单个企业的生产
    运作 154
    一、MRP 154
    二、ERP 164

第三节 基于供应链管理的
    生产运作 166
    一、供应链管理环境下的生产
        运作 166
    二、供应链管理的生产运作
        模型 169
    三、供应链管理生产系统的
        跟踪机制 171

第四节 生产运营规划 175
    一、甘特图 176
    二、作业排序 176
    三、最优生产技术 180

本章小结 184
复习思考题 184
综合案例 6-1：三菱化工的生产
    运作管理 185
综合案例 6-2：吉利汽车的 JIT 物料
    供给管理 186

目 录

第七章　供应链销售管理 189

第一节　供应链管理环境下的需求预测 191
一、供应链下需求预测的概念、内容与步骤 191
二、供应链下需求预测的方法 193

第二节　客户关系管理 196
一、客户关系管理的内涵 196
二、客户关系管理的功能 197
三、客户关系管理的实施步骤 199

第三节　快速反应与有效客户反应 199
一、快速反应与快速反应系统 199
二、快速反应的实施 201
三、有效客户响应的内涵 203
四、有效客户反应系统的构建与实施 204
五、QR 与 ECR 的比较 206

第四节　协同计划、预测与补货 206
一、协同计划、预测与补货的内涵 206
二、CPFR 的合作关系和价值观 208
三、CPFR 的实施步骤 209

本章小结 210
复习思考题 211

综合案例 7-1：方太利用 Dynamics CRM 统一的信息平台进行信息化管理 211

综合案例 7-2：ZARA 凭什么让企业"快"起来 213

综合案例 7-3：苏宁"以销定产"供应链协同尝试 215

第八章　供应链物流管理 219

第一节　供应链物流管理 221
一、供应链物流管理的内涵 ... 221
二、供应链物流分析原理及模式分析 222
三、供应链物流管理战略 225

第二节　供应链中的物流运作 228
一、供应链物流网络布局 228
二、供应链运输管理 233
三、供应链物流中心 236

第三节　第三方物流与物流外包 239
一、第三方物流的内涵 239
二、第三方物流的运作 240
三、物流业务外包 243

第四节　第四方物流 246
一、第四方物流的内涵 246
二、第四方物流的运作 247

本章小结 249
复习思考题 250

综合案例 8-1：云鸟科技如何用 IT 系统减少新零售的物流成本 250

综合案例 8-2：重新定义成功的现代物流配送中心 253

第九章　供应链财务管理 255

第一节　供应链财务管理的内容 ... 256
一、供应链财务管理的内涵 ... 256
二、供应链财务管理模式 259
三、供应链财务管理的实施 ... 259

第二节　供应链管理环境下的财务分析 260
一、财务分析概述 260

目 录

　　二、财务分析指标 263
　　三、财务状况综合分析 268
第三节　供应链成本管理 271
　　一、供应链成本管理概述 271
　　二、供应链成本管理的方法 .. 272
本章小结 276
复习思考题 277
综合案例 9-1：ITAT 集团从明星
　　　　　　　走向衰败 277
综合案例 9-2：戴尔的供应链成本
　　　　　　　管控 280

第十章　供应链绩效评价与激励机制 283

第一节　供应链绩效评价概述 284
　　一、供应链绩效评价的内涵 .. 284
　　二、供应链绩效评价系统 287
　　三、供应链绩效评价的步骤 .. 288
第二节　构建供应链绩效评价
　　　　指标体系 290
　　一、构建供应链绩效评价指标
　　　　体系的原则 290
　　二、供应链绩效评价指标体系

　　　　的内容 291
第三节　绩效评价的方法 294
　　一、层次分析法 294
　　二、ROF 法 295
　　三、平衡记分卡法 295
　　四、标杆管理法 300
　　五、供应链运作参考模型 301
　　六、中国企业供应链管理绩效
　　　　水平评价参考模型 303
第四节　供应链的企业激励机制 308
　　一、供应链失调与企业激励
　　　　机制 308
　　二、供应链企业激励机制的
　　　　内容 309
本章小结 312
复习思考题 312
综合案例 10-1：弗莱克斯特罗尼克斯
　　　　　　　　的供应链管理 313
综合案例 10-2：从两个成功案例看
　　　　　　　　如何进行供应链绩效
　　　　　　　　管理 314

参考文献 319

第一章
分析产品与供应链

学习目标

- 理解供应链的概念、基本结构与特征,掌握供应链的基本流程与主要活动以及类型;
- 了解供应链管理的内涵,理解供应链管理的基本原理、运行机制、核心过程;
- 理解产品供应链的多样性,能够从供应链的不同视角进行产品分析;
- 理解价值链的内涵,掌握价值链分析法的内涵与步骤;
- 了解企业价值链管理的原则与基本步骤,了解行业价值链管理的内涵与应用

【本章导读】

【导读案例1】 丰田、耐克、尼桑、麦当劳和苹果等公司的供应链管理都是从供应链网链结构设计的角度来实施的;壳牌石油通过IBM的Lotus Notes开发了SIMON(库存管理秩序网)的信息系统,从而优化了它的供应链;香港利丰公司优化供应链的方法是基于整合供应商的角度,在生产上对所有供应厂家的制造资源进行统一整合来运作;HP打印机和丰田通过麦肯锡咨询,在地理位置的选择上重新规划企业的供销厂家分布,以充分满足客户需要,并降低经营成本;宝洁在中国是通过宝供物流,采用分类细化的方法,与供应链运作的具体情况相适应,采取有针对性的策略,显著地优化了供应链;锦鑫物流集团通过亿博物流咨询,基于战略的选择与规划进行企业转型,从国有大型生产集团的物流业务剥离出来,成长为资产达二十多亿元的大型地方物流企业。

(资料来源:供应链管理.百度百科.http://baike.baidu.com/view/10365.htm.)

启示:供应链管理的实施是一项基于实践的创造性活动,必须从实际出发,对企业内外环境进行细致、深入的调研,找出最适合企业需要的变革措施。

【导读案例2】 目前,惠普有5条不同的供应链,能够帮助每一种产品进行优化,同时进入不同的市场:第一条是直接供应链;第二条是打印机业务独一无二的低接触率模式;第三条是所有简单配置的供应方式;第四条是供应链涉及高附加值的复杂系统和解决方案;第五条是供应链管理服务业务。惠普生产40种不同的产品类型及其衍生产品,包括照相机、打印机、游戏柄、打印纸、打印墨盒、传真墨盒、PC机、服务器和商业系统等,产品类型广泛。惠普的5条供应链不仅满足了不同顾客的要求,还提高了供应链的效率。如,惠普的零售商更关心惠普怎样将货物运送到他们的物流中心,产品能否及时运输,能否顺利经营促销,是否有存货可见性。在供应链中接近客户的那一端,供应链的特点是服务高度统一,但在供应链的上游,也就是惠普与不同供应商、合同制造商或自己的工厂联结的这一端,供应链就有很多分化。这5条优化的供应链,满足了产品的领先要求,同时能够实现库存优化,降低总成本,成为惠普的制胜之道。

(资料来源:惠普的全球供应链战略管理.盖普咨询顾问.www.gap-sh.com.)

启示:供应链必须与产品相匹配,管理者必须首先了解产品本身及其经营特点,在此基础上设计最适合产品的供应链运作模式。

【导读案例3】 假如利丰从一个欧洲零售商那里接到一张生产1万件成衣的订单,他们会首先综合评估已经掌握的有关配额、原料价格和劳动力成本等所有信息,然后决定在韩国买纱线,同时订购日本YKK品牌在中国国内生产的拉链,并集中到泰国的5家工厂生产和出口。在收到订单的5个星期以后(普通贸易公司也许需要2~3倍的生产时间和价格),1万件衣服就放在欧洲客户的货架上,它们看起来像是从同一家工厂生产出来的。利丰对价值链(生产过程)进行分解,对每个步骤进行优化并寻求最佳解决方案,然后在全球范围内进行生产。正是依靠供应链管理,利丰能够比竞争对手更快、更准确、更灵活,同时更低成本地为客户提供产品,并在上万家香港贸易商中脱颖而出。

(资料来源:利丰(贸易)公司集团"供应链管理".大考吧.http://www.dakao8.com/bjy/html/1290489130247.html.)

启示：为了向市场提供更物美价廉的商品，必须对产品的价值链进行仔细、完整地剖析，只有选择能够提供最佳价值的合作伙伴组合，并管理和协调所有的环节和步骤，才能构建高质量的价值链，提高企业产品的市场竞争力。

第一节 供应链与供应链管理

一、认识供应链

(一)供应链的概念

供应链最早来源于彼得·德鲁克(Peter F. Drucker)提出的"经济链"，而后经由迈克尔·波特(Michael E. Porter)发展成为"价值链"，最终演变为"供应链"。它的定义为："围绕核心企业，通过对信息流、物流、资金流的控制，从采购原材料开始，制成中间产品及最终产品，最后由销售网络把产品送到消费者手中。它是将供应商、制造商、分销商、零售商，直到最终用户连成一个整体的功能网链模式。"它不仅是一条连接供应商到用户的物流链、信息链、资金链，而且是一条增值链，物料在供应链上因加工、包装、运输等过程而增加其价值，给相关企业带来收益。

我国国家标准《物流术语》(GB/T 18354—2006)将供应链(Supply Chain)定义为："生产及流通过程中，涉及将产品或服务提供给最终用户的上游与下游企业所形成的网链结构。"

(二)供应链的要素、结构与特征

1. 供应链的基本要素

一般来说，构成供应链的基本要素包括供应商、厂家、分销企业、零售企业和物流企业。

(1) 供应商：给生产厂家提供原材料或零部件的企业。

(2) 厂家：即产品制造业，负责产品生产、开发和售后服务等。

(3) 分销企业：将产品送到各地的产品流通代理企业，又称批发业。

(4) 零售企业：将产品销售给消费者的企业。

(5) 物流企业：上述企业之外专门提供物流服务的企业。

其中，供应商网络包括所有为核心企业直接或间接提供投入的企业；批发、零售、物流业也可以统称为流通业。

2. 供应链的基本结构

根据以上供应链的定义，其结构可以简单地归纳为如图1-1所示的模型。

从图1-1中可以看出，供应链由所有加盟的节点企业组成，一般有一个核心企业(可以是产品制造企业，也可以是大型零售企业)，节点企业在需求信息的驱动下，通过供应链的职能分工与合作(生产、分销、零售等)，以资金流、物流、服务流为介质实现整个供应链的不断增值。

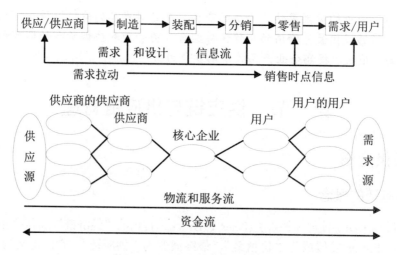

图 1-1 供应链的网链结构模型

【案例 1-1】 当顾客走进沃尔玛的商店去购买宝洁公司生产的洗发水时,供应链就开始于这个顾客对洗发水的需求,接着就是沃尔玛、运输商、分销商和宝洁生产工厂。沃尔玛提供产品和价格信息给顾客,顾客付款获得产品,沃尔玛再把销售时点信息和补货信息传给分销商的配送中心,分销商提供价格信息和补货到达日期给沃尔玛,配送中心向沃尔玛补货。信息流、物料流、资金流在整个供应链的运作过程中有条不紊地进行着。

(资料来源:供应链管理与国际市场营销.成功励志网.http://www.rs66.com.)

3. 供应链的特征

供应链具有以下几个方面的特征。

(1) 复杂性。供应链往往由多个、多类型甚至多国企业构成,所以供应链的结构模式比一般单个企业的结构模式更为复杂。

(2) 动态性。供应链管理因企业战略和适应市场需求变化的需要,其中的节点企业需要动态地更新,这就使得供应链具有明显的动态性。

(3) 面向用户需求。供应链的形成、存在、重构,都是基于一定的市场需求发生的,并且在供应链的运作过程中,用户的需求拉动是供应链中信息流、产品流、服务流、资金流运作的驱动源。

(4) 交叉性。节点企业可以是这个供应链的成员,同时又是另一个供应链的成员,众多的供应链形成交叉结构,增加了协调管理的难度。

(三)供应链的流程与活动

1. 供应链的基本流程

供应链的基本流程包括以下几个方面。

(1) 物资流通。物资流通是物资(商品)的流通过程,由供货商经由厂家、批发与物流商、零售商等指向消费者。

(2) 商业流通。商业流通是买卖的流通过程,即接受订货、签订合同等的商业流程,在供货商与消费者之间双向流动。

(3) 信息流通。信息流通是商品交易信息的流动，在供货商与消费者之间双向流动。

(4) 资金流通。为了保证企业的正常运作，资金由消费者经由零售商、批发与物流商、厂家等指向供货商。

2. 供应链的主要活动

供应链涵盖了生产理论、物流理论和营销理论。供应链的活动主要包括以下几个方面的内容。

(1) 商品的开发和制造：商品的研发、设计、市场规划；需求预测和生产计划；商品的生产和质量管理。

(2) 商品的配送：建立销售渠道；保证配送服务水平；降低物流成本。

(3) 商品的销售和售后服务：产品的推广；保证供货；销售统计及信息反馈。

(四) 供应链的类型

1. 根据制造企业供应链的发展过程划分

根据制造企业供应链的发展过程不同，可将供应链分为内部供应链和外部供应链。

内部供应链是将采购的原材料和零部件，通过生产转换和销售等传递给用户的过程，可看作制造企业中的一个内部过程。外部供应链注重利用外部资源，以及与其他企业的联系，它偏向于供应链中不同企业的制造、组装、分销、零售等过程。

2. 根据供应链的涉及范围划分

根据供应链的涉及范围不同，可将供应链分为单元供应链、产业供应链和全球供应链。

单元供应链由一家企业与该企业的直接供货商和直接客户组成，包括从需到供的循环，它是供应链的最基本模式。

产业供应链由单元供应链组成，是企业联合其上下游企业，通过联盟和外包等各种合作方式建立一条经济利益相关、业务关系紧密、优势互补的产业供需关系网链，企业充分利用产业供应链上的资源来适应新的竞争环境，实现合作优化，共同增强竞争力。

全球供应链是企业根据需要在世界各地选取最有竞争力的合作伙伴，结成全球供应链网络，以实现供应链的最优化。

3. 根据供应链存在的稳定性划分

根据供应链存在的稳定性不同，可将供应链分为稳定的供应链和动态的供应链。

基于相对稳定、单一的市场需求而组成的供应链稳定性较强，而基于相对频繁变化、复杂的需求而组成的供应链动态性较高。在实际管理运作中，需要根据不断变化的市场需求，调整、优化甚至重构供应链。

4. 根据供应链容量与用户需求的关系划分

根据供应链容量与用户需求的关系，可将供应链分为平衡的供应链和倾斜的供应链。

一个供应链具有相对稳定的设备容量和生产能力，但用户需求处于不断变化中，当供应链的容量能够满足用户需求时，供应链处于平衡状态；而当市场变化加剧，造成供应链成本、库存、浪费增加等现象时，企业不是在最优状态下运作，供应链则处于倾斜状态。平衡的供应链可以实现低采购成本、生产规模效益、低分销成本、市场产品多样化和财务资金快速运转之间的均衡。供应链管理的一个重要职能就是不断调整供应链平衡，使之适应市场的变化。

5. 根据供应链的功能模式划分

根据供应链功能模式的不同，可将供应链分为有效性供应链和反应性供应链。

有效性供应链主要体现供应链的物理功能，即以最低的成本将原材料转化成零部件、半成品、产品；反应性供应链主要体现供应链的市场中介功能，即把产品分配到满足用户需求的市场，对不确定性需求做出快速反应等。

6. 根据产品类型划分

根据产品类型的不同，可将供应链分为功能型供应链和创新型供应链。

功能型产品用于满足用户的基本需求，生命周期较长，需求比较稳定，一般情况下市场可预测，但边际利润较低，如日用百货、主副食品等；创新型产品生命周期较短，产品更新快，需求不稳定，市场不易准确预测，边际利润较高，如时尚服饰、IT 产品等。

功能型供应链是指以经营功能型产品为主的供应链，其运作成功的关键是充分利用信息沟通来协调供应链成员企业间的活动，以使整个供应链成本最低，效率最高。创新型供应链是指以经营创新型产品为主的供应链，其运作成功的关键是充分做好市场调查与预测，同时增强供应链的柔性、敏捷度与响应速度，对成本的关注倒在其次。

7. 根据驱动力的不同划分

根据驱动力的不同，可将供应链分为生产推动型供应链和需求拉动型供应链。

生产推动型供应链根据长期预测进行生产决策，面向消费点成品库存或面向装配线成品库存进行生产，受市场需求导向的间接作用。其优点是供应链的生产负荷稳定，设备利用率高，交货周期较短，交货可靠性强；缺点是库存占用较多的流动资金，产品过时和失效的风险较高。

需求拉动型供应链按实际消费需求来协调生产计划，面向订单组装、制造和采购。其优点是减少库存占压的流动资金，减少库存变质和失效的风险；缺点是采购压力大，获取资源保障度低，产品缺货的风险高。

8. 根据供应链的结构特征划分

根据供应链的结构特征不同，可将供应链分为 A 型供应链、V 型供应链和 T 型供应链。

A 型供应链，又称为汇聚型供应链，其输入原材料范围及数量众多，成品种类有限，呈汇合型，典型的如航空、汽车等装配型行业，这种供应链运作由订单和客户驱动，装配过程重视物流同步，一般都采用 MRP(物料需求计划)安排生产。

V 型供应链，又称发散型供应链，其输入原材料范围有限，成品变化范围广，总体形式呈分叉型，如石油、化工、造纸和纺织企业，这种供应链的制造过程和分销渠道更为复杂。

T 型供应链介于上述两种模式之间，通常根据订单的规律来确定通用件的库存，通过优化通用件的制造标准来降低生产与流通的复杂程度，如电子产品、汽车备件行业等。

9. 根据核心企业的不同划分

根据核心企业的不同，可将供应链分为供应商驱动供应链、制造商驱动供应链和销售商驱动供应链。

供应商驱动供应链多出现在自然资源具有垄断性优势的行业里，如石油、煤炭行业。制造商驱动供应链主要存在于生产技术过程较为复杂的行业中，其技术与管理优势难以模仿和超越。对于大多数市场竞争激烈，技术含量不高，容易被模仿和替代的产品，多处于销售商驱动供应链中，其销售终端的即时消费信息采集非常重要。

二、认识供应链管理

(一)供应链管理的内涵

供应链管理(Supply Chain Management，SCM)，是在满足服务水平需要的同时，通过对整个供应链系统进行计划、组织、协调、控制和优化，最大限度地减少系统成本，实现供应链整体效率优化而采用的从供应商到最终用户的一种集成的管理活动和过程。

国家标准《物流术语》(GB/T 18354—2006)对供应链管理的定义是："利用计算机网络技术全面规划供应链中的商流、物流、信息流、资金流等，并进行计划、组织、协调与控制。"

(二)供应链管理的产生与发展

1. 企业面临的外部环境变化

(1) 信息爆炸的压力。大量信息的飞速产生和通信技术的发展，迫使企业把工作重心从如何迅速获得信息转到如何准确地过滤和有效利用各种信息。

(2) 技术进步越来越快。新技术、新产品的不断涌现，一方面使企业受到空前未有的压力，另一方面也使每个企业员工受到巨大的挑战。

(3) 高新技术的使用范围越来越广。互联网使所有的信息都极易获得，敏捷的教育体系使越来越多的人能在越来越少的时间内掌握最新技术。面对一个机遇可以参与竞争的企业越来越多，大大加剧了竞争的激烈性。

(4) 市场和劳务竞争全球化。发展中国家通过承揽发达国家的订单学习了新技术，努力成为国际市场上的供应商。领先企业在建立全球化市场的同时，也在全球范围内造就了更多的竞争者。

(5) 产品研发的难度越来越大。越来越多的企业认识到新产品开发对企业创造收益的重要性，但是产品研发难度越来越大，被模仿和超越却更容易，产品的竞争生命周期相对缩短。

(6) 全球性技术支持和售后服务。赢得用户信赖是企业保持竞争力的重要因素之一。赢得用户不仅要靠产品质量，而且要靠售后技术支持和服务。

(7) 用户的要求越来越苛刻。消费者的价值观发生了显著变化，需求结构普遍向高层次发展。一是对产品的品种规格、花色品种、需求数量呈现多样化、个性化要求；二是对产品的功能、质量和可靠性的要求日益提高；三是要求在满足个性化需求的同时，产品的价格要像大批量生产的那样低廉。

(8) 可持续发展的要求。在全球制造和国际化经营趋势越来越明显的今天，各国政府将环保问题纳入发展战略，相继制定出各种各样的政策法规，以约束本国及外国企业的经营行为。随着发展中国家工业化程度的提高，如何在全球范围内减少自然资源的消耗，成为全人类能否继续生存和持续发展的大问题。

2. 从"纵向一体化"到"横向一体化"

20 世纪 90 年代以前，企业出于管理和控制上的目的，对与产品制造有关的活动和资源主要采取自行投资和兼并的"纵向一体化"模式，企业和为其提供材料或服务的单位是一种所有权的关系。"大而全""小而全"的思维方式使许多制造企业拥有从材料生产到成品制造、运输和销售的所有设备及组织机构，很多大型企业甚至拥有自己的医院、学校等单位。但是，这种"纵向一体化"发展模式存在一系列的问题。

(1) 增加企业投资负担。企业必须在金融市场上筹集所需要的资金，为了尽快完成项目建设任务，还要花费精力从事项目实施的监管工作，在建设周期内，企业不仅不能安排生产，还要按期偿还借款利息。

(2) 承担丧失市场时机的风险。对于某些新建项目来说，由于有一定的建设周期，往往出现项目建成之日，也就是项目下马之时的现象。市场机会早已在项目建设过程中逝去。项目建设周期越长，企业承担的风险越高。

(3) 迫使企业从事不擅长的业务活动。管理人员花费过多的时间、精力和资源去从事辅助性的管理工作，分散了精力，使关键性业务无法发挥出核心作用，不仅使企业失去了竞争能力，而且增加了企业成本。

(4) 在每个业务领域都直接面临众多竞争对手。采用"纵向一体化"管理模式使企业在资源、精力、经验都十分有限的情况下，必须直接与不同业务领域的竞争对手进行竞争。

(5) 增大企业的行业风险。如果整个行业不景气，企业不仅会在最终用户市场遭受损失，而且会在各个纵向发展的市场遭受损失。

进入 20 世纪 90 年代以后，越来越多的企业认识到了"纵向一体化"的弊端，为了节约投资，提高资源的利用率，企业开始采取集中发展主营业务的"横向一体化"战略。一方面，当企业对某种资源或者服务有需求时，主要采用外部购买的方式，尽量减少对各种非主营业务的投资；另一方面，企业也在逐步把主营业务以外的业务予以外包，原有企业和为其提供材料或服务的单位变成了平等的合作关系。

3. 供应链管理模式的产生

全球制造链以及由此产生的供应链管理是"横向一体化"思想的一个典型代表。人们认识到，任何企业都不可能在所有业务上成为世界上最杰出的企业，只有优势互补，才能共同增强竞争实力。因此，一些先驱企业摒弃了过去从设计、制造到销售都自己负责的经营模式，转而在全球范围内与供应商和销售商建立合作伙伴关系，与他们形成一种长期的战略联盟，结成利益共同体。利用企业外部资源快速响应市场需求，本企业只抓核心的产品方向和市场，至于生产，只抓关键零部件的制造，甚至全部委托其他企业加工。

"横向一体化"形成了一条从供应商到制造商再到分销商的贯穿所有企业的"链"，相邻节点企业表现出一种需求与供应的关系，形成了供应链。这条链上的节点企业必须达到同步、协调运行，才有可能使链上的所有企业都能受益。于是便产生了供应链管理这一新的经营与运作模式。

(三)供应链管理的基本原理

1. 资源横向集成原理

企业必须横向集成外部相关企业的资源，形成"强强联合，优势互补"的战略联盟，结成利益共同体去参与市场竞争，以实现在提高服务质量的同时降低成本，快速响应顾客需求的同时给予顾客更多选择的目的。

2. 系统原理

供应链的系统特征体现在以下几个方面：①供应链的整体功能；②系统的目的性和层次性；③合作伙伴间的密切关系；④供应链系统的环境适应性。供应链系统功能是供应链合作伙伴间的功能集成，而不是简单叠加，该功能集中表现在供应链的综合竞争能力上，这是单独的供应链成员企业不具有的。

3. 多赢互惠原理

多赢互惠原理认为，供应链是相关企业为了适应新的竞争环境而组成的一个利益共同体，其密切合作建立在共同利益的基础之上，供应链各成员企业之间通过一种协商机制，来谋求一种多赢互惠的目标。

4. 合作共享原理

合作原理认为，任何企业所拥有的资源都是有限的，要想在竞争中获胜，就必须将有限的资源集中在核心业务上；同时，必须与在某方面具有竞争优势的相关企业建立战略合作关系，将本企业中的非核心业务交由合作企业来完成。

共享原理认为，实施供应链合作关系意味着管理思想与方法、资源、市场机会、信息、先进技术的共享及风险的共担。其中，信息共享是实现供应链管理的基础，准确可靠的信息可以帮助企业做出正确的决策。

5. 需求驱动原理

供应链的运作是以订单驱动方式进行的：商品采购订单在用户需求订单的驱动下产生，然后驱动产品制造订单，又驱动原材料(零部件)采购订单。这种逐级的订单驱动模式，使供应链系统得以准时响应用户的需求，从而降低了库存成本，提高了物流的速度和库存周转率。

6. 快速响应原理

企业必须能够对不断变化的市场做出快速反应，同时还必须要有很强的产品开发能力和快速组织产品生产的能力，以满足用户的多样化需求。

7. 同步运作原理

供应链管理的关键在于各节点企业之间的密切合作及良好的协调。供应链的同步化运作，要求各成员企业之间通过同步化的生产计划来保持生产节奏的一致性。

8. 动态重构原理

供应链是在一定的时期内，针对某一市场机会，为了适应某一市场需求而形成的，具有一定的生命周期。当市场环境和用户需求发生较大变化时，围绕核心企业的供应链必须能够快速响应进行重构。市场机遇、合作伙伴选择、核心资源集成、业务流程重组及敏捷性等，是供应链动态重构的主要因素。

(四)供应链管理的运行机制

供应链管理的运行机制包括以下几个方面。

(1) 合作机制。合作机制体现了战略伙伴关系和企业内外资源的集成与优化利用。

(2) 决策机制。处于供应链中的任何企业决策模式都应该是基于网络的开放性信息环境下的群体决策模式。

(3) 激励机制。必须建立、健全供应链的业绩评价和激励机制，以推动企业管理工作不断完善和提高，也使得供应链管理能够朝着正确的方向发展。

(4) 自律机制。自律机制要求供应链企业向行业的领头企业或最具竞争力的对手看齐，不断对产品、服务和供应链业绩进行评价与改进。自律机制主要包括企业内部的自律、对比竞争对手的自律、对比同行企业的自律和对比领头企业的自律。

(5) 风险机制。供应链企业之间的合作会由于信息不对称、信息扭曲、市场不确定性、政治经济法律等因素的存在而导致各种风险。防范风险的主要措施包括：建立战略合作伙伴关系；加强信息交流与共享，优化决策制定；加强激励机制的应用；柔性设计；加强风险的日常管理等。

(6) 信任机制。在供应链企业的相互合作中，信任是基础和核心。没有了企业间的起码信任，任何合作伙伴关系、利益共享等都只能成为一种良好的愿望，因此，建立供应链企业间的信任机制是至关重要的。

(五)供应链管理的任务

供应链管理的任务主要包括以下几个方面。

1. 确定供应链各环节的关系

供应链管理的首要任务是确定供应链中不同节点之间的关系、类型、联系的紧密程度与形式，以便分清主次，提高作业效率，减少流程中断的风险。企业应该综合考虑供应链的总体目标、背景环境及企业能力等因素，最终确定供应链中各节点之间的恰当关系。

2. 改善供应链管理质量

供应链管理质量取决于供应链成员合作的紧密程度。合作的紧密程度又具体表现在共同设计产品、协同生产、供应链多级库存优化管理、功能强大的互联信息系统支持、市场需求信息的快速反应、严密的成本分析、客观而完善的绩效评价与反馈等方面。企业的重要任务，就是调整合作伙伴的位置和重组供应链成员的关系，以创新产品的价值，保持市场竞争力。

3. 建立快速反应系统

供应链管理的最终目标是建立一个以客户需求为基础的快速反应系统，从而降低库存，提高资金周转率，提高整个供应链的效率。企业对市场需求反应时间的长短反映了企业调动和运用各种资源的能力。

> 【案例1-2】 著名的计算机供应商戴尔(DELL)公司通过互联网在线销售计算机，始终保持仅有8天的存货，产品制造时间通常只有4个小时。客户在公司网站上按照个人喜好下达订单并付款后，可以追踪计算机的装配和出货进度，通常在发出订单后的3~5天就能够收到产品。
>
> (资料来源：网络时代呼唤"数字化管理"．中华管理学习网．
> http://guanli.100xuexi.com/HP/20100902/OTD225346.shtml.)

4. 整合供应链

首先是内部整合，即对企业内部的采购、制造、运输、仓储和销售等基本环节进行整体计划及管理，使其达到整体最优。在此基础上，外部供应链整合是指供应链合作伙伴之间的业务全过程，包括采购、制造、分销、库存管理、运输、仓储、客户服务等，通过进行充分的信息交换，达成统一的计划安排，建立一种跨企业的协作，以追求和分享市场机会，达到最大利益。

5. 供应链管理的信息化应用

供应链管理通过分享信息和共同计划使整体物流效率得到提高，使渠道安排从一个松散群体，变为一种致力于提高效率和增加竞争力的合作力量。因此，信息化应用是实施供应链管理战略的关键要素。近年来，我国的供应链管理企业快速发展起来，既有轻资产的第四方物流企业，也有第三方物流转型而成的物流供应链一体化公司，这些企业最大的特点是管理优化和信息整合。

6. 物流、资金流和信息流整合

供应链管理是一项非常复杂的系统工程，只有在各种业务和信息集成共享的基础上，对物流、资金流和信息流进行有机地组合，实施有效的计划、组织、协调和控制工作，才能获得供应链管理战略所期望的效果。

(六)供应链管理的核心过程

1. 客户关系管理

客户关系管理提供了发展和维护与客户关系的方法。通过这个步骤，管理者能辨认关键客户和客户群，并将其作为公司商业计划的一部分，根据客户价值将他们分类，并通过提供个性化的服务来提升顾客的忠诚度。

2. 客户服务管理

客户服务管理表达了公司对客户的态度。这是在客户关系管理中由客户小组开发的产

品服务包的关键步骤。例如，通过与制造和物流部门联系，为客户提供关于运输日期和产品实用性等方面的实时信息。

> 【案例1-3】 据统计，在中国市场上，戴尔的直销比例是72%～75%。其中，企业级大客户约占90%，针对消费者和中小企业的网上直销仅占10%。戴尔只对前者实行上门服务，而对后者只提供电话销售和服务。戴尔的技术策略也是为了更好地锁定与客户长期而直接的关系，其绝大多数专有技术的研发是为了帮助企业锁定顾客，而并不是为了提供更好的产品。戴尔曾经提出企业运作核心的五大主轴，都是围绕着客户来发展的，即把计算机简单化、定制化、让客户可以有一个专人来服务、以价值取胜、把计算机的品质与功效做好，这五大主轴都是为了满足客户需求，寻求与客户建立长期的关系。
>
> (资料来源：DELL直销，雾里看花．百度文库．
> http://wenku.baidu.com/view/a6c917f79e314332396893bc.html.)

3. 需求管理

需求管理是平衡客户需求和供应能力的过程，能使需求和供给相匹配并能使计划更有效地执行。一个优良的需求管理系统，使用点对点的销售并了解关键客户的数据以减少不确定性，有效地协调市场需求和生产计划，并对整个供应链提供有效的支持。

4. 完成订单

在供应链中完成订单不仅仅指下达订单指令，它还包括定义客户需求，设计网络，在最小化配送成本的基础上满足客户需求等一系列活动。它的目的是建立一个从供应商到核心企业，再从核心企业到不同客户的无缝衔接的系统。

5. 生产流程管理

生产流程就是产品从原材料到成品的制作过程中各要素的组合。在这个过程中，有供应商(原材料提供者)、输入(原材料)、输出(成品)、过程(生产过程)、接收者(仓库)，这些要素组合在一起就构成了典型的生产流程。生产流程管理包括了所有与生产活动有关的行为，目的就是在既定的时间内以尽可能低的成本生产出尽可能多的产品。为了达到预期的生产要求，就需要供应链参与者在计划和执行方面给予合作。

6. 供应商关系管理

正如当今流行的客户关系管理(CRM)是用来改善与客户的关系一样，供应商关系管理(SRM)是用来改善与上游供应商关系的。它是一种致力于实现与供应商建立和维持长久、紧密伙伴关系的管理思想和软件技术的解决方案，实施于围绕企业采购业务相关的领域，目标是通过与供应商建立长期、紧密的业务关系，并通过对双方资源和竞争优势的整合来共同开拓市场，扩大市场需求和份额，降低产品前期的高额成本，实现双赢的企业管理模式。

7. 产品开发和商业化

产品开发和商业化是指与客户及供应商共同开发产品，并把产品投放市场。负责产品设计和商业化过程的团队应该和CRM过程中的团队合作以确认客户和需求，应该和SRM过程中的团队合作来选择材料和供应商，并根据市场的需求和生产流程管理过程中的团队合作来开发新产品。

8. 回收管理

有效的回收管理是供应链管理的重要步骤，它能使公司获得持续的竞争力。适当地执行回收管理不仅能有效管理产品流中的次品，还能减少不期望出现的回收产品数量并能重复利用诸如包装盒之类的可循环利用的部分。

第二节 产品供应链分析

一、产品供应链的内涵

(一)产品供应链概述

产品供应链是与某一特定产品或项目相关的供应链。基于产品的供应链管理是对由特定产品的顾客需求所拉动的整个产品供应链运作全过程的系统管理。

实施有效的供应链管理，必须深入分析企业所经营产品的类型及特征，深入研究用户的产品需求特点，并将供应链管理策略建立在此基础上。产品有其各自的特点，供应链功能只有与之相匹配，才能起到事半功倍的效果，企业应当根据产品的不同特点设计不同的供应链。

(二)产品供应链的多样性

1. 产品自身特性

为了更系统全面地了解产品的类型，我们参照国家统计局2003年发布的《三次产业划分规定》。三次产业大致划分范围如下。

第一产业：农、林、牧、渔业，以及农、林、牧、渔服务业。

第二产业：采矿业，制造业，电力、燃气及水的生产和供应业，建筑业。其中，制造业又包括农副食品加工业，食品制造业，饮料制造业，烟草制品业，纺织业，纺织服装、鞋、帽制造业，皮革、毛皮、羽毛(绒)及其制品业，木材加工及木、竹、藤、棕、草制品业，家具制造业，造纸及纸制品业，印刷业和记录媒介的复制，文教体育用品制造业，石油加工、炼焦及核燃料加工业，化学原料及化学制品制造业，医药制造业，化学纤维制造业，橡胶制品业，塑料制品业，非金属矿物制品业，黑色金属冶炼及压延加工业，有色金属冶炼及压延加工业，金属制品业，通用设备制造业，专用设备制造业，交通运输设备制造业，电气机械及器材制造业，通信设备、计算机及其他电子设备制造业，仪器仪表及文化、办公用机械制造业，工艺品及其他制造业，废弃资源和废旧材料回收加工业。

第三产业：指除第一、第二产业以外的其他行业，具体包括：交通运输、仓储和邮政业，信息传输、计算机服务和软件业，批发和零售业，住宿和餐饮业，金融业，房地产业，租赁和商务服务业，科学研究、技术服务和地质勘查业，水利、环境和公共设施管理业，居民服务和其他服务业，教育，卫生、社会保障和社会福利业，文化、体育和娱乐业，公共管理和社会组织，国际组织。

根据以上内容，可以得知在庞大的社会经济体系中，产品形态多样，行业间存在着错综复杂的关系，每一类产品中的每一种都有其固有的特性，如物质产品和数字产品的差别、有形实物产品和无形服务产品的差别、汇聚型产品和发散型产品的差别、创新型产品与功能型产品的差别、常温产品与冷链产品的差别、产品物理与化学属性的差别等。在此不能细数每一种产品的特性，但可以想象，如果深入调研其供应链的特征，将会发现每一种产品都有其特定的规律。

2. 企业的内外环境

企业的内外环境变化对产品供应链的影响表现在以下六个方面。

1) 企业综合特质

企业在成长过程中形成了自己独有的特点，其中涉及多方面的因素，包括经营地域、金融资本、企业文化、管理水平、技术水平和作业水平等，从而决定了其产品的运作模式。一个好的产品供应链往往无法模仿，便是因为它凝聚了企业多方面的优秀特质。

> 【案例1-4】 戴尔公司直接模式真正的独特之处在于它整个管理上的先进，而这种先进的管理思想和方法就是基于现代信息技术基础上的供应链管理，整合了企业内部以及供应商和顾客的供应链，使得企业的效率大大高于竞争对手，这才是戴尔的制胜之道。戴尔直接模式的核心思想就是真正按照顾客的要求来设计制造产品，并把它在尽可能短的时间内直接送到顾客手上：直接与顾客打交道，了解他们的需求并且把产品直接销售给顾客；市场细分；降低甚至消除库存。戴尔的成功，一方面是高效的运作形成了具备强大竞争力的企业文化，即效率、客户服务质量和成本控制；另一方面是对最终用户的掌控能力，即集中优势资源，建立与重点客户的"直接关系"，通过客户运营把握终端客户。
>
> （资料来源：戴尔直接模式及其在中国的应用研究. eworks 中国制造业信息化门户.
> http://articles.e-works.net.cn/Articles/460/Article9538.htm.）

2) 企业组织结构

企业的组织结构模式在很大程度上影响了企业的决策，从而决定了企业形成什么样的供应链。我国现阶段存在多种企业类型，包括国有企业、外资企业、合资企业和民营企业等，以及通过合资合作形成的更为复杂的企业形式。

3) 合作伙伴选择

在多层次立体的网状供应链结构中，企业的合作伙伴处于不断的动态变化中，改变着企业原有的产品供应链。这种改变，如果是企业积极主动的经营策略，一般会带来产品供应链的优化提升；但如果是被动的，往往会使产品供应链的水平产生波动。

4) 营销渠道的影响

产品供应链的下游基本上是由营销渠道构成的。传统的销售渠道模式在当今中国根深蒂固，使产品的流通成本居高不下。同时，电视、电话、网络、电子商务线下营销等新型模式也在不断创新和发展着。这些营销手段作为强大的需求驱动力，逆向作用于产品供应链，供应链被设计成最直接、最精简的形式，从而使企业以最低的成本和良好的服务获取可观的利润。

【案例1-5】 "梦芭莎"作为中国领先的女性内衣互联网企业，是以数据库营销为核心的新型电子商务品牌营运企业，将电子商务、商品手册和商品体验店有机结合，产生最大的价值链叠加效应，配合高效配送体系，提供相关商品和服务。

(资料来源：梦芭莎．百度百科．http://baike.baidu.com/view/1823963.htm.)

5) 市场驱动变革

在当今瞬息万变竞争异常激烈的市场环境中，企业所提供的产品一旦不能满足市场需求，生存便受到威胁，内部变革在所难免，而无论从企业管理的哪个层面进行变革，其最终目的都是向市场提供更有竞争力的产品。

6) 行业发展的影响

当今，新技术研发速度越来越快，产品快速地更新换代，企业不仅必须紧跟行业发展的步伐，更要预见行业发展的趋势。产品供应链的设计和重组只是行业发展连锁反应中的一环。

二、供应链视角的产品分析

物品的分类分析是企业供应链管理与决策的重要课题。

(一)从需求特征与市场营销角度分析

不同的顾客群对产品档次、服务水平等都有不同的要求，企业应量体裁衣，提供与顾客的需求相适应的产品和服务。例如，有些企业置顾客的实际需求于不顾，提供几乎完全相同的服务水平，以实现"规模效应"，这样会造成规模不经济，而且会逐渐丧失那些对服务水平要求较高的顾客。

企业应针对产品特点将市场细分，向不同的客户群提供差异化产品供应链。随着人们消费水平的提高和消费观念的成熟，越来越多的顾客对越来越多的产品提出更高的服务需求。同时，现代顾客的需求具有不确定性强、难以预测的特点，企业要想及时、准确地满足顾客的需求，必须有效地缩短提前期，针对不同的营销渠道选择合适的供应商和分销商，以便在正确的时间、正确的地点将正确的产品和服务送到正确的顾客手中。

【案例1-6】 粮食作为一种需求稳定、市场预测准确度高、价格波动小、边际利润低的功能型产品，通常适合于有效性供应链。但是，随着人们对绿色环保食品越来越重视，有机粮成了消费者的新宠。目前，经营有机粮的农业生产者、经销商、零售商还没有对市场需求进行足够的研究和细分，也没有针对其介于功能型与创新型产品之间的特殊属性采取有针对性的营销手段。我国的有机粮产品供应链还有很大的优化空间，拥有巨大的市场潜力。

(二)从仓储管理与运输适应性角度分析

仓储管理中物品分类要点往往从价值重要性角度考虑，采用的方法多是库存 ABC 分类法。因而，不同的产品其供应链设计也要受到仓储管理特点的影响。在供应链管理中，多级库存控制是一个重要的课题，决定了企业的物流结点布局、资金周转率和客户服务水平。在设计产品供应链时，库存数量也是一个重要的考量因素。

选择运输方式时，既要考虑所运输物品的种类、性质与包装、运输批量、运输距离、运输时间、运费成本等要素，还要综合考虑企业经营的实际需求。运输方式的选择与产品供应链的设计也是相互影响的。

(三)从物料与生产计划控制角度分析

物料与生产计划控制共同关注的是物料的供应与需求类型，这也是信息系统在 MRP 功能的核心所在，在物料主数据档会有专门的属性管理。

生产计划控制(Production Plan Control，PPC)关注的焦点是生产对象，通常针对的是企业的半成品和成品，旨在分析生产对象的制造特点、自制还是外包、产能特点、订制特点，如按订单生产(Make to Order，MTO)、按订单装配(Assemble to Order，ATO)、按库存生产(Material to Stock，MTS)、按订单设计(Engineering to Order，ETO)及按订单配置(Configuration to Order，CTO)等。

物料控制(Material Control，MC)关注的焦点是供应对象，通常针对的是原材料和半成品，旨在平衡如何用尽可能少的库存以尽可能快的速度响应客户需求。

(四)从技术革新与产品生命周期角度分析

技术革新比较快的产品，往往其产品生命周期短，或者呈现不断升级替代的情况。因而，对这类产品，从研发到市场推广的整个供应链设计必须进行周密的计划、详细的成本核算以及严格的实施与控制。为了保证新产品能够得到理想的经济回报，企业在研发产品的同时，对整个供应链管理的前期规划与运作控制就显得尤其重要。

供应链的生命周期是指供应链的组建、运行和解体的全过程。供应链生命周期首先取决于产品的生命周期，所以要详细了解所经营产品在市场上的情况，确定产品可能的生命周期，才能制定匹配的供应链策略。当然也有在产品生命周期尚未结束时，重新组建供应链的情况，这种情况首先也需要掌握产品生命周期的规律，才能有针对性地重新构建供应链。

(五)从产品运营与财务分析角度分析

产品运营与财务分析关注的焦点通常是企业生产的产成品，即销售对象。产品运营旨在管理产品门类或产品线、产品系列、产品名称、产品规格，建立产品在功能与技术门类方面的索引与共享及项目考核。财务分析旨在查看企业产品在产品门类、产品线、产品系列、区域、客户、时间维度的成本与利润关系、趋势、动因。从某种程度来说，产品运营与财务分析角度是具有趋同性的，通常可将两者融合后进行统一的分类管理。

第三节 价值链分析

一、价值链的内涵

(一)价值链的定义

哈佛大学商学院教授迈克尔·波特于 1985 年提出价值链的概念。波特认为："每一个企业都是在设计、生产、销售、发送和辅助其产品的过程中进行种种活动的集合体，所有这些活动可以用一个价值链来表明。"

企业要生存和发展，必须为企业的股东和其他利益集团包括员工、顾客、供货商以及所在地区和相关行业等创造价值。我们可以把企业创造价值的过程分解为一系列的经济活动，即"增值活动"，其总和构成了企业的"价值链"。

价值链在经济活动中无处不在：上下游关联企业之间存在行业价值链；企业内部各业务单元的联系构成了企业内价值链；企业中各业务单元内部也存在着价值链联结。价值链上的每一项活动都会影响企业最终能够实现的价值。

(二)价值链的构成

价值链由基本增值活动和辅助性增值活动构成。企业的基本增值活动，即一般意义上的"生产经营环节"，包括材料供应、产品开发、生产运行、成品储运、市场营销和售后服务，这些活动都与商品实体的加工流转直接相关。企业的辅助性增值活动，包括组织建设、人事管理、技术开发和采购管理。这里的技术和采购都是广义的，技术既包括生产性技术，也包括非生产性的开发管理，如决策技术、信息技术、计划技术；采购管理既包括生产原材料，也包括其他资源投入的管理，如聘请有关咨询公司为企业进行广告策划、市场预测、法律咨询、信息系统设计和长期战略计划等。

价值链各环节之间相互关联、相互影响，一个环节经营管理的好坏可以影响到其他环节的成本和效益。例如，如果多花一点成本采购高质量的原材料，在生产过程中就可以减少工序，少出次品，缩短加工时间。

虽然价值链的每一环节都与其他环节相关，但是一个环节能在多大程度上影响其他环节的价值活动，则与其在价值链上的位置有很大关系。根据产品实体在价值链各环节的流转程序，企业的价值活动可以分为"上游环节"和"下游环节"两大类。在企业的基本价值活动中，材料供应、产品开发、生产运行可以称为"上游环节"；成品储运、市场营销和售后服务可以称为"下游环节"。上游环节经济活动的中心是产品，与产品的技术特性紧密相关；下游环节的中心是顾客，成败优劣主要取决于顾客特点。

二、价值链分析法

(一)价值链分析法的内涵

价值链分析法是一种寻求确定企业竞争优势的工具，即运用系统性方法来考察企业各项活动和相互关系，从而找寻具有竞争优势的资源。企业有许多资源、能力和竞争优势，如果把企业作为一个整体来考虑，又无法识别这些竞争优势，这就必须把企业活动进行分解，通过考虑这些单个的活动本身及其相互之间的关系来确定企业的竞争优势。

公司的价值链是一个跨越公司边界的供应链中各节点企业所有相关作业的一系列组合。价值链分析就是核心企业将其自身的作业成本和成本动因信息与供应链中节点企业的作业成本和成本动因信息联系起来，共同进行价值链分析。

价值链分析具有以下几个方面的特点。

(1) 价值链分析的基础是价值，各种价值活动构成价值链。价值是买方愿意支付的产品价格，也代表着顾客的需求得到满足。价值活动是企业所从事的物质上和技术上的各项活动，它们是企业制造对买方有价值的产品的基石。

(2) 价值链分析反映成本与利润。价值链分析除了反映各价值活动的成本外，还包括各环节的合理利润。利润是总价值与从事各种价值活动的总成本之差。

(3) 价值链的整体性。企业的价值链体现在更广泛的价值系统中，获取并保持竞争优势不仅要理解企业自身的价值链，而且要理解所处的价值系统。

(4) 价值链的异质性。不同的产业具有不同的价值链，在同一产业，不同企业的价值链也不同，这反映了它们各自的历史、战略及实施的途径等方面的不同，同时也代表着企业竞争优势的一种潜在来源。

(二)价值链分析的意义

1. 确定价值链结构

价值链上的每一项价值活动都会影响企业最终能够实现的价值。进行价值链研究，就是要在深入行业价值链"经济学"的基础上，对其影响的方面和影响程度进行深入的考察，充分权衡其中的利弊，以求得最佳的投资方案，即最佳的价值链结构。

2. 确定核心竞争力

企业的任何一种价值活动都是经营差异性的一个潜在来源。企业通过进行与其他企业不同的价值活动或者构造与其他企业不同的价值链来取得差异优势。更重要的是，企业的经营差异战略必须为客户所认同；另外，经营差异必须同时控制实现差异经营的成本，以便将差异性转化为显著的盈利能力。

运用价值链的分析方法来确定核心竞争力，就是要求企业密切关注组织的资源状态，培养在价值链的关键环节上获得重要的核心竞争力，以形成和巩固企业在行业内的竞争优势。这些决定企业经营成败和效益的战略环节既可以是产品开发、工艺设计，也可以是市场营销、信息技术等，视不同的行业而异。

3. 控制战略关键点

"价值链"理论的基本观点是，在一个企业众多的"价值活动"中，并不是每一个环节都创造价值。企业所创造的价值，实际上来自企业价值链上的某些特定的价值活动，这些真正创造价值的经营活动，就是企业价值链的"战略环节"。企业在竞争中的优势，尤其是能够长期保持的优势，说到底，是企业在价值链某些特定的战略价值环节上的优势。抓住了这些关键环节，也就抓住了整个价值链。在高档时装业，这种战略环节一般是设计能力；在餐饮业，这种战略环节主要是餐馆地点的选择。

4. 改进绩效水平

波特认为，分析作业成本和成本动因的会计信息，可以优化、协调整个供应链的作业绩效。价值链中的节点企业一旦参与核心企业的完整价值链分析项目，便与核心企业及其伙伴公司一起形成战略联盟，共享与价值链有关的作业成本和业绩信息。与单个公司从外部角度对这些企业的作业和成本进行假设而进行分析相比，合作的精确性要高，范围更广。参与完整价值链分析的节点企业具有共同的价值取向，在实现信息共享以后，核心企业不仅能够增加伙伴企业之间的相互信任，提高购货方的收货效率，减少存货滞留，降低供应链成本，还可以提高价值链各节点企业中相同类型作业的效率，从而有效地协调和管理价值链上节点企业之间的关系，最终提高公司整个价值链的运营效率，并在未来吸引价值链中更多的企业加入合作联盟，使核心企业在更大范围内进行完整的价值链分析，在更大程度上提高价值链中所有企业的绩效。

(三)价值链分析的步骤

价值链分析法视企业为一系列的输入、转换与输出的活动序列集合，每个活动都有可能相对于最终产品产生增值行为，从而增强企业的竞争地位。价值链分析步骤如下。

(1) 把整个价值链分解为与战略相关的作业、成本、收入和资产，并把它们分配到"有价值的作业"中。

(2) 确定引起价值变动的各项作业，并根据这些作业，分析形成作业成本及其差异的原因。

(3) 分析整个价值链中各节点企业之间的关系，确定核心企业与顾客和供应商之间作业的相关性。

(4) 利用分析结果，重新组合或改进价值链，以更好地控制成本动因，产生可持续的竞争优势，使价值链中各节点企业在激烈的市场竞争中获得优势。

(四)价值链分析的内容

1. 识别价值活动

识别价值活动要求在技术上和战略上有显著差别的多种活动相互独立。如前所述，价值活动有两类：基本活动和辅助活动。

1) 价值链分析的基本活动

(1) 内部后勤。内部后勤是指与接收、存储和分配相关联的各种活动。

(2) 生产经营。生产经营是指与将各种投入转化为最终产品相关联的各种活动。

(3) 外部后勤。外部后勤是指与集中、仓储和将产品发送给买方相关联的各种活动。

(4) 市场营销。市场营销是指与提供一种买方购买产品的方式和引导它们进行购买相关联的各种活动。

(5) 服务。服务是指因购买产品而向顾客提供的、能使产品保值增值的各种服务，如安装、维修、零部件供应等。

2) 价值链分析的辅助活动

(1) 采购。采购是指购买用于企业价值链各种投入的活动。

(2) 技术开发。每项价值活动都包含技术成分，无论是技术诀窍、程序，还是在工艺设备中所体现的技术。技术开发由一定范围的各项活动组成，这些活动可以被广泛地分为改善产品和工艺的各种努力。技术开发可以发生在企业中的许多部门，与产品有关的技术开发对整个价值链常起到辅助作用，而其他的技术开发则与特定的基本和辅助活动有关。

(3) 人力资源管理。人力资源管理是指与人员招聘、培训、职员评价以及工资、福利相关联的各种活动。它不仅对单个基本辅助活动起作用，而且支撑着整个价值链。

(4) 企业基础设施。企业基础设施由大量活动组成，包括总体管理、计划、财务、会计、法律、政治事务和质量管理等。与其他辅助活动不同，它不是通过单个活动而是通过整个价值链起辅助作用。

2. 确立活动类型

在每类基本活动和辅助活动中，都有以下三种不同类型。

(1) 直接活动。直接活动是指直接为买方创造价值的各种活动，如零部件加工、安装、产品设计、销售、人员招聘等。

(2) 间接活动。间接活动是指那些使直接活动持续进行成为可能的各种活动，如设备维修与管理、工具制造、原材料供应与储存、新产品开发等。

(3) 质量保证。质量保证是指确定其他活动质量的各种活动，如监督、视察、检测、核对、调整和返工等。

这些活动有着完全不同的经济效果，对竞争优势的确立起着不同的作用，应该加以区分，权衡取舍，以确定核心和非核心活动。

三、价值链管理

(一)价值链管理的内涵

价值链管理就是怎样将企业的生产、营销、财务、人力资源等方面有机地整合起来，做好计划、协调、监督和控制等各个环节的工作，使它们形成相互关联的整体，具有处理资金流、物流和信息流的自组织和自适应能力。

从价值链管理的技术实现角度而言，价值链管理是以企业"电子化供应链"为对象，以企业价值最大化为目标，通过运用现代经济管理理论与现代信息技术对反映企业整个价值创造过程的价值链进行全程分析和管理的一种价值管理思想与方法，是分析和优化企业"供应链"、改进和完善企业全流程管理、实现企业价值最大化的重要工具。

价值链管理具备以下五个特征。

(1) 从物料管理到物流全程管理。

(2) 从成本管理到价值链全程管理。

(3) 从生产成本到价值链各环节全成本管理。

(4) 从目标成本的人为性到管理动态持续改善。

(5) 将 ABC 成本管理应用于价值链全程。

产业价值链分析与企业价值链分析的重点有所不同。企业内部的价值链分析的目的是寻找产生价值的关键环节(如采购、库存、研发、生产、营销、销售、服务等)，最终是提高企业的生产效率。而产业价值链分析的目的除了分析产业价值产生的关键环节(如开发商、原材料供应商、生产商、分销商、零售商等)之外，还要分析产业价值分配模式，进而确定企业在所处产业的价值链条中的竞争地位，以及制定相应的竞争策略。

(二)企业价值链管理

1. 企业价值链管理的基本功能

(1) 实时记录和反映价值链上各作业中心的成本费用发生情况，对企业的成本费用支出构成状况、价值链上各项作业活动的资源消耗状况及企业利润实现情况等进行全方位的动态监控与反映，为决策管理层及时了解和掌握企业的整个运营状态提供全面的财务信息。

(2) 根据价值链构成体系，对企业的价值形成过程与价值(成本、利润)变动原因进行追踪分析，为分析和确定价值链成本费用控制重点、加强和改进企业内部成本费用管理，以及为制定企业产品价格政策等，提供更为具体的财务信息及依据。

(3) 对价值链各作业中心的成本费用控制状况进行对比分析、评价，为实施成本预算控制(目标成本管理)、全员绩效管理、建立健全企业内部岗位经济核算责任制提供相应的定量依据。

2. 企业价值增加与实现的途径

(1) 从外部客户的角度出发，尽量为客户提供功能更新、附加值更高、更乐意接受的产品或服务，使客户就企业提供的产品或服务愿意支付更多的金额。

(2) 从企业自身角度出发，在产品价格既定的前提下尽量从客户提供的价值中获取更多的利润。

3. 企业价值链管理应遵循的基本原则

(1) 按照"横向全流程、纵向到底层"的逻辑关系对企业的价值构成进行逐级分解，以实现对企业成本费用的全方位控制。

(2) 价值链作业中心、责任中心的划分应以企业业务流程优化为基础，同时还要考虑价值链管理的自身需要。

(3) 应根据系统分析和全面考核的双重需要来设计整个价值链管理体系，力争使价值链管理系统成为企业分析和考核成本费用支出情况的重要工具。

4. 设计企业价值链管理系统的基本步骤

第一步：确定供应、分销、物流的方案。
第二步：划分和确定价值链作业中心与责任中心。
第三步：设计价值链管理科目表。
第四步：设计价值链管理分析表。
第五步：制定价值链管理系统运行支持方案。

四、行业价值链管理

(一)行业价值链管理的内涵

行业价值链分析是指企业应从行业角度，从战略的高度看待自己与供应商和经销商的关系，寻求利用行业价值链来降低成本的方法。行业的这种价值链又叫垂直联结，代表了企业在行业价值链中与其上、下游之间的关系。改善与供应商的联结关系，可以降低本企业的生产成本，通常也会使供需双方获益。

(二)行业价值链管理的必要性

进行行业价值链分析既可使企业明了自己在行业价值链中的位置，以及与自己同处于一个行业的价值链上其他企业的整合程度对企业构成的威胁,也可使企业探索利用行业价值链达到降低成本的目的。

依据传统的成本管理方法,在采购阶段,大部分企业采用的是经济批量法、货比三家法及供应商竞标法等方法。企业与经销商之间的关系也是如此,两者都关注于怎样让自己的利润最大化,它们的合作关系仅靠合同来维持,强大的公司往往能够使弱小的公司让步,从而达到自己的目的,而一旦市场关系转变,弱小公司逐渐强大起来,就会反过来逼合作者让利,这一现象在零售行业表现得十分明显。随着沃尔玛、家乐福等超市的迅速壮大,制造商开始激烈地争夺货架,于是各种货架费、堆头费开始出现,并且零售商还可能强迫制造商参与其促销计划。

目前在我国,企业还是把降低成本的观念放在企业内部价值链上,采用标准成本控制法来降低生产成本。在现在的市场环境下,企业内部成本降低的空间已经很小,企业之间的成本才是应该着重管理的,有着密切联系的供应商或经销商也会提供相应的建议来帮助企业降低内部成本。

(三)行业价值链管理的实现

1. 转变观念

要成功地实施价值链管理,就必须改变传统的管理方式、业务流程和组织结构,把企业的外部价值链与内部价值链有机地整合起来,形成一个集成化的价值链条,把上下游企业之间以及企业内部的各种业务及其流程看作一个整体过程,形成一体化的价值链管理体系。

2. 相互信任

信任不仅指诚实、可靠,而且要求企业双方互相关心对方利益,任何一方采取某项行动之前首先要考虑自己的行动是否会给对方造成损失。有了相互信任,企业之间才能够实现为对方考虑,追求共同利益最大化,也才能形成密切的合作关系。

【案例1-7】 卡特彼勒公司是世界上最大的土方工程机械和建筑机械生产商,也是全世界柴油机和天然气发动机的主要供应商,20世纪80年代卡特彼勒公司在行业不景气时受到了能源、竞争对手、汇率的众多冲击,但它们决定承担大部分的压力。这样做的代价是惨重的,在1982—1984年连续3年的时间里,卡特彼勒公司几乎每天亏损100万美元,总共亏损了9.53亿美元。但是,当行业复苏时,卡特彼勒公司获得了墨西哥的绝大部分业务,因为其竞争对手的经销商大部分都破产了。它们的理念便是:在经营状况好时,我们不会为短期利益而绕过经销商;在经营状况差时,我们也不会为避免损失而做有损于经销商的事情。

(资料来源:价值链理论. 百度百科. http://baike.baidu.com/view/292214.htm.)

3. 交互式战略的应用

在今天激烈的竞争环境下,战略不能再像传统工业模式那样,只是价值链中一系列固定的活动,成功属于那些能调动整个价值群(包括供应商、经销商、合作伙伴及顾客),重新安排它们的角色及相互间关系,并动员这个新的联合体去创造价值的公司。

交互式战略注重各个价值群体的互动,它可以从以下三个方面进行管理:顾客、供应商和经销商。

1) 与顾客共同创造价值

现代社会产品及服务要求个性，大量生产不一定能满足顾客的需求。共同创造价值的理念对所有企业都适用。现在不少公司采用的柔性制造系统已经为这种定制生产提供了技术和财务上的支持。

2) 与供应商共同设计产品

企业在产品设计阶段即可邀请供应商参与进来，因为它们知道可以从哪些方面节约所供应的原材料成本，以提高性能。一旦它们参与了设计过程，在生产材料或零部件时，就免去了与制造商的协商过程，也避免了生产的材料或零部件不符合制造商要求而互相推卸责任的问题，还可以加快产品生产周期，使两方存货成本最小化。

3) 通过经销商关注顾客与库存

经销商直接与顾客接触，比较了解顾客的需求，因此企业在设计产品、决定产品生产数量时应考虑经销商的意见。这样做的好处有两个方面：一方面，可以生产出市场需要的产品，而且能够增强经销商对产品的信心，他们会积极地向顾客推荐此种产品；另一方面，可以及时了解产品准确的销售信息及经销商的库存。了解经销商的库存情况非常重要，经销商可以因此减少投入的存货成本，企业也可以及时调整生产数量及发货数量。

本 章 小 结

供应链是围绕核心企业，通过对信息流、物流、资金流的控制，从采购原材料开始，制成中间产品及最终产品，最后由销售网络把产品送到消费者手中。它是将供应商、制造商、分销商、零售商，直到最终用户连成一个整体的功能网链模式。供应链具有复杂性、动态性、面向用户需求和交叉性特征。根据不同的划分标准，可以将供应链分成多种类型。

供应链管理是在满足服务水平需要的同时，通过对整个供应链系统进行计划、组织、协调、操作、控制和优化，最大限度地减少系统成本，实现供应链整体效率优化而采用的从供应商到最终用户的一种集成的管理活动和过程。供应链管理的任务是确定供应链各环节的关系，改善供应链管理质量，建立快速反应系统，整合供应链，信息化应用，物流、资金流和信息流的整合。供应链管理的核心过程包括客户关系管理、客户服务管理、需求管理、完成订单、生产流程管理、供应商关系管理、产品开发和商业化、回收管理。

基于产品的供应链管理是对由特定产品的顾客需求所拉动的整个产品供应链运作的全过程的系统管理。产品供应链的多样性主要源于形态万千的产品的自身特性以及企业内外环境的不同。物品的分类分析是企业供应链管理与决策的重要课题。

企业的一系列互不相同但又相互关联的生产经营活动构成了一个创造价值的动态过程，即价值链。价值链分析就是核心企业将其自身的作业成本和成本动因信息与供应链中节点企业的作业成本和成本动因信息联系起来共同进行价值链分析。价值链分析法是一种寻求确定企业竞争优势的工具，即运用系统性方法来考察企业各项活动和相互关系，从而找寻具有竞争优势的资源。

价值链管理就是将企业的生产、营销、财务、人力资源等方面有机地整合起来，做好计划、协调、监督和控制等各个环节的工作，使它们形成相互关联的整体，具有处理资金流、物流和信息流的自组织和自适应能力。研究角度有两个方面：企业内部价值链管理与行业价值链管理。

复习思考题

一、名词解释

供应链　供应链管理　产品供应链　价值链　价值链分析法　价值链管理

二、问答题

1. 简述供应链的基本要素、基本流程及其主要活动。
2. 简述供应链的类型。
3. 当今企业面临着怎样的外部环境变化?
4. "纵向一体化"模式有哪些弊端?
5. 简述供应链管理的基本原理与运行机制。
6. 简述供应链管理的任务和核心过程。
7. 简述影响企业产品供应链多样性的因素。
8. 简述价值链的构成,价值链分析的意义、步骤与内容。
9. 企业价值链分析与产业价值链分析有什么异同?
10. 企业价值链管理的基本功能及实施方法有哪些?

三、实训项目

选择一种产品,对以下几个方面进行调研:
(1) 产品所处的供应链基本结构。
(2) 产品的价值链增值数据。
(3) 试从供应链的不同角度对产品进行分析。
(4) 与同类其他产品进行竞争优势对比分析。

综合案例1-1:生鲜商超如何打造供应链

实体零售业不管如何定位,不管未来技术如何更新,降低价值全链条的总成本,扩大末端消费者价值,都应当是零售业永恒不变的追求。回归零售本质需要关注顾客和商品,末端类似的情况下,核心是供应链的打造。永辉超市最令人印象深刻的就是其垂直供应链打造动作。

1. 生鲜供应链

生鲜的供应链有生类和熟类,大多数企业重心还在生类,但事实上很难找到盈利点,当一家门店生鲜占比50%以上时,生鲜再怎么火旺,门店综合毛利也会偏低。

1) 生鲜的生类

生鲜的生类其核心是要保持商品鲜活,要在商品最佳保质期内实现规模采购,本质核心是效率。这其中涉及以下两个问题。

一是企业现有的条件。没有冷链系统和足够多的门店终端出口，从市场上拉来一车货很快卖掉就是效率和效益；有冷链和分销终端，从山东蔬菜基地拉来十车货可能更有价值。规模不同，效率也会不同。从单品上说，分摊采购费用之后的售价，仍能有足够的毛利空间并建立完全价格优势，采购即可实施。

二是运营能力。一种商品最大鲜度是一天，两小时能陈列在店里，新鲜度和价值一定惊人；一种商品最大鲜度是一个月，两三天就能到店，也一定很有竞争力。鲜度保持能力也不能忽略，冷链到店后，卖场温度高，鲜度也会失去得更快，因此需要一定的保鲜措施。

大单或源头采购的核心是，除了创造比竞争对手更好的品质和价格口碑外，关键是毛利，多少的量足够支持大单，企业可以用单品进行倒算。

在这两个问题的基础上，供应链核心需要围绕商品的保值时效分类推进。

一是超短保质期鲜货，更加适合近地采购，向源头投放标准化管理器具。例如，绿叶菜类、活水，本地市场乃至源头散户直送效率可能更高，在品质管理的基础上，门店自采可以开放大门。因为采购地点太远商品鲜度受损，反复搬运，商品也禁不起折腾。

总体而言，鲜活商品的源头生产处于低端、粗放式管理模式，并且种植户更多为应对市场考虑，因而此类商品更适合于向源头投放标准管理器具，并且也可为未来的冷链整合提供接口。

二是中度保质期商品，如核果等，适合真正运作大单。这类商品的核心是管理源头的分拣分级。

许多超市的直采工作，有赖于在源头寻找代理人，事实上由代理人进行当地资源整合，商品和市场不同则表现水平不同，有些是公司、有些是合伙合作社、有些甚至是村支书等个人。企业核心要破解伪支持及伪源头。

生鲜的伪源头，一是表现为并未找到最大、最有价的产区，二是许多产区找个代理人或者包工头，做甩手采购，不管过程、不管等级、不管包装、不管品质，到时商品成本附加过高或次品过多，真正的效率，还是需要深入的源头细节管理。因此需要做好以下几点：

(1) 提前的源头行情调研及规划，可以结合产品的关键生长阶段进行调研；
(2) 确定品质标准，美化包装水平；
(3) 开发多源头调研及合作；
(4) 采购直采期间的行为管理，合理控制成本；
(5) 严格的等级验收标准；
(6) 通过系统进行源采单品管理。

三是相对长保质期单品。例如，干杂南北货、米粮，可以升级再设计和进行品牌打造。金龙鱼、福临门、恒大、香满园、北大荒等，都是企业包装出来的。稍微有实力的企业只要有心，结合当地产地并与当地农技政府机关合作，完全可以打造出很有溢价特征的品牌。

四是技术实现延长的保质期。例如冰鲜，企业供应链的核心是保鲜技术和冷链系统。

从趋势上看，海产品只会越来越稀有。产地越少、生产能力下滑的品种，结合消费趋势判断，企业需要为此建立自身的冷链存储能力。就冰冻海产品来说，封鱼季有大库放量，对销售明显是一种优势。但此种投入较大，企业完全可走市场化之路。

这样分类以后，我们可以明显地判断出有些商品是否靠谱，所以许多门店的进口生鲜做得很差，其本质原因是围绕供应链做的保障工作很差，而不是陈列不好或员工不努力。

2) 生鲜的熟类

生鲜的熟类关键是技术控制，在这方面没有捷径可走，如要自营，需要踏踏实实地积累和培养人才，例如大润发的面包师傅和面点师傅，他们为什么愿意留在超市而不去专业品牌店，主要还是待遇丰厚，激励足够。

2. 食品供应链

导致超市食品业绩下滑的，除了电商的便利，更核心的是供应链效率的差异，当广告、促销员、物流费和零售商收费通通叠加在食品单品上时，标准食品的渠道成本必然居高不下。多数厂家自己开始电商业务之后，必然对传统渠道的依赖程度逐步降低。

1) 实体零售业需要设计机制，让新品在终端更快地流转

大多数情况下，供应商很有激情铺放新货，而缺乏热情去移走滞销品，货架的无效商品过多，本质是消费者展示效率的低下。更好的展示、更好的价格、更多样的品种、更时尚的包装应当是工业品供应链追求的效果。

2) 真正提高渠道效率

一是尽快推动以销售为主要合作方式的供应商激励计划，应将大部分通道费用转化到销售实现和差价收益为主的方式中，打造真正的交易公平；

二是放开供应链信息，让供应商直接连接实体店的终端库存；

三是畅通商品进出机制，大幅降低或放弃新品费，实施滞销品淘汰降低；

四是通过技术手段控制渠道内的总库存，精准物流，高速周转：只有供应商渠道的总成本得以降低，在传统渠道中能赚到钱，标准食品的供应商才可能为这一渠道而努力。

3) 高效管控营运端

除了与采购签订好的一纸合同，物流链和营运链巨大的协调成本往往也会令供应商苦不堪言。实体店总部与门店隐形争权也会给供应商带来巨大的支出。门店怠工式协作、不专业的操作也会令供应商无言以对。

总部规定的新品、陈列、执行的价格、做好的促销规划，门店执行度千差万别，不是所有的系统都非常强大。食品更需要从全价值链角度进行管理。

3. 百货供应链

百货有生鲜一样拓展源头缩减供应链成本的空间，也有长保质期、可设计的特性，因此，快速周转的品类成为自有品牌选择的核心。今天，随着电商的发展，小规模生产普遍化，自有品牌、买手制再次成为热词。百货必须用更为急迫的方式实现供应链变革，既要强调生鲜一样的发现能力，也要强调食品一样的去库存能力，否则展厅现象将会越来越明显。

随着新消费人群的崛起，家庭对于百货消费的频率在不断加快，比如家用的很多瓶、罐、盆、坐、睡、洗、洁、护、盛、装等用具，时尚化和更新周期都越来越短，一个杯子用几年的时代渐渐走远。在这样的情况下，超市商品更新速度其实远远慢于专业店，往往只是在走基本款，更多是采购眼光和生活体验的问题。

综上所述，百货的供应链实际上是一体化运营的问题。

1) 把流行百货和风格百货作为主题业务导向

所谓流行，眼光和鉴赏能力非常重要。所谓流行，还要承担风险，变化快是突出特征，需要反应机制。所以很多服装直采很难操作，去库存的问题很难解决。

2) 源头开发时基本选择

过去很多超市尝试过OEM，即自有品牌。过去由于缺乏设计能力、品质管控能力、终端消化规模及去库存能力，自有品牌与品类原有品牌冲突，并且员工缺乏售卖积极性，很多企业都以失败告终。国内超市行业自有品牌做得好的寥寥无几。目前值得称道的屈臣氏自有品牌货品占整体比例为20%～25%，万宁似乎也有亮点，多数企业并不突出。

正因如此，先要把商品的发现能力放入供应链管理的第一条。但源头开发仍可以作为首要选择，要了解商品的工艺、流程、成本，也可在源头采购的过程中补充专业知识。

随着经济形势的常态低迷，众多源头厂家也迫切希望找到终端出口，采购起订量下降为源头采购提供了很大的空间。

3) 先从供应商拿货开始

自有品牌是方向，如果没有能力，没有人才，还是先别玩，和供应商一起拿货，改善供应商合作条件，快速地去库存在当前阶段更为适合。为此，采购需要多关注商品的周转效率，多从流行、风格、功能角度提出单品建议，而联合供应商多从工艺、成本、质感等方面进行商品组织。

综上所述，超市的供应链可分为三类：

一是超市有能力源头的，如生鲜及百货，靠的是采购人员的专业技术和激励机制；

二是依赖社会品牌的，如日化中的大牌，靠的是企业的终端规模和合作机制；

三是中间层，如众多的食品品牌，靠的是企业合作机制及规划组合能力。

今天，其实我们的一切探索都应该是围绕效率展开的，最有效的方式，最大的效率，最适合自身的机制，都要回归到更好地让顾客开心的本质，因此，所有供应链条的利益应当是一致的。零售业把供应商当作鱼肉的时代已经渐渐远去，今天的零售渠道平台需要升级自身的平台角色，特别是要把服务能力做强，提高自己业务信息化的水平，在网络、开放、整合的今天，畅通供应链的实物流和信息流，降低渠道总成本，以最为高效的方式实现消费满足，将始终是商业的王道！

(资料来源：中国物流与采购网 http://www.chinawuliu.com.cn/xsyj/201605/04/311821.shtml.)

问题：

(1) 生鲜商超中有几种类型的产品？其供应链各有什么特点？

(2) 试分析运营不同的产品供应链需要考虑的因素。

综合案例1-2：产业价值链的几个例子

1. 汽车产业价值链——五十铃和福特

汽车行业的价值链：汽车制造→汽车销售/汽车维修→贷款购车/汽车保险/汽车租赁。越是价值链后端利润越微薄，汽车制造业务已经成为"鸡肋"，虽然能为公司带来巨大的收入，但其利润贡献正逐渐降低，而且竞争日趋激烈，谋求更大的发展已经十分艰难。相反，与汽车相关的金融服务业蓬勃发展，虽然目前市场容量有限，但利润丰厚、前景广阔。

20世纪80年代初，五十铃公司已经是世界知名的卡车制造经销商，为了获得更大的发展，五十铃公司花费7年时间成功地将品牌优势、技术优势、成本优势转而扩展到轿车生产方面，但是，却遭遇轿车制造业不景气，轿车事业部连年巨额亏损，最终不得不出售给日产汽车公司。在同一时期，福特汽车公司明智地及时将企业发展的重点转向汽车租赁、贷款购车、汽车保险等业务，1996年这三块业务的销售收入只占整体的1/5，但利润却占到50%。五十铃公司的失败在于没有把握住价值链增值的关键环节，在"利润会随销售收入增长"这一逻辑指导下，最终将企业带入一种危险境地；福特公司的成功在于能够迅速识别成熟行业新的利润增长点，借助雄厚的财力和卓越的市场声望，步步为营地推进，从而获得了巨大的先机优势。对手只能眼睁睁地看着原来不起眼的"边缘"业务成为福特公司的利润源泉。

2. 日用品产业价值链——宝洁与沃尔玛

日用品产业的价值链：原材料生产商→日用品生产商→分销商→批发商→零售商。如果认为日用品产业的价值链与汽车产业的价值链有相同的特点，那就大错特错了。日用品产业的价值链比汽车产业的价值链更为复杂，产业内生产商与销售商的利润分配根据两者竞争力的差别可分为以下3种情形。

(1) 生产商导向。当生产商实力强大，而分销商劣势明显时，生产商在价值链中占据绝对优势的地位，可以瓜分更大份额的产业利润。例如，对一般分销商、零售商，宝洁可以提出统一销售价格、商品摆放位置、促销活动等要求。

(2) 销售商导向。当销售商的实力远胜于生产商时，其在产业利润分配中则占据更有利的地位。例如，沃尔玛可通过其全球采购中心，制定商品采购的质量和价格标准、供应商供货时限等，从而确立其在整个产业价值链中的主导地位。

(3) 战略联盟。当宝洁遇上沃尔玛，强强联合是最合理的结局，它们都明白失去对方将会造成的损失。

3. 家电产业价值链——以空调为例

空调业价值链结构：零部件供应商→空调制造商→分销商→批发商→零售商(服务提供商)。家电产业的竞争激烈程度，在国内各个行业可谓首屈一指，业内各大企业经过一场大浪淘沙，仍然生存的企业都有一套成功的经验。所谓八仙过海，各显神通，各大家电企业都有一套不同的分销体系，所以分析这个产业的价值链，还得对这些企业逐个分析。

(1) 美的模式——批发商带动零售商，其产业价值链结构为：美的空调厂→美的分公司(省级)→批发商→大商场/零售商。美的空调的批发商必须在淡季的时候给美的支付预付款，才能获得旺季的进货权和更多优惠。批发商不一定具有稳定的销售网络，而是利用大量资金争取到进货权和优惠政策，再利用这些优势揽一批零售商组成销售网络。

(2) 海尔模式——零售商为主导，其产业价值链结构为：海尔空调公司→海尔工贸公司→(批发商→)专卖店/大商场/零售商。海尔更多地利用其几乎遍布全国各省的工贸公司，直接与零售商做生意及建立专卖店，而批发商的地位已经是微乎其微了。

(3) 格力模式——厂商股份合作制，其产业价值链结构为：格力空调公司→合资销售公司→合资分公司→零售。格力则选择各个地区空调销售大户，组成股份制销售公司，这显然是制造商前向一体化战略的体现。

(4) 志高模式——区域总代理制，其产业价值链结构为：志高空调公司→省级总代理公司→批发商→零售。志高空调相对于其他空调巨头没有品牌优势，所以采取"农村包围城市"的战略，于中小城市、城乡接合部选择批发商、零售商，许诺销售志高空调可以比销售其他品牌空调获得更高的回报。

(5) 苏宁模式——前店后厂，其产业价值链结构为：飞歌空调公司→苏宁连锁公司。苏宁电器集团原是南京市一家空调经销商，后通过一体化战略控股飞歌空调。利用其分销网络销售飞歌空调公司为其定牌生产的苏宁牌空调，从而形成前店后厂的经营模式。

选择各个品牌产品系列中处于同一地位的一个型号空调机进行对比。表1-1是各种品牌空调价格分析。

表1-1　各种品牌空调价格分析

单位：元

品　牌	成　本	出　厂　价	厂商利润	批　发　价	批发商利润	零　售　价	零售商利润
海尔	1700	3200	1500	3325	125	3610	285
美的	1700	2240	540	2390	150	2530	140
格力	1750	2250	500	2530	180	2616	86
志高	1450	1700	250	1950	250	2180	230
苏宁	1450	1600	150	1600	0	2000	400

通过价格比较，在各个品牌的产业价值链中，生产商与销售商的利润分配存在相当大的差异。最有品牌号召力的海尔，在其产业链中攫取了近80%的利润份额。较有品牌优势的美的和格力，也在产业链中获得60%~70%的利润。而品牌较弱的志高，仅能获得34%的利润份额。同样没有品牌优势的苏宁，却通过其一体化战略，囊括了产业链全部的利润。各个企业采取不同的渠道策略获得各自的利润份额，完全是竞争以及各自在产业中所处地位不同使然。

(资料来源：价值链分析案例. 百度文库. http://wenku.baidu.com/view/8d94ed66783e0912a2162aba.html.)

问题：
(1) 谈谈五十铃公司和福特公司给你的启示。
(2) 谈谈宝洁公司与沃尔玛公司给你的启示。
(3) 分析上述五大家电企业在市场竞争中的定位与供应链策略的关系。
(4) 分析上述五大家电企业的价值链结构与定价策略的关系。

第二章
设计供应链网络

学习目标

- 理解供应链战略管理,能够进行供应链的战略匹配;
- 掌握企业核心竞争力的概念,能够根据核心竞争力的特征进行有效的判断;
- 掌握业务外包的内涵,能够进行外包决策分析,了解业务外包的主要方式;
- 理解供应链合作伙伴关系的内涵,能够选择供应链合作伙伴;
- 了解供应链设计的原则,能够进行供应链网络结构的组织设计;
- 掌握基于产品的供应链设计方法

【本章导读】

> 【导读案例1】本田公司具有强大的引擎研发和设计能力,并在此基础上形成了核心竞争力。基于引擎方面的核心能力,本田公司设立了不同的事业部经营与引擎相关的产品,如汽车、摩托车、割草机、船舶发动机等。而本田公司在运营过程中却将部分业务外包出去,利用其他企业的资源满足自己的需求,将本公司有限的资源集中到更需要的地方。

启示: 企业在生产经营活动中,要关注自己核心竞争力的培养,并通过不断强化核心竞争力提升企业的竞争能力。在企业考虑资源外用、业务外包的时候,要综合考虑企业需求和企业核心竞争力等方面的因素,以决定是否外包。

> 【导读案例2】日本富士施乐公司在东莞的制造厂将物流管理业务外包出去。在选择外包服务商的时候,企业先后与多家国内知名的第三方物流企业接触,但企业最终更倾向于选择广州本地一家规模不大、管理水平一般的小型物流企业作为合作伙伴。

启示: 供应链合作伙伴的选择对供应链核心企业来说非常重要,合作伙伴的运作水平直接影响供应链的运作水平。选择合作伙伴时要综合考虑多种因素,没有最好的合作伙伴,只有最适合的合作伙伴。

> 【导读案例3】雅芳是最早进入中国化妆品市场的直销品牌公司之一。1999年,雅芳从直销转型为批发零售;2005年,雅芳拿下国内第一张直销牌照;2010年,雅芳中国区业务亏损达1080万美元。早期,雅芳在中国市场采取了"直销+零售"的经营模式,后又转型为直销模式。作为最早进入中国的跨国直销巨头之一,雅芳始终面临着渠道混战之惑。
>
> (资料来源:雅芳:败也直销成也直销.凤凰网.
> http://tech.ifeng.com/internet/detail_2011_03/24/5331526_0.shtml.)

启示: 企业在实现多渠道经营的同时,自身的供应链网络结构将发生重大变化。多种渠道共存,不同的渠道之间存在着相互配合和相互竞争。伴随着电子商务的快速发展,国内诸多制造型企业纷纷踏足电子商务领域,线上和线下渠道能否共存,供应链网络结构设计凸显出重要性。

第一节 供应链的战略管理

一、供应链战略概述

(一)战略与战略管理

战略是目标、意图或目的,以及为达到这些而制订的主要方针和计划的一种模式。企业战略是在符合和保证实现企业使命的条件下,在充分利用环境中存在的各种机会和创造新机会的基础上,确定企业与环境的关系,规定企业从事的经营范围、成长方向和竞争对策,合理地调动企业结构和分配企业的全部资源,从而使企业获得某种竞争优势。

战略管理是为制定、实施和评价使组织能够达到其目标的、跨功能决策的艺术和科学。

战略管理致力于对市场营销、财务会计、生产作业、研究与开发及计算机信息系统进行综合管理，主要包括三个阶段，即战略制定、战略实施和战略评价。

1. 战略制定

战略制定包括决定企业任务，认定企业的外部机会和威胁，认定企业内部优势与弱点，建立长期目标，制定供选择战略，以及选择特定的实施战略。由于没有任何企业拥有无限的资源，战略制定者必须确定：在可选择的战略中，哪种能够使公司获得最大收益。战略制定决策将使公司在相当长的时期内与特定的产品、市场、资源和技术相联系。无论结果好坏，战略决策都具有持久性的影响，它决定了企业各主要经营活动的成败。

2. 战略实施

战略实施要求公司树立年度目标、制定政策、激励雇员和配置资源，以使制定的战略得以贯彻执行。战略实施往往被看作战略管理过程中难度最大的阶段，它要求企业人员守纪律、有敬业精神，战略实施的成功与否取决于管理者激励雇员能力的大小。

3. 战略评价

战略评价是战略管理过程的最后阶段。管理者需要知道哪一特定的阶段出了问题，而战略评价是获得这一信息的主要方法。由于公司所处的环境不断变化，所有的战略都将面临不断的调整和修改。通常要进行的三项基本战略评价活动包括：重新审视外部与内部因素、度量业绩、采取纠正措施。

(二)供应链战略管理概述

1. 供应链战略管理的含义

供应链战略是从企业战略的高度来对供应链进行全局性规划，确定原材料的获取和运输，产品的制造或服务的提供，以及配送和售后服务的方式及特点等。供应链战略突破了一般战略规划仅仅关注企业本身的局限，通过在整个供应链上进行规划，进而实现为企业获取竞争优势的目的。根据供应链的组成结构，可将供应链战略分解为以下三个层面。

(1) 总体层面。从系统整体角度，对处于支配地位、起主导作用的系统战略性问题的决策和控制。具体涉及：定义系统所能够通过其最终产品和服务来满足的顾客需求的类型；供应链定位；供应链的组织及控制流程；供应链的创新体制，等等。总体层面战略规划的制定和实施，需要核心企业与各节点企业相协调，以形成供应链中企业的共同目标和计划。

(2) 成员层面。从供应商、生产商、分销商以及零售商等节点企业的角度，对应于系统总体层面的战略决策，根据自身资源状况所进行的战略性问题的决策和控制。此类战略问题的特征包括：围绕成员所承担的供应链职能开展；从属于企业层面战略性问题；成员间存在衔接和协调的问题。

(3) 职能层面。针对供应链运作职能的战略性决策和控制，涉及产品、运作、市场等基础性职能战略问题，以及财务、人力、信息等支持性战略问题。

2. 供应链战略管理的目标

1) 提高供应链对市场需求的响应能力

市场机会稍纵即逝，企业需要具备分析和把握市场机会的能力。实施供应链战略管理就是要使产品信息的流通渠道最短,使消费者需求信息沿供应链逆向准确、迅速地反馈至生产厂商。生产厂商据此对产品做出正确的决策,保证供求关系的良好结合,减少不确定性,以动态信息控制静态库存,以市场响应敏捷化来增强企业的竞争能力。

2) 实现供应链盈利水平的最大化

供应链战略管理的目标是通过对供应链中不同企业行为的组织、计划及协调,使整个系统有序地运行,从而在输出优质产品与服务的同时使系统的期望成本总和最小,使每个企业的盈利目标最大化。

3) 不断满足顾客多样化、个性化的需求

供应链战略管理对企业来说有以下好处:降低成本,变固定成本为可变成本;提高企业效率;减少资本投入密集程度;防范经营风险;及时交货,满足客户订单等。

(三)企业竞争战略与供应链战略的关系

1. 企业竞争战略对供应链战略的指导作用

公司竞争战略的设计必须以顾客的需求为基础,竞争战略以一个顾客或多个顾客市场为目标,目的是提供能够满足顾客需求的产品和服务。供应链战略是公司竞争战略的一部分,对竞争战略的实现起到支撑作用。在供应链管理环境下所强调的供应链战略包括传统意义上的采购与供应战略、生产与运营战略和物流战略。与此相对应,库存、运输、生产设施决策、供应链信息管理等内容构成了供应链战略管理。

2. 供应链战略对企业战略的支撑作用

供应链的战略包含供应链分析和战略定位、供应链战略的构建和实施、供应链的组织协调和战略联盟、供应链绩效的评估和控制。其中,供应链的战略重点问题又包括信息化战略和绩效评估等,每个方面都对企业的战略分析发挥着关键作用。

供应链战略管理,一方面强调公司和组织内部所有职能战略之间的密切联系,另一方面强调供应链节点企业之间的战略协同与匹配。通过供应链战略管理以保证供应链能够围绕顾客需求运营,在满足顾客需求的同时实现供应链盈利。供应链战略和其他战略相互配合、相互支持,才能保证公司的成功和供应链运营的成功。

二、供应链战略与企业竞争战略的匹配

(一)战略匹配的内涵

各个企业都有自己的经营战略,很难使各个企业的战略保持一致并形成统一的供应链战略,除非这些企业都只参与这一条供应链,并愿意长久保持下去。通过协调供应链中各个企业的战略,在共同目标的导向下,形成供应链战略。战略匹配旨在建立的供应链能力与共同目标之间相互协调一致。当企业的经营战略尤其是核心企业的战略根据竞争格局变化发生调整时,供应链所构建的共同目标也必然随之改变,这时要求供应链战略也做出相应的改变,以维持战略匹配。这种匹配不但体现在供应链节点企业之间,同时还体现在节点企业内部。通常这种匹配包含以下两个部分。

(1) 经营战略与所有职能战略必须相互匹配,以构成一个协调一致的总战略,每一项职能战略必须支持其他职能战略并帮助公司实现经营战略目标。

(2) 公司的不同职能部门必须恰当地组织其流程与资源，以便成功实施这些战略。公司失败的原因，或者是由于战略不匹配，或者是因为流程与资源组合不能形成支持预期战略匹配的能力。

供应链节点企业之间的战略匹配体系的构建如图 2-1 所示。

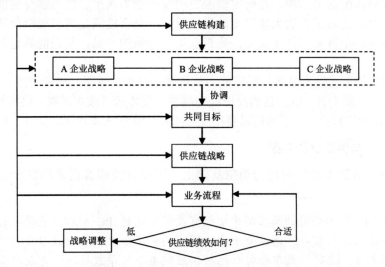

图 2-1　供应链战略与各企业战略的匹配

(二)寻求供应链的战略匹配

要获得供应链战略与经营战略的匹配，可以从以下三个方面入手。

(1) 理解顾客需求。公司必须理解每一个目标顾客群的需要，它能帮助公司确定服务要求和预期成本。

(2) 分析供应链的反应能力。每种供应链类型都被设计用来完成不同的任务。公司必须明确其供应链设计用来做什么，能在多大程度上对外界变化做出及时有效的反应。

(3) 获取战略匹配。如果供应链与预期顾客需要不相匹配，那么公司或者重新构建供应链以支持其经营战略，或者改变其经营战略以适应供应链。

1. 顾客需求分析

实现供应链战略匹配的第一步，是确定产品需求的不确定性。针对具有不同潜在需求不确定性的产品，需要构建不同的供应链以满足顾客的需求。顾客对产品有各种各样的要求，归纳起来可以分为以下六个方面。

(1) 质量。质量反映产品的使用性能、外观质量、使用可靠性和寿命等。

(2) 价格。价格包含产品的销售价格，产品在使用过程中所需消耗(如动力、维护修理、占用空间等)的费用水平，以及与可替代产品的比价等。

(3) 数量。不同的地区、季节，不同的顾客对各种产品数量上有不同的需求。市场需求的起伏波动反映顾客对产品数量需求的变化。

(4) 服务。服务是指产品售前售后对用户提供的服务，如使用培训、安装服务、使用过程中的维修、提供备件等。

(5) 交货。交货是指用户对产品有供货时间的要求。

(6) 品种。品种反映用户需求的差异，其表现形式为产品品种规格的特殊性，产品系列的宽度和深度，产品品种的新颖程度及更新速度等。

2. 供应链的反应能力分析

供应链战略匹配的第二步，是确定供应链的反应能力水平。供应链反应能力可用以下能力来衡量：是否能对需求的大幅度变动做出反应；是否能满足客户较短供货期的要求；是否具备多频率、小批量的供货能力；是否能生产创新的产品；是否能满足较高的服务水平的要求等。

供应链拥有的上述能力越多，反应能力就越强，即柔性越强，周期越短，创新性越强，服务水平越高。一般来说，供应链的反应能力越强，整体运营成本越高。供应链反应能力的提高是需要付出一定代价的。供应链需要在反应能力与效率/成本水平之间进行权衡。

3. 顾客需求与供应链的匹配

在分析顾客的需求及供应链的类型基础上，可以寻找顾客需求与供应链组合形式的匹配。

【案例2-1】戴尔公司的顾客群希望拥有最新款式的 PC 机以满足其个性化的需求，并且希望能够在几天内获得。通过分析这些顾客的需求，可以看出戴尔公司的顾客需求具有高度的不确定性。此时，戴尔公司有两种供应链类型可供选择，一是反应能力较强的供应链，二是高效率、低成本水平的供应链。如果戴尔公司选择后者，它可以利用生产的规模经济及廉价的但并不快速的运输工具来达到低成本的目的，但是这样做它将无法满足顾客所要求的多品种、个性化及快速送达的需求。因此，戴尔公司应该建立一条具有高反应能力的供应链来满足其顾客的需求。

由戴尔公司的例子可以看出，潜在需求不确定性越高，相应的供应链的反应能力就应该越强。供应链反应能力的不断提高，弥补了顾客潜在需求不确定性增大的风险。这种关系可以用图2-2所示的"匹配带"来表示。

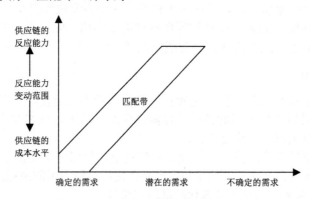

图 2-2 供应链战略"匹配带"

(三)供应链战略匹配的驱动要素与障碍因素

1. 供应链战略匹配的驱动要素

企业运营需要在供应链盈利水平和反应能力之间取得平衡，以便更好地与公司战略实现匹配。影响供应链运营的驱动要素包括设施、库存、运输、信息、资源和定价。这些因素不但从盈利水平和反应能力两方面决定供应链的运营水平，还决定着供应链的战略匹配，其关系如图 2-3 所示。下面对这些因素进行简要说明。

(1) 库存指供应链中的原材料、半成品、制成品，是一个重要的供应链驱动要素。库存的改变会在很大程度上影响供应链企业的盈利水平和反应能力。

(2) 运输和配送将产品进行位置转移。快捷运输带来高反应能力，同时成本较高，运输同时影响到供应链的库存决策和设施布局。如果厂商的竞争目标是要求高反应能力的顾客，可以利用运输提高反应能力。

(3) 设施指供应链网络中物资储存、装配或制造的地方，在供应链中扮演着生产场所或储备场所的角色。增加设施可以增强供应链的反应能力，同时也会带来成本的上升。

(4) 信息包括供应链中有关库存、运输、设施及顾客资料的收集、存储、处理、传递和分析。信息是供应链中最大的驱动要素，其直接影响其他要素，信息可以在提高供应链反应能力的同时降低运营成本。

(5) 在公司经营过程中需要购买产品或者服务，能提供产品或服务的对象成为公司在供应链运营中的资源。资源决策至关重要，直接影响着供应链的盈利能力和反应能力。

(6) 定价策略决定了供应链中的赊销顾客的规模，定价策略可以用于协调供给和需求，公司可以利用最优的定价策略改进反应能力和盈利能力。

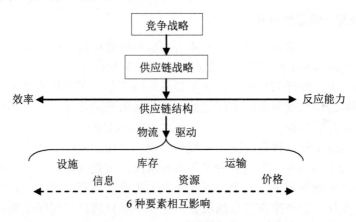

图 2-3　供应链战略决策制定的框架结构

2. 供应链战略匹配的障碍因素

企业在获取供应链战略匹配时，也面临着一些障碍因素，这些障碍因素使得供应链在权衡盈利能力与反应能力，从而获得战略匹配时变得更加困难。

(1) 产品种类的增多。由于消费者对个性化产品的需求日益提高，厂商需要提供更具有差异化和个性化的产品以满足用户的需求。产品种类的增多，使供应链复杂化，同时带来了更多的产品需求的不确定性，进一步导致供应链成本上扬，利润下降。

(2) 产品生命周期的缩短。一些产品的生命周期以前用年计算，现在可能用月来计算。产品生命周期的缩短增加了需求的不确定性，进一步影响了供应链协同及供应链运营的平衡，也增加了供应链战略匹配的难度。

(3) 顾客要求不断提高。现在的顾客要求在支付更低价格的同时获得更好的服务，这将进一步影响供应链的反应能力和盈利能力。

(4) 供应链所有权分裂。随着企业更加关注核心竞争力和业务外包的发展，造成了决策权的分散和供应链所有权的分裂。供应链分属于不同的所有者，而不同的所有者各自具有自己的经营方针和政策，致使整个供应链的决策能力和匹配水平下降。

(5) 经济全球化。经济全球化水平迅速提高对供应链战略匹配影响显著：一是企业倾向于构建全球化供应链；二是全球化也给供应链带来了新的挑战和巨大压力，无论是库存、运输还是设施选址都需要重新考虑。

(6) 执行新战略的困难。制定一项成功的供应链战略并不容易，而想把供应链战略执行好则更加困难。除了供应链动态重构的因素以外，相互的信任与合作，以及运作过程中的成本管理、绩效考核水平等都影响着供应链新战略的实施。

第二节　核心竞争力与业务外包

一、企业核心竞争力

(一)核心竞争力理论的产生

1. 现代企业竞争特征的分析

当今企业竞争是一个动态的过程。企业所面临的外界环境与所采取的竞争行为，会因时间、竞争对象及顾客的不同而变化。在这个动态意义下的竞争，主要具有以下三个特征。

(1) 竞争特色的不断开创与抵消。企业参与市场竞争，所凭借的资本是本企业的竞争特色，企业必须创造出与竞争者的不同之处，才能在激烈的竞争中立于不败之地。但是，任何一个特色或资源都不能永远维持不变，为此，企业必须不断开创出新的竞争特色。

(2) 竞争的焦点不断转移与改变。一般企业成立之初，关注的焦点大多为产品，只要产品好，顾客就会上门购买。等到企业进入成长阶段，企业逐渐意识到竞争者的威胁，很自然地会将焦点置于竞争者上。然而，以竞争者为焦点，具有一定的盲目性，因为企业所处的外界环境在变化，会产生许多市场机会，企业不应只将自己局限于现在，而忽略了未来的发展潜力。于是，在产品处于成熟阶段，企业会将焦点转移到新的市场机会，找到对企业具有吸引力的领域，并在这一领域形成竞争优势。

(3) 竞争主体多元化。在全球竞争日益激烈的环境下，竞争不再只是局限于两个企业之间，随着企业规模的不断扩大，企业组织模式的不断变化，竞争的主体可能发生在不同的企业之间，也可能发生在不同的供应链之间，还可能发生在不同的战略联盟或虚拟企业组织之间，这样，竞争的主体将会出现多元化，并增加企业竞争的激烈程度。

2. 核心竞争力的提出

随着企业竞争的加剧和外部环境的变化，企业竞争的关键资源也由资本转变为信息、知识和创新。技术的进步、外界环境的变化，都使企业感到在提高资源配置效率、赢得竞争优势方面比以往有更大的压力。20世纪80年代后期，欧美企业的实践证明，并不是行业决定了企业的盈利，在有吸引力的行业中同样存在着经营不善的企业，而企业为了寻找更有吸引力的行业，盲目多元化带来了严重的后果。20世纪90年代，企业纷纷放弃多元化战略，开始回归主业。这些企业的实践证明，除了外部行业选择之外，企业拥有的资源和能力也决定了企业的竞争力和盈利能力。

对企业而言，资源包括内部资源和外部资源两个方面。内部资源一般可以分为财务资源、人力资源、实物资源和组织资源。这些资源有些本身具有一定的独特性，但大部分资源并不具有特殊性，不同组织之间体现出来的差别更多地源于对不同资源的管理能力。企业外部资源决策的前提是对组织内部资源的分析，因为外部资源本身不具有独特性，而只有当外部资源和内部资源相互作用、相互整合后，资源便具有了企业的特征。所以，如何根据企业内部资源的特点，去发现、选择、利用外部资源，才是企业核心竞争力的内在反映，而这一决策的前提仍然是企业知识和能力的积累。因此，企业为了适应新的竞争环境，如何整合内部资源与外部资源是企业实现竞争力的关键之一，这也是企业自营与业务外包决策的出发点。

(二)企业核心竞争力的内涵

企业竞争力就是企业和企业家设计、生产和销售产品与服务的能力，其产品和服务的价格和非价格的质量等特性比竞争对手具有更大的市场吸引力。企业竞争力也是企业和企业家在适应、协调和驾驭外部环境的过程中成功地从事经营活动的能力。核心竞争力是一个企业能够长期获得竞争优势的能力，是企业所特有的、能够经得起时间考验的、具有延展性，并且是竞争对手难以模仿的技术或能力的综合体现。

竞争力的形成依赖于企业所拥有的诸多能力。若把企业竞争力看作一个层次结构，其能力结构可以分为三个层次。第一个层次，企业竞争力的表层，是企业竞争力大小的体现，主要表现为一系列竞争力衡量指标；第二个层次，企业竞争力的中层，是企业竞争优势的重要来源，决定了竞争力衡量指标的分值；第三个层次，企业竞争力的深层，是企业竞争力的深层次土壤和真正的源泉，决定了企业竞争力的持久性。

从另一个角度来说，企业竞争力可以看作企业的持续发展、后劲增长、资产增值和效益提高的能力。因此，就企业本身来说，竞争力因素包括以下五个方面：采用新技术的速度和技术改造的进度；新产品、新技术研究、开发的状况；劳动生产率的提高；产品的质量优势；综合成本的降低和各种开支的节约。另外，宏观方面的金融政策、税率高低、法制情况、知识产权的保护等，对企业竞争力都有重要的影响。

可以说，竞争力是特定企业个性化发展过程中的产物，它并不存在于公司的某一个地方，而是充斥于公司不同的研究、开发、生产、采购、仓储及市场营销等部门。它是根植于企业中的无形资源，不像实物资源会随使用而折损，对于竞争对手而言，既无法完全模仿，更无法完全交易。它是组织中集体学习的结晶，将在不断的应用和分享过程中得到改进和精炼。

20世纪90年代以来，关于企业竞争力的研究开始逐渐转移到企业核心竞争力领域，企业竞争优势来源于以比竞争对手更低的成本、更快的速度去发展自身的能力，来源于能够产生更高的、具有强大竞争力的核心能力。由于任何企业所拥有的资源都是有限的，它不可能在所有的业务领域都获得竞争优势，因而必须将有限的资源集中在核心业务上。

核心竞争力可以定义为：企业借以在市场竞争中取得并扩大优势的决定性的力量。核心竞争力的表现形式多种多样，存在于人、组织、环境、资产、设备等不同的载体之中。由于信息、专长、能力等在本质上仍是企业或组织内部的知识，而组织独特的价值观和文化，属于组织的特有资源，所以，可以认为企业核心竞争力的本质是企业特有的知识和资源。

> **【案例2-2】** 本田公司的引擎设计及制造能力，联邦航空公司的追踪及控制全世界包裹运送的能力，都使它们在本行业及相关行业的竞争中立于不败之地。万宝路公司生产很多相关性很低的产品，但它却能利用核心能力，使公司整体蓬勃发展，扩大了原来局限于香烟的竞争优势。

(三)核心竞争力的特征及判断

供应链的竞争优势来源于供应链节点企业，供应链和供应链节点企业必须具有独特的核心竞争力。通过对企业进行分析，找到核心竞争力所在，并使之得到持续发展。分析核心竞争力的前提是了解核心竞争力的特征，并依据判定标准做出判断。在实践中，判定企业的资源和能力是否是核心能力的唯一标准是看其能否产生持久性竞争优势。核心能力成为核心竞争力的标准是：从客户的角度出发，是有价值且不可替代的；从竞争者出发，是独特且不可模仿的。

1. 企业核心竞争力的外部特征

(1) 有用性：能为顾客带来较大价值，对顾客所重视的价值有关键性贡献。

(2) 独特性：必须能够使竞争力独树一帜，不能轻易地被竞争对手模仿。

(3) 延展性：核心竞争力为企业提供了一个进入多种产品市场的潜在途径。核心竞争力必须能够不断推衍出一系列新产品，具有旺盛和持久的生命力。

(4) 叠加性：即两项或多项核心能力一经叠加，可派生出一种新的核心能力。这也是战略联盟的主要动因。

2. 企业核心竞争力的判断标准

对企业核心竞争力的诊断和分析首先要从外部环境开始，分析企业是否在一定的市场环境下有核心产品，然后对企业进行核心竞争力分析。

企业核心竞争力的判断标准可以归纳为以下四个方面。

(1) 核心竞争能力必须是有价值的能力。能增加企业外部环境中的机会或减少竞争威胁，能够帮助企业在激烈的市场竞争中保持长期的竞争优势。

(2) 核心竞争力是企业独一无二的、没有被当前和潜在的竞争对手所拥有的竞争能力。即使一种竞争能力很有价值，但是如果可以被许多竞争对手所拥有，那它产生的只能是竞争均势而不是竞争优势。

(3) 核心竞争能力必须是不易被其他企业模仿和学习的，或模仿和学习的成本很高。在以下情况下形成的企业核心竞争力很难被竞争对手所模仿和学习：企业核心竞争力的形成有其独特的历史和条件；企业核心竞争力与其所表现的竞争优势之间的联系不易被清楚分析；企业核心竞争力的形成与一定的社会人文环境有关，包括社会文化、价值观念和传统习俗等。

(4) 核心竞争力必须是难以被替代的，它应该没有战略性的等价物。战略性等价物是指当两种不同的资源或竞争力可以分别用于实施同一种战略时，这两种资源或竞争力在战略上讲就是等价的。通常来说，一项竞争力越是来源于知识与技能的结合，就越难找到战略上的替代物。

二、供应链管理下的业务外包

(一)业务外包的内涵

业务外包(Outsourcing)，也称资源外包、资源外置，是指企业整合其外部的优秀资源，从而达到降低成本、提高效率、充分发挥自身核心竞争力和增强企业对环境的迅速应变能力的一种管理模式。企业为了获得比单纯利用内部资源更多的竞争优势，将其非核心业务交由合作企业完成。企业实施业务外包，是将自身的优势集中化，同时借助企业外部优势资源弥补和改善自身的不足。从战略层面看，业务外包给企业提供了较大的灵活性。

(二)业务外包的原因

业务外包推崇的理念是，如果在供应链上的某一环节不是世界上最好的，同时这不是本企业的核心竞争优势，如果这种活动不至于与客户分开，那么可以把它外包给世界上最好的专业公司去做。也就是说，首先确定企业的核心竞争力，并把企业内部的智能和资源集中在那些有核心竞争优势的活动上，然后将剩余的企业活动外包给最好的专业公司。供应链环境下的资源配置决策是一个增值的决策过程，如果企业能以更低的成本获得比自制更高价值的资源，那么企业应选择业务外包。促使企业实施业务外包的原因主要包括以下几点。

1. 分担风险，共享收益

企业通过资源外向配置，与外部的合作伙伴分担风险，可以变得更有柔性，更能适应变化的外部环境，同时将各类风险有效地在供应链上分解，由供应链节点企业共同承担，提高了企业应对风险的能力。在分担风险的同时，通过供应链协作，提高供应链运作水平和盈利能力，供应链节点企业通过有效的利益分享机制，共享收益，实现共赢。

2. 快速重构，提高柔性

企业重构需要花费很多的时间，并且获得效益也需要很长的时间，而业务外包是企业重构的重要策略，可以帮助企业很快地解决业务方面的重构问题。

3. 企业难以管理或失控的辅助业务职能

企业可以将在内部运行效率不高的业务职能进行外包，但是这种方法并不能彻底解决企业的问题，相反，这些业务职能可能在企业外部变得更加难以控制。在这种时候，企业必须花时间去找到问题的症结所在。

4. 使用外部资源

如果企业没有有效完成业务所需的资源，包括现金、技术、设备等，而且不能盈利时，企业也会将业务外包。这是企业临时外包的原因之一，但是企业必须同时进行成本/利润分析，确认在长期情况下这种外包是否有利，由此决定是否应该采取外包策略。

5. 降低和控制成本，节约资本资金

许多外部资源配置服务提供者都拥有比本企业更有效、更便宜地完成业务的技术和知识，因而他们可以实现规模效益，并且愿意通过这种方式获利。企业可以通过外向资源配置，避免在设备、技术、研究开发上的大量投资。

6. 培育自身的核心竞争力

通过业务外包，企业能够将有限的资源集中到与核心能力相关的业务上，从而提高自身资源利用的效率。更多的资源投入，有利于企业自身核心能力的提升，进一步培育核心竞争力。

(三)自制/外包决策分析

企业如何确定哪些业务自己生产，哪些业务可以外包呢？一般来说，企业首先需要确定自己的核心竞争力，自制/外包决策的关键是企业能否找到自己的核心竞争力，并利用这种能力向外发展。因此，企业需要分析：支持核心产品和主营业务的技术优势和专长是什么，这种技术和专长的难度、先进性和独特性如何，企业是否能够巩固和发展自己的专长，能为企业带来何种竞争优势，以及竞争力强度如何等。

根据业务对企业运作成功的重要程度和企业处理该项业务的能力，企业可以选取如图2-4所示的四种基本策略。

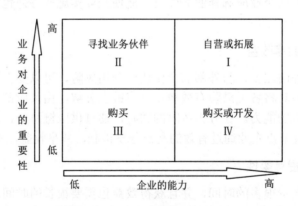

图 2-4 自制/外包策略选择

(四)业务外包的主要方式

业务外包的主要方式表现在以下几个方面。

(1) 临时服务和临时工。企业在完全控制主产品生产过程的同时，会外包一些辅助性、临时性的服务。在企业需要有特殊技能的职工而又不需永久拥有，或企业有超额工作时，临时性服务有着显著的优势，企业可以缩减过量的经常性开支，降低固定成本，同时提高劳动力的柔性，提高生产率。

(2) 子网。大量的企业将控制导向、纵向一体化的企业组织分解为独立的业务部门或

公司，形成母公司的子网公司。这些独立的部门性公司几乎完全脱离母公司，变得更加有柔性、效率和创新性，同时，由于减少了纵向一体化环境下官僚作风的影响，它们能更快地对快速变化的市场环境做出反应。

(3) 与竞争者合作。与竞争者合作使得两个竞争者把自己的资源投入到共同的任务中，这样不仅可以使企业分散开发新产品的风险，同时，也使企业可以获得比单个企业更高的创造性和柔性。尤其在高科技领域，要获得竞争优势，企业就必须尽可能把规模做得小而有柔性，并尽可能与其他企业建立合作关系。

(4) 脑力外包。脑力外包主要集中在咨询和服务领域。脑力外包能够帮助企业调整组织架构，释放企业风险，摆脱杂务干扰，企业可以专心经营核心资源，培育独特的竞争优势，使企业兼具灵活性和创造力。目前，脑力外包最多的是信息技术管理，其次是财务和人力资源管理。

(5) 公关外包。公关外包在国际上已经相当流行，几乎所有的《财富》500强企业都将部分甚至全部公关业务外包。

(6) 人力资源外包。人力资源外包已经广泛地应用于各个领域，通过人才租赁、劳务派遣等方式服务于各类企业。

(7) 除核心竞争力之外的完全业务外包。通过签订转包合同将业务外包。

> 【案例2-3】 在通信行业，新产品寿命周期基本上不超过1年，MCI公司就是靠转包合同而不是靠自己开发新产品在竞争中立于不败之地。MCI公司的转包合同每年都在变换，他们有专门的小组负责寻找能为其服务增值的企业，从而使MCI公司能提供最先进的服务。它的通信软件包都是由其他企业所完成的，而它所要做的是将所有通信软件包集成在一起为客户提供最优质的服务。
>
> (资料来源：供应链管理环境下的企业业务外包. 中国贸易金融网.
> http://zhidao.baidu.com/question/35722395.html.)

(五)业务外包的问题

> 【案例2-4】 1981年年底，当IBM公司决定进入PC机(个人电脑)市场时，公司没有PC机的生产能力。为了加快产品上市的速度，IBM几乎将PC机所有主要部件的生产都外包出去了。例如，微处理器交给了Intel公司，操作系统由位于西雅图的Microsoft公司提供。通过对这些厂家和资源进行整合，IBM在15个月内将计算机推向了市场。而且，在3年内，IBM取代苹果公司成为PC机市场的老大。到1985年，IBM已经占据了PC机市场份额的40%。然而当竞争对手康柏进入市场时选择了和IBM相同的供应商，IBM的外包策略开始出现问题。当IBM试图用它新开发的配置了OS/2系统的产品重新控制市场时，其他公司没有跟随IBM，原来的系统仍然在市场上占据主导地位。到1995年，IBM的市场份额已经下降到8%，落在了市场领导者康柏的10%的后面。
>
> (资料来源：IBM的成功与失败. 百度知道. http://zhidao.baidu.com/question/35722395.html.)

从IBM的例子中，可以看出外包策略存在的问题。

(1) 业务外包可以减少企业对业务的监控，但它同时增加了企业责任外移的可能性。

企业必须不断监控外企业的行为并与之建立长期稳定的联系。

(2) 业务外包容易失去具有竞争力的技术和知识。将关键部件外包出去会泄露公司的技术机密，给竞争对手以可乘之机，从而使企业失去具有竞争力的技术和知识。另外，由于受供应商的技术开发和引进计划的制约，使外包企业很难根据自己的计划引入新技术。

(3) 发生目标冲突。企业和供应商之间往往具有冲突的目标。例如，企业通过将部件外包出去，希望达到提高灵活性的目标，这需要具备能够根据市场需求调整产品结构以更好达到供需平衡的能力。但是，这个目标恰恰与供应商所希望达到的长期、稳定的目标相矛盾。这是供应商和需求方之间存在的重要不同之处。供应商的边际利润相对较低，因此，他们会致力于降低成本而不是增加灵活性。同时，产品设计也会受到企业与供应商目标冲突的影响。企业希望快速地解决设计问题，而供应商对成本的关注，通常会影响响应设计变化的速度。

(4) 人力资源方面的问题。随着更多业务外包，企业会减少员工数量。这一方面会影响员工的士气和团队合作精神，另一方面也会给企业带来冗余人员的安置问题。

第三节　供应链合作伙伴的选择

一、供应链合作伙伴关系概述

(一)供应链合作伙伴关系的内涵

供应链合作伙伴关系可以定义为供应商与制造商之间，在一定时期内的共享信息、共担风险、共同获利的协议关系。

这种战略合作关系形成于集成化供应链管理环境下，形成于供应链中为了特定的目标和利益的企业之间。形成的原因通常是为了降低供应链总成本、降低库存水平、增强信息共享、改善相互之间的交流、保持战略合作伙伴之间操作的一贯性，以实现供应链节点企业的财务状况、质量、产量、交货期、用户满意度以及业绩的改善和提高，产生更大的竞争优势。显然，战略合作关系必然要求强调合作和信任。

实施供应链合作关系就意味着新产品、新技术的共同开发、数据和信息的交换、市场机会共享和风险共担。在供应链合作关系环境下，制造商选择供应商不再只考虑价格，而是更注重选择能在优质服务、技术革新、产品设计等方面进行良好合作的供应商。供应商为制造企业的生产和经营提供各种生产要素，如原材料、能源、机器设备、零部件、工具、技术和劳务服务等。供应者所提供要素的数量和价格，直接影响到制造企业生产的好坏、成本的高低以及产品质量的优劣。因此，制造商与供应商的合作关系应着眼于以下几个方面。

(1) 让供应商了解企业的生产程序和生产能力，使供应商能够清楚地知道企业需要产品或原材料的数量、质量和期限。

(2) 向供应商提供自己的经营计划、经营策略及相应的措施，使供应商明确企业的希望，以使自己能随时达到企业要求的目标。

(3) 企业与供应商要明确双方的责任，并各自向对方负责，使双方明确共同的利益所在,并为此而团结一致,达到双赢的目的。

供应链合作伙伴关系与传统供应商关系有着很大的区别,如表 2-1 所示。供应链合作关系发展的主要特征就是从以产品/物流为核心转向以集成/合作为核心。在集成/合作逻辑思维指导下,供应商和制造商把他们相互的需求和技术集成在一起,以实现为制造商提供最有用产品的共同目标。因此,供应商与制造商的交换不仅仅是物质上的交换,还包括一系列可见和不可见的服务。供应商要具备创新能力和良好的设计能力,以保证交货的准确性和可靠性。这就要求供应商采用先进的管理技术,如 JIT(Just in Time,准时生产技术)、TQM(Total Quality Management,全面质量管理)等,管理和控制中间供应商网络。而对制造商来说,需要提供的活动和服务包括控制供应市场、管理和控制供应网络、提供培训和技术支持、为供应商提供财务服务等。

表 2-1 供应链合作伙伴关系与传统供应商关系模式比较

比较内容	传统供应商关系	供应链合作伙伴关系
相互交换的主体	物料	物料、服务、技术等核心资源
供应商选择标准	价格	多标准评估(交货的质量、准时性、可靠性、服务)
稳定性	短期关系	长期、稳定、合作关系
合同性质	单一	开放的长期合同
供应商数量	数量众多	数量较少
供应商规模	小	大
供应商的定位	经济区域范围内	更大范围内合理配置资源
信息交流	较少的信息共享	广泛的信息共享
技术支持	不提供	提供
质量控制	输入检查控制	质量保证
选择范围	投标评估	广泛评估可增值的供应商

(二)供应链合作伙伴关系的形成、发展及意义

1. 供应链合作关系形成的驱动力

供应链合作关系形成的驱动力主要来源于以下几个方面。

(1) 企业间资源的相互依赖与互补。企业必须要与它所处的环境进行交换来获取需要的资源,与外部各种实体之间相互依赖,有助于企业长期绩效产生。

(2) 企业战略的选择。企业建立战略伙伴关系是为了提高自己的竞争能力或市场营销能力。伙伴关系建立的原因多种多样,不单纯是从某种资源需求或交易成本的角度进行考虑,战略合作选择的范围较为广泛。

(3) 企业相互学习的需要。企业之间建立合作关系可以使其获得新的学习机会,从对方获取新的技术和技能,并通过自身的发现、利用和创新提高企业优势,达到发展和壮大企业的目的。

(4) 制度完善的需要。制度环境和社会规范会给企业形成压力,企业必须向着社会规范的方向努力,最好加入到合作伙伴的关系之中,获得别人的信任及一些相关资源,以提

高规范化、制度化的能力，帮助自己得到关键资源和经验，使其声誉、社会价值与环境相吻合。

(5) 关系加强的途径。企业的关键资源可能在组织的边界之外，这就需要构建内外关系形成新的竞争优势，如特定关系资产、共同拥有的知识、互补的资源和能力、有效的管理机制、合作关系的设定等，以有利于协同发展和提高生产率。关系构筑越强，企业获取经验和资源的能力也就越强，对手越难以模仿。

(6) 交易成本的降低。企业为了共同的利益合作，从而避免成员间的机会主义行为，以减少控制和监督的成本，合作关系还可以避免单个成员内部生产不擅长或成本过高的产品。

综上所述，提高企业核心竞争力、更好地满足不断变化的顾客期望和外包战略的实施，是供应链战略合作伙伴关系形成的最主要因素。

2. 供应链合作伙伴关系的发展阶段

从国内外学者研究文献中可以清楚地看到，对供应链管理模式的认识，人们强调得最多的就是企业间的战略伙伴关系，把基于这种新型企业关系和传统企业关系的管理模式区别开来，就形成了供应链管理模式。从历史上看，企业关系大致经历了三个发展阶段，如图 2-5 所示。

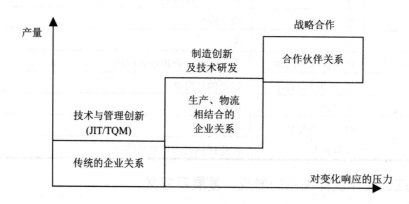

图 2-5 企业关系演变过程

从传统的企业关系过渡到创新的合作企业关系模式，经历了从以生产与物流相结合为特征的物流关系(20 世纪 70~80 年代)，到以战略协作为特征的合作伙伴关系(20 世纪 90 年代)的过程。在传统的观念中，供应管理就是物流管理，企业关系主要是买卖关系。基于这种企业关系，企业的管理理念是以生产为中心的，供销处于次要的附属地位。企业间很少沟通与合作，更谈不上企业间的战略联盟与协作。

从传统的以生产为中心的企业关系模式向物流关系模式转化，JIT 和 TQM 等管理思想起着催化剂的作用。为了达到生产的均衡化和物流的同步化，必须加强部门间、企业间的合作与沟通。但是，基于简单物流关系的企业合作关系，可以认为是一种处于作业层和技术层的合作。在信息共享(透明性)、服务支持(协作性)、并行工程(同步性)、群体决策(集智性)、柔性与敏捷性等方面都不能很好地适应越来越激烈的市场竞争的需要，企业需要更高层次的合作与集成，于是产生了基于战略伙伴关系的企业模型。

具有战略合作伙伴关系的企业体现了企业内外资源集成与优化利用的思想。基于这种企业运作环境的产品制造过程,从产品的研究开发到投放市场,周期大大缩短了,而且顾客导向化程度更高,模块化、简单化产品及标准化组件的生产模式使企业在多变的市场中柔性和敏捷性显著增强,虚拟制造与动态联盟加强了业务外包这种策略的利用。企业集成即从原来的中低层次的内部业务流程重组上升到企业间的协作,这是一种最高级别的企业集成模式。在这种企业关系中,市场竞争的策略最明显的变化就是基于时间的竞争和价值链的价值让渡系统管理,或称为基于价值的供应链管理。

3. 建立供应链合作伙伴关系的意义

选择了合适的战略合作伙伴必然将使核心企业在很多方面产生一系列的巨大优势,从而提高整个供应链的竞争能力。然而,如果选择了不合适的供应链战略合作伙伴,所带来的破坏性也是巨大的。

从供应链合作关系在缩短供应链总周期时间中的地位,可以看出它对于供应链管理企业的重要意义。速度是企业赢得竞争的关键所在,供应链中制造商要求供应商加快生产运作速度,通过缩短供应链总周期时间,达到降低成本和提高质量的目的。从图2-6中可以看出,要缩短总周期,主要依靠缩短采购时间、内向运输时间、外向运输时间和设计制造时间(制造商与供应商共同参与),显然加强供应链合作关系运作的意义重大。通过建立供应商与制造商之间的战略合作关系,可以达到以下目标。

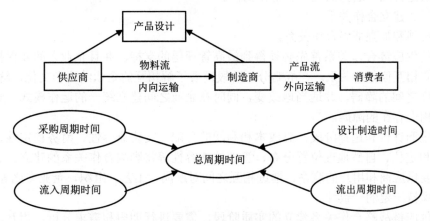

图 2-6 供应链总周期时间

(1) 对于制造商/买主。降低合同成本;实现数量折扣、获得稳定而有竞争力的价格;提高产品质量和降低库存水平;改善时间管理;交货提前期的缩短和可靠性的提高;提高面向工艺的企业规划;更好的产品设计和对产品变化更快的反应速度;强化数据信息的获取和管理控制。

(2) 对于供应商/卖主。保证有稳定的市场需求;更好地了解和理解用户需求;高运作质量;提高零部件生产质量;降低生产成本;提高对买主交货期改变的反应速度和柔性;获得更高的利润。

(3) 对于双方。改善相互之间的交流;实现共同的期望和目标;共担风险和共享利益;共同参与产品和工艺开发,实现相互之间的工艺集成、技术和物理集成;减少外在因素的影响及其造成的风险;降低投机思想和投机概率;增强矛盾冲突解决能力;订单、生产、运输上实现规模效益以降低成本;减少管理成本;提高资产利用率。

虽然有这些利益存在，但仍然有许多潜在的风险会影响供应链战略合作关系的参与者。最重要的是，过分地依赖一个合作伙伴可能在合作伙伴不能满足其期望要求时造成惨重损失。同时，企业可能因为对战略合作关系的失控、过于自信、合作伙伴的过于专业化等原因降低竞争力。而且，企业可能过高估计供应链战略合作关系的利益而忽视了潜在的缺陷。所以，企业必须对传统合作关系和战略合作关系策略进行正确对比，再做出最后的决策。研究表明，结成战略合作关系后，其优势一般要等到 3 年以后才能显现。因此，将供应链战略合作关系当作企业的短期行为是不可取的。

二、选择供应链合作伙伴

(一)建立供应链合作关系概述

在一个企业从实施供应链战略合作关系获益之前，首先必须认识到这是一个复杂的过程，供应链合作关系的建立不仅是企业结构上的变化，在观念上也必须有相应的改变。所以，必须一丝不苟地选择供应商，以确保真正实现供应链合作关系的利益最大化。

建立供应链合作关系可以分为以下几个步骤。
(1) 供应链战略合作关系的需求分析。
(2) 确定标准，选择供应商和合作伙伴。
(3) 正式建立合作关系。
(4) 实施和加强战略合作关系。

良好的供应链合作关系首先必须得到最高管理层的支持，并且企业之间要保持良好的沟通，建立相互信任的关系。在战略分析阶段需要了解相互的企业结构和文化，解决社会、文化和态度之间的障碍，并适当地改变，同时在企业之间建立统一的运作模式，解决业务流程和结构上存在的障碍。

在供应商评价和选择阶段，总成本和利润的分配、文化兼容性、财务稳定性、合作伙伴的能力和定位、自然地理位置分布、管理的兼容性等将影响合作关系的建立。企业必须增加与主要供应商和用户的联系，增进相互之间对产品、工艺、组织、企业文化等的了解，相互之间保持一定的一致性。

到了供应链战略合作关系建立的实质阶段，需要进行期望和需求分析，相互之间需要紧密合作，加强信息共享，相互进行技术交流和提供设计支持。在实施阶段，相互之间的信任最为重要，良好愿望、柔性、解决矛盾冲突的技能、业绩评价、有效的技术方法和资源支持等都很重要。

(二)供应链合作伙伴的选择

合作伙伴的评价选择是供应链合作关系运行的基础。合作伙伴的业绩在今天对制造企业的影响越来越大，在交货、产品质量、提前期、库存水平和产品设计等方面都影响着制造商的成功与否。传统的供应关系已不再适应激烈的全球竞争和产品需求日新月异的环境，为了实现低成本、高质量、柔性生产、快速反应的目标，企业的业务重构就必须包括对供应商的评价选择。合作伙伴的评价选择对于企业来说是多目标的，包含多层次的可见和不可见因素。

1. 供应链合作伙伴关系的类型

在集成化供应链管理环境下,因短期成本最小化的需要,供应链合作关系的运作需要减少供应源的数量,但是供应链合作关系并不意味着单一的供应源;因紧密合作的需要,相互的连接变得更专有。制造商会在全球市场范围内寻找最杰出的合作伙伴,这样可以把合作伙伴分为两个层次:重要合作伙伴和次要合作伙伴。前者是少而精的、与制造商关系密切的合作伙伴,后者是相对多的、与制造商关系不太密切的合作伙伴。供应链合作关系的变化主要影响重要合作伙伴,而对次要合作伙伴的影响较小。

根据合作伙伴在供应链中的增值作用和其竞争实力,可将合作伙伴分成不同的类别,分类矩阵如图 2-7 所示。纵轴代表的是合作伙伴在供应链中的增值作用,对于一个合作伙伴来说,如果他不能对增值做出贡献,那么他对供应链的其他企业就没有吸引力。横轴代表某个合作伙伴与其他合作伙伴之间的区别,主要是设计能力、特殊工艺能力、柔性、项目管理能力等方面的竞争力的区别。

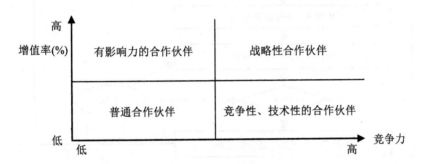

图 2-7 合作伙伴分类矩阵

在实际运作中,应根据不同的目标选择不同类型的合作伙伴。对于长期需求而言,要求合作伙伴能保持较高的竞争力和增值率,因此最好选择战略性合作伙伴;对于短期或某一短暂市场需求而言,只需选择普通合作伙伴满足需求则可,以保证成本最小化;对于中期需求而言,可根据竞争力和增值率对供应链重要程度的不同,选择不同类型的合作伙伴:有影响力的或竞争性、技术性的合作伙伴。

2. 选择合作伙伴的一般原则

在合作伙伴的选择过程中,应根据不同的供应链组织形式和具体任务制定不同的选择原则和标准。建立评价指标体系基本的原则主要有以下几个。

(1) 系统全面。评价指标体系必须全面反映供应商目前的综合水平,包括企业发展前景的各方面指标。

(2) 简明科学。评价指标体系的大小必须适宜,如果指标体系过大、层次过多、指标过细,势必将评价者的注意力吸引到细小的问题上;而指标体系过小、层次过少、指标过粗,又不能充分反映供应商的水平。

(3) 稳定可比。评价指标体系的设置应易与国内其他指标体系相比较。

(4) 灵活可操作。评价指标体系应具有足够的灵活性,以使企业能根据自己的特点及实际情况对指标灵活运用。

3. 供应链合作伙伴关系选择的步骤

合作伙伴的综合评价选择可以归纳为以下几个步骤，如图 2-8 所示。企业必须确定各个步骤的开始时间，每一个步骤对企业来说都是动态的，即企业可自行决定先后和开始时间，并且每一个步骤对企业来说都是一次改善业务的过程。

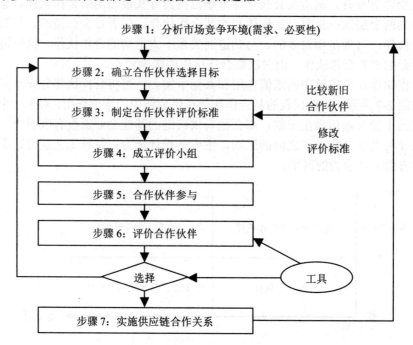

图 2-8 合作伙伴评价、选择步骤

步骤 1：分析市场竞争环境(需求、必要性)。

市场需求是企业一切活动的驱动源，建立基于信任、合作、开放性交流的供应链长期合作关系，必须首先分析市场竞争环境。分析市场竞争环境的目的在于找到针对哪些产品市场开发供应链合作关系才有效，必须知道现在的产品需求是什么，产品的类型和特征是什么，以确认用户的需求，确认是否有建立供应链合作关系的必要。如果已建立供应链合作关系，则根据需求的变化确认供应链合作关系变化的必要性，从而确认合作伙伴评价选择的必要性。同时分析现有合作伙伴的现状，分析、总结企业存在的问题。

步骤 2：确立合作伙伴选择目标。

确定合作伙伴评价程序如何实施、信息流程如何运作、由谁负责，而且必须建立实质性、实际的目标。其中降低成本是主要目标之一，合作伙伴评价、选择不仅是一个简单的评价、选择过程，它本身也是企业自身和企业与企业之间的一次业务流程重构过程，实施得好，它本身就可带来一系列的利益。

步骤 3：制定合作伙伴评价标准。

合作伙伴综合评价的指标体系既是企业对合作伙伴进行综合评价的依据和标准，也是反映企业本身和环境所构成的复杂系统不同属性的指标，按隶属关系、层次结构有序组成的集合。根据系统全面性、简明科学性、稳定可比性、灵活可操作性的原则，建立集成化供应链管理环境下合作伙伴的综合评价指标体系。不同行业、企业、产品需求、不同环境下的合作伙伴评价应是不一样的。但不外乎都涉及合作伙伴的业绩、设备管理、人力资源开发、质量控制、成本控制、技术开发、用户满意度、交货协议等可能影响供应链合作关系的方面。

步骤4：成立评价小组。

企业必须建立一个小组以控制和实施合作伙伴评价。组员以来自采购、质量、生产、工程等与供应链合作关系密切的部门为主，组员必须有团队合作精神、具有一定的专业技能。评价小组必须同时得到制造商企业和合作伙伴企业最高领导层的支持。

步骤5：合作伙伴参与。

一旦企业决定进行合作伙伴评价，评价小组必须与初步选定的合作伙伴取得联系，以确认他们是否愿意与企业建立供应链合作关系，是否有获得更高业绩水平的愿望。企业应尽可能早地让合作伙伴参与到评价的设计过程中来。然而，由于企业的力量和资源有限，企业只能与少数的、关键的合作伙伴保持紧密合作，所以参与的合作伙伴不能太多。

步骤6：评价合作伙伴。

评价合作伙伴的一个主要工作是调查、收集有关合作伙伴的生产运作等全方位的信息。在收集合作伙伴信息的基础上，就可以利用一定的工具和技术方法进行合作伙伴的评价了。在评价之后，有一个决策点，根据一定的技术方法选择合作伙伴，如果选择成功，则可以开始实施供应链合作关系，如果没有合适的合作伙伴可选，则返回步骤2重新开始评价选择。

步骤7：实施供应链合作关系。

在实施供应链合作关系的过程中，市场需求将不断变化，可以根据实际情况的需要及时修改合作伙伴评价标准，或重新开始合作伙伴评价选择。在重新选择合作伙伴的时候，应给予以前的合作伙伴以足够的时间适应变化。

(三)供应链合作伙伴的选择方法

选择合作伙伴，是对企业输入物资的适当品质、适当期限、适当数量与适当价格的总体进行选择的起点与归宿。选择合作伙伴的方法较多，一般要根据供应单位的多少、对供应单位的了解程度以及对物资需要的时间是否紧迫等要求来确定。目前，国内外较常用的方法包括以下七种。

1. 直观判断法

直观判断法是根据征询和调查所得的资料并结合人的分析判断，对合作伙伴进行分析、评价的一种方法。这种方法主要是倾听和采纳有经验的采购人员意见，或者直接由采购人员凭经验做出判断。此方法常用于选择企业非主要原材料的合作伙伴。

2. 招标法

当订购数量大、合作伙伴竞争激烈时，可采用招标法来选择适当的合作伙伴。它是由企业提出招标条件，各投标企业进行竞标，然后由企业决标，与提出最有利条件的合作伙伴签订合同或协议。招标法可以是公开招标，也可以是指定竞标。公开招标对投标者的资格不予限制；指定竞标则由企业预先选择若干个可能的合作伙伴，再进行竞标和决标。招标方法竞争性强，企业能在更广泛的范围内选择适当的合作伙伴，以获得供应条件有利的、便宜而适用的物资。但招标手续较**繁杂**,时间长,不能适应紧急订购的需要;订购机动性差,有时订购者对投标者了解不够,双方未能充分协商,造成货不对路或不能按时到货。

3. 协商选择法

在供货方较多、企业难以抉择时,也可以采用协商选择的方法,即由企业先选出供应条件较为有利的几个合作伙伴,同他们分别进行协商,再确定适当的合作伙伴。与招标法相比,协商选择法由于供需双方能充分协商,在物资质量、交货日期和售后服务等方面较有保证。但由于选择范围有限,不一定能得到价格最合理、供应条件最有利的供应来源。当采购时间紧迫、投标单位少、竞争程度小、订购物资规格和技术条件复杂时,协商选择法比招标法更为合适。

4. 采购成本比较法

对质量和交货期都能满足要求的合作伙伴,需要通过计算采购成本来比较分析。采购成本一般包括售价、采购费用、运输费用等各项支出的总和。采购成本比较法是通过计算分析各个不同合作伙伴的采购成本,选择采购成本较低的合作伙伴的一种方法。

5. ABC 成本法

1996 年,鲁德霍夫和科林斯提出基于活动的成本分析法,通过计算合作伙伴的总成本来选择合作伙伴。

6. 层次分析法

20 世纪 70 年代,著名运筹学家赛惕提出层次分析法,后来韦伯等提出利用层次分析法用于合作伙伴的选择。它作为一种定性和定量相结合的工具,目前已在许多领域得到了广泛的应用。

7. 合作伙伴选择的神经网络算法

人工神经网络(Artificial Neural Network,ANN)是 20 世纪 80 年代后期迅速发展起来的一门新兴学科。这里将 ANN 应用于供应链管理环境下合作伙伴的综合评价选择,意在建立更加接近于人类思维模式的定性与定量相结合的综合评价选择模型。通过对给定样本模式的学习,获取评价专家的知识、经验、主观判断及对目标重要性的倾向,当对合作伙伴做出综合评价时,该方法可再现评价专家的经验、知识和直觉思维,从而实现了定性分析与定量分析的有效结合,也可以较好地保证合作伙伴综合评价结果的客观性。

第四节 供应链网络结构的建立

一、供应链设计的原则

在供应链的设计过程中,普遍认为应遵循一些基本原则,以保证供应链的设计和重建能满足供应链管理思想得以实施和贯彻的要求。

1. 自顶向下和自底向上相结合的设计原则

在系统建模设计方法中，存在两种设计方法，即自顶向下和自底向上的方法。自顶向下是从全局走向局部的方法，自底向上是从局部走向全局的方法；自顶向下是系统分解的过程，自底向上则是一种集成的过程。在设计一个供应链系统时，往往先由主管高层做出战略规划与决策，规划与决策的依据来自市场需求和企业发展规划，然后由下层部门实施决策，因此供应链的设计是自顶向下和自底向上的综合。

2. 简洁性原则

为了使供应链具有灵活快速响应市场的能力，供应链的每个节点都应是精简而具有活力的，能实现业务流程的快速组合。例如，供应商的选择遵循少而精的原则，通过和少数的供应商建立战略合作伙伴关系，以减少采购成本，推动实施 JIT 采购法和准时生产；生产系统的设计更是应以精细思想为指导，努力实现从精细的制造模式到精细的供应链这一目标。

3. 集优原则

集优原则又称互补性原则。供应链各个节点的选择应遵循强强联合的原则，达到实现资源共用的目的，每个企业只集中精力致力于各自核心的业务过程，就像一个独立的制造单元，这些单元化企业具有自我组织、自我优化、面向目标、动态运行和充满活力的特点，能够实现供应链业务的快速重组。

4. 协调性原则

供应链业绩的好坏取决于供应链合作伙伴关系是否和谐，因此建立战略合作伙伴关系的企业关系模型是实现供应链最佳效能的保证。和谐是描述系统是否形成了充分发挥系统成员和子系统的能动性、创造性及系统与环境的总体协调性，只有和谐而协调的系统才能发挥最佳的效能。

5. 动态性原则

动态性原则又称不确定性原则。不确定性在供应链中随处可见，容易导致需求信息的扭曲。因此要预见各种不确定因素对供应链运作的影响，减少信息传递过程中的信息延迟和失真。增加透明性，减少不必要的中间环节，提高预测的精度和时效性对降低不确定性的影响都是极为重要的。

6. 创新性原则

创新是系统设计的重要原则，没有创新性思维，就不可能有创新的管理模式。要产生一个创新的系统，就要敢于打破各种陈旧的思维框框，用新的角度、新的视野审视原有的管理模式和体系，进行大胆的创新设计。创新设计要注意几点：一是创新必须在企业总体目标和战略的指导下进行，并与战略目标保持一致；二是要从市场需求的角度出发，综合运用企业的能力和优势；三是发挥企业各类人员的创造性，集思广益，并与其他企业共同协作，发挥供应链整体优势；四是建立科学的供应链和项目评价体系及组织管理系统，进行技术经济分析和可行性论证。

7. 战略性原则

供应链的建模应以战略的观点考虑减少不确定性的影响。从供应链战略管理的角度考虑，普遍认为供应链建模的战略性原则还体现在供应链发展的长远规划和预见性，供应链的系统结构发展应和企业的战略规划保持一致，并在企业战略指导下进行。

二、供应链网络结构的组织设计

供应链节点企业众多，不同的企业在供应链中的作用不同。其中，核心企业是供应链运作的中枢，其他成员企业通过各种方式与核心企业相连接。供应链中的不同成员之间对应着不同的节点关系。供应链网络结构设计的前提是确定供应链的组织结构。

1. 识别供应链成员

核心企业在很大程度上影响着供应链的运营绩效。供应链核心企业对整个供应链的业务运作起着关键、主导、推动的作用，既能为客户提供最大化的附加值，又能帮助供应链上其他企业有效提升运营绩效。核心企业应具有以下几个方面的能力。

(1) 在行业中具有相当大的影响力和规模。
(2) 优化整合和配置供应链上的资源。
(3) 良好的商业信誉。
(4) 协调供应链上各方的关系。
(5) 强大的信息技术支持能力。

不同类型的企业都有可能成为供应链上的核心企业。核心企业会随着供应链主要业务的变化、稀缺资源的转移、市场环境的演变等因素而变化，是动态的。总体来看，在高度竞争的产品供应链结构中，随着消费者购买能力和选择能力的提升，供应链核心企业有逐渐从上游往下游转移的趋势；而在资源主导型的供应链结构中，供应链核心企业有逐渐从下游往上游转移的趋势。

确定供应链的网络结构，首先要了解与核心企业发生直接与间接贸易关系的企业，但是如果将所有与核心企业有业务关系的企业都纳入到供应链网络结构中，将是十分复杂和不可能的。为了更容易管理供应链网络结构，将有限的资源集中到更重要的合作伙伴和业务流程的管理中，需要掌握一些原则，比如，这些成员对于核心企业创造价值的多少，对核心企业战略发展的影响力等，将其区分为关键型成员和辅助型成员。关键型成员是指那些与核心企业结成战略伙伴关系，在为特定的客户和市场产生特定输出的业务流程中，能够自行运营和管理，带来较高增值的企业；辅助型成员是指为核心企业提供一般资源和设备等的企业。考虑到供应链的交叉性，同一个组织对于不同的供应链结构而言，可能是关键型成员，也可能是辅助型成员。

2. 确定供应链网络结构性纬度

供应链网络结构性纬度包括水平结构和垂直结构。水平结构指跨越供应链层次的数目，垂直结构指每一个层次出现的供应商或用户的数目。这些结构变量有不同的组合，供应链的水平结构可以很长。例如，拥有多级供应商和多级分销商，而每一级供应商或经销商的数量不多；也可以水平结构不长，而垂直结构很长。

通常垂直结构过长会使企业的资源分散，削弱管理能力，因此，可以应用职能剥离的方法减少供应商和分销商的数目。例如，将某些小公司的服务转给大公司，由某一大的供应商完成某一类零配件的全球采购。在供应链纬度的设计中水平和垂直方向都不宜过长，应遵从资源优化配置的原则。同时，在设计供应链网络结构性纬度时，还应考虑核心企业到终端顾客的距离。顾客需求是供应链运营的驱动力，而供应链是围绕核心企业，以满足用户需求为目的的，如果核心企业到终端顾客的距离较远，及时获取市场信息的难度增加，可能会影响到供应链的反应能力。

3. 确定成员间业务流程的连接类型

供应链成员间根据业务流程联系的紧密程度，分为管理型、监控型、非管理型和非成员型业务流程连接四种类型。管理型业务流程连接，核心企业将投入资源集成和直接管理。在供应链网络结构设计时要注意区分一级供应商和分销商是否属于管理型业务流程连接，更要注意识别二级供应商和分销商业务流程连接的类别。监控型业务流程并不是十分关键的流程，但是这些流程需要在其他成员的组织间很好地整合和管理，核心企业有必要监督这些业务流程是如何连接和管理的。非管理型业务流程连接，是不足以花费资源监控的流程，核心企业要么完全相信其他成员能够妥善管理该流程连接，要么任其自然发展。非成员型业务流程连接是不将该业务纳入到供应链管理范围内加以管理。

三、基于产品的供应链设计步骤

基于产品的供应链设计步骤，如图 2-9 所示。

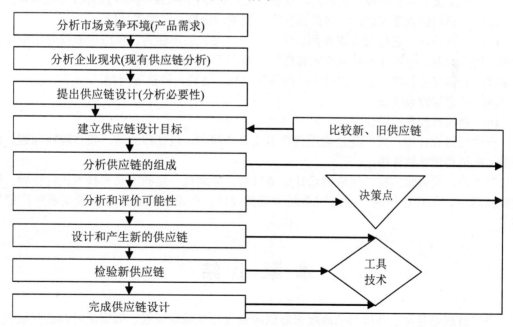

图 2-9　供应链设计的步骤模型

第一步，分析市场竞争环境。目的在于找到针对哪些产品市场开发供应链才有效，为此，必须知道现在的产品需求是什么，产品的类型和特征是什么。分析市场特征的过程要向卖主、用户和竞争者进行调查，提出诸如用户想要什么、他们在市场中的分量有多大等问题，以确认用户的需求和因卖主、用户、竞争者产生的压力。这一步骤的输出是每一产品按重要性排列的市场特征，同时对于市场的不确定性要有分析和评价。

第二步，分析企业现状。主要分析企业供需管理的现状，如果企业已经有供应链管理，则分析供应链的现状。这一步的目的不在于评价供应链设计策略的重要性和合适性，而是着重于研究供应链开发的方向，分析、找到、总结企业存在的问题及影响供应链设计的阻力等因素。

第三步，针对存在的问题提出供应链设计项目，分析其必要性。

第四步，根据基于产品的供应链设计策略提出供应链设计的目标。主要目的在于获得高用户服务水平和低库存投资、低单位成本两个目标之间的平衡，这两个目标往往存在冲突。同时还应包括以下目标：进入新市场、开发新产品、开发新分销渠道、改善售后服务水平、提高用户满意程度、降低成本、通过降低库存提高工作效率等。

第五步，分析供应链的组成，提出供应链的基本框架。供应链中的成员组成分析主要包括制造工厂、设备、工艺和供应商、制造商、分销商、零售商及用户的选择及其定位，以及确定选择与评价的标准。

第六步，分析和评价供应链设计的技术可能性。这不仅是某种策略或改善技术的推荐清单，也是开发和实现供应链管理的第一步，它在可行性分析的基础上，结合本企业的实际情况为开发供应链提出技术选择建议和支持。

第七步，设计供应链，主要解决以下问题。

(1) 供应链的成员组成。供应商、设备、工厂、分销中心的选择与定位、计划与控制。
(2) 原材料的来源问题。它包括供应商、流量、价格、运输等问题。
(3) 生产设计。它包括需求预测、生产什么产品、生产能力、供应给哪些分销中心、价格、生产计划、生产作业计划和跟踪控制、库存管理等问题。
(4) 分销任务与能力。它包括产品服务的市场、运输、价格等问题。
(5) 信息管理系统设计。
(6) 物流管理系统设计等。

在供应链设计中，要广泛地应用到许多工具和技术，包括归纳法、集体解决问题、流程图、模拟和设计软件等。

第八步，检验供应链。供应链设计完成以后，应通过一定的方法和技术进行检验、测试或试运行，如存在问题，则返回第四步重新设计；如没有问题，就可以实施供应链管理了。

本 章 小 结

供应链战略是从企业战略的高度来对供应链进行全局性规划，确定原材料的获取和运输，产品的制造或服务的提供，以及产品配送和售后服务的方式及特点等。供应链战略突破了一般战略规划仅仅关注企业本身的局限，通过在整个供应链上进行规划，进而实现为企业获取竞争优势的目的。企业经营战略对供应链战略管理起指导作用，供应链战略对企业战略有支撑作用。供应链战略需要与其他战略相互匹配，要实现供应链战略匹配，需要从理解顾客需求、理解供应链的反应能力分析和获取战略匹配三个步骤入手,同时需要考虑供应链战略匹配的驱动要素与障碍因素。

企业竞争力,就是企业设计、生产和销售产品与服务的能力,其产品和服务的价格和非价格的质量等特性,比竞争对象具有更大的市场吸引力。企业持续竞争的源泉和基础在于核心能力。供应链的竞争就是供应链企业核心竞争力的竞争,通过对企业核心竞争力的判断,以确定供应链的核心竞争力。在核心竞争力确认的基础上,企业可以通过业务外包的方式,将有限的资源集中到核心业务上,以不断培育和提升核心竞争力。

供应链合作伙伴关系可以定义为供应商与制造商之间,在一定时期内的共享信息、共担风险、共同获利的协议关系。供应链合作伙伴关系与传统供应商管理存在较大差异,其发展经过三个阶段,能够为企业竞争力的提升带来诸多好处。在供应链管理过程中,需要区分不同供应链合作伙伴关系的类型,通过一定的步骤建立合作伙伴关系。在建立合作伙伴关系的基础上,遵循一定的供应链网络设计原则,构建供应链网络。

复习思考题

一、名词解释

供应链战略　核心竞争力　业务外包　供应链合作伙伴关系　供应链网络设计

二、问答题

1. 什么是供应链战略?供应链战略与企业竞争战略有什么关系?
2. 如何实现供应链战略与企业竞争战略的匹配?
3. 我国供应链战略管理的现状是什么?如何解决这些问题?
4. 核心竞争力的特征是什么?如何判断核心竞争力?
5. 业务外包的原因是什么?业务外包有哪些形式?
6. 供应链网络设计的原则是什么?
7. 供应链网络的组织设计内容包括哪些?
8. 基于产品的供应链网络设计的步骤有哪些?

综合案例 2-1:通用公司打造全球供应链

通用电气公司主要业务部门包括飞机发动机集团、动力系统集团、家用电器、运输系统集团、金融服务、资讯服务和全国广播公司等。

众所周知,通用电气公司在韦尔奇领导下建立的销售系统十分发达,遍布全球,强大的销售网络不仅包括其与沃尔玛、Home Depot 等美国乃至全球最大的零售商的排他性家电销售协议,还包括无数小个体家电零售店、迅速建立并推广的家电销售专业网站。这种强势的销售网络遍布通用电气所属的 11 个事业集团。通用电气公司的表现如此出色,关键得益于通用电气公司的供应链系统,其采购销售网络非常强大,而生产制造环节的规模相对较小。

北京一家医院向通用电气购买一台X光机，要求一个月内在北京交货。按照客户的要求，通用电气中国公司迅速启动全球供应链系统，严格履行了双方的约定，得到了客户的赞许，而且客户打算再购入其他通用生产的医疗设备。

通用电气医疗系统的这种X光机的整机系统集成是在北京做的。目前，这种产品需要从中国大陆采购117个配件，从韩国和中国台湾采购4个配件，从欧洲国家采购4个配件，从北美采购18个配件；在印度通用电气的工厂中采购一个配件，为了做这个配件，通用电气印度公司的工厂又需要在当地的企业采购112个零件，并且要从东欧、北非以及中国采购"第二级"配件。为了生产这种X光机，通用电气在墨西哥又有另外一个工厂专门生产适合X光机的悬挂系统，这家企业又需要在墨西哥本地采购300多个配件，从美国和加拿大还要采购48个配件。为了集成一台X光机整机，所需的719个配件要从全球76个公司进行采购，这就是一个全球供应链。通用电气各个不同事业集团的所有具体大类、型号产品都拥有这样完整的供应链。通用电气各产品的零部件全部通过外包，而且都是外包到全世界的。

通用电气坚信在全球采购链条上，只有一个规则——成本最低，利润最大。早在1999年，通用电气公司就开始以电子商务方式进行全球采购，整个运行的过程是全透明的，任何公司的价格都在网上，全部公开透明竞价。原有的供应商一时不能适应，一度对电子商务恨之入骨。

现在，通用电气公司已经渐渐摒弃传统的拼命压价采购方式，不再千方百计地逼迫供应商让步，或寻找多个供应商并采取分而治之的方式，而是采用一种新的方式，通过利用供应商的综合实力来增强自己在最终市场的竞争力。通用电气公司的总裁韦尔奇说："在全球的供应链条上，通用电气大多时候只是其中一个环节，当通用电气塑料集团成为摩托罗拉手机、佳能打印机、苹果电脑、联想电脑等厂商的供应商时，一样要面对他们的杀价；而最终消费者是一定要'杀'整机厂的价格。整个杀价的链条是完整的，所有环节降低成本的同时也是相互让利的过程。"

通用电气全球供应链正是依托其电子商务平台，实施全球化经营。自从通用电气在采购部门开始让供货商采取网上拍卖的方式后，通用电气从供货商那里得到的报价当年就下降了85%，扣除与协作商约定的共同分享部分，通用电气的成本降低了30%~50%，有的项目竟达到了60%。2010年，通用电气家电系统销售的微波炉仅一种产品就有600万台，全部通过采购，主要来源于韩国的LG和三星等公司，通用电气家电同时还从中国大陆大量采购电器。

如今，通用电气中国公司面对庞大的中国市场，迫不及待地想要尽快开辟类似的网络。一支规模超过30人遍布全国主要城市的"市场发展经理"队伍按计划进行并迅速扩大着，市场发展经理除了普通的产品推广外，还有一项非常重要和具有战略意义的工作，即在当地大力发展分销商和经销商。通用电气有条不紊地完善其全球供应链系统，即从初始的原材料供应，到产品的制造和分销，再到顾客反馈的收集等一系列环节。

通用电气公司深知，任何一家公司的采购都是通过供应商尽量提高产品的附加值，它包括建立一个能以最低成本生产主要材料或服务的供应商群，某种程度上是把供应商作为一个延伸公司供应链不可或缺的一部分。

(资料来源：通用公司打造全球供应链．国家数字化学习资源中心.)

问题：
(1) 通用电气是如何构建其全球供应链网络的？
(2) 通过建立全球供应链通用电器获得了哪些竞争优势？

综合案例 2-2：赢得外包——如何成为跨国企业的物流伙伴

1991年，美国惠尔普(Whirl Pool)公司建于纽约，总部设在密歇根州的奔腾港。1991年，美国惠尔普宣布全面收购飞利浦大型家用电器系列，从而成为全球最具规模的大型白色家电制造商，14%的全球家电产品市场占有率令其多年位居世界家电业的前列。该公司在全球120多个国家设有600多家分公司和58家制造厂，全球员工人数超过4万人。

有数据表明，惠尔普公司始终在美国和南美市场上占据霸主地位，其庞大物流配送体系的有效运作，很大程度上归功于物流外包的成功实践。在美国国内，惠尔普公司的运输和仓储业务被分为三大块，其中两部分外包给了赖德公司进行处理，主要是将原材料和零部件运到组装工厂，将产成品运到地区配送中心以及直接将产成品运给大型贸易伙伴，另一部分被称为 Quality Express 的业务则外包给 Penske 物流公司。惠尔普公司在物流外包方面的成功运作正是源于同以上两家物流公司联盟关系的建立和彼此间的友好合作。

1. 惠尔普(美国)与赖德公司的物流联盟

惠尔普(美国)的供应商达700多家，每年运输的原材料和制成品超过25亿美元，在制订进货计划时，惠尔普的11家工厂与在这些工厂之间穿梭往来的卡车没有很好地合作。惠尔普公司认定，由外部第三方公司提供汽车运输保障是一个最好的选择。惠尔普公司经过一番竞标后，最后选择了赖德公司，并与其签订了5年的合同。

赖德公司的胜出，在于它是"唯一一家想考察不止一家工厂的公司，它也是唯一一家保证能为我们节省开支的公司"。赖德公司在合同中保证，惠尔普公司在1994年进货运输方面肯定可以达到一个节省开支的目标，如果做不到这一点，差额部分将由它来支付。如果超过了这个目标，并使惠尔普公司的赢利超过预定水平，节省的开支将由两家公司平分。

赖德公司很快在克利夫兰建立了专为惠尔普公司服务的物流指挥中心。对汽车运输的全面改革仅是开端，赖德公司现在还管理着惠尔普公司的仓储业务，克利夫兰物流指挥中心也在收集资料，用来分析供应商的运营情况和发现降低成本的新机会。例如，赖德公司的责任包括记录从供应商那里提货困难的次数，还负责查清每次发生错误是谁的"过失"。如果一家供应商出现了经常不能准时交货的苗头，赖德公司就会提出警告，惠尔普公司将采取相应的行动，它可能把这笔额外的费用记在供应商的账上，或者与其他供应商合作。

2. 惠尔普(美国)与 Penske 公司的物流联盟

惠尔普公司称之为 Quality Express 的业务，主要是对8个地区配送中心和一个覆盖约全国 60%交叉运输的网络进行管理。作为惠尔普公司品牌家电的主要配送渠道,Quality Express 每天要处理 2.5 万～3 万件产品,约占公司在全美业务量的 40%。

惠尔普公司决定将 Quality Express 业务外包后,经过激烈的竞标,最终的赢家是 Green Hills 的 Penske 物流公司,惠尔普公司的供应链运作总监 Steve Whalen 称,惠尔普公司是被 Penske 先进的信息系统、极具竞争力的价格及其在实现规模经济方面存在的极大潜力所吸引的,惠尔普公司深信 Penske 可以为其提供相当高水平的管理,而且更加具有灵活性。

许多公司对外包存有疑虑,因为当运作业务由一方转移至另一方时,极有可能发生暂时性的混乱。Penske 很好地解决了这一问题。他们使原有的网络绝大多数保持原状,以此令发生中断的可能性降到最低程度。Penske 收购了原统领六大地区配送中心的 ERX。而亚历山大和奥兰多的作业则分包给了 KLS,由 KLS 负责这些地区的运作业务。Whalen 称,这一系列措施的结果是各配送中心的工作人员和交叉运输的业务基本上保持原状,只有很小的一部分发生了变动。

(资料来源:赢得外包——如何成为跨国企业的物流伙伴. 中华品牌管理网.
http://www.cnbm.net.cn/article/xt20736816.html.)

问题:
(1) 结合业务外包的相关理论,请思考惠尔普公司的物流外包业务能够成功的原因。
(2) 结合惠尔普公司的外包经验,谈谈应选择什么样的供应链合作伙伴?

第三章
构建电子化供应链

学习目标

- 了解电子商务的分类,理解电子供应链的内涵,掌握电子供应链管理的主要内容,以及企业电子供应链实施的方法;
- 理解电子采购的内涵、了解电子采购的模式、电子采购平台的类型与功能,掌握企业实施电子采购的方法;
- 理解电子配送的内涵,了解 B2C 与 B2B 电子配送的类型;
- 理解电子集市内涵,了解电子集市的分类;
- 理解供应链协同的内涵,掌握供应链协同的实施方法,掌握供应链电子同步化的实施方法

【本章导读】

【导读案例1】 深圳市联创科技集团有限公司,是一家以家电业为主,横跨商务礼品、移动通信、电子数码产品等领域的大型综合性现代化企业集团,旗下拥有十二家产业公司、四大产业制造基地,是中国最早生产空调扇产品的企业和全球最大的空调扇产品研发生产基地,更是国内商务礼品行业的龙头企业。联创科技集团拥有规模庞大的分销体系,全国规模较大的经销商有近 500 家,这些经销商往往也是联创的特约服务网点。由于产品、配件种类繁多,产品的更新换代导致配件的多版本,在订货、发货的过程中存在着严重的沟通障碍,分销环节、售后服务环节的业务协同效率比较低。为了从根本上改变这一现状,联创科技集团应用了供应链电子商务服务平台,建立了经销商门户、服务网点门户,分别处理整机订货业务和配件订货业务。企业不同部门、不同角色、价值链上下游伙伴间都是客户,为了更好地为客户服务,使价值链上价值最大化,规范是第一步,利用供应链电子商务平台将信息结构化、数字化,改变传统开协调会、拍脑袋的决策方式,打通企业内外部供应链是联创集团的成功模式。联创科技自运行友商网的电子商务平台服务 3 个月以来,投诉减少了 50%,人员成本降低了 50%,时间成本从原来的 4 天缩短到 1 天,1 个月内实现了近 500 家经销商全面使用,98%的国内订单通过友商网进行处理。在未来 3 年联创科技的业绩目标是,营业额从 22 亿元提升到 100 亿元,90%无投诉。

(资料来源:友商网. http://www.youshang.com/content/2010/08/20/41549.html.)

启示:电子商务带来了经济环境与企业管理模式的巨大变革,在 C2C、B2C、B2B 领域创新模式日新月异,企业必须关注电子商务的最新发展,并努力融入其中,才能持续保有市场竞争力。

【导读案例2】 "随着互联网+的到来,线上线下互融互通大势所趋。消费者关心的不是商品在哪买的,更在意谁的商品又好又便宜,而这其中的关键就在于企业供应链能否支撑。"国美总裁王俊洲在电子商务创新峰会上的发言点出零售企业把握"互联网+"新机遇的关键。国美曾用 5 年时间进行了连锁模式的快速整合,销售额也由几十亿增长到千亿量级,但解决了"做大"却未能很好地解决"做强"。随着互联网时代的到来,国美坚决推动电商业务的发展,普遍是做得越大,亏得越多。以往其总是通过店面来提升客户覆盖率,但忽视了零售后台能力的提升。也就是说,国美并未给客户带来更多的价值,这直接导致客户认为国美仅是一个大型零售商,能提供的核心价值如快捷的物流、便捷的支付及商品的零售价值等仍待进一步完善。在原有的基础上,国美快速回到后端供应链平台,整合供应链、物流及调整售后维修系统。国美认为,盈利是企业应承担的基本责任,于是他们将与供应商的合作模式转化为直营方式,部分由供应商主导的价格也逐渐改变为国美全面主导价格的运行模式。其改革主要在以下四个方面:①通过提升供应链价值,让客户无论是在门店还是国美在线,均能通过开放式平台与其他所有平台进行价格对比;②大力发展物流系统,目前,国美在全国 428 个城市建立了物流基地,并实现当天买当天送,同时保持了极低的物流成本;③打造售后服务系统;④构建大数据工厂,实现了精准的客户分类和客户成交。国美强化供应链对企业整体竞争能力的提升,在财务指标上得到明显的体现。"通过大数据工厂整合后端供应链，推动前端界面平台的竞争力，同时搭建前台的全零售能力，来改变单一地面的沟通方式。"除了发展自身门店，国美与百货店、超市进行跨渠道合作，基于此搭建了线上线下全零售的模式，使客户能在地面店和网店自由穿行，并共享后台供应链价值平台。

(资料来源：创捷网. http://b2b.cjscm.com/.)

启示：领先企业认识到，必须拓宽和拓深企业内部与客户间的信息化应用，通过与专业的 IT 服务提供商合作，从战略、模式、架构、运作多层面构建企业电子供应链。

【导读案例3】 惠普 KeyChain 解决方案包括 5 个核心组件。一是利用动态价格每年节省数百万美元，在产品短缺期间保证业务流与客户满意度，产生新的模式与服务；二是信息与分析组件，用来降低成本与风险，利用企业采购的能量，管理合同文件，进行风险管理，通过提升对供应链的保障能力提高营业额；三是购买与销售组件，通过价格保护，使合作伙伴能够灵活购买惠普的产品，惠普各个业务集团能够利用惠普全球资源优势，在整个供应链中确保快速支付；四是采购订单与预测协作组件，帮助与合作伙伴实现自动交互流程，减少周转时间，降低风险，使双方的沟通实时、无阻，同时，对订单进行实时监控，与后台系统完美结合；五是库存协作组件，可以更有效率地管理外包运作与库存，向供应商提供统一界面、同步沟通，通过实时的采购价格降低，以更高的运作效率来降低成本。采用这一方案就是要加强供应链管理和流动资金的核心竞争力，通过业界领先的流程和自动化系统，产生数亿美元的价值。通过这一方案进行的电子采购和电子供应链管理及制造外包，使得采购成本下降了 17%，库存周转率提高了 60%，客户订单运作的周期缩短了一半。

(资料来源：惠普的全球供应链战略管理. 盖普咨询顾问. www.gap-sh.com.)

启示：电子采购和电子供应链管理不仅为企业带来了巨大的经济利益，更提升了企业在多方面的管理运作水平，从根本上改善了与供应商的合作关系，使供应链具备强大的市场竞争能力。

第一节 电子商务与电子供应链

电子商务和供应链管理作为企业提高竞争力的两大"利器"，在实践过程中有互相渗透、相互结合的趋势。电子商务使得企业间供应链的整合能够更有效地完成，引入电子商务环境下的集成化供应链管理已成为必然趋势。

一、认识电子商务

(一)电子商务的概念

电子商务(Electronic Commerce)，通常是指在全球各地广泛开展的商业贸易活动中，在 Internet 开放的网络环境下，基于浏览器/服务器应用方式，买卖双方不谋面地进行各种商贸活动，实现消费者的网上购物、商户之间的网上交易和在线电子支付以及各种商务活动、交易活动、金融活动和相关的综合服务活动的一种新型商业运营模式。

电子商务和传统商务相比存在以下优点。

(1) 企业可以在全球范围内存在，顾客也可以在全球范围内进行产品的选择，并且很容易获得信息；由于不限时间和地点允许客户访问它们的产品和服务，企业提高了服务质量，增强了竞争力。

(2) 企业可以通过电子手段监测顾客的选择和要求；通过分析产品的点击数和需求信息，可以知道人们对不同产品的兴趣。收集有关客户偏好的详细信息，有利于企业进行大批量的生产或为消费者量身定做，从而缩短供应链的反应时间。

(二)电子商务的分类

电子商务从不同的角度可以分为多种不同的类型：按照商业活动的运行方式，分为完全电子商务和非完全电子商务；按照开展电子交易的范围，分为本地电子商务、异地境内电子商务和跨国电子商务；按照使用网络的类型，分为基于专门增值网络的电子商务、基于 Internet 的电子商务和基于企业内部网(Intranet)的电子商务；按照交易的对象，分为企业对企业的电子商务(B2B)、企业对消费者的电子商务(B2C)、企业对政府的电子商务(B2G)、消费者对政府的电子商务(C2G)和消费者对消费者的电子商务(C2C)等。

1. B2B

B2B(Business to Business)，企业与企业之间通过使用 Internet 技术或各种商务网络平台，进行产品、服务及信息的交换，完成商务交易的过程。其中包括：发布供求信息；订货及确认订货；支付过程及票据的签发、传送和接收；确定配送方案并监控配送过程等。B2B 按服务对象可分为外贸 B2B 和内贸 B2B，按行业性质可分为综合 B2B 和垂直 B2B，垂直 B2B 如中国化工网、中国医药网、中国纺织网和中国服装网等。

2. B2C

B2C(Business to Customer)模式是我国最早产生的电子商务模式，以 8848 网上商城正式运营为标志。B2C 是企业通过互联网为消费者提供一个新型的购物环境，即网上商店，消费者通过网络平台在网上购物、网上支付。随着市场的逐步成熟，B2C 领域将进入用户细分的市场阶段。2007 年之前，B2C 用户在线购买的商品种类以图书、音像等出版物及虚拟产品为主；当当、卓越、云网一直占据市场份额前三位。近年来，随着红孩子、PPG、北斗手机网及京东商城等垂直领域线上 B2C 厂商的进入，母婴用品、手机及 3C 产品等商品的在线销售开始获得线上 B2C 用户的认可。未来将会有更多的厂商进入垂直细分线上 B2C 市场，消费者可选择的商品品类也会更加丰富。

1) 综合商城

综合商城就如现实生活中的大商城一样，拥有庞大的购物群体、稳定的网站平台、完备的支付体系和诚信安全体系。也如同传统商城一样，网络商城自己不卖东西，而是提供完备的销售配套。在人气足够、产品丰富、物流便捷的情况下，线上商城的成本优势，24 小时服务，无区域限制，更丰富的产品等优势，体现着网上综合商城的实力。

2) 专一整合型

专一整合型即把先进的电子商务模式与传统零售业或服务业进行创新性融合,以网络营销和网站推广为主要手段,依靠先进的营销理念,高效、完善的配送方式,现代化网络平台和呼叫中心为客户服务,提供某一专业领域产品的网上销售和服务。

3) 百货商店

百货商店是由一个卖家提供的满足日常消费需求的丰富产品线。这种商店自有仓库并库存系列产品,甚至有自己的品牌,以更快的物流配送为客户服务。

4) 垂直商店

垂直商店服务于某些特定的人群或某种特定的需求,提供有关这个领域或需求的全面产品及更专业的服务体现。这种商城的产品存在更多的相似性,或满足于某一人群,或满足于某种需要,或服务于某种平台。

5) 复合品牌店

复合品牌店即线下和线上同时经营,针对不同市场,有针对性地投放产品、制定价格、调剂库存,如佐丹奴、百丽、国美等,都属于复合型网店,只是有的商家线上经营的整合力度还不够,物流、现金流、信息流和人才运营系统还不够成熟。

6) 轻型品牌店

轻型品牌店基于品牌定位,加强产品设计,通过信息化应用,配合日益成熟的互联网销售平台,日趋完善的物流配送乃至各种服务等,整个供应链日趋细化与完善,使得品牌商可以专注做自己擅长的事情。通过外包,专注于形成自己品牌的产品标准,然后用最好的原材料提供商,找最好的生产厂商,寻找高效益的有效推广渠道,强强结合,专业化品牌的优势将凸显得淋漓尽致。

7) 服务型网店

服务型网店是为了满足人们不同的个性需求而发展起来的,目前形式越来越多,如帮客户排队买电影票、提供打印服务和各种商品的代购服务等。

8) 导购引擎型

服务业必须站在消费者的角度。导购引擎型网站作为 B2C 的上游商,能够给商家们带去客户,同时为消费者提供大量有价值的购物资讯。

9) 社交电子商务

社交电子商务(Social Commerce)是电子商务一种新的衍生模式。它借助社交媒介、网络媒介的传播途径,通过社交互动、用户自生内容等手段来辅助商品的购买和销售行为,如论坛、博客、微博。社交电子商务可分为两类:一类是专注于商品信息的,主要通过用户在社交平台上分享个人购物体验、在社交圈推荐商品的应用;另一类是通过社交平台直接介入商品的销售过程,如社交团购网站、社交网店,让终端用户介入到商品销售过程中,通过社交媒介来销售商品。

10) 团购模式

团购就是团体线上购物,指认识或不认识的消费者联合起来,加大与商家的谈判筹码,取得最优价格的一种购物方式。根据薄利多销的原则,商家可以给出低于零售价格的团购折扣和单独购买享受不到的优质服务。团购作为一种新兴的电子商务模式,通过消费者自行组团、专业团购网、商家组织团购等形式,提升用户与商家的议价能力,并极大程度地获得商品让利,引起消费者及业内厂商、甚至是资本市场的关注。

3. O2O

O2O(Online to Offline)模式将线下商务的机会与互联网结合在一起,让互联网成为线下交易的前台。线下服务可以在线上揽客,消费者可以在线上挑选产品与服务,在线成交和在线结算。O2O 模式为实体商户创造了广阔的营销渠道,规模增长很快。

4. ABC

ABC(Agents Business Consumer)模式是新型电子商务模式的一种,被誉为继阿里巴巴 B2B 模式、京东商城 B2C 模式、淘宝 C2C 模式之后电子商务界的第四大模式。ABC 模式是由代理商、商家和消费者共同搭建的集生产、经营、消费于一体的电子商务平台。三者之间可以转化,大家资源共享,生产、消费共生,相互服务,相互支持,你中有我,我中有你,真正形成一个利益共同体。

> 【案例 3-1】 淘众福以"网店+服务店+营销服务系统+团购联盟+自主服务终端"的立体营销模式为手段,把网络营销、连锁经营、传统渠道、服务、消费链和互动媒体等相整合,把顾客的需求导向以信息为中心进行管理,从一方提供给另一方或多方的过程中实现共赢,从而建立一个交互式、立体式、全方位的跨媒体生活信息服务平台。
>
> (资料来源:淘众福.百度百科.http://baike.baidu.com/view/6470989.htm.)

二、认识电子供应链

(一)电子供应链的内涵

电子供应链是围绕核心企业,以 Internet 为平台,以电子商务为手段,通过对物流、资金流与信息流的整合和控制,从采购原材料开始,到制成中间产品及最终产品,最后由销售网络把产品送到消费者手中,将供应商、生产商、分销商、零售商以及最终客户连成一个整体的网链结构模式。

(二)电子供应链的优势

(1) 节约交易成本。用 Internet 整合供应链将大大降低供应链内各环节的交易成本,缩短交易时间。

(2) 降低存货水平。通过扩展组织的边界,供应商能够随时掌握存货信息,组织生产,及时补充,因此企业不必维持较高的存货水平。

(3) 降低采购成本,促进供应商管理。由于供应商能够方便地获得存货和采购信息,采购管理人员可以从事具有更高价值的工作,一方面降低了采购成本,另一方面也使供应商管理水平进入一个新境界。

(4) 减少循环周期。通过自动化信息采集与传递,预测的精确度将大幅度提高,使企业不仅能生产出市场需要的产品,而且减少了生产时间,提高了顾客满意度。

(5) 收入和利润的增加。通过组织边界的延伸,大大增强了供应链全过程的可控性,提高了企业履行合同的能力,扩大了市场份额,增加了收入和利润。

(三)电子供应链管理的定义及主要内容

电子供应链管理是指以电子商务等信息技术为手段,对企业的整个组织流程,诸如产品、服务设计、销售预测、采购、库存管理、制造或生产、订单管理、物流、分销和客户满意度等进行管理和改进的思想和方法。电子供应链管理的内容主要包括以下几个方面。

(1) 订单处理。通过电子商务系统进行订单设定、订单审核、订单处理和订单状况的跟踪管理。

(2) 生产组织。核心企业使用电子商务系统协调与供应商的准时供应程序,与多个外包生产商之间协调制订生产计划,并进行生产进度跟踪。

(3) 采购管理。通过电子商务系统有效实现与供应商的信息共享和传递,对供货数量与时间进行群体决策。

(4) 配送与运输管理。通过电子商务系统对配送中心的工作进行规划,实现配货、补发、拣货和流通加工等作业一体化,对运输过程进行有效地监控。

(5) 库存管理。根据所采用的库存策略,通过电子商务系统实现供应链多级库存管理,保证在快速响应市场需求的前提下降低供应链整体库存水平。

(6) 客户服务。大大缩短对客户服务的响应时间,改善与客户间的双向通信流,在保留住已有客户的同时,吸引更多的客户加入到供应链中。

(7) 支付管理。各种电子支付手段大大降低了结算费用,可以加速货款回笼,提高资金使用效率。

三、企业电子供应链的实施

(一)企业信息化

1. 企业计算机化——信息孤岛

企业利用计算机技术在经营、管理、设计、制造等部门的应用,形成了一批分立的、单项应用系统。这个时期用计算机代替人工处理数据,所形成的系统也多是孤立的处理系统,基本不存在系统与系统之间的信息交流和使用。

2. 企业信息化——管理信息系统

信息技术应用从简单数据处理发展到比较复杂的信息系统,扩大到企业的生产、设计、制造、办公、管理、采购、营销等各个领域,如办公自动化系统、电子数据处理系统、辅助设计系统、各种生产控制系统和财务管理系统等。但是,绝大多数应用系统都是在各自领域里独自设计、开发和实施的,缺乏信息共享与交流的基础技术,信息孤岛现象日渐突出。

3. 集成应用——计算机集成制造系统

在系统运行和使用中,产生了大量有价值的数据,各系统之间信息交换的要求空前提高,企业开始从整体上去规划、设计和集成现有的信息系统。计算机集成制造系统(CIMS)是以人为中心,以系统工程理论为指导,以网络为传媒,以集成为核心,以流程重组为主线,实现企业物流和作业流的有机集成。

4. 信息融合——ERP

现代企业信息化的理念，与原有的生产方式、经营方式、管理方式和制度等进行全面整合，从而促进企业战略目标的实现。企业资源规划向内主张以精益生产方式改造企业生产管理系统，向外则增加战略决策和供需链管理功能。它将企业的各方面资源充分调配和平衡，将"信息孤岛"连接到一起，实现企业由相对封闭走向开放，信息处理由事后走向适时，提高企业的核心竞争力。

(二)企业电子商务

1. 企业内部网

企业内部网由 Web 服务器、电子邮件服务器、数据库服务器及电子商务服务器和客户端的 PC 组成，它们通过网络设备集线器或交换器连接在一起，对企业内部和外部提供电子商务处理服务及电子邮件的发送和接收。

2. 企业内部网(Intranet)与 Internet 相连

为了实现企业与企业之间、企业与用户之间的连接，企业内部网必须通过计算机硬件及网络设备与互联网连接起来，实现企业业务范围和空间的扩展。

3. 电子商务应用系统

电子商务应用系统运行在已经建立起来的企业内部网之上，分为两部分：一是完成企业内部的业务处理并且向企业外部用户提供服务；二是安全的电子支付系统，使用户可以通过互联网在线支付，真正实现电子商务。

4. 企业外部网

企业外部网(Extranet)是利用公用网和原有的企业内部网组成的虚拟专用网络(VPN)，连接企业与供应商、合作伙伴、客户。企业外部网建立各企业基于 Intranet 的 MIS 数据库集成界面，简化各项业务流程，如电子订货系统、库存查询系统、强化传统 EDI 的功能，发展各种电子商务系统等。

(三)电子供应链管理系统

电子供应链管理系统(ESCM)集中协调不同企业的关键数据，包括订货、预测、库存状态、缺货状况、生产计划、运输安排、在途物资、销售分析和资金结算等。它能够充分利用条码技术、射频技术(RF)、电子数据交换(EDI)和全球卫星定位系统(GPS)等技术手段，共享采购订单、多位置库存自动化处理和控制、批量和系列号跟踪、周期盘点等重要信息，实现供需链上的信息集成，提高作业准确性与响应速度，降低成本，使供应链的节点企业共同获利。

在 ESCM 交换平台上，有供应商关系管理系统(SAP SRM)、高级生产计划排程系统(APS)、仓储管理系统(WMS)、运输管理系统(TMS)、客户关系管理系统(CRM)、销售时点管理系统(POS)、电子订货系统(EOS)，甚至制造企业的计算机集成制造系统(CIMS)和柔性制造系统(FMS)等，它们构成了电子供应链管理的平台。

第二节 电子采购

一、电子采购概述

(一)电子采购的内涵

电子采购就是用计算机系统代替传统的文书系统，通过网络支持完成采购工作的一种业务处理方式，也称为网上采购。电子采购比一般的电子商务和一般性的采购在本质上有更多的概念延伸，它不仅完成采购行为，而且利用信息和网络技术对采购全程的各个环节进行管理，有效地整合了企业的资源，帮助供求双方降低了成本，提高了企业的核心竞争力。

电子化采购从采购要求的提出、订单的产生、商品运输及存货管理等方面都有了重大的改变。网络的介入使采购流程得到优化，并在降低成本、提高效率、增加采购透明度等方面使采购企业和供应商双方受益，实现"双赢"。

(二)电子采购的模式

电子采购的模式主要有以下几种。

1. 卖方一对多模式

供应商在互联网上发布其产品的在线目录，采购方通过浏览获得所需的商品信息，做出采购决策并下订单。这种模式多应用于中、小企业，优点在于易于访问且不需任何投资，缺点是难以跟踪和控制采购开支。

2. 买方一对多模式

采购方在网上发布所需采购产品的信息，供应商在采购方的网站上登录自身的产品信息，供采购方评估，并通过网站进行信息沟通。这种模式使采购方承担了建立、维护和更新产品目录的工作，可以更好地控制采购流程，多应用于大企业的直接物料采购。

3. 第三方采购平台

第三方采购平台作为独立门户网站，使多个卖方和买方能够相遇，并进行各种商业交易，平台通常根据交易量和交易商品的种类向每份交易收取一定比例的交易费作为采购平台的运营收入。垂直门户是经营专门产品的市场，如钢材、化工、能源等，由一个或多个本领域内的领导型企业发起或支持；水平门户集中了种类繁多的产品，包括零配件、办公用品、家具、旅行服务等 B2B 网络采购市场。

4. 企业私用交易平台

企业私用交易平台类似 EDI 系统，是大型企业使用的主机式应用程序，以电子方式交换订单、库存报表和其他资料。这种方式能够减少沟通成本，与合作厂商以标准格式实时分享各类文件，同时也能够保证交易的安全性。

5. 反向拍卖

反向拍卖是指购买方到网站登记需求进行拍卖，而供应商进行竞价来争取订单，一般会采用减价方式竞价决定最终的供应商和价格。反向拍卖的优点是提高了采购的速度，并且节约了采购成本；缺点是过分关注价格而忽视了与供应商的关系及价格预测的困难。

电子采购方式主要包括公开招标、邀请招标、竞争性谈判、询价采购和单一来源的协议采购。电子采购既是电子商务的重要形式，也是采购发展的必然趋势，它不仅在采购形式上和技术上有所改变，更重要的是改变了传统采购业务的处理方式，优化了采购过程，提高了采购效率，降低了采购成本。通过电子目录，可以快速找到更多的供货商；根据供应商的历史采购电子数据，可以选择最佳的货物来源；通过电子招标、电子询价及比价等采购方式，能够形成更加有效的竞争，从而降低采购成本；通过电子采购流程，缩短采购周期，提高采购效率，减少采购的人工操作错误；通过供应商和供应链管理，可以减少采购的流通环节，实现端对端采购，降低采购费用；通过电子信息数据，可以了解市场行情和库存情况，科学地制订采购计划和采购决策。

> 【案例3-2】 在实施电子化采购之前，新华制药一直传承传统采购模式。签约必联采购网，创建新的电子采购管理系统后，新华制药实现了重大变革。必联采购网对采购询价、供应商报价、确定供应商、确定价格等传统采购业务进行改造，实现了采购流程的统一。新华制药的物资需求信息、询报价信息、审批信息和合同信息都保存在自己管理的系统中，可随时查阅分析。3年中，新华制药利用网上采购节约资金率达到0.5%～0.7%。必联采购网把订单提报、采购方案、合同等采购环节固化在系统中，实现了采购过程公开化。企业与供应商之间可以按照权限范围查阅相关采购业务操作进展情况以及供应商业绩考评等信息。

(资料来源：必联采购网. 百度百科. http://baike.baidu.com/view/2562277.htm.)

二、电子采购平台

(一)电子采购平台的定义

电子采购平台，是一个集全方位的资讯服务、多效的采购交易平台、管家式服务于一体的企业采购协同工作平台。通过这个平台，采购企业可以发布采购信息，进行价格谈判，跟踪订单发货，评估供方绩效，分析采购策略，获取合作伙伴，了解市场行情信息等。同时，供应企业也可以从中进一步降低销售、供应成本，享受供应商推荐，获得更多商机，提高企业运营效益。

(二)电子采购平台的类型

1. 协同招投标管理系统

协同的、集成的招标采购管理平台，使各种类型的用户都能在统一的信息门户中协同工作。其以招投标法为基础，融合了我国的实践经验，实现了整个招标过程的电子化管理和运作，可以在线实现招标、投标、开标、评标和决标等整个流程，从时间、价格、质量上全面突破了传统的招投标方式，能够最大限度地实现招标方的利益。

【案例3-3】 中国招投标在线是全流程网络在线电子招标、投标、评标与监督监察操作系统平台，主要为政府采购机构、招标代理机构、广大采购业主以及供应商提供在线电子招标服务，帮助用户实现全流程的网络在线电子招标采购。该套系统平台涵盖了全流程的网络远程在线招投标交易管理功能，包括电子招投标(标准招标、自主招标)、电子询报价、电子竞价、电子采购、电子招商和电子招展。该平台既能对招投标过程进行全程电子化操作，也能够在网络上实现招标、投标、评标、监督监察、开标等过程，同时还具有信息管理、流程管理、交易管理、政府监管和协同运作等功能。

(资料来源：电子采购. 百度百科. http://baike.baidu.com/view/630054.htm.)

2. 企业竞价采购平台

企业竞价采购平台是供应商和采购商互不见面的网上竞价采购管理平台。竞价采购，又称反拍卖采购技术(RAT)，是由采购招标和网上竞价有机结合在一起的采购方式。它用电子商务取代以往的谈判公关，帮助采购商最大限度地发现卖主，并引发供应商之间的竞争，大幅度降低采购成本，同时优化了采购流程，是对企业具有跨时代意义的零风险采购辅助手段。

【案例3-4】 通过电子采购平台，百沃中国帮助客户加速商谈和议价过程，增加采购节余。利用电子采购平台，客户可以更方便地创建、协作、发布、商谈及评估招投标结果，帮助企业很好地实施既定采购策略。通过简易实用的工具对不同开支类别的招投标信息进行定义、收集及分析。直观易用的网络界面使得客户可以进入相关知识库和模板，进行创建与协作，收集数据及高效分析。百沃中国帮助一家位于中国的合资制造企业管理电子竞价项目，经预筛选，4家供应商被邀请到竞价阶段，整个电子竞价过程持续3个小时，生成47次报价，整个流程为该项目节省超过14%的采购成本。

(资料来源：百沃中国. www.bravosolution.com.)

3. 电子目录采购系统

电子目录采购系统是集办公自动化、产品目录管理、供应商管理及电子采购于一体的综合解决方案，能够帮助客户快速高效地实现采购供应系统的运作流程及业务规则，搭建符合其自身需求，并且涵盖招标采购、竞价采购、商务谈判在内的多种采购方式的在线采购平台，并能有效地管理供应商和产品目录。

【案例3-5】 新疆一飞电子采购系统主要包括公开招标、邀请招标、竞争性谈判、询价采购和单一来源的协议采购。主要模块有目录采购、询价采购、比值比价采购、竞价采购、评标系统及短信平台等内容。通过电子目录，采购商可以快速找到更多的供货商；根据供应商的历史采购电子数据，可以选择最佳的货物来源；通过电子招标、电子询比价等采购方式，形成更加有效的竞争，降低采购成本；通过电子采购流程，缩短采购周期，提高采购效率，减少采购的人工操作错误；通过供应商和供应链管理，可以减少采购的流通环节，实现端对端采购，降低采购费用；通过电子信息数据，可以了解市场行情和库存情况，科学地制订采购计划和采购决策。

(资料来源：新疆一飞软件技术开发有限公司. 百度百科. http://baike.baidu.com/view/4634056.htm.)

(三)电子采购平台的功能

电子采购平台的功能主要包括以下几个方面。

(1) 价格管理。这是企业确定采购价格的过程，建立和管理企业采购物品的统一价格体系，对采购价格的执行范围、定价方式进行规范。

(2) 采购计划。由企业根据生产计划制订并按照不同的计划阶段导入平台。系统提供了数据校验机制，通过采购网中的采购目录与计划中物料的核对，自动将不合格数据筛选出来，有效保证了计划数据的准确性。

(3) 采购定价。企业可根据业务需要选择招标、竞价、询价等多种采购模式。降低采购品的材料成本和采购过程成本，提升采购工作效率。

(4) 合同、协议管理。这是采购定价结果的体现，也是采购实施的依据，包括采购品的价格信息、交货条件、付款方式等主要信息。

(5) 订单协同。它包括订单处理、收货、退货等流程。企业需要一个完整的供应链管理，才能动态快速地响应客户需求。

(6) 采购统计。可以对供应商报价的历史记录、订单响应、送货及时率、货物合格率、交易数据等进行自动统计，为采购决策提供强有力的支持。

(7) 供应商管理及评估。供应商通过网上注册并经平台验证通过，成为采购网供应商；采购商可对供应商进行认证和评估，选出合格的供应商。

(8) 采购目录维护。采购品目录是整个采购系统的基础和根本，它具有统一分类、统一编码的特点，各个采购商根据自身企业的特点和需要进行维护。

【案例3-6】 阳光易购电子采购公共服务平台定位于"电子采购与招标第三方公共服务平台"。采购企业可实现发布采购需求预告和竞价公告，查阅商品品牌、价格、性能和参数，通过在线谈判及竞价，选择最佳合作伙伴，处理订单和管理合同，对采购行为进行评估、审计和优化。该平台还支持采购计划决策的支持分析功能，如供应商资质审核、价格波动行情、性价比参照、供方实力与信用等，帮助采购方分析采购策略，获取更多优质合作伙伴，了解市场行情信息等。平台所拥有的交易功能主要包括竞价采购、议价采购、直接订购、团购、泛招标。

(资料来源：阳光易购电子竞价采购公共服务平台．百度百科．http://baike.baidu.com/view/4543716.htm.)

三、企业电子采购的实施

(一)电子采购的实施步骤

(1) 进行采购分析与策划，对现有采购流程进行优化，制定出适宜网上交易的标准采购流程。

(2) 通过虚拟主机、主机托管、自建主机等方式建立网站，或者加入有实力的采购网站，通过他们的专业服务，可以享受到丰富的供求信息。

(3) 采购单位既可以发布招标采购信息，详细说明对物料的要求，也可以通过搜索引擎寻找供应商，发送电子邮件，对所购物料进行询价，广泛收集报价信息。

(4) 供应商登录采购单位网站，进行网上资料的填写和报价。

(5) 对供应商进行初步筛选，收集投标书或进行贸易洽谈。
(6) 网上评标，按设定的标准自动选择或由评标小组进行分析评比选择。
(7) 在网上公布中标单位和价格，对供应商进行考察后签订采购合同。
(8) 中标单位交付货物，采购单位支付货款，处理有关善后事宜。
(9) 如有需要，双方进行战略合作，实现信息共享。

(二)企业电子采购系统

1. 采购申请模块

(1) 接受生产部门和关键原材料供应部门提交的采购申请。
(2) 接受企业 ERP 系统自动提交的原材料采购申请。
(3) 接受管理人员、后勤服务人员提出的采购低值易耗品、计算机软硬件或服务方面的申请等。

2. 采购审批模块

(1) 系统能根据预设的审批规则自动审核并批准所接收到的各种申请。
(2) 对接收到的采购低值易耗品的申请，直接向仓库管理系统检查库存，若有则立即通知申请者领用，若没有，则用 E-mail 通知申请者：申请已批准，正在采购中。
(3) 对于被自动审批未获通过的申请，立即通知或邮件通知申请者：申请由于何种原因未获批准，请修改申请或重新申请。
(4) 通过自动审批无法确定是否批准或否决的申请，邮件通知申请者的主管领导，由领导登录采购系统，审批申请。
(5) 对于已通过的采购申请，邮件通知申请者，并提交给采购管理模块。

3. 采购管理模块

(1) 接受采购部门制订年度或月份采购计划，制定供应商评估等业务规则。
(2) 对所接受的采购申请，依据设定规则确定立即采购或累积批量采购。
(3) 对已生成的订单，依据设定规则决定是立即发给供应商，还是留待采购管理部门再次审核修改。
(4) 所有订单依据预设的发送途径向供应商发出。
(5) 自动接受供应商或承运商提交的产品运输信息和到货信息。
(6) 订购产品入库或服务完成后，系统自动通知采购管理部门。
(7) 订购物资入库或服务完成后，系统自动生成财务凭证。
(8) 依据设定规则，系统在发出订单时或者产品验收入库后，自动向供应商付款，或者采购管理部门依据有关收货单据人工通知财务部门向供应商付款。

第三节 电子配送

一、电子配送概述

(一)电子配送的内涵

电子商务物流配送简称电子配送，是指物流配送企业采用网络化的计算机技术和现代化的硬件设备、软件系统及先进的管理手段,针对客户的需求,根据用户的订货要求,进行一系列分类、编码、整理、配货等理货工作,按照约定的时间和地点将确定数量和规格要求的商品传递到用户的活动及过程。

电子商务企业通过现有的基础设施、信息系统、网络技术,对订单管理、呼叫中心管理、在线信用检查和信用卡处理、库存管理、储运及利润的使用和分配等活动进行综合处理,将 Internet 上的客户订单变成产品实体交付给客户。在这一过程中,电子配送是虚拟和现实世界之间的基本连接点。

电子配送能够提供的增值服务应包括以下几个方面。
(1) 实时库存可见性和产品可获得性,包括生产能力。
(2) 通过程序包的跟踪能力,实时获取订单精确状态的可见性。
(3) 实时在线支付核定。
(4) 在售前、售中和售后提供方便的、快速响应的客户服务和支持。
(5) 小型包裹装运和托运。
(6) 单一批次的整体装运。
(7) 提供便宜可靠的不同送货方式,如送上船、送进商店、送货上门等。
(8) 便捷的退货流程和支付退货。

电子配送能力成功的重要因素,是向贸易合作伙伴提供流程和信息同步化技术,运用供应链网络创造全新服务。

(二)电子配送的特征

1. 虚拟性

通过借助现代计算机技术,配送活动已由过去的实体空间拓展到了虚拟网络空间,实体作业节点可以虚拟信息节点的形式表现出来;实体配送活动的各项职能和功能可在计算机上进行仿真模拟并进行优化,实现实体配送过程达到效率最高、费用最少、距离最短、时间最少的目标。

2. 实时性

虚拟特性不仅有助于辅助决策,还可以实现对配送过程的实时管理。配送业务运营商与客户均可通过共享信息平台获取相应配送信息,减少了信息的不对称和配送过程中各环节间衔接的不确定性,做到全程监控。

3. 个性化

配送服务面对多品种、少批量、多批次、短周期的市场需求,导致配送成本增加,但个性化配送正是"利润源泉"。"配"的个性化指根据客户指令对配送对象进行流通加工,增加产品的附加值;"送"的个性化指依据客户要求为每一位客户制定量体裁衣式的配送方案。

4. 增值性

除了传统的配送作业以外,电子配送还向上游延伸到市场调研与预测、采购及订单处理,向下延伸到物流咨询、物流方案的选择和规划、库存控制决策,物流教育与培训等附加功能,从而为客户提供具有更多增值性的物流服务。

二、B2C 电子配送

由于 B2C 的客户是供应链的最终用户,单次购买量少,且为低价产品,却对配送质量要求很高,物流成本居高不下,配送效率低。这种落差无法满足 B2C 电子商务的高速发展,使得我国 B2C 的物流配送运作比 B2B、C2C 困难很多。

目前,我国的 B2C 电子商务配送主要包括以下几种类型。

1. 邮政体系配送模式

中国邮政具有方便、快捷、点多、面广的特点,是我国覆盖面最广、资历最老的物流公司。其不足之处是普通邮递速度慢,而 EMS 服务收费偏高,且邮政体系服务水平偏低,容易造成包装破损、货物损坏,从而导致配送服务质量的下降,造成顾客的不满。在 B2C 配送中,国内邮政体系从配送覆盖面上必不可少,但并不是网站企业或厂商最主要的发展改进或者选择对象。

2. 共同配送模式

共同配送模式是多个配送企业联合起来在配送中心的统一计划和调度下展开的配送,是企业之间为实现整体配送合理化,以互惠互利为原则的协作型配送模式。共同配送模式实现了配送资源的有效配置,提高了企业的配送能力,扩大了配送规模,提高了效率,降低了成本。目前,我国的社会配送一体化迫在眉睫,但共同配送尚未成型,企业间的互相猜忌、意识的差距及管理模式的不同是最大的阻碍。

3. 第三方物流企业配送模式

企业或厂商网站委托第三方物流企业把商品送达消费者实现配送服务的模式。这种模式可以充分利用第三方物流企业的先进物流设施和专业经验进行规模性操作,带来经济利益,降低物流成本,合理利用社会资源。

4. 企业自营配送模式

企业或厂商网站在客户群密集的地区设置仓储中心和配送点,配送各环节均由企业自身筹建并组织管理。这种模式有利于企业供应、生产和销售的一体化,物流配送效率高,但配送中心和配送点建设需要大量投资,将带来短期成本的大量增加。自营物流对于规模大、资金雄厚的企业是个不错的选择,但对大多数 B2C 电子商务企业来说,很难做到既兼顾价格,又能支撑大规模的配送。

三、B2B 电子配送

(一)我国 B2B 配送现状分析

与 B2C 等其他物流配送模式呈少批量、多批次的特点不同,B2B 物流呈现的是单次配货量大、年配货总量稳定的特点。

传统企业经过多年的发展已经形成了一套成熟的自营物流配送体系，而目前我国经营 B2B 电子商务的企业规模一般较小，因此，企业不应该也没有过多的资金建设自己的物流队伍。电子商务全球性的特点使其业务遍布全球，更增添了物流配送的难度。因此，第三方物流成为我国解决 B2B 电子商务配送问题的主要物流模式，在我国第三方物流还有很多需要完善的地方。

1. 设立能覆盖市场的物流中心和配送中心

物流中心应设在供应链的上游，处理来自供应商的大宗到货，为下游渠道提供存货、运输、服务等方面的支持。为了管理的方便，可以将 B2B 电子商务公司的销售预测、采购、库存控制、订单处理、网上促销等商务运作部门与物流中心的仓库设在一起，还可将呼叫中心及其他相关客户服务部门设在此处。

为了提高整个物流系统的响应能力，将供应链渠道的重心下移到接近市场的地点，同时必须设立配送中心。配送中心根据当地厂商的需求向上游物流中心订货，并按用户要求进行相关作业，一般需要进行销售预测、订单处理、库存控制、分拣、储存、拣选、组配、送货、结算、客户服务等工作。配送中心可能覆盖的市场范围要根据配送中心与物流中心的信息沟通方式、可用的交通运输工具及运输效率、公司的存货政策及配送预算、对客户送货及相关服务承诺的规格等确定。

2. 选择合理的物流中心和配送中心建设模式

从运作和财务角度考虑，将物流与配送业务外包应为最佳选择；其次是电子商务配送与普通商务配送相结合；最后才是自己投资建设物流与配送网络。

大多数 B2B 电子商务经营者都赞同将物流与配送外包给第三方物流和配送公司，但在中国，真正能与 B2B 电子商务公司同甘共苦的第三方物流与配送服务商实在不好找。自建物流与配送中心的前提条件是资金充裕，股东要有容忍若干年亏损的耐性，同时还要保证电子商务公司本身的经营管理不出问题。在没有自己的物流中心或配送中心的情况下，电子商务公司应在明确自己的物流与配送需求后，再去与物流和配送服务商合作。

在传统商务领域，尤其是在靠近制造环节，制造商、批发商、经销商们正在重新审视既有的物流渠道，并忙于从传统储运转向现代物流与配送，他们在物流中心和配送中心网络的建设与规划、物流与配送模式的确定方面有不少经验和教训。批发商和经销商的商务模型与 B2B 电子商务模型十分相似，如果在物流渠道的建立上借鉴传统商务渠道重构和改造的经验，或与之结合，将会大大缩短电子商务配送体系建立的时间，也会降低 B2B 电子商务配送的门槛。

3. 提高物流信息系统管理水平

为了满足 B2B 电子商务中物流配送的要求，大大提高服务的响应速度、运作的便捷与效率，物流企业需要全力提高先进技术尤其是信息技术的应用能力。

物流信息技术主要包括两个方面：自动识别与数据采集技术；物流信息管理系统。目前，自动识别与数据采集技术以条码为主流，射频技术的应用也日渐广泛，它们具有数据高速自动输入、高读取率、低误读率、容易操作、设备投资低等优点，是有效解决物流数据采集、录入、处理、传输"瓶颈"的工具。物流信息管理系统是以物流信息存储的数字化,传递的标准化和实时化,物流信息处理的计算机化为基础的物流业务与企业管理平台。因此,利用先进信息技术的配送中心是我国 B2B 电子商务发展的必然要求。

(二)发达国家 B2B 配送经验

从 20 世纪 60 年代起,商品配送合理化在发达国家普遍得到重视。欧美国家的物流配送体系相当完善,这要得益于他们近百年的仓储运输体系发展史。美国联邦快递、UPS(联邦包裹快递)等是大型物流公司的典范,拥有庞大而完善的物流配送体系,电子商务时代到来后,只需将各个配送点用计算机连接起来,即顺理成章地完成了传统配送向电子商务时代配送的过渡。

为了在流通领域获得效益,美国企业采取了以下措施:一是将老式的仓库改为配送中心;二是引进计算机管理网络,对装卸、搬运、保管实行标准化操作,提高作业效率;三是连锁店共同组建配送中心,促进效益的增长。美国连锁店的配送中心,主要有批发型、零售型和仓储型三种类型。

1. 批发型

【案例 3-7】 美国加州食品配送中心是全美第二大批发配送中心,经营的商品均为食品,有 43 000 多个品种,其中 98% 的商品由该公司组织进货,另有 2% 的新鲜食品是该中心开发加工的商品。该中心实行会员制,各会员超市因店铺的规模不同、所需商品配送量不同,向中心交纳不同的会员费。会员店可以参加配送中心定期的利润分配,会员店分得红利的多少,将视在配送中心的送货量和交易额的多少而定。该配送中心主要靠计算机管理,业务部获取会员店的订货信息,及时向生产厂家和储运部发出要货指示单,厂家和储运部再根据要货指示单的先后缓急安排配送的顺序备货发运。

(资料来源:物流. 百度百科. http://baike.baidu.com/view/1495.htm.)

2. 零售型

【案例 3-8】 美国沃尔玛的配送中心是典型的零售型配送中心,该配送中心是沃尔玛公司独资建立的,专为本公司的连锁店按时提供商品,确保各店稳定经营。配送中心 24 小时运转,每天为分布在纽约州、宾夕法尼亚州等 6 个州的沃尔玛公司的 100 家连锁店配送商品。

(资料来源:物流. 百度百科. http://baike.baidu.com/view/1495.htm.)

3. 仓储型

【案例 3-9】 美国福来明公司的食品配送中心是典型的仓储式配送中心。它的主要任务是接受美国独立杂货商联盟加州总部的委托业务,为该联盟在该地区的 350 家加盟店负责商品配送。该配送中心建筑面积为 7 万平方米,经营 8.9 万个品种,其中有 1200 个品种是美国独立杂货商联盟开发的,必须集中配送。在服务对象店经营的商品中,有 70% 左右的商品由该中心集中配送,一般鲜活商品和怕碰撞的商品,如牛奶、面包、炸土豆片、瓶装饮料和啤酒等,从当地厂家直接进货到店,蔬菜等商品从当地的批发市场直接进货。

(资料来源:物流. 百度百科. http://baike.baidu.com/view/1495.htm.)

第四节　电子集市与供应链协同

一、电子集市

(一)电子集市的定义及分类

1. 电子集市的定义

电子集市，是一个由多个买方与多个卖方，把供应链的上、下游，甚至同级的企业结盟起来，通过提供开放式、端对端、可操作的解决方案平台，管理会员公司的买卖活动、建立网络市场，把买主、供应商、电子市场和商业服务供应商的内部和外部商业程序统一集合在一起，提供一个全球化的电子商务交易平台。

2. 电子集市的分类

从广义上看，电子集市可分为面向不确定客户的自由市场型和面向确定企业用户的行业平台型。自由市场型的电子集市以 eBay、阿里巴巴、易趣、淘宝为代表，由 C2C、B2C、B2B 等多种交易平台构成；而行业平台型主要面向较为具体的产品供应链，有独立电子集市和联盟电子集市两种类型。下面提到的电子集市主要指行业电子集市。

独立电子集市，指的是由单个公司建立的电子贸易平台；联盟电子集市则是由多个公司联合组建的贸易平台，这些公司多半是与行业有关的企业。联盟电子集市，可以分为定位于采购环节的上游交易市场模式、定位于销售环节的下游交易市场模式和全程交易市场模式。在买方，特别是零售商占主导的今天，整合上游供应商的上游交易市场的建立，比整合下游经销商的下游交易市场要现实得多。

电子集市中的专用交易是指公司与其供应链上、下游环节中固定客户的交易，公共交易是指整个行业内开放、透明的交易行为。

(二)电子集市的发展阶段

1. 电子商务企业的入侵

在电子商务应用初期，一些拥有先进理念、强大的财务后盾和技术支持的新型企业，瞄准那些看起来发展缓慢、前景并不广阔的行业，通过建立一种全新的价值体系抢占了一定的市场份额。

2. 传统企业的反击

在遭遇第三方威胁后，传统企业开始重视应对措施，一般是成立自己的电子集市，或者成立行业联盟，与侵入者竞争。在这种反击下，加之电子商务发展初期，长期的投入却见不到回报，最初的泡沫破灭，电子商务遭遇了严酷的市场大洗牌。

3. 强强联合

电子商务企业与传统企业都意识到自己存在的缺陷和能力上的不足，于是战略联盟出现了，他们成立合资公司，重组行业，建立标准，签订协议，实现强强联合，通过电子集市来管理行业。

4. B2B 电子集市模式

不同竞争者联合形成了不同类型的电子集市，主要有行业纵向电子集市、品牌企业的电子交易中心及横向联盟电子集市。其中，行业纵向电子集市将承担着行业层面的供应链优化任务，需要规范行业标准，共享预测信息、能力信息及行业层面的资产管理；实力强大的企业建立自己的电子集市，并供客户和供应商使用，获得了卓越的功效；横向电子集市最易形成，主要基于采购集成模式，最明显的例子就是物流领域。

> 【案例 3-10】 锦程物流将集中采购的商业理念应用于传统货运代理领域，依托电子商务、国内分支机构和国外代理网络，整合海运进出口集装箱资源，向承运船东集中采购优势运价，再通过网络营销批发。2004 年年末，锦程建立了全球订舱中心，围绕"资源整合，集中采购"这一核心目标不断发展，上海、深圳、青岛等八大口岸区域订舱中心相继设立并成功运营，联网互动，全国覆盖服务功能初步实现；与中海、中外运、APL、K-LINE 等多家船公司签约并达成合作意向，运价产品不断完善；网络媒体、传统期刊等创新营销推广手段组合联动。目前的订舱中心已成为锦程物流新的利润增长点。
>
> (资料来源：徐扬，王志. 锦程物流商业模式分析. 新华社. 2006.3.27.)

(三)电子集市现状分析

1. 国外电子集市的状况

国外所能看到的零售、汽车、航空及计算机巨头的 B2B 联盟几乎都是联合采购交易市场。他们通常的做法是：上游联合，下游竞争。上游联合导致成本降低，市场扩大，大家能够在更大的市场蛋糕上展开竞争。尽管许多电子集市对其前途感到迷茫，但仍有一些独立电子集市逆流而上，他们坚信在如今的电子商务时代终将会有一块适合自己生存的土地。

2. 我国电子集市的现状

目前，我国电子集市处于初级阶段，其形态表现为垂直 B2B 门户网站，即定位于某个行业内企业间电子商务的网站，与综合型 B2B 网站相比，其特点是专业性强，并通常拥有该行业资源的背景，更容易集中行业资源，吸引行业内多数成员的参与，也容易引起国际采购商和大宗买主的关注。不同行业的 B2B 网站在功能上有一定的差别，但基本功能仍然局限于信息发布平台，通过收取会员费来盈利。随着行业认同度的提高，以及网站经营模式的创新与完善，在线交易也有了一些成功的案例。

> 【案例 3-11】 易创化工网是中国化工行业功能最完善、信息最全面的互联网在线交易网络，为用户提供一个开放式、全天候的中外化工供求交流的平台，用户除了可以在公告板上免费发布商业信息外，还开设有在线拍卖和在线招标两种双向竞价模式；中国钟表网除了提供供求信息发布、会员网站链接等服务外，还为会员提供录入、管理资料等服务项

目；中国粮食贸易网则集成了网上采购、拍卖、网上交易等一系列功能，网站则收取年度会员费。

(资料来源：B2B 电子商务发展现状及趋势分析. e-works 制造业信息化门户网. http://articles.e-works.net.cn/Articles/465/Article9139.htm.)

二、供应链协同

(一)供应链协同的内涵

协同商务(Collaboration Business)，是指利用以 Internet 等网络技术为特征的新兴技术，在企业的整个供应链内及跨供应链进行各种业务的合作，最终通过改变业务经营模式达到资源最充分利用的目的。

供应链协同(Supply Chain Collaboration，SCC)，是指两个或两个以上的企业为了实现某种战略目的，通过公司协议或联合组织等方式而结成的一种网络式联合体。供应链协同是供应链管理中的重要概念，目的在于有效地利用和管理供应链资源。

供应链协同包含三层含义：组织层面的协同，由"合作—博弈"转变为彼此在供应链中更加明确的分工和责任，即"合作—整合"；业务流程层面的协同，在供应链层次即打破企业界限，围绕满足终端客户需求这一核心，进行流程的整合重组；信息层面的协同，通过 Internet 技术实现供应链成员间的信息系统集成，实现运营数据、市场数据的实时共享和交流，从而实现伙伴间更快、更好地协同响应终端客户需求。

(二)供应链协同的意义

1. 供应链协同发现顾客价值

供应链协同要以顾客为中心，有利于成员企业更清晰地发现顾客的价值诉求，确保正确的供应链协作目标。

2. 供应链协同创造顾客价值

单个企业资源和能力有限，只有供应链协同才能实现优势互补，通过各节点企业的物流、资金流、信息流的计划、协调和控制，创造最大的顾客价值。

3. 供应链协同交付顾客价值

这需要供应链成员在交付价值中，与顾客进行良好的沟通，以帮助他们无损地感知供应链协同所创造的顾客价值，这是单个企业无法实现的，需要供应链协同实现。

4. 供应链协同延续顾客价值

顾客对价值的感知是一个连续的过程，在购买产品和服务后的一段时间内，顾客的评价都比较高，但随着某些损耗，如产品故障的发生，会使顾客所感知的价值衰减，而事件原因的发现乃至问题的解决也离不开供应链成员之间的密切配合。

(三)供应链协同的范围

(1) 企业内部协同是为了企业内的各个职能部门、各个业务流程能够服从于企业的总目标，实现不同部门、不同层次、不同时期的计划和运营体系的协同，如采购、库存、生产、销售及财务间的协同；战略、战术、执行层次的协同；长期、中期及短期规划间的协同等。顺畅的工作流和信息流，合理的组织结构设计，动态的流程优化思考，是实现企业内部协同的有力保障。

(2) 供应链企业间协同是指供应链上的成员在共享需求、库存、产能和销售等信息的基础上，根据供应链的供需情况实时地调整计划和执行交付或获取某种产品和服务的过程。这里讨论的供应链协同主要指企业间的协同。

(四)供应链协同的实施

企业间的协同较企业内部的协同复杂得多，构建企业间的协同要做到以下几点。

(1) 在供应链层次共同构建一个共赢的供应链目标。

(2) 建立企业间亲密的伙伴关系，达成相当高的信任度，实现资源的有效整合与利用，相互开放业务信息，增强运营体系的透明度。

(3) 从供应链的层次，围绕满足终端客户需求为核心实现企业间流程重组。

(4) 集成企业间的供应链管理信息系统，实现实时信息交互和共享，最终实现同步制订供应链计划，同步跟踪全供应链计划执行状态，同步预警，应急反应和资源调度。

最终实现企业间的协同体现为：预测协同；库存和销售信息协同；采购计划协同；订单的执行协同；生产制造协同；运输交货协同；产品设计协同。供应链协同是一个复杂的体系，因而保障信息交流畅通的信息技术成为支持供应链协同和监控所有供应链环节的重要支柱。

【案例3-12】基于对全球制造行业的深刻理解与把握，惠普提出了"价值协同网链"(Value Collaboration Network，VCN)的发展理念，致力于在供应商、客户、合作伙伴等价值链成员之间建立协同业务关系，提升产品与服务的效能及企业的核心竞争力，帮助制造业客户建立以客户为导向的扩展型业务系统。VCN通过协作与价值创新全面满足了用户需求，将外包服务供应商、业务流程与系统、贸易合作伙伴完美结合在一起。其基础流程包括ERP/供应链优化、用户/合作伙伴关系管理、产品生命周期协作等三个方面，能够帮助用户建立一个强大、集成、灵敏的供应链，围绕制造设计流程连接所有合作伙伴，在适当的时间开发最适合的产品。

(资料来源：惠普的全球供应链战略管理．盖普咨询顾问．www.gap-sh.com)

三、供应链电子同步化

(一)电子集市中的供应链运作

1. 削弱供应链中的"长鞭效应"

由于信息的闭塞和终端市场的频繁变化导致供应链产生一种歪曲信息的"长鞭效应"，这种效应沿供应链向上游推进的同时会被逐渐放大，导致企业承担很高的库存风险和采购风险。电子集市则具有基于平台沟通的特性，能够为企业展示更为透明和丰富的信息资源，使企业间可以实时和跨层级沟通，轻松掌握真实的各级市场信息，削弱了供应链的"长鞭效应",降低了运作成本,供应链整体绩效因此得到极大改善。

2. 以丰富的信息优化资源配置

电子集市中大量信息的汇集使企业在供应源选择、下游渠道发展、供应商评估、处理积压库存、联合采购等方面具备优势,从而实现信息资源对制造、物流资源的优化配置,为企业带来降低库存、采购成本等各方面的收益。

3. 改善供应链绩效

如果供应链上、下游企业和合作伙伴都集中在电子集市交易,不仅有利于平抑价格波动,而且为最终产品的生产带来资源节约。具有规模效应和完善信息服务的电子集市将更容易获得供应链绩效的改善效应。

(二)供应链电子同步化的实施

供应链电子同步化实际上是进行电子采购、电子配送、电子化设计与制造、电子化工作流的跨行业联合。在供应链合作企业和电子集市向电子同步化迈进的过程中,供应链计划(Supply Chain Planning,SCP)和企业应用软件集成(Enterprise Application Integration,EAI)扮演着重要的角色。而在 SCP、EAI 和电子集市的角色转换中,ERP(企业资源计划)系统起着关键作用。ERP 是基于供应链管理的信息化管理模式,是现代管理观念的重大转变,是所有信息化管理模式中最重要、最复杂的一环。它将企业所有内部资源整合在一起,对采购、生产、库存、分销、运输、财务、人力资源进行科学规划,从而达到最佳资源组合,取得最佳效益。

1. 供应链计划

供应链计划(SCP)包括分销预测、分销资源计划(DRP)、制造资源计划(MRPⅡ)、运输计划和制造计划。SCP 方案建立在 ERP 处理系统上,提取如订单、库存和生产质量等数据,用于为整个供应链创建计划,并将计划及时反馈到 ERP 系统中。DRP 和 MRPⅡ已合并成需求计划(DP),并与 SCP 紧密地整合起来,已经能够使预测变化对制造和分销的影响被迅速地察觉到。优秀的 SCP 应用软件还包含例外计划,采用例外预警工具对计划、预测或者生产安排进行调整。

2. 电子集市的作用

电子集市在供应链协作方案中扮演着信息仓库、协调者和协作实施者的关键角色。协作所需的高度信息共享通过系统无缝集成和共享数据库信息实现。更快、更精确的通信,减轻了方案实施过程中控制和标准不一致的问题,预测精度的改善促成了更为有效的决策,显著减少了供应链中的库存量,使其与实际需求的匹配度更高。通过生产、库存、产品和运输状态信息的共享,参与者可以以"电子化速度"运作供应链,获得竞争优势。这种方式彻底打破了传统的"所有权"模式,共享信息的巨大利益将促使企业建立信用,向合作伙伴提供关键的信息,从而建立一个良性市场。

3. 将 EAI 融入电子集市

企业迫切需要既能降低数据集成成本,又能允许自己跨应用软件和组织界限对业务流程和工作流进行管理的解决方案。EAI 就是一套在不同的应用软件之间，集成端到端业务流程和数据的技术，它可以提高企业和供应链响应及适应变化的能力。EAI 既是一套互补技术，也是一种战略技术，它不仅是中间件方案(中间件方案的重点是集成"数据层面")，EAI 提供的潜在能力不仅在企业内和企业间共享数据，还可以采用集成的方式管理和使用数据。所有这些应用软件是电子同步化的关键能力。

EAI 方案主要包括以下几种典型产品。

(1) 套装接口，或称适配器，帮助在数据库或应用软件中读取和存入信息。

(2) 转化引擎，帮助信息格式转化和信息搜寻。

(3) 流程管理引擎，帮助在应用软件和数据库之间协调信息流动，帮助管理跨越多个应用软件的业务流程。

本 章 小 结

电子供应链是围绕核心企业，以电子商务为手段，通过对物流、资金流与信息流的整合和控制，从采购原材料开始，到制成中间产品及最终产品，最后由销售网络把产品送到消费者手中，将供应商、生产商、分销商、零售商、最终客户连成一体的网链结构模式。电子供应链的发展需要经历电子商务、电子企业和电子经济三个阶段。B2C 模式是我国最早产生的电子商务模式，随着市场的逐步成熟，B2C 领域进入用户细分的阶段。电子供应链和各领域多种形式的电子集市多由 B2B 模式进化而来。企业电子供应链的实施必须经历企业信息化、企业电子商务，然后才能构建电子供应链管理系统。

电子采购，是用计算机系统代替传统的文书系统，通过网络支持完成采购工作的一种业务处理方式，也称为网上采购。电子采购的模式主要有卖方一对多、买方一对多、第三方采购平台、企业私用交易平台、反向拍卖等。电子采购平台，是一个集全方位的资讯服务、多效的采购交易平台、管家式服务于一体的企业采购协同工作平台，包括协同招投标管理系统、企业竞价采购平台、电子目录采购系统等几种类型。

电子配送即电子商务物流配送，是指物流配送企业采用网络化的计算机技术和现代化的硬件设备、软件系统及先进的管理手段，针对客户的需求，根据用户的订货要求，进行一系列分类、编码、整理、配货等理货工作，按照约定的时间和地点将确定数量和规格要求的商品传递到用户的活动及过程。在 B2C 和 B2B 领域，国内外电子配送模式各有其自身的特点和经验。

电子集市，是一个由多个买方与多个卖方，把供应链的上、下游，甚至同级的企业结盟起来，通过提供开放式、端对端、可操作的解决方案平台，管理会员公司的买卖活动、建立网络市场，把买主、供应商、电子市场和商业服务供应商的内部和外部商业程序统一集合在一起，提供一个全球化的电子商务交易平台。供应链协同是指两个或两个以上的企业为了实现某种战略目的，通过公司协议或联合组织等方式而结成的一种网络式联合体。供应链的电子同步化是进行电子采购、电子配送、电子化设计与制造、电子化工作流的跨行业联合，主要包括供应链计划的制订和实施及企业应用软件的集成。

复习思考题

一、名词解释

电子商务　电子化供应链　电子采购　电子采购平台　电子配送　电子集市　协同商务　供应链协同

二、问答题

1. 电子化供应链包括哪几个发展阶段？
2. 电子商务有哪些类型？B2C 网站有哪些类型？
3. 简述电子供应链管理的内容及实施步骤。
4. 电子采购有哪些模式？
5. 简述电子采购平台的类型与功能。
6. 电子配送能够提供哪些增值服务？
7. 我国 B2C 电子配送有几种模式？存在哪些问题？
8. 简述我国 B2B 电子配送现状。
9. 电子集市有哪些类型？其发展阶段如何？
10. 企业供应链电子同步化实施的要点是什么？

综合案例 3-1：一采通的电子采购解决方案

一采通在服务企业客户的过程中，深刻体会到领先企业在各个领域的独特管理价值，它总结了大中型企业在生产物资采购、间接采购、集中采购、集团采购监管、供应商关系管理、废旧物资处理六个领域的实战型解决方案，这些方案可以帮助企业建立完整流程的采购管理框架。

1. 生产采购管理解决方案

生产采购具有物资多样、采购量大、采购金额高、采购生命周期长、需求多变、潜在供应风险高等特点。Go8 生产采购解决方案的特点如下。

(1) 满足"物资多样性"的采购特点。提供多种定价流程，包括竞争性谈判流程(招标、竞价、询比)和非竞争性谈判流程(议标、紧急、跟标)。

(2) 提高采购成本专业分析能力。提供了成本明细解决方案，支持针对物料设置成本明细，使各项隐性成本无处可藏，让企业在价格谈判中掌握主动权。

(3) 满足"供货价格变化管理"的需求。帮助企业建立闭环可控的价格管理流程，价格数据格式符合主流 ERP 标准，审批通过的数据可直接进入 ERP。

(4) 建立供应商评估体系。建立供应商准入制度、供应商评估体系，形成闭环的管理模式，促进供应商持续保持优良的表现，有效降低供应风险。

(5) 自动统计报表，帮助企业落实采购管理。报表分析预置了多种统计数字，还可根据企业需求量身定制多种报表，帮助企业发现采购管理中存在的问题。

(6) Go8 与 ERP 可无缝对接，数据共享。面向采购业务的精细化管理，与企业 ERP 互为补充，可实现无缝对接。

2. 非生产采购管理解决方案

非生产采购，即一般采购(General Procurement，GP)，通常是指非直接性生产物资的采购，如文具、办公自动化设备、公司汽车、保安及服务等。非生产采购中包括大量的非标采购，其标的内容标准化难度大，需求表述难以规范，给 GP 采购业务的组织过程带来更多的困难；采购业务分散，难以发挥规模化优势；需求规律性差，计划性差，容易产生紧急采购；业务内容灵活多变、操作琐碎，难以形成有效的数据积累；采购管理方式一般是集中+分散，如何监管对于 GP 类采购是一个难题。Go8 非生产采购解决方案具有以下特点。

(1) 建立符合集团架构的非生产采购管理体系：针对集团采购管理中集中与分散管理相结合、专业化分工、集中管控三个要素，建立对应的管控方式。

(2) 规范供应商准入标准，建立合格供应商资源的动态管理。

(3) 设计多种采购技术组合的流程，更好地为非生产采购服务。

(4) 集中定价、订单管理的有效支持。

(5) 对采购数据进行有效的分析。

3. 集团管控采购解决方案

这是为各类集团企业建立采购制度化建设提供的解决方案，适用于具备比较强有力的集中采购管理部门。方案特点如下。

(1) 确保所有采购定价行为都符合采购政策、程序及准则。

(2) 建立集团范围的专家资源和评标规范，实现采购工作绩效考核。

(3) 建立集团范围的合同规范，进行非标准合同和标准合同的管理。

(4) 建立集团范围的供方管理方法，实行集团公司集中管理、分级负责的原则，建立优进劣汰的动态管理机制，培育和建设长期、稳定的供应网络。

(5) 通过竞争性谈判和非竞争性谈判流程来管理并完成所有的采购项目。

(6) 提高采购日常操作的效率，降低采购的工作难度。

(7) 提供竞争性谈判分析比较手段，帮助提高采购成本控制能力。

(8) 提供过程监管手段和方法，改善采购合规性。

(9) 收集、分析采购数据，提供采购运行情况报告。

4. 集中采购管理解决方案

集团企业物资采购一般具有数量多、品种杂、跨度大的特点。Go8 集中采购管理解决方案具有以下特点。

(1) 帮助集团化企业构建适用的集中采购模式。

(2) 促进企业采购物资的标准化工作。

(3) 建立高效的采购需求管理流程。

(4) 强化物资采购的集中管理控制。

(5) 建立集团集中的采购谈判决策制度。

(6) 建立全集团的价格监控体系。

(7) 采购执行跟踪及监控。

(8) 加强供应商管理。
(9) 优化业务流程。

5. 供应商管理解决方案

现代企业采购管理的发展趋势是由传统采购向战略采购渐进,伴随着战略采购的不断深化,对供应商的管理要求也逐步提升。建立一个针对供应商的持续、动态、闭环的科学管理体系,通过信息化手段将管理体系流程化、数据化、常态化,是每一个企业面临的课题。

同时,由于供应商的体系化管理是一个复杂的渐进过程,需要企业在数据采集、管理流程及信息化方面具备较为完善的基础,Go8 的供方管理思想,结合一些企业的先进管理思想,可以有效和可靠地帮助企业管理动态的供应环境,并为后续深化供应商管理体系的建设提供良好的扩展基础。

(1) 帮助建立集中或分散的供应商管理模式。
(2) 帮助建立集团统一的供应商准入标准。
(3) 帮助建立供应商评估体系。
(4) 帮助分析信息化环境,确定可以获取哪些可供评价的供应商表现数据。
(5) 帮助建立生产物资供应商和非生产物资供应商的绩效考核体系。
(6) 帮助分析论证、改善供应商管理办法。
(7) 针对不同的供应商绩效水平输出不同供应商的管理策略。

6. 废旧物资销售管理解决方案

传统废旧物资的处理方式主要通过手工操作,存在处理周期长,工作强度大,受人为因素影响等诸多弊端。Go8 废旧物资解决方案建立了废旧物资资源展示、网上销售、议标方式、招标方式、竞卖方式等多种处理手段,线上、线下多种方式。适用物资范围包括:废旧备件、废旧材料、积压备件、积压材料、部分适合销售的产品等。根据物资情况,建立多种销售处理方式,如网上超市直销方式、议标方式、招标竞卖方式。

(资料来源:一采通.www.1caitong.com.)

问题:
(1) Go8 的六大采购方案能够分别解决企业哪些方面的问题?
(2) 一采通的电子采购方案囊括了哪些管理理念和技术应用?

综合案例 3-2:海尔以信息化整合供应链

海尔集团是全球领先的整套家电解决方案提供商和虚实融合通路商。根据世界权威市场调查机构欧睿国际发布的 2015 年全球大型家用电器品牌零售量数据显示:海尔大型家用电器 2015 年品牌零售量居全球第一,这是自 2009 年以来海尔第 7 次蝉联全球第一。同时,冰箱、洗衣机、酒柜、冷柜也分别以大幅度领先第二名的品牌零售量继续蝉联全球第一。

海尔集团取得今天的业绩,与企业实行全面的信息化管理是分不开的。借助先进的信息技术,海尔发动了一场管理革命:以市场链为纽带,以订单信息流为中心,带动物流和资金流的运动。通过整合全球供应链资源和用户资源,逐步向"零库存、零营运资本和(与用户)零距离"的终极目标迈进。

1. 以市场链为纽带重构业务流程

总结多年的管理经验,海尔探索出一套市场链管理模式。海尔认为,在新经济条件下,企业应该以用户满意度的最大化、获取用户的忠诚度为目标。这就要求企业更多地贴近市场和用户。海尔把市场机制成功地导入企业内部管理,把同事和上下级关系转变为市场关系,形成内部的市场链机制。员工之间实施 SST,即索赔、索酬、跳闸。如果你的产品和服务好,下道工序给你报酬,否则会向你索赔或者"亮红牌"。

结合市场链模式,海尔集团对组织机构和业务流程进行了调整,把原来各事业部的财务、采购、销售业务全部分离出来,整合成商流推进本部、物流推进本部、资金流推进本部,实行全集团统一营销、采购和结算;把原来的职能管理资源整合成创新订单支持流程 3R(研发、人力资源、客户管理)和基础支持流程 3T(全面预算、全面设备管理、全面质量管理),3R 和 3T 流程相应成立独立经营的服务公司。

整合后,海尔集团商流本部和海外推进本部负责搭建全球的营销网络,从全球的用户资源中获取订单;产品本部在 3R 支持流程的支持下不断创造新的产品满足用户需求;产品事业部将商流获取的订单和产品本部创造的订单执行实施;物流本部利用全球供应链资源搭建全球采购配送网络,实现 JIT 订单加速流;资金流搭建全面预算系统。这样就形成了直接面对市场的、完整的核心流程体系和 3R、3T 等支持体系。

商流本部、海外推进本部从全球营销网络获得的订单形成订单信息流,传递到产品本部、事业部和物流本部,物流本部按照订单安排采购配送,产品事业部组织安排生产;生产的产品通过物流的配送系统送到用户手中,用户的货款也通过资金流依次传递到商流、产品本部、物流和分供方手中。这样就形成了横向网络化的同步业务流程。

2. ERP/CRM:快速响应客户需求

海尔集团于 2000 年 3 月 10 日投资成立海尔电子商务有限公司,在家电行业率先建立企业电子商务网站,全面开展面对供应商的 B2B 业务和针对消费者个性化需求的 B2C 业务。通过电子商务采购平台和定制平台,与供应商和销售终端建立紧密的关系。

用户可以在海尔网站上选择冰箱开门方式等十几种特殊需求。客户按需要下达订单后,生产部门立即在定制生产线上组织生产,一张小小的订单牵动了企业的全身——设计、采购、制造、配送整个流程。

在业务流程再造的基础上,海尔形成了"前台一张网,后台一条链"的闭环系统,构筑了企业内部供应链系统、ERP 系统、物流配送系统、资金流管理结算系统和遍布全国的分销管理系统及客户服务响应系统,并形成了以订单信息流为核心的各子系统之间无缝连接的系统集成。

海尔 ERP 系统和 CRM 系统的目的是一致的,都是为了快速响应市场和客户的需求。前台的 CRM 网站作为与客户快速沟通的桥梁,将客户的需求快速收集、反馈,实现与客户的零距离;后台的 ERP 系统可以将客户需求快速发送到供应链系统、物流配送系统、财务结算系统、客户服务系统等流程系统,实现对客户需求的协同服务,从而大大缩短对客户需求的响应时间。

过去企业按照生产计划制造产品,都是大批量生产。海尔的 e 制造是根据订单进行的大批量定制。海尔 ERP 系统每天都会准确、自动地生成向生产线配送物料的 BOM,通过无线扫描、红外传输等现代物流技术的支持，实现定时、定量、定点的三定配送；海尔独创的过站式物流，实现了从大批量生产到大批量定制的转化。实现 e 制造还需要柔性制造系统。在满足用户个性化需求的过程中，海尔采用计算机辅助设计与制造(CAD/CAM)，建立计算机集成制造系统(CIMS)。在开发决策支持系统(DSS)的基础上，通过人机对话实施计划与控制，从物料资源规划(MRP)发展到制造资源规划(MRP Ⅱ)和企业资源规划(ERP)。还有集开发、生产和实物分销于一体的适时生产(JIT)，供应链管理中的快速响应和柔性制造，以及通过网络协调设计与生产的并行工程等。这些新的生产方式把信息技术革命和管理融为一体。

目前，海尔在全集团范围内已经实施 CIMS，生产线可以实现不同型号产品的混流生产，如海尔计算机建成国内首条 FIMS 柔性计算机生产线。海尔计算机从接到订单到出厂，中间的每一道工序都是在计算机系统的集成管理和严格监控之下完成的。为了使生产线的生产模式更加灵活，海尔有针对性地开发了 EOS 商务系统、ERP 系统、JIT 三定配送系统等辅助系统。正是因为采用了这种 FIMS 柔性制造系统，海尔不但能够实现单台计算机客户定制，而且能同时生产千余种配置的计算机，实现 36 小时快速交货。

3. 订单信息流驱动：同步并行工程

海尔的企业全面信息化管理是以订单信息流为中心带动物流、资金流的运动，所以，在海尔的信息化管理中，同步工程非常重要。

例如，美国海尔销售公司在网上下达一万台的订单。订单在网上发布的同时，所有的部门都可以看到，并同时开始准备，相关工作并行推进。不用召开会议，每个部门只要知道与订单有关的数据，做好自己应该做的事即可。例如，采购部门看到订单就会做出采购计划，设计部门也会按订单要求把图纸设计好。3 月 24 日，河北华联通过海尔网站的电子商务平台下达了 5 台商用空调的订单，订单号为 5000541，海尔物流采购部门和生产制造部门同时接到订单信息，在计算机系统上，马上显示出负责生产制造的海尔商用空调事业部的缺料情况，采购部门与压缩机供应商在网上实现招投标工作，配送部门根据网上显示的配送清单 4 小时以内及时送料到工位。3 月 31 日，海尔商用空调已经完成定制产品生产，5 台商用空调室外机组已经入库。

海尔电子事业部的美高美彩色电视机是海尔实施信息化管理，采用并行工程的典型案例。传统的开发过程是串行过程，部门之间相互隔离，工作界限分明，产品开发按阶段顺序进行，导致开发周期长、成本高，这个过程需要 4～6 个月的时间。海尔电子事业部为保证美高美彩色电视机在 2000 年国庆节前上市，以两个月时间为总目标，美高美彩色电视机开发项目组建立开发市场链，按信息化管理的思路，组建了两个网络，一是由各部门参与的、以产品为主线的多功能集成产品开发团队；二是由采购供应链为主线的外部协作网络。

在产品设计方面，美高美彩色电视机就是通过技术人员到市场上获得用户需求信息，并把信息转化为产品开发概念。在流程设计方面，通过内部流程的再造和优化，整合外部的优势资源网络，在最短的时间内，以最低的成本满足了订单需求。在设计过程中，一个零部件设计出来后，物流就可以组织采购，而且物流参与到设计中，能够提高产品质量。

最终，海尔美高美彩色电视机从获得订单到产品上市只用了两个半月的时间，创造了产品开发的一个奇迹。

4. 零距离、零库存——零运营资本

海尔认为，企业之间的竞争已经从过去直接的市场竞争转向客户的竞争。海尔 CRM 联网系统就是要实现端对端的零距离销售。海尔已经实施的 ERP 系统和正在实施的 CRM 系统，都是要拆除影响信息同步沟通和准确传递的阻隔。ERP 是拆除企业内部各部门的"墙"，CRM 是拆除企业与客户之间的"墙"，从而达到快速获取客户订单，快速满足用户需求。

传统管理下的企业根据生产计划进行采购，由于不知道市场在哪里，所以大部分是库存采购，企业中存在许多"水库"。现在海尔实施信息化管理，通过 3 个 JIT 打通这些"水库"，把它变成一条流动的河，不断地流动。JIT 采购就是按照计算机系统的采购计划，需要多少，采购多少。JIT 送料指各种零部件暂时存放在海尔立体库，然后由计算机进行配套，把配置好的零部件直接送到生产线。海尔在全国建有物流中心系统，无论在全国什么地方，海尔都可以快速送货，实现 JIT 配送。

库存不仅是资金占用的问题，最主要的是会形成很多的呆坏账。现在电子产品更新很快，一旦产品换代，原材料和产成品价格跌幅均较大，产成品积压的最后出路就只有降价，所以会形成现在市场上的价格战。不管企业说得多么好听，降价的压力就来自于库存。海尔用及时配送的时间来满足用户的要求，最终消灭库存的空间。

(资料来源：海尔：整合供应链 实现零库存. 必联网. http://www.ebnew.com/clubShow.view?id=44770313.)

问题：
(1) 海尔在供应链整合过程中采用了哪些管理手段？
(2) 海尔在供应链整合过程中采用了哪些技术手段？
(3) 海尔案例给你的启示有哪些？

第四章 采购与供应商管理

学习目标

- 了解供应链采购与传统采购的区别,掌握供应链管理中采购的实施方法;
- 理解及时采购的内涵,掌握及时采购的实施方法;
- 了解选择供应商需要考虑的因素,掌握供应源决策的方法,以及选择供应商的步骤,能够进行供应商关系的管理

【本章导读】

【导读案例1】 通用汽车的全球采购联盟将采购活动完全上升到企业经营策略的高度，并与企业的供应链管理密切结合在一起。据统计，通用汽车在美国的采购量每年为580亿美元，全球采购金额总共达到1400亿～1500亿美元。1993年，通用汽车提出了全球化采购的思想，并逐步将各分部的采购权集中到总部统一管理。通用下设北美、亚太、非洲、欧洲4个地区的采购委员会，定时召开电视会议，把采购信息放到全球化的平台上共享。充分利用联合采购组织的优势，协同杀价，及时通报各地供应商的情况，并在全球采购系统中备案，在资源得到合理配置的基础上，对供应商进行评估。通用对全球物流路线进行了整合，将各公司原来自行拟定的繁杂的海运线路集成为简单的洲际物流线路。采购和海运路线经过整合后，不仅使总体采购成本大大降低，而且使各公司与供应商的谈判能力得到了质的提升。

(资料来源：3个公司采购案例的对比分析. 中国物流与采购网.)

启示： 建立在合作基础上的现代供应链管理，无疑是对传统的采购管理模式的一次革命性的挑战。

【导读案例2】 1993年，柯达公司成立了一支由采购人员和工程人员组成的小组，负责统一在世界各地的所有柯达生产厂对控制系统的使用和采购情况。在选择供应商的过程中，柯达公司选择尽可能少的供应商，而且小组偏重于考察控制系统的寿命周期成本而不是单位成本。小组首先对现有的控制系统供应商进行评价，主要调查对产品、服务、潜在的成本降低能力、全球竞争能力、战略导向等问题的观点。然后据此对潜在的供应商进行评价，将供应商分为世界一流供应商、首选的供应商和淘汰的供应商三类，根据合作目标选择尽可能少的供应商进行合作。这种选择供应商的方法，已经帮助柯达公司在控制系统上降低了大约25%的总成本，尤其是对于柯达公司的小型生产厂，获得了缩短控制系统安装周期、供应商允诺持续更新、地方分销商愿意持有闲置部件、供应商在设计早期就参与其中等好处。

(资料来源：柯达供应商选择案例. 百度文库.
http://wenku.baidu.com/view/c8ba664df7ec4afe04a1df85.html.)

启示： 对供应商的管理策略是采购管理中的重要内容，实现准时化采购要精选少数供应商，建立伙伴关系，一方面有利于降低采购成本，另一方面有利于保证质量。

【导读案例3】 20世纪80年代，日本汽车因为大力改善采购工作，平均每一辆车的成本节省了近600美元，在极大增加了日本汽车公司利润的同时，也极大增强了日本汽车的国际市场竞争力。日本的本田汽车公司采购管理工作很具有代表性，本田公司每辆车50%的成本都用于从外部供应商那里购买零部件，即每年在供应商处的购买额达60亿美元，公司13 000名员工所生产的只占每辆车成本的20%。本田公司认为，供应商的状况对本田公司的赢利至关重要，好的供应商最终会带来低成本、高质量的产品和服务，因此必须与供应商建立长期合作的伙伴关系。本田公司实施采购管理的一项重要举措是"最佳伙伴"项目。首先，本田公司与供应商的关系是一种"永久关系"，一旦与某家供应商签约，就希望这种关系能够保持25~50年；其次，本田公司摒弃传统的拼命压价的采购方式，转而采用一种新的方式，它们思考的重点是"我们如何利用供应商的技能来增强自己在最终市场的竞争力？"在充分了解供应商制作零部件的成本的基础上，本田公司的采购人员为所购货物制定出成本表单，然后根据这些表单定出"目标价格"并告诉供应商。如果有供应商收到目标价格后，对本田公司的采购人员说"你们真是疯了"，本田公司马上就会派出工程师到供应商的公司去，检查供应商的生产流程，找出导致供应商价格过高的原因。本田公司不仅在采购价格方面节省不菲，通过与供应商的长期合作，也极大减少了新产品的开发成本和时间。各供应商为本田公司提供了许多如何改进质量、有效利用零部件的建议，本田公司对所有建议进行分析和测试，然后采纳最好的建议。据本田公司报告，供应商帮助、参与设计雅阁轿车，把每辆车的生产成本降低了21.3%。显然，采购部门不再单纯负责购买货物，还能够创造价值并推动企业经营战略的实施。

(资料来源：全球供应链下的采购管理的研究及应用. 中国大物流网.
http://www.all56.com/www/44/2008-11/23128.html.)

启示：利益的获得是一切企业行为的原动力，与供应商双赢关系的稳定发展带来的经济效益，促使众多企业以积极的态度引进和探索先进、合理的采购管理方式。

第一节　传统采购与供应链采购

一、传统采购系统

(一)传统采购的特点

传统采购的重点放在如何和供应商进行商业交易的活动上，其特点是比较重视交易过程中供应商的价格比较，通过供应商的多头竞争，从中选择价格最低的作为合作者。虽然质量、交货期也是采购过程中的重要考虑因素，但在传统的采购方式下，质量、交货期等都是通过事后把关的办法进行控制，如到货验收等，交易过程的重点大多放在价格的谈判上。因此，供应商与采购部门之间经常要进行报价、询价、还价等来回地谈判，并且多头进行，最后从多个供应商中选择一个性价比最高的签订合同，订单才确定下来。传统采购业务的流程，如图4-1所示。

传统的采购模式主要有以下几个特点。
第一，传统采购过程是典型的非信息对称博弈的过程。
第二，验收检查是采购部门一个重要的事后把关工作，质量控制难度大。
第三，供需关系是临时的或短期的合作关系，而且竞争多于合作。
第四，响应用户需求能力迟钝。

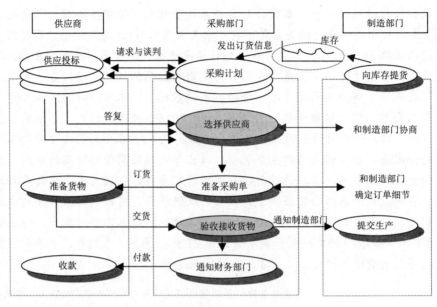

图 4-1 传统采购业务的流程

(二)供应链采购与传统采购的区别

供应链采购与传统采购的区别,如表 4-1 所示。

表 4-1 供应链采购与传统采购的区别

项　目	供应链采购	传统采购
基本性质	基于需求的采购,供应方主动型、需求方进行采购的采购方式,是一种合作型采购	基于库存的采购,需求方进行采购的操作方式,是一种对抗型的采购
信息环境	信息共享	信息不通,信息保密
库存关系	供应商掌握库存,需求方可以不设仓库,实现零库存	需求方掌握库存,需求方设立仓库,库存水平较高
送货方式	供应商多频次小批量连续补充货物	大批量少频次送货
双方关系	责任共担、利益共享、协调性配合	供需双方敌对,责任自负,利益独享,互斥性竞争
货检工作	基本免检	严格检查

二、供应链管理中的采购

(一)供应链管理中采购的特点

供应链采购是指在供应链机制下,成员企业之间的采购模式。在供应链机制下,采购者把自己的需求规律信息,如库存信息等,及时传递给供应商,供应商根据产品的消耗情况及时进行小批量库存补充,保证既满足消费者的需求又使库存最小。供应链管理中采购有以下几个方面的特点。

1. 采购基于需求

供应链采购由客户订单驱动，在供应链管理模式下，客户需求产生订单，订单驱动生产，生产驱动采购，产品满足客户需求，这样采购本身就成了满足客户订单的过程。

2. 主动的供应商采购

需求者将其需求信息随时传给供应商，供应商则根据需求状况和变化趋势及时调整生产计划，及时补充货物，主动跟踪用户需求，适时适量地满足用户的需求。

3. 合作采购

供应链采购的双方为了能获得更大的经济效益，从不同角度相互配合、各尽其力，提高采购效率，最大限度地降低成本。

(二)供应链管理中采购的实施

1. 供应链管理中采购的目标

在供应链管理模式下，采购工作要做到五个恰当。

(1) 恰当的数量。实现采购的经济批量，既不积压又不造成短缺。

(2) 恰当的时间。实现及时化采购，既不能提前，给库存带来压力，也不能滞后，给生产带来压力。

(3) 恰当的地点。实现最佳的物流效率，尽可能节约采购成本。

(4) 恰当的价格。达到采购价格的合理性，价格过高造成浪费，价格过低则可能造成质量难以保证。

(5) 恰当的来源。力争实现供需双方间的合作与协调，达到双赢的结果。

2. 供应链管理中采购的基本要求

要实现以上五个恰当，供应链管理中的采购必须在传统采购模式的基础上从以下几个方面进行转变。

1) 从库存驱动向订单驱动转变

传统采购是由库存驱动的，采购部门并不关心企业的生产过程，也不了解生产的进度和产品需求的变化，缺乏主动性，采购计划很难适应制造需求的变化。在供应链管理模式下，采购活动是以订单驱动的，制造订单驱动采购订单，采购订单驱动供应商。订单驱动的采购业务原理，如图4-2所示。

2) 采购管理向外部资源管理转变

传统采购模式中的供应商对采购部门的需求存在时滞，采购部门对产品质量实施事后控制，因此，供应链中的企业无法实现同步化动作。供应链外部资源管理克服了这一缺陷，即把供应商的生产制造过程看作采购企业的一个延伸部分，采购企业"直接"参与供应商的生产和制造流程，从而保证采购商品的质量。外部资源管理实现了供应链管理的系统性、协调性、集成性和同步性，从内部集成走向外部集成。

3) 从一般买卖关系向战略协作伙伴关系转变

在传统的采购模式中，供应商与需求企业之间是一种简单的买卖关系，因此无法解决一些涉及全局性、战略性的供应链问题，而基于战略伙伴关系的采购方式为解决这些问题创造了条件。

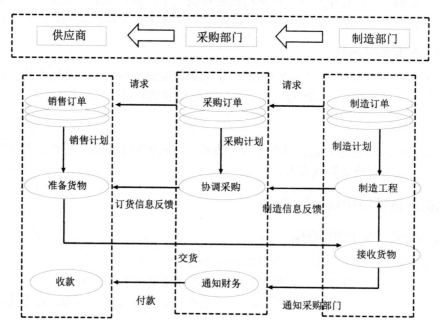

图 4-2　订单驱动的采购业务原理

3. 供应链管理中采购的基本流程

企业采购管理的基本任务有三个：一是要保证企业所需的各种物资的供应；二是从资源市场获取各种信息，为企业物资采购和生产决策提供信息支持；三是要与资源市场建立友好关系，为企业营造一个有效的资源环境。采购的基本流程由以下几个方面组成。

(1) 建立采购管理组织。这是采购最基本的组成部分，包括合理的管理机制和有效的管理组织机构及相应的管理人员和操作人员。

(2) 需求分析。弄清楚企业希望采购哪些物资、采购数量、何时需要什么品种等问题，掌握全企业的物资需求情况，制订物料需求计划，从而为制订科学合理的采购计划做准备。

(3) 资源市场分析。根据企业所需的物资品种分析资源市场的情况，包括资源分布、供应商、品种、价格和交通运输情况等。资源市场分析的重点是供应分析和品种分析，目的是为制订采购计划做准备。

(4) 制订采购计划。根据需求品种和供应商情况，制订出切实可行的采购订货计划，包括选择供应商、供应品种、订货策略、运输进货策略和具体实施进度计划等。

(5) 采购计划的实施。把制订的采购订货计划落实到人，根据既定的进度实施。具体包括联系指定的供应商、进行贸易谈判、签订订货合同、运输进度、到货验收入库和支付货款等。

(6) 采购评价。在一次采购完成后对这次采购进行评估，主要指评估采购活动的效果，总结经验教训，找出问题，提出改进方法等。

(7) 采购监控。对采购活动包括采购人员、采购资金和采购活动进行监控。

(8) 采购基础工作。它包括管理基础工作、软件和硬件基础工作。

第二节 及时采购策略

一、及时采购的内涵

及时采购也叫 JIT 采购、准时制采购,是指严格按照指定的时间,将产品交到客户指定的地点,它强调物流到达目的地的准时性。由于 JIT 方式带来了极大的效益,因而在供应链管理的不同环节都得到了广泛的运用,如"JIT 生产""JIT 采购""JIT 配送"等。

(一)JIT 采购的起源

JIT(Just In Time)的产生源于 1973 年爆发的全球石油危机及由此所引起的日益严重的自然资源短缺,这对于当时靠进口原材料发展经济的日本冲击最大。生产企业为提高产品利润,增强公司竞争力,在原材料成本难以降低的情况下,只能从物流过程寻找利润源,降低由采购、库存、运输等方面所产生的费用。基于这种情况,日本丰田汽车公司的创始人丰田喜一郎最早在汽车生产中提倡"非常准时"的管理方法,之后经过丰田汽车公司的副总经理大野耐一反复多次地分阶段试验,逐步形成一套完整的管理体系,即人们常说的"丰田生产方式"——JIT 生产方式。它的基本思想是"彻底杜绝浪费""只在需要的时候、按需要的量,生产所需要的产品"。

丰田汽车的零组件管理方式叫作及时化,又称"看板方式",即把当前所需装配的必要量视为一个单位,在盛装这个单位的箱子上面贴以明信片大小的传票,传票上记载何时生产、生产多少、运往何处等作业指示。看板是指放在货运车或手推车上的卡片,这些卡片详细记载了有关生产和供货的信息。卡片包括发布生产质量的"生产看板"和发出取货指令的"取货看板"。在生产流程中,如果没有收到生产看板,某个工序就不进行生产,若收到后续工序的"取货看板",就要立即向后续工序发货。同样,在某个工序的生产安排和生产过程中,该工序也会向前面的工序发出生产看板和取货看板,从而拉动整个生产过程。对于有个性化要求的部分,可以完全通过"生产看板"去组织,但很多汽车零部件都是标准化的,因此,大多数工序维持少量库存,由零件存放点根据后续工序的取货情况,为本工序发出生产看板,从而避免出现因过早生产而造成的浪费情况。

JIT 采购和 JIT 生产一样,不但能够最好地满足用户的需要,而且可以最大限度地消除库存、消除浪费。要进行 JIT 生产必须有 JIT 供应,因此 JIT 采购是 JIT 生产管理模式的必然要求。

(二)JIT 采购的原理

传统的采购都是一种基于库存的采购,采购的目的都是为了填充库存,以一定的库存来应对用户的需求。虽然这种采购也极力进行库存控制,但是由于机制问题,其压缩库存的能力是有限的。JIT 采购是一种先进的采购模式,是实现快速响应的敏捷物流方法,它能最大限度地消除采购活动中的浪费,降低库存直到实现零库存。其基本思想是:根据客户的需求在合适的时间、合适的地点,以合适的数量、合适的质量提供合适的物资,满足用户需求。

1. JIT 采购原理的内涵

JIT 采购的基本原理是以需定供,即供方按照需方需求的品种、规格、质量、数量、时间、地点等要求,将物品配送到指定的地点。

(1) 品种配置上,保证品种有效性,拒绝不需要的品种。
(2) 数量配置上,保证数量有效性,拒绝多余的数量。
(3) 时间配置上,保证所要求的时间,拒绝不按时的供应。
(4) 质量配置上,保证产品质量,拒绝次品和废品。
(5) 地点配置上,保证送货上门的准确性。

2. JIT 采购的要素

JIT 采购是一种直接面向需求的采购模式,主要包含四个要素。

(1) 供应商。传统的采购模式一般是多头采购,供应商的数目相对较多。从理论上讲,选择少量供应商比多供应商好。一方面,管理供应商比较方便,也有利于降低采购成本;另一方面,有利于供需之间建立长期、稳定的合作关系,质量上也比较容易保证。

(2) 采购数量。小批量采购是 JIT 采购的基本特征。JIT 采购和传统的采购模式的不同之处在于,JIT 生产需要减少生产批量,直至实现"一个流"生产,因此采购的物资也应采用小批量办法。

(3) 供货质量。如果货物的质量达不到要求,就会给 JIT 的生产方式带来很大的影响,因为供货商是按照所需要的量来制造的,有废品的情况下只有重新生产,这会大大延误后面的工序,所以一定要保证质量。

(4) 货物运输。JIT 采购的一个重要特点是要求交货准时,这是实施 JIT 生产的前提条件。交货准时取决于供应商的运输条件。在物流管理中,运输是一个很重要的问题,它决定了交货的准时性。

(三)JIT 采购的目标

JIT 的目标是在保证正常生产供应的情况下,避免一切包括空间、时间、人力、物料、能源和资金等的浪费,从而实现资源的最佳利用。JIT 在不增加库存的前提下满足了客户的要求,大大降低了采购、生产和营销成本。

在供应链管理模式下,及时采购工作要达成以下五个恰当。

1. 恰当的数量

供应链管理模式下,采购活动是以订单驱动方式进行的,这种及时化的订单驱动模式,使供应链系统能够及时响应用户需求,从而降低库存成本,提高物流的速度、库存周转和经济效益。

2. 恰当的质量和时间

质量与交货期是采购方考虑的重要因素。在选择供应商时,应优先选择那些质量管理体系完善、设备先进、技术领先的企业作为合作伙伴。定期对供应商进行考察、评定,主要考察其计量、质量、技术管理水平、产品合格率、设备技术等,制定严格的标准,促使供应商提高产品质量。

3. 恰当的地点

在选择产品交货地点时,应考虑到各种因素,比如价格、时间、产品种类等。

4. 恰当的价格

价格的确定是采购的主要内容,主要从以下几个方面来确定价格:采取大宗原辅材料、包装材料集中招投标;对质量稳定、价格合理并长期合作的供应商应优先考虑;通过信息交流和分析,考察供求关系,了解物资价格的变动趋势。

5. 恰当的来源

供应链管理模式是供应与需求的战略合作伙伴关系的体现。战略性合作伙伴关系消除了供应过程中的各种障碍,为实现及时化采购创造了条件,可以降低由于不可测的需求变化带来的风险,比如运输过程的风险、信用风险、产品质量的风险等。通过合作伙伴关系,双方可以共同协商制订战略性的采购供应计划。

(四) JIT 采购的特点

1. 单源供应

JIT 采购认为,最理想的供应商的数目是:对每一种原材料或外购件,只有一个供应商。因此,单源供应是 JIT 采购的基本特征之一。一方面,单源供应可以使制造商成为供应商一个非常重要的客户,因而加强了制造商与供应商之间的相互依赖关系;另一方面,单源供应使供应商获得内部规模效益和长期订货,可以降低原材料和外购件的价格。当然,单源供应也会给企业带来一些问题,可能存在供应中断的风险、不能得到竞争性的采购价格及对供应商的依赖性过大等。在日本,98%的 JIT 企业采用单源供应。但在实际操作时,一些企业常采用同一原材料或外购件由两个供应商供货的方法。

2. 小批量采购

由于企业生产对原材料和外购件的需求是不确定的,而 JIT 采购又旨在消除原材料和外购件库存,为了保证准时、按质按量供应所需的原材料和外购件,采购必然是小批量的。小批量采购引起送货频率的增加,因而运输成本将会提高。解决这一问题的方法有四个:一是使供应商在地理位置上靠近制造商,如日本汽车制造扩展到哪里,其供应商就跟到哪里;二是供应商在制造商附近建立临时仓库,实质上,这只是将负担转嫁给了供应商,并未从根本上解决问题;三是由一个专门的承包运输商负责送货,按照事先达成的协议,收集分布在不同地方的供应商的小批量物资,准时按量送到制造商的生产线上;四是让一个供应商负责供应多种原材料和外购件。

3. 合理选择供应商

由于 JIT 采购采用单源供应,因而对供应商的合理选择显得尤其重要。可以说,选择合格的供应商是 JIT 采购能否成功实施的关键。合格的供应商具有较好的技术、设备条件和较高的管理水平,可以保障采购的原材料和外购件的质量,保证准时按量供货。

JIT 采购与传统采购的区别，如表 4-2 所示。

表 4-2 JIT 采购与传统采购的区别

项　目	JIT 采购	传统采购
供应商选择	单源供应，长期合作关系	多源供应，短期合作关系
采购批量	小批量、送货频率高	大批量、送货频率低
供应商评价	质量、价格等	价格、质量等
磋商重点	长期合作关系、质量和合理的价格	获取最低的价格
运输	准时送货，采购者负责计划安排	较低的成本，供应商负责计划安排
包装	特定要求	常规包装
检验	开始时逐步减少，最终取消	收货、点数统计、品质鉴定
信息交换	快速、可靠	一般要求

在供应链管理中采购由订单驱动，它使供应和需求双方都围绕着订单运作。JIT 采购策略体现了供应链的协调性、同步性和集成性，是保证供应链的整体性和同步性的重要环节。当用户的需求发生改变时，制造订单又驱动采购订单发生改变，这种快速的改变过程，必须以及时采购方法为基础。因此，JIT 采购增加了供应链的柔性和敏捷性。JIT 采购充分体现了供应链采购的目标与要求，是一种典型的需求导向的供应链管理思想，能帮助网络企业迅速适应市场和客户需求的变化。

二、JIT 采购的实施

JIT 的管理思想很有吸引力，但它对供应链的实际运作也提出了极高的要求。在 JIT 方式下，供应链中的每个环节必须精确无误地按照规定完成任务，保证产品在供应链上畅通无阻地运动。因此，JIT 的实际操作非常困难。

(一)实施 JIT 采购的条件

企业要实施 JIT 采购，必须具备以下几个条件。
(1) 距离越近越好。
(2) 制造商和供应商建立互利合作的战略伙伴关系。
(3) 注重基础设施的建设。
(4) 强调供应商的参与。
(5) 建立实施 JIT 采购策略的组织。
(6) 制造商向供应商提供综合的、稳定的生产计划和作业数据。
(7) 重视教育与培训。
(8) 加强信息技术的应用。

(二)实施 JIT 采购的方法

1. 精选少数供应商，建立伙伴关系

选择供应商应从以下几个方面考虑：产品质量、供货情况、应变能力、地理位置、企业规模、财务状况、技术能力、价格、与其他供应商的可替代性等。

2. 确定共同目标，搞好供应商的培训

JIT 采购是供需双方共同的业务活动，单靠采购部门的努力是不够的，需要供应商的配合。只有供应商对 JIT 采购的运作方法有了充分的认识和理解，才能获得供应商的支持和配合，因此需要对供应商进行教育培训。通过培训，双方达成一致的目标，相互之间就能够很好地协调，做好 JIT 采购工作。

3. 创建 JIT 采购团队

世界一流企业的专业采购人员有三个责任：寻找货源、商定价格、发展与供应商的协作关系并不断改进，专业化的高素质采购队伍对实施 JIT 采购至关重要。因此，应成立两个班组，一个是专门处理供应商事务的班组，该班组的任务是认定和评估供应商的信誉和能力，或与供应商谈判签订 JIT 订货合同，向供应商发放免检签证等，同时要负责供应商的培训与教育。另外一个是专门从事消除采购过程中浪费的班组。这些班组人员对 JIT 采购的方法应该有充分的了解和认识，必要时要进行培训，如果这些人员本身对 JIT 采购的认识和了解都不彻底，就不要再指望供应商的合作了。

4. 制订计划，确保 JIT 采购策略有计划、有步骤地实施

制定采购策略，改进当前的采购方式，减少供应商的数量、正确评价供应商、向供应商发放签证等。在这个过程中，要与供应商一起商定 JIT 采购的目标和有关措施，保持经常性的信息沟通。

5. 实现配合 JIT 生产的交货方式

JIT 采购的最终目标是实现企业的生产准时化，为此，要实现从预测的交货方式向 JIT 适时交货方式转变。

(三)JIT 采购实施的要点

1. 从根源上保障采购质量

实施 JIT 采购后，企业的原材料和外购件的库存很少甚至为零，为了保障企业生产经营的顺利进行，采购物资的质量必须从根源上抓起。购买的原材料和外购件的质量保证，应由供应商负责，而不是采购部门。JIT 采购就是要把质量责任返回到供应商，从根源上保障采购质量。为此，供应商必须参与制造商的产品设计过程，制造商也应帮助供应商提高技术能力和管理水平。

在现阶段，我国主要是由制造商来负责监督购买物资的质量，验收部门负责购买物资的接收、确认、点数统计，并将不合格的物资退回给供应商，因而增加了采购成本。实施 JIT 采购后，从根源上保证了采购质量，就能够实行免检，直接由供应商送货到生产线，大大减少了购货环节，降低了采购成本。

2. 可靠的送货和特定的包装要求

最理想的送货是直接将货送到生产线上。由于 JIT 采购消除了原材料和外购件的缓冲库

存,供应商交货的失误和送货的延迟必将导致企业生产线的停工待料。因此,可靠的送货是实施 JIT 采购的前提条件。送货的可靠性,通常取决于供应商的生产能力和运输条件,一些不可预料的因素,如恶劣的气候条件、交通堵塞、运输工具的故障等,都可能引起送货迟延。

JIT 采购对原材料和外购件的包装提出了特定的要求。良好的包装不仅可以减少装货、卸货对人力的需求,而且使原材料和外购件的运输和接收更为便利。对每一种原材料和外购件,采用标准规格且可重复使用的容器包装,既可提高运输效率,又能保证交货的准确性。

3. 有效的信息交换

只有供、需双方进行可靠而快速的双向信息交流,才能保证所需的原材料和外购件准时按量供应。同时,充分的信息交换可以增强供应商的应变能力。所以,实施 JIT 采购,就要求供应商和制造商之间进行有效的信息交换。信息交换的内容包括生产作业计划、产品设计、工程数据、质量、成本、交货期等。信息交换的手段包括电报、电传、电话、信函、卫星通信等。现代信息技术的发展为有效的信息交换提供了强有力的支持。

4. 良好的合作关系

供应商与制造商的合作关系对于 JIT 采购的实施是非常重要的,只有建立良好的供需合作关系,JIT 策略才能得到彻底贯彻落实,并取得预期的效果。从供应商的角度来说,如果不实施 JIT 采购,由于缺乏和制造商的合作,库存、交货批量都比较大,而且在质量、需求方面都无法获得有效的控制。通过建立 JIT 采购策略,把制造商的 JIT 思想扩展到供应商,加强了供需之间的联系与合作,在开放性的动态信息交互下,面对市场需求的变化,供应商能够做出快速反应,提高了供应商的应变能力。对制造商来说,通过和供应商建立合作关系,实施 JIT 采购,管理水平得到提高,制造过程与产品质量得到有效控制,成本降低,制造的敏捷性与柔性有所增加。

第三节 供应商的选择与管理

一、供应商的选择

(一)选择供应商需要考虑的因素

【案例 4-1】 一些已经克服了体制问题,全面融入国际市场竞争的企业,较容易接受全新的采购理念。这类型企业中,海尔走在最前沿。海尔采取的采购策略是利用全球化网络,集中购买,以规模优势降低采购成本,同时精简供应商队伍。在供应商关系管理方面,海尔采用的是 SBD 模式,即共同发展供应业务,海尔本身则侧重于核心业务和结算。与传统的企业与供应商之间的关系不同,它从供需双方简单的买卖关系,成功转型为战略合作伙伴关系,是一种共同发展的双赢策略。

(资料来源:采购现象. 百度百科. http://baike.baidu.com/view/5623498.htm.)

第四章 采购与供应商管理

供应商选择是实施采购的前提，在供应商选择过程中，供应商评价也是一个关键的环节，必须依据一定的标准对供应商进行评价。这些标准包括产品质量、交货期、价格、技术能力、应变能力、批量柔性、交货期与价格的均衡、价格与批量的均衡、地理位置等。在大多数情形下，其他标准较高的供应商，其价格可能较低，即使不是这样，双方建立互利合作关系后，企业可以帮助供应商找出减少成本的方法，从而使价格降低。进一步地，当双方建立了良好的合作关系后，很多工作可以简化以至消除，如订货、修改订货、点数统计、品质检验等，从而减少浪费。

根据华中理工大学管理学院 CIMS-SCM 课题组 1997 年的一次调查统计数据显示：我国企业对供应商的选择，98.5%的企业考虑了产品质量的准则，92.4%的企业考虑了价格的准则，69.7%的企业考虑了交货提前期的准则；批量大小及品种多样性也是企业考虑的准则之一。

因此，供应商的选择是一个多准则评价问题，是在对各个准则定量和定性分析的基础上对供应商给出综合量化指标，以选择最合适的供应商。通过多个行业的调查分析，对供应商的评价多集中在质量、交货期、批量柔性、交货期与价格的权衡、价格与批量的权衡、多样性等指标因素。对于供应商来说，要想在所有的内在特性方面获得最佳是相当困难的，或者说是不可能的，一个高质量产品的供应商就不可能有最低的产品价格。因此，在实际的选择过程中必须综合考虑供应商的主要影响因素。

1. 产品因素

(1) 质量因素。质量是供应商选择的首要参考目标，也是双方合作达成的基本条件。在通常情况下，合作之前采购方必然会考察供应商所生产产品的质量。考察活动可能有样品质量检验、实际生产和质量监控流程的参观及供应商质量控制体系的考评等。与生产工艺能达到的最高质量水平相比，供应商能够持续保持的质量水平更有意义。采购物资的质量并非越高越好，如果质量水平过高，需要采购方支付相应的超质量成本，会成为企业的负担，与企业的产品定位及竞争策略产生冲突。而在考察供应商的产品质量要求方面，采购方关键要看供应企业是否有一套有效执行的产品质量检验制度，即控制质量的能力。考察的内容包括质量管理方针和政策、质量管理制度的执行及落实情况、质量管理制度手册、质量保证的作业方案和年度质量检验的目标和改善的目标、权威评价机构的评鉴等级、是否通过 ISO 9000 质量体系认证。

(2) 价格因素。在满足质量要求的供应商间进行选择时，采购方首先考虑的因素是各个供应商的报价。尤其是采用招标方式采购的标准件，价格更是关键指标。供应商的产品价格决定了采购方的产成品价格及整条供应链的投入产出比，对生产商和销售商的利润率有一定程度的影响。在采购谈判中，价格经常是采供双方争执和博弈最激励的一个环节。

(3) 品种柔性因素。在全球竞争加剧、产品需求日新月异的环境下，企业生产的产品必须多样化，以适应客户的需求，达到占有市场和获取利润的目的。因此，大多数企业采用了 JIT 生产方式。为了提高企业产品市场竞争力，就必须发展柔性生产能力，而企业的柔性生产能力是以供应商的品种柔性为基础的，供应商的品种柔性决定了最终消费品的种类。

(4) 技术水平因素。技术水平是指供应商提供的技术参数是否达到要求，拥有的技术队伍是否有能力去制造或供应所需要的产品，是否具有产品开发和改进项目的能力，是否有能力帮助改进产品。选择具有高技术水准的供应商，对企业的长远发展是有好处的。因此，供应商的技术水平属于供应商选择机制的考虑范畴。

2. 交易因素

(1) 交货准时性因素。交货准时性因素指按照订货方所要求的时间和地点，供应商将指定产品准时送到指定地点。如果供应商的交货准时性较低，必定会影响生产计划和销售计划及时机，从而引起大量的消费和供应链的解体。

(2) 交货提前期因素。市场是外在系统，它的变化或波动都会引起企业或供应链的变化或波动。市场的不稳定性会导致供应链各级库存的波动，由于交货提前期的存在，必然造成供应链各级库存变化的滞后性和库存的逐级放大效应。交货提前期越小，库存量的波动越小，企业对市场的反应速度越快，对市场反应的灵敏度越高。

(3) 供应商的财务状况。如果制造企业的货款支付制度是财务中心根据销售部门或其他资金进项的时间安排支付应付账款，而不是按照应付账款到达财务部门的时间去筹措相应资金，那么供应部员工在选择供应伙伴时就不得不把对方的财务状况考虑在内。如果供应企业是其他条件优越而财务链条管理比较紧张的小型供应企业，而采购企业的份额又占供应商销售额较大比例时，采购企业财务部门拖欠货款可能给供应企业造成巨大风险，严重时甚至直接导致其停工停产及双方的法律纠纷。这种情况对于资金雄厚的大型供应企业来说问题就不会这么严重。

3. 其他因素

(1) 供应商的信誉。供应商信誉是供应企业无形资产的组成部分，优秀供应商为了维护其良好声誉，按约保质保量地履行合同的愿望要远远高于不重视商誉的企业。

(2) 地理位置因素。对于不同的物资，供应商的地理位置的重要性也不相同。物资的配送成本占采购方采购成本的比例越大，那么供应商相对采购商的地理位置就越重要；如果所采购的物资或设备需要采供双方频繁密切的配合，尤其是在供应商参与新产品开发的过程中，地理位置无疑也会给直接沟通的难易程度以及相应差旅成本造成直接重要的影响。另外，供应商所在的地理位置有时候也决定了它获得某种原材料的稳定程度和价格水平，这可能直接影响采购商采购物资的进货成本，进而左右采购方对供应商的抉择。最后，供应商的地理位置不同，各类自然灾害发生的风险也各不相同，这些都应该考虑在供货伙伴尤其是长期合作伙伴的选择过程中。

(3) 信息系统与数据因素。供应商和客户的信息系统之间的兼容性好才能提高工作流的效率和信息的准确性；供货商能否为客户提供数据的实时传递影响着客户对当前情况的分析和未来的预测；供货商的 IT 系统对数据的加密，能够稳定提供准确的、完整可靠的数据传递服务。

(4) 紧急情况处理能力。它指在紧急情况发生时的物流供应商的处理能力，包括提前通知、启动紧急预案等，这对于保证服务的连续性有重要意义。

(5) 服务水平。它指在采购合同执行过程中，供应商对采购商在物资或设备的使用、残次品的调换、设备使用方法培训、相应故障的排除等方面的帮助，即供应商为采购企业提供质量保证和相应售后服务的所有活动。客户服务水平因素已成为供应商选择过程中的另一重要因素。

当然，上述指标的讨论还是基于传统的采供双方的供需管理模式。随着供应链管理、供应商关系管理、战略联盟等思想不断深入人心，供应商评选指标也渐渐由上述以价格和质量等为主的体系向有利于采供双方长期互利合作关系的方向转变。较之传统的指标体系和评选过程，新型供应链模式下的供应商评选指标体系更利于采供双方在动态、合作、竞争的环境中成为实现信息共享、风险共担的合作伙伴关系，实现对多变市场需求的快速反应。这时，供货柔性、供应商的技术创新能力、合作的态度、信息共享水平及对市场的反应能力等都将成为采购方评价并选择供应链合作者的重要因素。

(二)单源供应与多源供应

针对每一种采购物资应该使用多少供应商是一个复杂的问题。完全依赖一家供应商存在很多风险，当这家供应商经营不善时，买家会受到较大的影响。现在的趋势是保留几家、而不是一家供应商。

1. 单源供应

(1) 建立良好关系。向唯一一家供应商采购，可以使企业和供应商建立相互信任、互惠互利的良好关系，特别是当企业可以从供应商的技术和生产能力中受益时，单源供应便于建立战略联盟关系。

(2) 较少的质量变动。一家供应商往往使用相同的技术和工艺进行生产，单源供应比从几家供应商采购产品的质量变化性会更小。

(3) 较低的成本。供应商集中大批购买产品，一般可以压低采购单价。避免了固定成本的重复投入，特别是当采购的部件需要特殊工具和昂贵的装置时。

(4) 运输更经济。集中批量运输比零担运输拥有更低的单位运输成本。

(5) 独有的产品和工艺。如果产品和工艺归私人所有，或者供应商有专利，那么企业唯一的选择就是从这家供应商那里采购。

(6) 数量太小，无法拆分。如果采购的数量或金额太小，不值得将订单拆分给不同的供应商，单源供应也是获得非常重要物资和服务的好方法。

2. 多源供应

(1) 需求量大。当需求超过一家供应商能力时，只能选择多家供应商。

(2) 分散风险。选择多家供应商，可以分散供应中断的风险。这些风险主要来自于罢工、质量问题、政治不稳定或者供应商的其他问题。

(3) 制造竞争。多源供应可以刺激供应商之间在价格和质量方面的竞争。

(4) 获得信息。多家供应商一般会有更多信息，如市场状况、新产品开发和新工艺技术。如果产品的生命周期比较短，这些信息就更加重要。

3. 降低供应商数量

企业减少供应商的数量，留下最好的供应商，同时，进一步开发供应商，这样的供应商在产品质量、运送、服务、价格和信息方面做到持续改进。减少供应商数量对企业降低采购成本、保障采购质量具有举足轻重的作用。目前，降低供应商数量的主要方法有以下几种。

(1) 研发工作。推行标准化工程，减少专用件的数量，尽可能地采取通用件，从而降低物料品种；推行价值工程，剔除不必要的功能或寻找替代性的材料，或者通过创新实现简单化。

(2) 采购策略。逐步落实 ABC 法的供应商管理方法；调整采购策略，采购风险越小、可控性越强的产品，供应商越少，详细分析供应商结构，确定"独家供应""两家供货""多家供货"策略分别适合的产品。

(3) 扶持、发展和整合供应商。帮助供应商实现全系列配套；培养、扶持有潜力的供应商作为 A 类供应商；与核心供应商建立战略联盟。

(4) 引入竞争机制。通过目标定价的方式，促使供应商优化其成本结构；建立供应商业绩的评价体系。

(三)供应源决策的方法

在贯彻 ISO 9000 系列标准的工作中，合理评价、选择合格的供应商，对于保证物资供应质量，降低采购成本，提高生产企业的整体效益具有十分重要的意义。下面介绍三种评价与选择供应商的方法。

1. 价值分析法

价值分析是一种源于物资采购管理的科学管理技术，与物流管理有着十分密切的联系，它的基本出发点就是积极挖掘资源潜力，充分发挥资源效用，努力降低采购成本。

(1) 把合格的供应商作为备选方案。例如，A、B、C 三个供应商均能满足采购物资的要求，就可以将这三者作为三个备选方案，从中选出最优者。

(2) 确定供应商的评价要素。可以将质量、价格、信誉、履约率和服务等因素作为供应商评价的要素。

(3) 确定评价要素的重要程度。各种评价要素的重要程度不能等量齐观，而应根据市场信息等具体情况，分别取不同的权数。确定评价要素的重要程度，一般用"强制决定法"进行比较，如表 4-3 所示，将各评价要素制成表，两两相比。当最左列的某一因素比最上行的某一因素更重要时，在两因素交叉处记 1 分，当最左列的某一因素没有上行的某一因素重要时，在两因素交叉处记 0 分，最后将各行得分加总得出评价得分，评价得分越高者越为重要。

表 4-3 评价要素的重要程度评定表

评价要素	质 量	价 格	信 誉	履约率	服 务	评价得分(X)
质 量	1	1	1	1	1	5
价 格	0	1	1	1	1	4
信 誉	0	0	1	1	1	3
履约率	0	0	0	1	1	4
服 务	0	0	0	0	1	1

(4) 确定各方案对评价要素的满足程度。用"直接打分法"(10 分制)进行评定，如表 4-4 所示，其中 S 为给各方案对每一评价要素满足程度打出的分数。

(5) 根据方案评价值选择最佳供应商。表 4-4 中的 $\Sigma(XS)$ 为方案评价值，它表示期权方案(即某个备选的供应商)对评价要素的综合满足程度。显然，$\Sigma(XS)$值越高，说明该方案有关评价要素的综合满足程度越大。因此，应选取$\Sigma(XS)$值最高者为最佳供应商。在表4-4中就是方案A。

表4-4 各方案对评价要素的满足程度表

方案 评价要素	各方案对评价要素的满足程度					评价值$\Sigma(XS)$
	质量	价格	信誉	履约率	售后服务	
评价得分(X)	5	4	3	2	1	
A	10	9	8	6	9	131
B	8	7	8	5	9	111
C	9	8	7	6	5	115

2. 采购成本比较法

当物资质量、信誉、履约率及售后服务均能满足要求时，采购成本就成为选择供应商的主要因素。宜用采购成本比较法来评价、选择供应商。采购成本比较法，是根据物资采购总成本(包括物资价格、运费及其他采购费用)来评选对象的方法。

【例4-1】 某企业所需的某种物资可以向A、B、C三个供应商购买，物资的质量及其他条件均相同，只有价格和运费不一样，如表4-5所示，可见B的进料成本最低，是最合算的供应商。

表4-5 A、B、C供应商采购成本比较

供应商 项目	A	B	C
物资单位价格(元/t)	1018	1020	1050
单位运价(元/t)	31	27	20
采购成本(元/t)	1049	1047	1070

3. 量本利分析法

根据量本利分析法可以确定各方案的费用重合点，再通过比较采购成本的高低来选择最佳的供应商。

【例4-2】 某工程在今后5年内需用某种配件，若向供应商A采购，单价为每件4.24元，若委托供应商B加工订制，每件需要支付费用2.25元，并需另付一次性设备改造费37910元，试进行供应商选择的决策(资金年利率10%)。考虑到资金的时间价值，把应支付的一次性设备改造费，按"年成本法"等额分摊到5年中去。

年等额分摊设备改造费＝一次性设备改进费×资金回收系数

资金回收系数为$[r(1+r)^n/(1+r)^n-1]$，其中r为年利率，n为使用年限

$37\,910\times[0.10\times(1+0.10)^5]/[(1+0.10)^5-1]$

$=37\,910\times 0.263\,8$

$=10\,000(元)$

如果该工程的配件年需用量为 Q，则从供应商 B 加工订制的年总费用为 $10\,000+2.25Q$，从供应商 A 采购的年总费用为 $4.25Q$。

求两种方案的年费用重合点：$10\,000+2.25Q=4.25Q$　　$Q=5\,000$(件)

如图 4-3 所示，可以做出采购决策：当配件的年需用量 $Q<5\,000$ 件时，宜从供应商 A 采购；若年需用量 $Q>5\,000$ 件时，则委托供应商 B 加工订制较合算；如果年需用量正好为 $5\,000$ 件，那么两种方案可以任选其一。

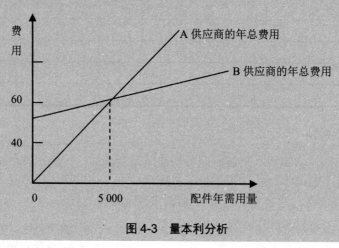

图 4-3　量本利分析

(四)选择供应商的步骤

1. 分析企业所处的内外环境

企业是社会大系统的一部分，必然受到各种经济、政治、文化和市场因素的影响。作为企业的决策者在选择供应商时，建立基于信息、合作、开放性交流的供应链长期合作关系，必须先分析其内外环境。

企业的内在环境包括企业文化、企业的发展阶段、核心竞争力、管理方式、组织构架、技术特性、产品的市场状况及企业的决策制度和程序等。虽然供应商的选择机制是不变的，但在每个发展阶段所面对的可选择的供应商是不同的。企业的发展一般会经历发展、扩张、成熟、防护性阶段和复杂阶段。

企业的外部环境主要包括政府的有关政策、传统文化、技术的变革、经济的全球化、市场的开放程度、产业竞争行为和竞争程度等。对企业所处的内外环境的分析主要是确认建立供应链合作的必要性，从而了解供应商选择的主要目标。同时，分析现在供应商和潜在供应商现状，总结企业存在的问题。

2. 成立供应商选择小组

供应商选择绝不是采购人员个人的事，而是一个集体的决策，需要企业各部门的有关人员共同参与讨论、共同决定，并获得各部门的认可，包括采购部门的决策和其他部门的决策影响者。供应商的选择涉及企业的生产、技术、计划、财务、物流和市场等部门。对于技术要求高、重要的采购项目来说，还要特别设立跨职能部门的供应商选择小组。供应商选择小组由各部门有关人员组成，包括研究与开发部、技术支持部、采购部、物流管理部、市场和计划部等。该小组实行团队管理方式，并需得到高级管理层的支持。小组在完成供应商的选择和实施任务后即自行解散，组织成员则回到各自的部门。

3. 确定全部的供应商名单

通过供应商信息数据库，以及采购人员、销售人员或行业杂志、网站等媒介渠道，了解市场上能够提供所需物品的供应商。

4. 收集供应商的相关信息

技术方面的信息包括产品的相关参数、机械参数、产品结构、使用的注意事项等；商务方面的信息包括产品的价格、供货能力、交货周期、最小订货批量、价格折扣及供应商的资信情况等。收集信息可采用直接向供应商询问的方法，或采用制定调查问卷发放给供应商填写并收回的方法。对供应商资信方面的调查，可以通过收集供应商公开发布的财务报告，或向其他客户了解，或请有关银行及信息咨询企业提供服务。在供应商与制造商之间经常进行有关成本、作业计划、质量控制信息的交流与沟通，可以保持信息的一致性和准确性。

5. 逐项评估每个供应商的能力

企业在收集供应商的相关信息后，就组织小组成员对供应商的技术和商务信息进行分析。为了保证评估的可靠性，应该对供应商进行调查。

首先，在调查时应对供应商所提供的产品进行实验分析。例如，水泥、钢材可到质监部门的化验室进行检测和分析，以取得对产品相对公正、客观的评价。

其次，订购少量样品试用，根据试用结果对产品质量做出评价。

最后，尽量对供应商进行实地考察。实地考察不可能面面俱到，需要有侧重点。考察小组由各部门有关人员组成，其中技术部门进行技术考察，对企业的设备、技术人员进行分析，考察将来是否能够保证质量，以及是否能跟上企业所需技术的发展，满足企业变动的要求；生产部门考察生产制造系统，了解人员素质、设备配置水平、生产能力和生产稳定性等；财务部门进行财务考核，了解供应商的历史背景和发展前景，审计供应商被并购、收购的可能，了解供应商经营状况、信用状况，分析价格是否合理，以及能否获得优先权。

6. 综合分析确定供应商

根据现在的供应商具有的实际特性，利用所得到的参数，对供应商进行排序，最终确定供应商，同时应把所有文件和资料分类归档，以备查考。这是供应商选择的最后环节，在这一步骤中，关键是客观、公正地评价。

7. 建立供应链合作关系

供应链合作关系可以分为内化模式和合同模式。作为企业的决策者应该根据企业的具体情况和市场竞争态势，选择有效的供应链合作关系。在建立供应链合作关系的过程中，市场需求和市场竞争状态将不断变化，可以根据实际情况改变供应链合作关系或重新进行供应商选择。

二、供应商的管理

(一)供应商关系管理

1. 供应商关系管理的基本概念

SRM(Supplier Relationship Management)即供应商关系管理,正如客户关系管理(CRM)用来改善与客户的关系一样,它是一种用来改善企业与供应商关系的管理理念和软件系统。SRM 研究如何与供应链的上游企业实现业务往来的紧密联系和协同运作,如何既经济又准确地获得最好的策略资源,如何与其结成长期稳固的战略伙伴,才能使供应商及其资源能够更有效地参与到自己产品的设计和生产制造,甚至投放到市场的时间中,从而降低成本,减少库存,缩短产品开发、生产和投放市场的时间。

2. 供应商关系管理的重要性

供应商关系管理的重要性主要表现在以下几个方面。

(1) 效率与规模经济。人们发现,供应商可以通过与同业的伙伴关系,运用科技的力量合力削减成本与改善效率,这在零售业中尤其盛行。例如,美国的 J.C.Penny 公司把其存货控制和产品补充系统与其他供应商整合在一起,这样供应链上的企业可以利用能力与资源,减少重叠的成本。

(2) 新市场价值。企业之间结合彼此的核心能力,研究新的产品或推出新的营销方案,在最高层次中,这种核心能力的结合甚至会扭转整个产业的方向。例如,苹果计算机,IBM 与 Motorola 之间的合作共同创造 Power PC 以及其他产品。

(二)两种供应关系模式

在供应商与制造商关系中,存在两种典型的关系模式:传统的竞争关系和合作性关系,或者叫双赢关系。两种关系模式的采购特征有所不同。

1. 竞争关系是价格驱动的

这种关系的采购策略表现为:买方同时向若干供应商购货,通过供应商之间的竞争获得价格好处,同时也保证供应的连续性;买方通过在供应商之间分配采购数量对供应商加以控制;买方与供应商保持的是一种短期合同关系。

2. 双赢关系模式是一种合作的关系

这种供需关系强调在合作的供应商和生产商之间共同分享信息,通过合作和协商协调相互的行为,如图4-4所示。

(1) 制造商对供应商给予协助,帮助供应商降低成本、改进质量、加快产品开发进度。
(2) 通过建立相互信任的关系提高效率,降低交易和管理成本。
(3) 长期的信任合作取代短期的合同。
(4) 比较多的信息交流。

前面介绍的 JIT 采购采用的模式就是合作性的关系模式,供应链管理思想的集中表现就是合作与协调。因此,建立一种双赢的合作关系对于实行 JIT 采购是很重要的。

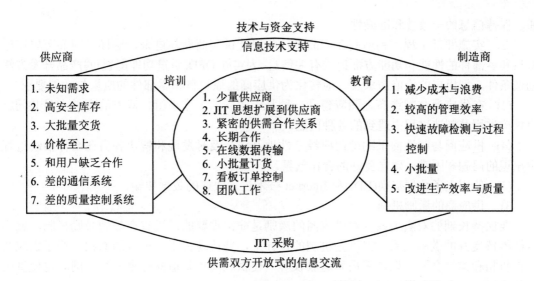

图 4-4　供应商与制造商双赢关系模式

(三)双赢供应关系管理

1. 双赢关系的作用

一般来说，双赢关系对于采购中供需双方的作用表现在以下两个方面。

1) 供应商方面

增加对整个供应链业务活动的共同责任感和利益的分享；增加对未来需求的可预见性和可控能力，长期的合同关系使供应计划更加稳定；成功的客户有助于供应商的成功；高质量的产品增强了供应商的竞争力。

2) 制造商方面

增加对采购业务的控制能力；通过长期的、有信任保证的订货合同保证了满足采购的要求；减少和消除了对进购产品不必要的检查活动。

2. 双赢关系的建立

双赢关系已经成为供应链企业之间合作的典范，因此，要在采购管理中体现供应链的思想，对供应商的管理就应集中在如何和供应商建立双赢关系及维护和保持双赢关系上。

1) 互惠互利

建立互惠互利的合同是巩固和发展供需合作关系的根本保证。互惠互利包括了双方的承诺、信任、持久性。信守诺言，是商业活动成功的一个重要原则，没有信任的供应商，或没有信任的采购客户都不可能产生长期的合作关系。持久性是保持合作关系的保证，没有长期的合作，双方就没有诚意做出更多的改进和付出。机会主义和短期行为对供需合作关系将产生极大的破坏作用。

2) 信息交流与共享机制

信息交流有助于减少投机行为，促进重要生产信息的自由流动。为加强供应商与制造商的信息交流，可以从以下几个方面着手。

(1) 在供应商与制造商之间经常进行有关成本、作业计划、质量控制信息的交流与沟通，保持信息的一致性和准确性。

(2) 实施并行工程。制造商在产品设计阶段让供应商参与进来，这样供应商可以在原材料和零部件的性能和功能方面提供有关信息，为实施 QFD(质量功能配置)的产品开发方法创造条件，把用户的价值需求及时地转化为供应商的原材料和零部件的质量与功能要求。

(3) 在供应商与制造商之间应建立一种基于团队的工作小组，双方的有关人员共同解决供应过程及制造过程中遇到的各种问题。

(4) 供应商与制造商采购部门应经常性地互访，及时发现和解决各自在合作活动过程中出现的问题和困难，建立良好的合作气氛。

(5) 使用电子数据交换(EDI)和 Internet 技术进行快速的数据传输。

3) 供应商的激励机制

要保持长期的双赢关系，对供应商的激励是非常重要的，没有有效的激励机制，就不可能维持良好的供应关系。在激励机制的设计上，要体现公平、一致的原则。给予供应商价格折扣和柔性合同，以及采用赠送股权等，使供应商和制造商分享成功，同时也使供应商从合作中体会到双赢机制的好处。

4) 合理的供应商评价方法和手段

要实行供应商的激励机制，就必须对供应商的业绩进行评价，使供应商不断改进。没有合理的评价方法，就不可能对供应商的合作效果进行合理的评价，将大大挫伤供应商的合作积极性，影响合作的稳定性。对供应商的评价要抓住主要指标或问题，例如交货质量是否改善、提前期是否缩短、交货的准时率是否提高等。通过评价，把结果反馈给供应商，和供应商共同探讨问题产生的根源，并采取相应的措施予以改进。

5) 与供应商制定长期供应契约

基于供应链采购管理中的过程控制是基于长期契约来进行的。长期契约与传统合同的约束功能不同，它是维持供应链的一条"纽带"，是企业与供应商合作的基础。它提供一个行为规范，这个规范不但要求供应商遵守，采购方也必须认真执行。它包含以下内容：

(1) 损害双方合作的行为判定标准及要受到的惩罚。企业与供应商的长期合作是实现基于供应链采购管理的基础。任何有损于合作的行为都是有害的，因此对这种行为的判定和惩罚是契约的必要组成部分。

(2) 激励条款。对供应商的激励是能否使供应商参与此供应链的一个重要条件。为供应商提供只有参与此供应链才能得到的利益是激励条款必须表现的。此外，还应包括激励供应商提高质量控制水平、供货及时水平和供货成本等内容。供应商业务水平的提高意味着采购过程更加稳定可靠，费用也随之降低。

(3) 与质量控制的相关条款。在基于供应链的采购管理中，质量控制主要是由供应商进行的，企业只在必要时对质量进行抽查。因此，关于质量控制的条款应明确质量职责，还应激励供应商提高其质量控制水平。对供应商实行免检，是对供应商质量控制水平的最高评价。契约中须制定实行免检的标准，和对免检供应商的额外奖励，以激励供应商提高其质量控制水平。

(4) 对信息交流的规定。供应链企业之间任何有意隐瞒信息的行为都是有害的，充分的信息交流是基于供应链管理良好运作的保证。因此，契约应对信息交流提出具体的保障措施，以防止信息交流出现问题。

此外，还应该强调的是，契约应是合作双方共同制定的，双方在制定契约时处于相互平等的地位。契约在实行一段时间后应考虑进行修改，因为实际环境会不断变化，而且契约在制定初期也需要调整的地方，一定的修改和增减是必要的。

本 章 小 结

传统的为库存而采购、多个供应商、注重价格、与供应商竞争多于同供应商合作的采购模式已经越来越不利于企业的发展。应充分认识到采购模式由传统采购向供应链转型的难点及对策。研究供应链管理环境下的物料采购策略、JIT 采购管理与供应商管理对我国企业快步迈向国际市场、提高在国际市场上的生存和竞争力有着十分重要的意义。

采购是企业向供应商购买商品的一种商业行为，采购过程伴随着物质资料的所有权转移，同时有着物流、信息流和资金流的流动，与生产和销售过程密切相关。采购管理沟通了生产需求与物资供应的联系，是供应链流入物流的起始点，是保证生产物流和客户订单交货期的关键环节。因此，为使供应链系统能实现无缝连接，并提高供应链上企业同步化运作就必须加强对采购的管理。理解供应链采购的含义以及供应链管理环境下对采购过程管理的要求，对加强采购管理，特别是供应商管理，实施 JIT 采购方法，构建双赢的供应关系模式，有着非常重要的意义。

复习思考题

一、名词解释

采购　　外包　　JIT 采购　　供应商管理　　双赢关系

二、问答题

1. 简述传统采购的局限及供应链管理环境下采购的特点。
2. JIT 采购的特点有哪些？JIT 采购的步骤和注意事项是什么？
3. 什么是供应商管理？如何进行供应商选择？
4. 在供应链环境下，选择供应商考虑的主要因素有哪些？
5. 某企业在今后 5 年内需用某种配件，若向供应商 A 采购，单价为每件 5.5 元，若委托供应商 B 加工订制，每件需要支付费用 2.3 元，并需另付一次性设备改造费 7820 元，试进行供应商选择的决策(资金年利率按 10%考虑)。

三、实训项目

1. 进行采购项目分析

选定一种产品，从资金、技术、生产、市场等几个方面进行全方位综合分析，为确定科学的采购方案和完整的采购清单做好准备。

2. 制定采购方案，确定采购项目清单

对采购项目进行论证和可行性分析，必要时对采购单位进行现场考察，制定最终的采购方案。对经分析论证后的采购方案，确定采购项目清单，明确有关技术要求和商务要求。

3. 编制询价书

根据已确定的采购清单编好询价书，方便以后对供应商进行评估。

4. 邀请并评估供应商

采用邀请招标的方式，模拟邀请三家企业，通过他们提交的投标书，综合评比企业。

5. 成立询价小组(角色扮演，进入角色者事先学习相关角色知识)

询价小组主要负责对各个供应商进行独立评价。一般由采购单位代表、有关专家等方面的人员组成，成员人数为3人以上的单数，其中专家人数应占2/3以上。

6. 制作评价办法和文件

评价办法和文件是供询价小组成员在评价过程中和集中采购机构在确定成交过程中使用的有关材料，包括评价标准、评价办法、确定成交原则等。

7. 对三家企业进行评价

对三家供应商进行模拟评价，大致了解供应商的资质、能力和服务水平，为更进一步的选择指明方向。

综合案例4-1：明基逐鹿新希望六和SRM解决方案

新希望六和股份有限公司立足农牧产业、注重稳健发展，业务涉及饲料、养殖、肉制品及金融投资等，公司业务遍及全国并在越南、菲律宾、孟加拉、印度尼西亚、柬埔寨、斯里兰卡、新加坡、埃及等国家建成或在建20余家分子公司。截至2011年年底，其控股的分、子公司近500家，总资产逾200多亿元，公司员工7万余人。然而，新希望六和在供应链管理方面有诸多困扰。

(1)管理制度落地流于形式：虽然有各种管理制度，但因没有载体，难以做到实实在在地执行，制度落地时流于形式。

(2)未能搭建一个供应商全生命周期管理的平台，不利于供应商团队的健康成长：目前的采购日常管理集中在执行采购部分，而战略采购方面着力不够，希望搭建一个供应商全生命周期管理体系，并将精力集中于战略采购的部分，向管理要利润。

(3)政策性风险：近年来，三聚氰胺等事件层出不穷，农业部也在反思，之前的科研机构和企业提交新品种的配方，交农业部审批的这种方式，因化合物层出不穷，农业部没有能力做到绝对安全的审批。近年来，农业部转变思想并界定行业可以使用的清单，超出清单外的均不得检出，一旦检出则对企业进行严肃处理。该政策的落地，对企业的采购管理制度和供货体系提出了更高的要求。

对此，明基逐鹿提供了以下解决方案。

1. 供应商寻源(事前)

供应商注册及初评：供应商接到邀请或通过搜索引擎搜索到新希望六和SRM的主页进行注册；集团采购中心会对注册的供应商进行初评检查，初评通过后该供应商即可进入潜在供应商池，供全集团共享。

供应商物料认证：集团、各事业部及各工厂按照物资的管控层级(集团管控、事业部管控、特区和工厂管控)，对潜在供应商展开认证工作，认证内容包含资质认证、现场考察、样品认证，认证完毕后，对于符合要求的供应商，在系统中填写《供应商及货源准入申请》，经过多级领导审批后，该供应商和货源关系生效。

电子目录管理：系统能够自动建立完善的合格供应商电子目录，该目录界定物资的管控层级、采购范围及采购政策。

2. 业务协同

合同模板：由新希望六和股份有限公司法务部制定各种采购物资的标准模板，便于后续各事业部、各工厂执行，规避法务方面的风险。

采购合同管理：各工厂、特区、事业部采购中心和集团采购中心在SRM依据法务部门的合同模板维护采购合同，并送签OA审批，审批通过后会自动传递到ERP产生采购订单。

供应商送货管理：供应商接到上述合同后，按照合同约定的内容进行送货，并可通过系统查看货物的到货情况及质检情况。

对账管理：供应商可通过SRM查看每笔入库明细、退货明细，并与采购员核对无误后开具发票，由采购员做后续的清款处理。

基于大宗物资采购的要求，系统亦实现了基差定价业务和暂定价业务的处理。

3. 供应商绩效评估

考核模板制定：按照不同的物资分类定义考核模板，考核模板内容包含以下四个维度：质量、交期、成本和服务。

考核执行：按照上述考核模板执行考核，对于质量和交期系统自动抓取数据进行计算，对于服务和成本等项目，则由人工打分，最后出具考核结果。

考核策略应用：依据供应商考核结果，对于优质供应商提高下一期间的配额，减少承兑汇票的比例、缩短承兑汇票的周期等；对于劣质供应商则降低配额，增加承兑汇票的比例，甚至淘汰出供应商团队。

应用SRM后新希望六和在管理效率方面得到了显著的提升。

1. 采购管理制度的落地

SRM上线前：虽然有各种管理制度，但因没有载体，难以做到实实在在地执行，制度落地时流于形式。

SRM上线后：SRM作为流程性软件，可以卡控采购业务必须在该平台上处理(举例：不通过SRM准入则无法引入供应商等)；将SRM与管理制度进行深度融合，通过SRM的实施，将管理制度和经营要求做到实实在在地落地，优化采购管理流程，规避经营风险，提高运营效率。

2. 供应商全生命周期管理

SRM上线前：业务停留在执行采购的部分，且仅仅为了做账处理，在战略采购层面未能涉及，难以搭建有效的供应商团队，难以提升供应商团队的供货品质与供货能力。

SRM上线后：搭建一个涵盖供应商全生命周期管理的平台，包含：事前(供应商寻源管理)、事中(业务协同)、事后(供应商绩效评估体系)，健全并优化企业的供应商团队的供货能力和质量保障能力。

3. 供应商引入和货源控制

SRM上线前：新供应商和货源关系各区域及分工厂自行引入，管理层未能控制供应商可供的货源关系。

SRM 上线后：引入新供应商及现有供应商需要供应新物料时，需要在 SRM 中送签《供应商及货源准入申请》，审批通过后方可执行采购；管理层通过把控新供应商及可靠货源的准入，来保证供应商团队的供货品质和供货能力，为日常生产提供质量和交期方面的保障。

4. 农业部行政风险

SRM 上线前：各区域和工厂独立制定质量指标，导致集团内原料标准不统一，未能与农业部思想管理变革后的质量体系统一，进而给企业经营带来巨大的风险。

SRM 上线后：为规避经营性风险，塑造品牌形象，由集团出面统一在农业部最新的质量体系基础上，统一各事业部、各工厂的质量标准，形成新希望六和股份有限公司层面统一的质量体系，并固化在 SRM 平台中，后续供应商寻源及合同签订时，必须符合该质量体系要求方可引入供应商，合同方可生效，从而规避经营过程中的风险。

(资料来源：畅享网. 供应链系统搭建漫漫征途 明基逐鹿 SRM 解决方案.)

问题：
(1) SRM 系统与传统的供应商管理有什么不同？
(2) 上述案例中，SRM 上线前后，各部门的工作要求有何不同？

综合案例 4-2：联想的供应链双链模型

联想的物料主要分为国际性采购的物料和国内采购的物料。国际性的物料，基本上都是通过中国香港，转到惠阳、上海和北京；在国内的物料会直接发到各个工厂，然后由各个工厂制作成成品，发到代理商和最终的用户。这是联想的供应链双链模型，通过接收链和交互链的协同，达到更好的相应供应的变化以满足客户的需求。近几年，联想基本上在做一个供应模式的转变，由库存驱动模式满足客户需求，转变为根据客户需求来确定整个供应链的管理，从而调整从采购、生产到销售的管理模式。

在这样的供应链管理模式下，联想主要解决以下四个方面的问题：

1. 保证准确的预测

预测最基本条件要基于历史数据，联想从市场和代理商当中积累了大量的历史数据，通过对销售的历史数据分析发现，影响产品的销量实践因素主要有市场自然的增长、季节因素、优惠活动、新产品的推出等。针对每一个实践因素，通过准确的分析和线性的回归对这些因素进行线性评估，从而确定联想在运算方面的一个模型。通过这种预测模式，另外加上联想对代理商和区域市场对客户的预测，同时得出联想在短期和长期对市场的多维度预测。

2. 出现偏差时能够快速调整

预测偏差的调整涉及两个方面：一方面是采购计划方面快速调整，另一方面是在生产计划方面进行快速调整。采购计划的调整，除了需要根据预测的调整之外，还要根据这种采购的提前量、安全库存的策略及采购批量等的影响，根据联想在国内多个工厂、多个库存的计划，从而确定联想采购计划的调整和改变。目前，仅销售发生调整或者供应商的状况发生变化的时候，联想可以做到在几个小时之内，把几十种产品、几千种物料、面对几百家供应商的计划调整完毕，这样就加快了对市场反应的变化和应对能力。在生产计划方面的调整，联想通过电子商务、主要的合作伙伴和代理商与分销商进行合作，基本上每年会有 2000 多张订单进入联想，联想通过这种生产计划系统快速完成生产计划的制定，并且可以很快地根据这种生产计划提供给供应商比较准确的送料计划，以达到和供应商的协同。

3. 满足客户差异与定制的需求

客户可根据自己的选择，自动进行配置，系统可以自动地提供报价，这样客户就可以在网上选择产品，并且可以得到最新的价格及供货时间。另外，通过客户自动地配置系统，来更好地满足客户差异化的需求。通过这种基于销售订单以及各方的物料、运输、采购、生产资源信息的供应链管理，联想能够更好地协调其采购、生产、配置和订单的交付，从而满足客户需求。

4. 与供应商协同采购

一是做到全程协同，包括在产品研发过程中与供应商进行同步开发，在品质和供应弹性及成本方面，需要进行持续的改善；在采购价格方面需要供应商能够保持最佳的竞争力。二是采取全程紧密的策略，首先供应商会实现优胜劣汰，寻找有竞争力的合作伙伴，另外在供应商一端会设立相应的采购平台，加强日常管理，联想进行供应商协同的一个主要目的，就是要在供应商及采购资源的争夺中，保持有利的战略位置。基于供应商协同理念，联想会定期对采购策略进行一些调整，制定整体的采购策略，确定是否需要导入新的供应商，并且进行供应商策略的调整。

采购是一种常见的经济行为，从日常生活到企业运作，从民间到政府，都离不开采购。它是全部经营活动的起点。每一家公司，不论它是生产商、批发商还是零售商，都会从外部供应商手中购买原材料、获得服务、取得物料供应以支持自己公司的运作。对于一般生产企业，其材料费用通常占销售收入的 40%～60%，占产品成本的很大比例，而汽车制造业原料成本高达 85%。因此，物资采购供应工作的成效对企业的利润水平影响最大，直接影响到企业的竞争力，关系到企业的兴衰成败，已成为企业管理的重要因素。

(资料来源：联想供应链管理与采购战略. 百度文库，
http://wenku.baidu.com/view/bc50e21ca300a6c30c229f3c.html.)

问题：
(1) 联想采购的双链模式指的是什么？
(2) 联想通过此种采购模式解决了企业的什么问题？你有何启示？
(3) 根据所学的知识，分析协同采购最重要的因素是什么？

第五章
供应链库存控制

📝 学习目标

- 理解库存的内涵；
- 掌握 ABC 分类控制法、经济订货批量法、定量订货方法、定期订货方法、安全库存设置等；
- 了解供应链库存管理的主要问题，理解需求变异放大现象与"牛鞭效应"；
- 掌握供应商管理库存、联合库存管理、多级库存控制、零库存管理、从工作流管理进行库存控制等库存控制策略

【本章导读】

【导读案例1】 安科公司是一家专门经营进口医疗用品的公司,该公司经营的产品有 26 个品种,共有 69 个客户购买其产品,年营业额为 5800 万元。对于安科这样的贸易公司而言,因其进口产品交货期较长、库存占用资金大,库存管理显得尤为重要。安科公司按销售额的大小,将其经营的产品排序,划分为 ABC 类。在此基础上,对 A 类的 3 种产品实行连续性检查策略,每天检查其库存情况;对 B 类产品的库存管理采用周期性检查策略;对 C 类产品采用定量订货的方法。安科公司对其产品和客户进行 ABC 分类后,内外经营环境得到了很大的改善,主要体现在以下几个方面:降低了库存管理成本;避免了缺货损失、过度超储等情况;提高了服务水平;树立了良好的企业形象;提升了企业的市场竞争力。

(资料来源:安科公司物流管理案例分析. 百度文库.
http://wenku.baidu.com/view/123c650d6c85ec3a87c2c50b.html.)

启示:对于大批量生产的企业来说,零库存只不过是一种理想状态,实际上是不可能完全做到的。所以,为了使企业的利益最大化,必须对库存实施控制与管理,运用定性和定量相结合的方法对企业库存进行全面的分析,采用适当的库存管理方法,使库存成本降至最低。

【导读案例2】 宝洁公司(P&G)在研究"尿不湿"的市场需求时发现:该产品的零售数量相当稳定,波动性并不大。但在考察分销中心向它订货的情况时,却发现波动性明显增大,分销中心称他们是根据汇总销售商订货的需求量订货的。宝洁公司进一步研究后发现,零售商往往根据对历史销量及现实销售情况的预测,确定一个较客观的订货量,但为了保证这个订货量是及时可得的,能够适应顾客需求增量的变化,他们通常会将预测订货量增大一些向批发商订货。批发商出于同样的考虑,也会在汇总零售商订货量的基础上再加一定增量向销售中心订货。这样,虽然顾客需求量并没有大的波动,但经过零售商和批发商的订货后,订货量就被逐级地放大了。

(资料来源:宝洁医治"牛鞭效应". 中国物流与采购网.
http://www.chinawuliu.com.cn/xsyj/200410/14/132425.shtml.)

启示:在供应链中,除了信息共享外,还必须加强上游和下游之间在定价、运输、库存计划等方面的有机整合,建立优先合作机制,比如建立统一控制的库存系统。供应链中的"牛鞭效应"是由"合理的决策"引起的,人们能通过完全理解它产生的原因而采取措施来缓解它。当然,要想进一步消除它的影响,还必须不断实施管理创新。

【导读案例3】 戴尔零库存目标的实现主要依赖于戴尔的强势品牌、VMI 策略及合理的利润分配机制等。按照法国物流专家沙卫教授的观点,戴尔与供应商建立良好的战略合作伙伴关系,得益于其在多方面照顾供应商的利益,支持供应商的发展。首先,在利润上,戴尔除了补偿供应商的全部物流成本(包括运输、仓储、包装等费用)外,还让其享受供货总额 3%~5%的利润,这样供应商才能有发展机会。其次,在业务运作上,要避免因零库存风险导致采购成本上升,戴尔向供应商承诺长期合作,即一年内保证预定的采购额,一旦预测失误,戴尔就把消化不了的采购额转移到全球其他工厂,尽可能减轻供应商的压力,保证其利益。戴尔通过精确预测客户需求，评选出具有最佳专业、经验及品质的供应商，保持畅通、高效的信息系统，当然最关键的还是保持戴尔对供应商产生的强势影响力。

(资料来源：解析戴尔的"零库存"．搜狐财经．http://business.sohu.com/20051104/n240660168.shtml.)

启示： 实施 VMI(供应商管理库存)，可以实现用户和供应商的"双赢"，不但对用户，而且对供应商自身都是有好处的。

第一节　库存管理的基本原理和方法

一、库存理论基础

(一)库存的概念

库存，在英语里面有两种表达方式，即 Inventory 和 Stock，它表示用于将来目的的资源暂时处于闲置状态。

一般情况下，人们设置库存的目的是防止短缺，它还具有保持生产过程连续性、分摊订货费用、快速满足用户订货需求的作用。在企业生产中，尽管库存是出于种种经济考虑而存在，但也是一种无奈的结果，它是由于人们无法预测未来的需求变化，不得已采用的应付外界变化的手段，也是因为人们无法使所有的工作都做得尽善尽美，才产生一些并不想要的冗余与囤积。

由于诸多原因，企业物料的库存数量是经常变动的，为了使库存量保持在合理的水平上，就要进行合理的、科学的库存控制。当库存物料的储备数量过少时，则不能满足企业生产或经营的需要；而储备数量过多时，不仅占用大量资金，影响流动资金的周转，而且要占用大量的生产面积和仓库面积，还可能由于长期积压而使存货损坏变质。企业为了生产或经营活动能够持续进行，需要将库存量维持在一个合理的水平上，从而降低库存成本，提高企业的经济效益。

(二)库存的作用

1. 平衡供求关系

由于物资数量、价格和市场政策的变化等原因，导致供求在时间和空间上出现不平衡，企业为了稳定生产和销售，必须准备一定数量的库存以避免市场震荡。客户订货后要求收到物资的时间比企业从采购物资、生产加工、运送产品至客户的时间要短，为了弥补时间差也必须预先库存一定数量的物资。

2. 减少运输的复杂性

由于企业供应商的所在地不同，企业拥有的生产厂或车间也可能在不同的地点，企业的客户更是遍布各地。所以，企业如果不设立中转仓库，就会出现非常复杂的运输系统，而通过中转仓库，再加上配送职能，就可以大大简化运输的复杂性。

3. 降低运输成本

企业有时面临原材料和产成品的零担运输问题,长距离零担运输的费用比整车运输要高得多。通过将零担物资运到附近的仓库后再从仓库运出,这样仓储活动就能够使企业将少量运输结合成大量运输,有效减少运输费用。

4. 提高服务水平

企业工厂发出的用料需求和客户发出订单需求通常都是各种物资的组合。如果这些原料或产品被存放在不同的地点,企业就必须从各个地点分别运货来履行供应和服务的功能,可能出现运达时间不同、物资弄混等问题。因此,企业可以通过建立混合仓库,用小型交通工具进行集货和交付,并在最佳时间安排这些活动,从而提高服务水平。

5. 应对不确定性

一个企业在经营过程中,往往要面对许多不确定因素,如需求不确定、供应商交货不确定、产品质量不确定等,现实中,这些不确定性因素是不可避免的。当市场产生需求而企业无法及时满足时,可能会导致需求的损失。因此,企业要预备一定量的库存来应对这些不确定因素。

二、库存控制的策略和方法

(一)ABC 分类控制法

ABC 分类法源于帕累托的"关键少数,次要多数"观点。通过统计、综合、排列、分类,把品种少、占有资金多、采购较易的次要物品归为 C 类,把处于中间状态的一般物品归为 B 类。对 A 类物品实行重点管理,严格控制库存,对 C 类物品采用简便方法管理,对 B 类物品实行一般控制。对重要物品进行重点管理,次要物品简单管理,可以使库存管理工作目的性更强,花费较少的控制成本取得较好的库存管理效果。

通常将库存按年度货币占用量分为三类:A 类是年度货币量最高的库存,这些品种可能只占库存总数的 15%左右,但用于它们的库存成本却占到总数的 70%~80%;B 类是年度货币量中等的库存,这些品种占全部存货约 30%,占总价值的 15%~25%;年度货币量较低的 C 类库存品种,它们只占全部年度货币量的 5%左右,但品种却占库存总数的 55%左右。建立在 ABC 分类基础上的库存管理策略,如表 5-1 所示。

表 5-1 ABC 库存管理策略

类型	特点	管理方法
A	品种数约占库存总数的 15%,成本占总数的 70%~80%	进行重点管理。现场管理更加严格;经常进行检查和盘点以保持库存记录的准确;详细记录及经常检查和分析物资的使用、发货、运送管理,在满足企业内部需要和客户需要的前提下维持尽可能低的经常库存量和安全库存量;加强与供应链下游企业的合作,降低库存水平,加快库存周转率

续表

类 型	特 点	管理方法
B	品种数约占库存总数的30%，成本占总数的15%~25%	进行一般管理。现场管理不必投入比 A 类更多的精力；库存检查和盘点的周期可以比 A 类长一些
C	成本约占总数的 5%，品种数约占库存总数的55%	进行简单管理。现场管理可以更粗放一些，但是由于品种多，出现差错的可能性也比较大，因此必须定期进行库存检查和盘点，周期可以比 B 类长一些；可采用大量采购、大量库存、减少这类库存的管理人员和设施等方法

除货币量指标外，企业还可以按照销售量、销售额、订购提前期、缺货成本等指标将库存进行分类。通过分类，管理者就能为每一类的库存品种制定不同的管理策略，实施不同的控制。

利用 ABC 控制法可以使企业更好地进行预测和现场控制，以及减少安全库存和库存投资。ABC 分类控制法并不局限于三类，可以适当增加。

(二)经济订货批量法

经济订购批量法是平衡采购进货成本和保管仓储成本，确定一个最佳的订货数量来实现最低总库存成本的方法。经济订购批量基本模型需要设立以下基本条件：年需求率已知，且为常数；订货提前期已知，且为常量；订货费用与批量无关；库存费用是库存量的线性函数；没有数量折扣；不允许缺货；全部订货一次交付；一次订货量无限制；采用定量订货系统模型。根据上述假设条件，设定：TC 为年总库存成本；PC 为年平均进货成本；HC 为年保管仓储成本；D 为年需要量(或采购订货量)；P 为货物购买价格；Q 为每次订货数量；I 为每次订货成本；J 为单位货物保管仓储成本；F 为单位货物保管仓储成本与单位货物购买价格的比率(即 J/P)。

不难发现，平均库存量为 $Q/2$，每年保管仓储成本为 $(Q/2) \times J$，每年订货成本为 $(D/Q) \times I$，每年采购进货成本为 $D \times P + (D/Q) \times I$，每年总库存成本 TC 为采购进货成本 PC 与保管仓储成本 HC 之和。具体方程为

$$TC = PC + HC = D \times P + (D/Q) \times I + (Q/2) \times J$$
$$= D \times P + (D/Q) \times I + (Q/2) \times F \times P$$

对上式求导数，并令导数为零，通过整理后得出

$$Q^* = \sqrt{(2D \times I)/(F \times P)} = \sqrt{(2DI)/J}$$

【例 5-1】 甲仓库 A 商品年需求量为 30 000 个，单位商品的购买价格为 20 元，每次订货成本为 240 元，单位商品的年保管费为 10 元，求：该商品的经济订购批量，最低年总库存成本，每年的订货次数及平均订货间隔周期。

解：经济订购批量 $EOQ = \sqrt{\dfrac{2 \times 240 \times 30\,000}{10}} = 1200$ (个)

每年总库存成本 $TC = 30\,000 \times 20 + 10 \times 1200 = 612\,000$ (元)

每年的订货次数 $N = 30\,000/1200 = 25$ (次)

平均订货间隔周期 $T = 365/25 = 14.6$ (天)

(三)定量订货方法

定量订货方法也称订购点控制,是指当库存量下降到预定的最低库存量即订购点(也称订货点)时,按规定数量进行订货补充的一种库存管理方式。

当库存量下降到订购点时,马上按预先确定的订购量发出货物订单,经过一定的交货周期收到订货,库存水平上升。该方法的关键在于计算出订购点和订购批量,对于某种商品来说,当订购点和订购量确定后,就可以利用永续盘存法实现库存的自动管理。

订购点即实行补货时的库存量,订购点的确定取决于交货期或订货提前期的需要量和安全库存量。订购点即 ROL(Reorder Level,重订货水平)的数学表达式为

$$ROL=(R \times L)+S$$

式中,R 为需求或使用速度;L 为交货期;S 为安全库存量。

【例5-2】 当需求或使用速度为每周 100 件,交货期为 3 周,安全库存为 100 件时,订购点为:ROL=(100×3) + 100=400(件)。

确定订购点后,再计算出每次订购量,就可用定量控制法进行库存控制了。

定量订货方法的优点是:管理简便,订购时间和订购量不受人为判断的影响,能够保证库存管理的准确性;由于订购量一定,便于安排库内的作业活动,节约理货费用;由于按经济订购批量订购,节约库存总成本。

缺点:不便于对库存进行严格管理;订购点之前的各项计划比较复杂。

适用范围:单价比较便宜,而且不便于少量订购的物品,如螺栓、螺母等 C 类物品;需求预测比较困难的物品;品种数量多,库存管理事务量大的物品;消费计量复杂的物品;通用性强、需求总量比较稳定的物品等。

(四)定期订货方法

定期订货方法也称为固定订购周期法,是按照固定的时间周期来订购,但订购数量则是变化的。一般都是事先依据对商品需求量的预测,确定一个比较恰当的最高库存量,在每个周期即将结束时,对库存进行盘点,决定订购量,商品到达后的库存量刚好到达原订的最高库存量。

这种方法的关键在于确定订购周期和最大库存量。订购周期是指提出订购、发出订货通知直到收到订货的时间间隔。最大库存量是满足订货周期和订货提前期库存及安全库存的要求。

企业根据过去的经验和经营目标预先确定一个订货间隔期,每经过一个订货间隔期就进行订货,每次订货数量都不同,定期订货方法中订货量的确定方法如下

订货量=最高库存量-现在库存量-订货未到量+客户延迟购买量

定期订货方法的优点是:由于订货间隔期确定,因而多种货物可同时采购,这样不仅可以降低订单处理成本,而且可以降低运输费用;这种方法不需要经常检查和盘点库存,可节省这方面的费用。

其缺点是:由于不经常检查和盘点库存,对货物的库存动态不能及时掌握,遇到突发性的大量需要,容易造成缺货现象带来损失,因而企业为了应对订货间隔期内需要的突然变动,往往保持较高的库存水平。

适用范围：消费金额高，需要实施严密管理的重要物品；根据市场的状况和经营方针，需要经常调整生产和采购数量的物品；需求量变动幅度大，而且变动具有周期性，可以正确判断的物品；多种商品采购可以节省费用的情况；需要定期制造的物品等。

(五)安全库存设置

安全库存又称为保险库存，是指当不确定因素如订货期间需求增长、到货延期等导致更高的预期需求或导致完成周期更长时的缓冲存货，安全库存用于满足提前期需求。在既定安全库存的条件下，平均存货可用订货批量的一半和安全库存来描述。

安全库存的确定是建立在数理统计基础上的。首先，假设库存的变动围绕平均消费速度发生变化，大于平均需求量和小于平均需求量的可能性各占一半，缺货概率为50%。

安全库存越大，出现缺货的可能性越小；但库存越大，会导致剩余库存的出现。应根据不同物品的用途及客户的要求，将缺货保持在适当的水平上，允许一定程度的缺货存在。安全库存量化计算可根据顾客需求量固定、需求量变化、提前期固定、提前期发生变化情况，利用正态分布图、标准差、期望服务水平等来求得，即

$$安全库存=(预计最大消耗量-平均消耗量)\times 采购提前期$$

第二节　供应链库存管理的主要问题

一、供应链环境下的库存问题

(一)供应链的战略与规划问题

现代产品设计与先进制造技术的出现，使产品的生产效率大幅度提高，而且具有较高的成本效益，但是供应链库存的复杂性常常被忽视，结果所有节省下来的成本都被供应链上的分销与库存成本给抵消了。同样，在引进新产品时，如果不进行供应链的规划，也会产生如运输时间过长、库存成本过高等原因而无法获得成功。

【案例5-1】美国的一家计算机外围设备制造商，为世界各国分销商生产打印机，打印机有一些具有销售所在国特色的配件，如电源、说明书等。美国工厂按需求预测生产，但是随着时间的推移，当打印机到达各地区分销中心时，需求已经发生了改变。因为打印机是为特定国家而生产的，分销商没有办法应付需求的变化，也就是说，这样的供应链缺乏柔性，其结果是造成产品积压，产生了高库存。后来，重新设计了供应链结构，主要对打印机的装配过程进行了改变，工厂只生产打印机的通用组件，让分销中心再根据所在国家的需求特点加入相应的特色组件，这样大量的库存就减少了，同时供应链也具有了柔性。这就是产品"为供应链管理而设计"的思想。

(资料来源：供应链管理环境下的库存控制系统. 中国物流与采购网.
http://www.chinawuliu.com.cn/zixun/201105/31/124030.shtml.)

在供应链的结构设计中，同样需要考虑库存的影响。要在一条供应链中增加或关闭一个工厂或分销中心，一般先考虑固定成本与相关的物流成本，至于网络变化对运作的影响

因素，如库存投资、订单的响应时间等常常放在第二位。这些因素对供应链的影响也是不可低估的。

(二)供应链的运作问题

1. 缺乏合作与协调性

供应链的各个节点企业为了应付不确定性，都设有一定的安全库存，多厂商特别是全球化的供应链中，组织的协调涉及更多的利益群体，相互之间的信息透明度不高。在这样的情况下，企业不得不维持较高的安全库存。

组织之间存在的障碍有可能使库存控制变得更为困难，因为各自都有不同的目标、绩效评价尺度、不同的仓库，又往往难以共享资源。在分布式的组织体系中，组织之间的障碍对库存集中控制的阻力更大。

要进行有效的合作与协调，组织之间需要一种有效的激励机制，而企业之间的激励困难较大。信任风险的存在更加深了问题的严重性，相互之间缺乏有效的监督机制和激励机制是供应链企业之间合作性不稳固的原因。

2. 缺乏供应链的整体观念

虽然供应链的整体绩效取决于各个供应链的节点绩效，但是各个部门都是各自独立的单元，都有各自独立的目标与使命。有些目标和供应链的整体目标是不相干的，更有可能是冲突的，容易导致供应链整体效率低下。一般的供应链系统都没有针对全局供应链的绩效评价指标，有些企业采用库存周转率作为供应链库存管理的绩效评价指标，但是没有考虑对用户的反应时间与服务水平，用户满意也应该成为供应链库存管理的一项重要指标。

3. 忽视不确定性对库存的影响

供应链运作中存在诸多不确定性因素，如订货期提前以及货物运输状况、原材料的质量、生产过程的时间、运输时间、需求的变化等。为减少不确定性对供应链的影响，首先应了解不确定性的来源和影响程度。很多公司并没有认真研究和跟踪其不确定性的来源和影响，错误估计供应链中物料的流动时间，造成有的物品库存增加、有的物品库存不足的现象。

4. 库存控制策略简单化

无论是生产性企业还是物流企业，库存控制都是为了保证供应链运行的连续性和应付不确定需求。了解和跟踪不确定性状态的因素是第一步，第二步是要利用跟踪到的信息去制定相应的库存控制策略。这是一个动态的过程，因为不确定性也在不断地变化。有些供应商在交货与质量方面可靠性好，有些则相对较差；有些物品的需求可预测性大，而有些物品的可预测性小一些，库存控制策略应能反映这些情况。

许多公司对所有的物品采用统一的库存控制策略，物品的分类没有反映供应与需求中的不确定性。在传统的库存控制策略中，多数是面向单一企业的，采用的信息基本上来自企业内部，其库存控制没有体现供应链管理的思想。因此，如何建立有效的库存控制方法，并能体现供应链管理的思想，是供应链库存管理的重要内容。

(三)供应链的信息管理问题

1. 不准确的交货状态数据

当顾客下订单时,他们总是想知道什么时候能交货。在等待交货过程中,可能会对订单交货状态进行修改,特别是当交货被延迟以后。许多企业并没有及时而准确地把推迟的订单交货的修改数据提供给用户,其结果当然是用户的不满和良好愿望的损失。交货状态数据不及时、不准确的主要原因是信息传递系统的问题。

2. 低效率的信息传递系统

各个供应链节点企业之间的需求预测、库存状态、生产计划等都是供应链管理的重要数据,这些数据分布在不同的供应链组织之间,要做到有效地快速响应用户需求,必须使供应链中的库存数据能够实时、快速地传递。

由于延迟引起误差和影响库存量的精确度,短期生产计划的实施也会遇到困难。例如,企业为了制订一个生产计划,需要获得关于需求预测、当前库存状态、订货的运输能力、生产能力等信息,这些信息需要从供应链的不同节点企业数据库获得,数据调用的工作量很大。数据整理完后制订主生产计划,然后运用相关管理软件制订物料需求计划,这样一个过程一般需要很长时间。时间越长,预测误差越大,制造商对最新订货信息的有效反应能力也就越小,生产出过时的产品和造成过高的库存也就不足为奇了。

二、影响库存的因素分析

(一)需求变异放大现象与"牛鞭效应"

1. 需求变异放大现象

"需求变异加速放大原理"是美国著名的供应链管理专家 Hau L.Lee 教授对需求信息扭曲在供应链中传递的一种形象描述。其基本思想是:当供应链的各节点企业只根据来自其相邻的下级企业的需求信息进行生产或供应决策时,需求信息的不真实性会沿着供应链逆流而上,产生逐级放大的现象,达到源头的供应商时,其获得的需求信息和实际消费市场中的顾客需求信息发生了很大的偏差,需求变异系数比分销商和零售商的需求变异系数大得多。由于这种需求放大效应的影响,上游供应商往往维持比下游供应商更高的库存水平。这种现象反映出供应链上需求的不同步现象,它说明供应链库存管理中的一个普遍现象,即"看到的是非实际的"。图 5-1 显示了"需求放大效应"的原理和需求变异加速放大过程。

需求放大效应是需求信息扭曲的结果,图 5-2 显示了一个销售商实际的销售量和订货量的差异,实际的销售量与订货量并不同步。在供应链中,每一个供应链的节点企业的信息都有一个信息的扭曲,这样逐级而上,即产生信息扭曲的放大。

2. 产生"牛鞭效应"的原因

1) 需求预测修正

需求预测修正是指当供应链的成员采用其直接的下游订货数据作为市场需求信号时,即产生需求放大。在传统的供应链中,各节点企业总是以其直接下游的需求信息作为自己需求预测的依据,在预测值上加上一个修正增量作为订货数量,产生了需求的虚增。

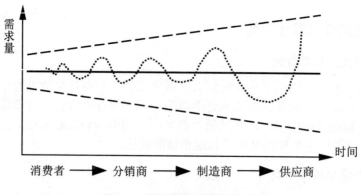

图 5-1 供应链的需求放大原理

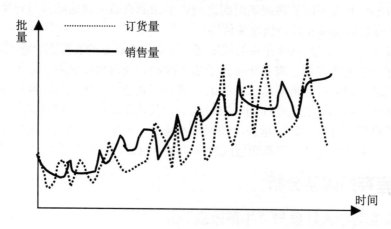

图 5-2 实际需求量与订货量的差异

2) 价格波动加速

零售商和分销商面对价格波动剧烈、促销与打折活动、供不应求、通货膨胀、自然灾害等情况,往往会采取加大库存量的做法,使订货量远远大于实际的需求量。顾客的购买模式并不能反映他们的消费模式,往往购买数量的波动较其消耗量波动大,所以,价格波动会产生"牛鞭"效应。

3) 订货批量

为了减少订货频率,降低成本和规避断货风险,销售商往往会按照最佳经济规模加量订货。若企业的顾客都采用定期订购模型,则会导致"牛鞭"效应产生;如果所有顾客的订购周期均匀分布,影响就会最小。然而,这种理想状态极少存在,订单通常都是随机分布,甚至是相互重叠的。当很多顾客在同一时间订货,需求高度集中,就导致"牛鞭"效应高峰的出现。

4) 短缺博弈

当需求大于供应时,理性的决策是按照订货量比例分配现有供应量。此时,销售商为了获得更大份额的配给量,故意夸大其订货需求,这就使得批发商对市场的需求预测大于市场的实际需求。最终,最上游节点企业所得到的需求信息必然远远大于市场的实际需求。当需求降温时,订货又突然消失,这种由于短缺博弈导致的需求资讯的扭曲最终导致"牛鞭"效应。而且，供应链越长，"牛鞭"效应表现越明显。

5） 库存责任失衡

在营销操作上，通常是供应商先铺货，待销售商销售完成后再结算，导致供应商负责将货物运至销售商指定的地方并承担货物搬运费用；在发生货物毁损或者供给过剩时，供应商还需承担调换、退货及其他相关损失，这样，库存责任自然转移到供应商，从而使销售商处于有利地位。在销售商资金周转不畅时，由于有大量存货可作为资产使用，所以销售商会利用这些存货与其他供应商易货，或者不顾供应商的价格规定，低价出货，加速资金回笼，从而缓解资金周转的困境；销售商掌握大量的库存也可以作为与供应商进行博弈的筹码。因此，销售商倾向于加大订货量掌握主动权。

6） 应付环境变异

应付环境变异所产生的不确定性也是促使订货需求放大加剧的现实原因。自然、人文、政策和社会环境的变化都会增强市场的不确定性。销售商应对这些不确定性因素影响的最主要手段之一就是保持库存，并且随着这些不确定性的增强，库存量也会随之变化。当对不确定性的预测被人为渲染，或者形成一种较普遍认识时，为了保持应付这些不确定性的安全库存，销售商会加大订货，将不确定性风险转移给供应商。

由于缺少信息交流和共享，企业无法掌握下游的真正需求和上游的供货能力，只好自行多储货物；供应链上无法实现存货互通有无和转运调拨，只能各自持有高额库存；企业往往希望对交货日期留有一定的余地，且需求的变动提前期越长，需求变动引起的订货量就越大，因而持有较长的提前期，因此逐级的提前期拉长也造成了"牛鞭"效应。

3. "牛鞭效应"带来的负面影响

1） 对供应链各成员造成压力

当市场需求增加时，整个供应链的产能增加幅度超过市场需求增加幅度，超出部分则以库存形式积压在供应链不同节点。一旦需求放缓或负增长，大量资金和产品将以库存形式积压，整个供应链可能资金周转不良，严重影响供应链的良好运作，甚至导致企业倒闭，尤其是处于供应链末端的小企业。

【案例5-2】 以思科为例，2000年前后网络经济泡沫破灭，直接导致价值高达22亿美元的库存。虽然电信设备只占思科总收入的40%，但库存中70%都是电信设备和配件。如此大量的库存对众多的次级、次次级供应商而言，则意味着没有新订单，没有新的营业收入，无法维持运营。结果是大批供应商处于崩溃边缘，大幅裁员，甚至难逃破产厄运。思科的股票从高峰时的80美元降到17美元，骤然下跌了73%，市值也由原来的5550亿美元跌落到1440亿美元。与此同时，8500名思科员工不得不另谋生路。

(资料来源：华尔街与思科的"爱情"能否延续. 新浪科技时代.
http://tech.sina.com.cn/it/m/69160.shtml.)

2） 市场的响应速度减慢

越是处于供应链上游，企业响应速度越慢。其结果是，当市场需求增加的时候，供应商往往无法支持制造商；而当市场需求放缓时，供应商则往往继续过量生产，造成库存积压，从而导致整个供应链的生产能力过度膨胀。

3) 对整个行业衰退和复苏的影响

由于"牛鞭效应",上游供应商往往承受更大的经济压力,从而不情愿扩张生产能力。在行业腾飞、经济景气时,往往由于上游供应商没法及时扩张而影响整个供应链的销售业绩。对于单个企业而言,当经济复苏的时候,不但要动员自身的生产能力,更重要的是动员各级供应商。

4. 解决"牛鞭效应"的方法

1) 订货分级管理

按照帕累托定律(二八法则),把销售商分为一般销售商、重要销售商和关键销售商来分级管理。在订单管理上,对一般销售商的订货实行满足管理,对重要销售商、关键销售商的订货实现重点管理,这样就可以通过对关键销售商和重要销售商的准确把握来减少变异概率。

2) 采用先进的库存管理方式

目前,企业可采用供应商管理库存(Vendor Managed Inventory,VMI)或联合库存管理(Jointly Managed Inventory,JMI)解决需求放大的问题。VMI要求供应商参与管理客户的库存,下游企业只需要帮助供应商制订计划,使下游企业实现零库存,供应商的库存也会大幅度减小。VMI方法虽然有诸多优点,但缺乏系统集成,对供应商依存度较高。JMI则要求双方都参与到库存的计划和管理中去,供需双方在共享库存信息的基础上,以消费者为中心,共同制定统一的生产与销售计划,将计划下达到各制造单元和销售单元执行。JMI可以看做VMI的进一步发展与深化,通过共享库存信息联合制订统一的计划,使供应商与销售商权利与责任平衡,将供应商全责转化为各销售商的部分责任,使双方成本和风险共担,利益共享,从而有效地抑制了"牛鞭效应"的产生和加剧。

3) 信息一体化

现代信息技术的发展完全可以做到实时信息的一体化。零售端POS(Point of Sale,销售点)技术的应用和EDI(Electronic Data Interchange,电子数据交换)促进了供应链内部信息共享的发展,B2C(企业-消费者)模式的电子商务应用使企业得以获取详尽的最终用户的需求信息,B2B(企业-企业)则保证了供应链内部、企业之间广泛而及时的信息交流,包括大量的生产、库存和销售信息。这些信息技术实现了信息共享、准确快速的传递,有效抑制了信息的放大变异。

4) 协调企业利益目标

为了使供应链上的每个企业达到准确预测需求、减轻价格波动、增强信息共享、改善相互交流的效果,必须做到整个供应链中所有过程高度整合,将每一企业内部过程与供应链其他成员之间的过程集成起来,形成集成化的供应链联盟,实现供应链上的企业利益目标一致,从而消除"牛鞭效应"。

(二)不确定性

1. 供应链上的不确定性

从供应链整体看,库存无非有两种,一种是生产制造过程中的库存,另一种是物流过程中的库存。库存存在的客观原因是为了应付各种各样的不确定性,保持供应链系统的正常和稳定,但是另一方面也产生和掩盖管理中的问题。

供应链的不确定性主要来源于三个方面。

(1) 供应商的不确定性。表现在提前期的不确定性、订货量的不确定性等。供应不确定的原因是多方面的,供应商的生产系统发生故障延迟生产、供应商的延迟及意外的交通事故导致的运输延迟等。

(2) 生产者的不确定性。主要源于制造商本身的生产系统的可靠性、机器的故障、计划执行的偏差等。生产过程的复杂性使生产计划并不能精确地反映企业的实际生产条件和预测生产环境的改变,不可避免地造成计划与实际执行的偏差。生产控制的有效措施能够对生产的偏差给予一定的修补,但是生产控制必须建立在对生产信息的实时采集与处理上。

(3) 顾客的不确定性。顾客的不确定性包括需求预测的偏差,购买力的波动,从众心理和个性特征等。

在供应链中,不同节点企业相互之间的不确定性和需求预测偏差进一步加剧了供应链的放大效应及信息的扭曲。

2. 克服不确定性对库存的影响

1) 衔接不确定性对库存的影响

传统的供应链的衔接不确定性普遍存在,集中表现在企业之间的独立信息体系现象。为了竞争,企业总是为了各自的利益进行资源的自我封闭,人为地增加了企业之间的信息壁垒和沟通的障碍,库存的存在实际就是信息的堵塞与封闭的结果。企业的信息交流更多的是在企业内部而非企业之间进行交流。信息共享程度差是传统的供应链不确定性增加的一个主要原因。

建立合作伙伴关系的新型企业合作模式,以及跨组织的信息系统为供应链的各个合作企业提供了共同的需求信息,有利于推动企业之间的信息交流与沟通。企业有了确定的需求信息,在制订生产计划时,就可以减少为了吸收需求波动而设立的库存,使生产计划更加精确、可行。下游企业能预先得到综合的、稳定的供应信息,这样企业无须过多设立库存。

2) 运作不确定性对库存的影响

供应链企业之间的衔接不确定性通过建立战略伙伴关系的供应链联盟或供应链协作体而得以消减,同样,这种合作关系可以消除运作不确定性对库存的影响。当企业之间的衔接不确定性因素减少时,企业的生产控制系统就能摆脱这种不确定性因素的影响,使生产系统的控制达到实时、准确,消除生产过程中不必要的库存现象。

通过分析不确定性对库存的影响,可以得出:为了减少企业的库存水平,需要增加企业之间的信息交流与共享,减少不确定性对库存的影响,增加库存决策信息的透明性、可靠性和实时性。

【案例 5-3】 海尔物流创新实施了"一流三网"的同步式管理模式,以订单信息流为中心,全球供应链网络、全球配送网络和计算机信息网络同步流动,为订单信息流的增值提供支持。实施过站式的物流管理模式,所有采购与制造必须按订单执行,这样使呆滞物资降低 90%,仓库面积减少 88%,库存资金减少 63%。全球供应链资源网络的整合使海尔物流获得快速满足客户需求的能力。通过整合内部资源、优化外部资源，使供应商由原来的 2200 多家优化至 721 家，强大的全球供应网络有力地保障了海尔产品的质量和交货期。目前，通过海尔的 BBP 采购平台，所有供应商均在网上接订单，并通过网上查询计划与库存，及时补货，实现 JIT 采购；货物入库后，根据看板管理 2～3 小时送料到工位，实现 JIT 生产；在中心城市实现 8 小时配送到位，区域内 24 小时配送到位，全国 4 天以内配送到位，实现 JIT 配送。在企业外部，海尔通过 CRM 和 BBP 电子商务平台的应用实现了与客户的零距离。目前，海尔 100%的订单由网上下达，使采购周期由原来的平均 10 天降低到 3 天；网上支付已达到总支付额的 80%，实施以信息代替库存，达到零运营成本的目的。

（资料来源：海尔物流管理的"一流三网"．中国物流与采购网．
http://www.chinawuliu.com.cn/xsyj/200408/26/131978.shtml．）

第三节 供应链环境下的库存控制策略

一、供应商管理库存

在供应链管理环境下，为了寻求整个供应链全局的最低成本，供应链各个环节的活动都应该是同步进行的，而传统的库存控制方法无法满足这一要求。近年来，出现了一种新的库存管理模式，供应商管理库存(Vendor Managed Inventory，VMI)，这种库存管理策略打破了传统的各自为政的库存管理模式，体现了供应链的集成化管理思想。

(一)VMI 的基本思想

VMI 是一种供应链集成化运作的决策代理模式，以双方都获得最低成本为目标，在一个共同框架协议下将用户库存决策权交给供应商，由供应商代理分销商或批发商行使库存决策权力，并通过对该框架协议进行经常性监督和修正使库存得到持续改进。

VMI 的主要思想是供应商在用户的允许下设立库存，确定库存水平和补给策略并拥有库存控制权。精心设计与开发的 VMI 系统，不仅可以降低供应链的库存水平、降低成本、改善资金流，用户还可以获得高水平的服务，与供应商共享需求变化的透明性和获得更高的用户信任度。

该策略的关键主要体现在以下几个原则中。

(1) 合作性原则。在实施该策略时，相互信任与信息透明是很重要的，供应商和客户都要有较好的合作精神才能够保持较好的合作。

(2) 互惠原则。VMI 不是关于成本如何分配或谁来支付的问题，而是关于减少成本的问题。该策略能使双方的成本都得到减少。

(3) 目标一致性原则。双方都明白各自的责任，观念上达成一致的目标，如库存放在哪里、什么时候支付、是否要管理费等，并且体现在框架协议上。

(4) 连续改进原则。这一原则使供需双方能共享利益和消除浪费。

【案例 5-4】联想集团与第三方物流企业伯灵顿全球物流有限公司开展 VMI 项目合作，联想将其从国外采购来的计算机零配件存入伯灵顿设在外高桥保税区的仓库内，根据生产需求,再将货物送至上海联想电子有限公司进行装配加工。VMI 项目实施后一年多来,从伯灵顿公司仓库运到上海联想的货物共计 520 余票,整体物流运作时间从原来的 30~100 小时缩至 3~5 小时,库存周期从 7~10 天缩至半天,物流成本大大节约,联想集团国际竞争力因此得到明显提高。

(资料来源:联想实施 VMI 物流模式 货物实现"零等候".中国招标采购导航网.
http://www.chinainfoseek.com/20111123-i3-16698.html.)

(二)VMI 的实施方法与步骤

1. VMI 的实施方法

1) 改变订单的处理方式,建立基于标准的托付订单处理模式

由供应商和批发商一起确定供应商的订单业务处理过程所需要的信息和库存控制参数,然后建立一种订单的处理标准模式,如 EDI 标准报文。最后把订货、交货和票据处理各个业务功能集成在供应商一边。供应商与客户使用 EDI 彼此交换资料,包含的主要项目如表 5-2 所示。

表 5-2 供应商与客户交换资料项目

项目	资料内容
产品活动资料	可用产品、被订购产品、计划促销产品、零售产品
计划进度及预测资料	预测订单量、预定或指定的出货日期
订单确认资料	订单量、出货日期、配送地点
订单资料	订单量、出货日期、配送地点

2) 库存状态透明性是实施供应商管理用户库存的关键

供应商能够随时跟踪和检查到销售商的库存状态,从而快速地响应市场的需求变化,对企业的生产或供应状态做出相应的调整。为此需要建立一种能够使供应商和用户的库存信息系统透明连接的方法。

2. VMI 的实施步骤

1) 建立顾客情报信息系统

通过建立顾客的信息库,供应商能够掌握需求变化的有关情况,把由批发商(分销商)进行的需求预测与分析功能集成到供应商的系统中来。

2) 建立销售网络管理系统

供应商必须建立完善的销售网络管理系统,保证产品需求信息畅通。为此,必须保证产品条码的可读性和唯一性;解决产品分类、编码的标准化问题;解决商品存储运输过程中的识别问题。目前,MRPⅡ或 ERP 系统都集成了销售管理功能,通过对这些功能的扩展,可以建立完善的销售网络管理系统。

3) 建立供应商与分销商的合作框架协议

供应商和分销商通过协商,确定处理订单的业务流程、控制库存的有关参数(如再订货点、最低库存水平等)及库存信息的传递方式等。

4) 组织机构的变革

VMI策略改变了供应商的组织模式。过去一般由会计经理处理与用户有关的事情，引入VMI策略后，在订货部门产生了一个新的职能负责用户库存的控制。

(三)VMI的局限性

1. 企业间缺乏信任，合作意识不强

供需双方互信与合作是VMI成功的必要条件。如果企业间缺乏信任，要实现信息共享和企业间的集成与协调是不可能的。而且由于供应商和客户实行库存信息共享，也存在滥用信息和泄密的可能。

2. 单方决定有失误的可能

VMI中的框架协议虽然是双方协议，但供应商处于主导地位，如果在决策过程中缺乏足够的协调，难免造成失误。

3. 责任与利益不统一

VMI的实施减少了库存总费用，但在VMI系统中，供应商比以前承担更多的管理责任，无疑加大了供应商的风险。因此，应采取一些激励措施来激发供应商的积极性，如通过合同将一定比例的利润支付给供应商。

二、联合库存管理

联合库存管理是一种风险分担的库存控制模式。联合库存管理(Jointly Managed Inventory, JMI)体现了战略供应商联盟的新型企业合作关系，强调了供应链企业之间的双方互利合作关系。适合实施联合库存管理的核心企业是零售业及连锁经营企业中的地区分销中心，或在供应链上占据核心位置的大型企业。

(一)JMI的概念及基本思想

联合库存管理就是供应链上的各类企业通过对消费需求的认识和预测的协调一致，共同进行库存的管理和控制，利益共享、风险同担。

JMI旨在解决供应链系统中由于各节点企业的相互独立库存运作模式导致的需求放大现象，是提高供应链的同步化程度的一种有效方法。与VMI不同，JMI强调供应链中各个节点同时参与、共同制定库存计划，使供应过程中的每个库存管理者，如供应商、制造商、分销商等，都从相互之间的协调性考虑，使供应链相邻的两个节点之间的库存管理者对需求的预期保持一致，从而消除了需求变异放大现象。JMI把供应链系统管理进一步集成为"上游"和"下游"两个协调管理中心，从而部分消除了由于供应链环节之间的不确定性和需求信息扭曲现象导致的供应链的库存波动。通过协调处理中心，供需双方共享需求信息，使供应链的运作更加稳定。

图5-3为基于协调中心联合库存管理的供应链系统模型。

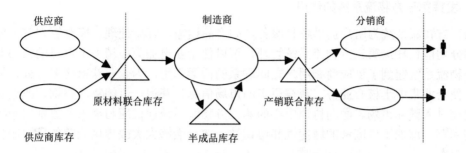

图 5-3　基于协调中心联合库存管理的供应链系统模型

(二)JMI 的实施策略

1. 建立供需协调管理机制

为了发挥联合库存管理的作用，供需双方应从合作的精神出发，建立供需协调管理的机制，明确各自的目标和责任，建立合作沟通的渠道，为供应链的联合库存管理提供有效的机制。没有一个协调的管理机制，就不可能进行有效的联合库存管理。图 5-4 为供应商与分销商协调管理机制模型。

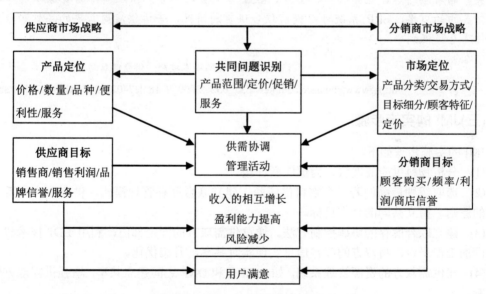

图 5-4　供应商与分销商协调管理机制

2. 发挥两种资源计划系统的作用

为了发挥联合库存管理的作用，在供应链库存管理中应充分利用目前比较成熟的两种资源管理系统：MRPⅡ和 DRP。原材料库存协调管理中心应采用制造资源计划系统(Manufacturing Resource Planning，MRPⅡ)，而在产品联合库存协调管理中心则应采用物资资源配送计划(Distribution Requirement Planning，DRP)。这样在供应链系统中把两种资源计划系统很好地结合起来。

3. 发挥第三方物流系统的作用

第三方物流系统为用户提供各种服务,如产品运输、订单处理、库存管理等。库存管理的部分功能代理给第三方物流系统管理,可以使企业更加集中精力于自己的核心业务。第三方物流系统起到了供应商和用户之间联系的桥梁作用,为企业获得诸多好处,如减少成本、使企业集中于核心业务、获得更多的市场信息、获得一流的物流咨询、改进服务质量、快速进入国际市场。面向协调中心的第三方物流系统使供应与需求双方都取消了各自独立的库存,增加了供应链的敏捷性和协调性,并且能够大大改善供应链的用户服务水平和运作效率。

【案例5-4】对于美的来说,较为稳定的供应商共有300多家,零配件加起来一共有3万多种。但是,60%的供货商是在美的总部顺德周围,还有部分供应商是车程3天以内的地方,如广东的清远一带。只有15%的供应商距离美的较远,运货时间为3~5天。这些供应商一般都会在美的总部附近的仓库里租赁一个片区,把零配件放到片区里储备,在美的需要用到这些零配件时,就会通知供应商,然后进行资金划拨、取货等工作。这时,零配件的产权才由供应商转移到美的手上。此外,美的在ERP基础上与供应商建立了直接的交货平台。供应商在自己的办公地点,通过互联网的方式,登录到美的公司的页面上,就能看到美的的订单内容,包括品种、型号、数量和交货时间等。供应商不需要像以前一样疲于应付美的的订单,ERP系统可以提前预告供货的情况,告诉供应商需要的品种和数量,零部件库存降低到平均3~5天。

(资料来源:美的成本控制:供应链双向挤压.中华会计网校.
http://www.chinaacc.com/new/635_652_/2009_9_18_le7402123251819 90028778.shtml.)

(三)JMI的实施步骤

JMI的实施步骤如下。
(1) 分析物料供应商现状,为供应商评级。
(2) 选取级别最高的若干个物料供应商,建立联合库存管理模式。供需双方本着互惠互利的原则,树立共同的合作目标。
(3) 建立联合库存的协调控制方法。通过供需双方的固定部门,利用EDI技术建立一个共同的工作平台,将双方的库存信息实现实时共享,升级优化。
(4) 在供需双方的资源管理系统,如MRPⅡ和DRP之间建立共享,增强供需双方的协调机制。
(5) 定期召开供需双方见面会,就联合库存的协调问题、数据处理问题和共享问题、双方工作流程的沟通等进行交流,以便对需求变化做出快速反应,从而提升供应链各个节点企业的运行效率,降低库存成本,赢得竞争优势。

三、多级库存控制

【案例5-5】1989年,戴尔公司急于做大市场,于是动用巨资购买能够买到的存储器,实施存储器囤积计划,以便谋求暴利和发展。后来因市场变化,存储器产品被套牢,于是被迫低价甩卖库存。这个事件迫使戴尔调整脚步,"重新发现存货管理的价值和重要性",

从而演绎出了"摒弃存货"的经营原则。1998年,作为我国家电企业第一品牌的四川长虹从资本市场筹集数十亿元资金,计划控制上游彩管资源,既可以消化大量的存货,又可以引发彩色电视机市场价格回升。这是四川长虹在其鼎盛时期所犯的最大错误,最后以失败告终。

(资料来源:解析戴尔的"零库存". 搜狐财经. http://business.sohu.com/20051104/n240660168.shtml.)

(一)中心化的库存控制策略

中心化控制是将控制中心放在核心企业上,由核心企业对供应链系统的库存进行控制,协调上游与下游企业的库存活动。这样核心企业也就成了供应链上的数据中心,担负着数据的集成、协调功能。

采用中心控制的优势在于能够对整个供应链系统的运行有一个较全面的掌握,能够协调各个节点企业的库存活动。但是中心化策略在管理上协调的难度大,特别是当供应链的层次比较多,即供应链的长度增加时,更增加了协调控制的难度。图5-5展示了供应链中心化库存控制的模型。

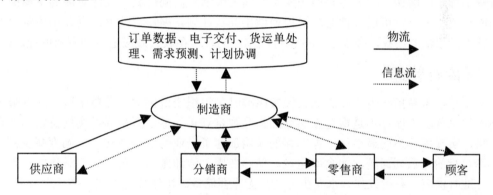

图5-5 供应链中心化库存控制模型

检查库存状态时不但要检查本库存点的库存数据,还要检查其下游需求方的库存数据。各级库存策略的决策是基于对其下游企业的状态完全掌握的基础上做出的,因此避免了信息扭曲现象。建立在Internet和电子数据交换系统基础上的全球供应链信息系统,为企业之间的快速信息传递提供了保证。

(二)非中心化的库存控制策略

非中心化库存控制是把供应链的库存控制分为三个成本归结中心,即制造商成本中心、分销商成本中心和零售商成本中心,各自根据自己的库存成本做出优化的控制策略。非中心化的库存控制要取得整体的供应链优化效果,需要增加供应链的信息共享程度,使供应链的各个部门都共享统一的市场信息。

非中心化多级库存控制策略能够使企业根据自己的实际情况独立做出快速决策,有利于发挥企业的独立自主性和灵活机动性。非中心化库存订货点的确定,可完全按照单点库存的订货策略进行,即每个库存点根据库存的变化,独立地决定库存控制策略。非中心化的多级库存优化策略,需要企业之间有较好的协调性,如果协调性差,可能导致各自为政的局面。

(三)基于时间优化的多级库存控制

前面探讨了基于成本优化的多级库存优化方法,这是传统的做法。随着市场变化,市场竞争已从传统的、简单的成本优先的竞争模式转为时间优先的竞争模式,这就是敏捷制造的思想。因此,供应链的库存优化不能简单地仅优化成本。在供应链管理环境下,库存优化还应该考虑对时间的优化,比如库存周转率的优化、供应提前期优化、平均上市时间的优化等。库存时间过长对于产品的竞争不利,随着提前期的增加,库存量更大而且摆动更大。缩短提前期不但能够维持更少的库存而且有利于库存控制。因此供应链系统应从提高用户响应速度的角度提高供应链的库存管理水平。

以分销形态的三级库存控制供应链为例,制造商和分销商之间的信息交换可以跨过分销商,进一步减少供应链的层次,同时由制造商或分销商组建地区配送中心,或交给第三方物流组建。每个零售商只保留店面一天的销售量的库存,配送中心每天按各个零售商的订货量实行定时配送。因为零售商的库存时间大大缩短,同时制造商随时能够掌握配送中心的库存变化信息,可以有针对性地提前做出补货计划,缩短提前期。因此供应链上的库存能够维持很低的数量,减少了库存维持成本,同时库存放大效应也得到有效的控制。

四、零库存管理

零库存技术是指在生产和流通领域按照准时制组织物资供应,使整个过程库存最小化的技术的总称。零库存不是指仓库储存的物品数量真正为零,而是通过实施特定的库存控制策略,实现库存量的最小化。零库存的采用加速了企业的资金周转,大幅度减少甚至免去仓库存货的一系列问题,如仓库建设、储存费用、装卸搬运等费用。其具体的实现形式主要有准时供应、看板方式、水龙头方式、无库存储备、协作分包方式、委托保管方式等。

(一)零库存的产生背景和含义

1. 零库存产生的背景

零库存管理(Zero Inventory)的概念产生于20世纪60年代,当时汽车主要以福特汽车公司的"总动员生产"方式为主。伴随能源危机,再加上日本国内资源贫乏,丰田汽车公司考察美国工业之后,结合公司的实际情况提出了准时制生产,在管理手段上采用看板管理、单元化生产等技术实施拉动式生产,以实现在生产过程中基本上没有积压的原材料和半成品。这不仅大大降低了生产过程中的库存及资金的积压,而且提高了相关生产活动的管理效率。需要说明的是,丰田汽车公司只是在生产领域实现了零库存,在原材料供应和产品销售领域并没有实现零库存。从此,丰田汽车公司的经营绩效与其他汽车制造企业的经营绩效开始拉开距离,JIT生产方式的优势开始引起人们的关注和研究。

此后,零库存管理不仅应用在生产过程中,而且延伸到原材料供应、物流配送、产成品销售等各个环节。特别是计算机技术、网络信息技术在零售和物流业中的应用,使"信息代替库存""动态代替静态"等与零库存异曲同工的概念被提出,而且正在被企业实践着。

2. 零库存的含义

JIT 的核心思想总结起来有两点：避免浪费和消灭库存。从物流运动合理化的角度来看，零库存概念包含两层含义：其一，库存对象物的数量趋于零或等于零，即近乎无库存物资；其二，库存设施、设备的数量及库存耗费同时趋于零或等于零，即不存在物流活动。而后一种意义上的零库存，实际上是对库存结构合理调整和库存集中化的表现。就其经济意义上而言，它远远大于通常意义上的仓库物资数量的合理减少。

但是，零库存并不等于不要储备和没有设备。对某个具体企业而言，零库存是在有充分社会储备前提下的一种特殊存储形式，其管理核心在于有效地利用库存材料，尽快地生产更好的产品，并在一个反应迅速的营销系统把它们交到顾客手中，将生产、销售周期尽可能压到最短，竭力避免无效库存。因此，作为一个生产企业，并不能真正实现零库存，只能是库存沉淀为零，或者说一切库存都是在按照计划流动。

因此，要全面了解零库存的含义，不需要了解其与传统库存管理的区别。零库存管理的实质是通过不断地降低库存以暴露问题，不断改进、提高管理水平和效率，从而增加企业的经济效益。单纯的"零库存"指标不是目的，不断发现问题、在不断进步的动态改进过程中暴露问题和解决问题及提高管理才是零库存的意义所在。

(二) 零库存的实施原则和途径

1. 实施零库存的原则

企业能否采用零库存，要根据综合平衡的原则，即企业必须根据自身所处的行业、商业环境、管理水平等综合加以判断和决策。例如，物流的社会化程度、企业信息化水平、企业生产的产品特点等。关于是否采用零库存，关键是要找到一个平衡点，在这一点上，增加单位库存量所增加的库存费用等于因为增加这个库存所减少的生产、交换和消费成本，也就是经济学上所讲的边际成本等于边际收益，这个平衡也是一个最优化点。

2. 实施零库存的途径

1) 充分利用第三方物流服务

委托第三方物流服务实现零库存的好处：其一，受托方可以充分发挥其专业化高水平的优势，开展规模经营活动，从而能以较低费用的库存管理提供较高水平的后勤活动；其二，可以大量减少委托方的后勤工作，委托方能够集中精力从事生产经营活动。

2) 推行配套生产和分包销售的经营制度

采用此方法从事生产经营活动可以在一定程度上实现零库存。配套生产方式下，企业之间的经济关系更加密切，从而在一些企业，如在生产零配件的企业和组装产品的主导企业之间，能够自然地构筑起稳定的供货渠道，免除生产企业在后勤保障工作上存在的后顾之忧，进而可促使其减少物资库存总量，甚至取消产品库存，实现零库存。同样的，在分包销售的体制下，实行统一组织产品销售、集中设库储存产品的方式，并通过配额供货的形式将产品分包给经销商，因此，在各个分包销售点上是没有库存的。

3) 实施库存集中管理

分散采购、分散管理库存的体制使企业层层设库设账，虽然能满足二级单位使用方便和应付紧急需要，却造成企业的人力、物力、财力的大量浪费，更为严重的是增加了企业总库存，占用了大量的流动资金。库存集中管理是由企业的一个部门对企业库存物资统一协调、统一指挥、统一调配和进行问题控制，达到既保证企业的物资供应，又能使库存量最小化和降低库存成本的目的。库存集中管理体制不仅有利于企业节约仓库设施，减少库存管理费用，而且可以实现库存资源信息共享，提高企业应变能力。

4) 采用供应链管理模式

采用供应链管理模式实现零库存，就是从生产到消费的过程中，供应链企业之间通过信息交流与共享来增加库存决策信息的适时性、准确性、透明性，并减少不确定性因素对库存的影响，达到供应链各成员单位的无缝连接，确保库存量最大限度地降低。

五、从工作流管理进行库存控制

前面论述了供应链的库存管理策略，这些新的思想和方法对于改进供应链企业的库存管理及供应链的整体优化是很有帮助的。如果深入分析一下库存问题就不难发现，库存控制是个很复杂的企业综合管理问题，尽管目前已经有许多数学模型能够辅助库存管理，但是从管理的战略意义上讲，这些模型和算法都很难解决库存控制中的本质问题——战略性库存决策问题。战略性库存决策问题是宏观的管理决策问题，纯粹用传统的、微观的、基于算法求解的方法不能解决战略库存决策问题，多级库存控制的难点也在于此。

从深层次的研究发现，库存并不是简单的资源储备或闲置的问题，而是一种组织行为问题，这是关于库存管理的新理解，即库存是企业之间或部门之间没有实现无缝连接的结果，因此，库存管理的真正核心不是针对物料的物流管理，而是针对企业业务过程的工作流管理。

从传统的以物流控制为目的的库存管理向以过程控制为目的的库存管理转变是库存管理思维的变革。基于过程控制的库存管理将是全面质量管理、业务流程再造、工作流技术、物流技术的集成。这种新的库存管理思想对企业的组织行为产生重要的影响，组织结构更加面向过程。供应链是多个组织的联合，通过有效的过程管理可以减少乃至消除库存。

在供应链库存管理中，组织障碍是库存增加的一个重要因素。不管是企业内部还是企业之间，相互的合作与协调是实现供应链无缝连接的关键。在供应链管理环境下，库存控制不再是一个运作问题，而是企业的战略性问题。要实现供应链管理的高效运行，必须增加企业间的协作，建立有效的合作机制，不断进行流程革命。因而，库存管理并不是简单的物流过程管理，而是企业之间工作流的管理。

基于工作流的库存管理能解决传统的库存控制方法无法解决的库存协调问题，特别是多级库存控制问题。多级库存管理涉及多组织协作关系，这是企业之间的战略协作问题。传统的订货点法解决不了关于多组织的物流协作问题，必须通过组织的最有效协作关系进行协调才能解决。基于工作流的库存控制策略把供应链的集成推到了一个新的战略高度——企业间的协同与合作。

第五章 供应链库存控制

本 章 小 结

传统的库存管理主要是从单个企业的角度来考虑,如经济订货批量模型等。随着企业外部环境对企业影响的日益扩大,库存问题的解决必须从一个更为广义的角度来考虑。国外学者从 20 世纪 60 年代就开始了对多阶段库存控制的探索,20 世纪 90 年代至今,从供应链的角度来研究库存管理成为供应链研究中的一个热点。研究供应链上的库存管理,就是要研究如何按照需求合理地降低整个供应链上的库存量,获得最优的订货策略,合理配置企业资源,达到最低占用资金和取得最大收益的目的。

从整个供应链的角度来看,快速变化的竞争环境所产生的高度不确定,使基于时间、柔性等要素的运作战略的实现已经不是单个企业所能做到的,而必须依赖供应链中各个节点企业之间的相互合作和协调,形成基于供应链协同的管理方法。本章对目前出现的几种供应链管理方法进行了介绍,包括 VMI、JMI 和多级库存控制及基于工作流的管理。无论哪种方法,所要解决的核心问题是:如何保证让足够多的库存在正确的时间到达正确的地点以快速满足客户的要求,并保证合适的成本和服务水平。在供应链环境下,每个企业应当根据市场环境和自身条件,以开放的姿态与供应链中其他节点企业展开广泛和深入的协作,并形成切实可行的协作机制和流程,确定最适合本企业和所在供应链整体的库存管理解决方案,以形成自己的竞争优势。

复习思考题

一、名词解释

库存 ABC 分类法 牛鞭效应 供应商管理库存 联合库存管理 零库存

二、问答题

1. 对于整个供应链来说,什么是库存?举例说明。
2. 分析我国企业在供应链管理环境下的库存管理存在的问题。
3. 如何理解供应链上的需求信息放大效应?举例论述产生此效应的原因。
4. 如何理解供应链中的不确定性?它对供应链管理会产生什么样的影响?
5. 供应商管理库存的基本思想、含义和原则是什么?
6. 供应商管理库存的缺点是什么?
7. 联合库存管理的管理优势和实施策略是什么?
8. 基于协调中心的库存管理和传统的库存管理模式相比有哪些优点?
9. 如何理解供应链管理下的库存控制?

三、计算题

1. 甲仓库 A 商品年需求量为 30 000 个,单位商品的购买价格为 20 元,每次订货成本为 240 元,单位商品的年保管费为 10 元,求该商品的经济订购批量、最低年总库存成本、每年的订货次数及平均订货间隔周期。

2. A公司以单价10元每年购入某种产品8000件，每次订货费用为30元，资金年利息率为12%，单位维持库存费按库存货物价值的18%计算。若每次订货的提前期为14天，试求经济生产批量、最低年总成本、年订购次数和订货点。

四、实训项目

供应链库存——需求放大效应

1. 实训目的：使学生理解供应链上的库存概念，区分生产制造过程中的库存和物流过程中的库存，对在库存和在途库存有基本的了解，了解库存控制的方法，并能进一步对其提出优化建议。

2. 实训内容：
(1) 通过实地了解，谈谈针对每级库存，它们的库存控制目标和方法是什么？
(2) 针对你所了解的产品，谈一谈其供应链上是否存在需求放大效应。
(3) 结合学过的知识，你认为它们在哪些方面还可以改进？应如何改进？

3. 实训组织
(1) 同学们分成若干小组，由每个小组讨论决定他们想要了解的产品和需要深入的商家或企业。
(2) 对设想的产品和商家先进行资料收集，再制订考察计划，讨论并设计数据表格和提问大纲。
(3) 进行实地调查。例如，针对某个品牌的家电产品，深入其代理商、分销商及大卖场，如有条件还可以深入到制造商企业了解更多素材，分别了解其各级库存的大体数量和平均在库存时间是多少？
(4) 了解每级库存向上级代理或企业订购数量是如何确定的，他们的采购提前期各是多少天？

综合案例5-1：雀巢与家乐福的供货商管理库存系统

雀巢公司为世界最大的食品公司，行销全球超过81国，200多家子公司，超过500家工厂，全球约有22万名员工，主要产品涵盖婴幼儿食品、乳制品及营养品类、饮料类、冰淇淋、冷冻食品及厨房调理食品类、巧克力及糖果类、宠物食品类与药品类等。台湾雀巢为最大的外商食品公司，产品种类包括婴幼儿奶粉、米麦粉、奶粉、乳制品、咖啡、即溶饮品、冰品、快餐汤及粥、厨房调理食品、巧克力及糖果与宠物食品等。台湾雀巢的销售渠道主要包括现代型渠道(特别是量贩店)、军公教代送商(23家)与专业经销商(14家)及非专业经销商(如餐饮业者，约100多家)等渠道。家乐福公司为世界第二大连锁零售集团，于1959年在法国设立，全球有9061家店，24万名员工。台湾家乐福为台湾量贩店龙头,拥有23家店。

1. 项目缘起

雀巢与家乐福公司在全球均为流通产业的领导厂商，在 ECR(Efficient Customer Responses,有效客户反应)方面的推动更是不遗余力。1999年，两家公司协议在 ECR 方面做更密切的合作，台湾地区分公司也被指示进行供货商管理库存(VMI)示范计划，并要把相关成果移转至其他厂商。台湾雀巢也在当年10月积极开始与家乐福公司合作，建立整个计划的运作机制，总目标要增加商品的供应率，降低家乐福库存持有天数，缩短订货前置时间及降低双方物流作业的成本。

2. 现况简介

就雀巢与家乐福既有的关系而言，只是单纯的买卖关系，唯一特别的是家乐福对雀巢来说是一个重要的顾客，所以设有相对应专属的业务人员，买卖方式也仍是以家乐福具有十足的决定权，决定购买哪些产品及其数量。在系统方面，双方各自有独立的内部ERP系统，彼此间不兼容，在推动计划的同时，家乐福也正在进行与供货商以EDI联机方式的推广计划，与雀巢的VMI计划也打算以EDI的方式进行联机。

3. 计划介绍

1) 计划范围

整个计划主要是在一年之内，建立一套VMI的运作环境并且可以顺畅地不断执行下去。具体而言分为系统与合作模式建立阶段及实际实施与改善阶段，在第一个阶段约占半年的时间，包括确立双方投入资源、建立评估指针或评量表、分析与协议所需的条件、确立整个运作方式及系统建置。第二个阶段为后续的半年，以先导测试方式不断修正使系统与运作方式趋于稳定，并以评估指针不断进行问题寻找与改善，一直到达不需人工介入为止。

在人力投入方面，雀巢与家乐福双方分别设置有一个全职的对应窗口，其他包括物流、业务或采购、信息等部门则是以协助的方式参与计划，并逐步转变物流对物流、业务对采购以及信息对信息的团队运作方式。在经费的投入上，在家乐福方面主要是在EDI系统建置的花费，也没有其他额外的投入，雀巢方面除了EDI建置外，还引进了一套VMI的系统，花费约250万新台币。

2) 计划目标

除了建置一套可行的VMI运作模式及系统，还要依据自行拟订的评量表以达到：雀巢对家乐福物流中心产品到货率达90%，家乐福物流中心对零售店面产品到货率达95%，家乐福物流中心库存持有天数下降至预设目标，以及家乐福对雀巢建议订货单修改率下降至10%等具体的目标。另外，雀巢也期望将新建立的模式扩展至其他渠道上运用，特别是对其占有重大销售比率的军公教渠道，以加强掌控能力并获得更大规模的效益。相对地，家乐福也会持续与更多的主要供货商进行相关的合作。

3) 方法

在计划的实际执行上，除了有两个大的计划阶段外，还可细分至五个子计划阶段，说明如下。

(1) 评估双方的运作方式与系统在合作上的可行性。合作前双方评估各自的运作能力与系统整合与信息实时程度等及彼此配合的步调是否一致，来判定合作的可行性。

(2) 高级主管承诺与团队建立。双方在最高主管的认可下，由部门主管出面协议细节以及取得内部投入的承诺，并且建立初步合作的范畴和对应的窗口，开始进行合作。

(3) 密切的沟通与系统建立。双方合作的人员开始进行至少每周一次密集会议讨论具体细节，并且逐步建置合作方式与系统，包括补货依据、时间、决定方式、评量表建立、系统选择与建置等。

(4) 同步化系统与自动化流程。不断地测试，使双方系统与作业方式与程序趋于稳定，成为每日例行性工作，并针对特定问题做处理。

(5) 持续性训练与改进：回到合作计划的本身，除了使相关作业人员熟练掌握作业方式和不断改进作业程序外，对库存的管理与策略也不断思考问题根本性以求改进，而长期不断进行下去，会进一步针对促销性产品做策略研究。

在系统建置方面，针对数据传输部分，雀巢与家乐福公司都是采用 EDI 网络的方式进行传输，而在雀巢公司的 VMI 管理系统部分，则是采取外购产品的方式来建置。最后选用 Infule 的 EWR 的产品，原因之一是家乐福推荐，二是法国及其他国家雀巢公司的建议，以及系统可以满足其计划需求等因素所做的决定。

4. 实施

目前，整个 VMI 运作方式分为五个步骤，说明如下。

(1) 9:30 前家乐福用 EDI 方式传送结余库存与出货资料等信息至雀巢公司。

(2) 9:30～10:30 雀巢公司将收到的资料合并至 EWR 的销售数据库系统中，并产生预估的补货需求，系统将预估的需求量写入后端的 BPCS ERP 系统中，依据实际库存量计算出可行的订货量，产生建议订单。

(3) 10:30 前雀巢公司以 EDI 方式传送建议订单给家乐福。

(4) 10:30～11:00 家乐福公司在确认订单并进行必要的修改(量与品项)后回传至雀巢公司。

(5) 11:00～11:30 雀巢公司依照确认后的订单进行拣货与出货。

5. 效益

在成果上，建置了一套 VMI 运作系统与方式，在经过近半年的实际上线执行 VMI 运作以来，对于具体目标达成上也已有显著的成果，雀巢对家乐福物流中心产品到货率由原来的 80%左右提升至 95%，超越目标值，家乐福物流中心对零售店面产品到货率也由 70%左右提升至 90%左右，而且仍在继续改善中，库存天数由原来的 25 天左右下降至目标值以下，在订单修改率方面也由 60%～70%下降至 10%以下。除了在具体成果的展现上，对雀巢来说最大的收获是与家乐福合作的关系上，过去与家乐福是单向的买卖关系，顾客要什么就给他什么，甚至是尽可能地推销产品，彼此都忽略了真正的市场需求，导致卖得好的商品经常缺货，而不畅销的商品却有很高的库存量，经过这次合作双方更为相互了解，也愿意共同解决问题，并使原本各项问题的症结点一一浮现，有利于根本性改进供应链的整体效率。另外，雀巢也开始推动了将 VMI 系统运用到军公教代送商的计划，在原来与家乐福的 VMI 计划上也进一步考虑针对各店降低缺货率，以及促销合作等计划的可行性。

6. 结论

如果信息的运用与电子商务只是单纯地将既有作业电子化与自动化，只能带来作业成本的减少等效益，其本身意义并不大，唯有针对经营的本质做改善，才能产生较大幅度的效益提升。对流通业而言这种本质改善就是 ECR，雀巢与家乐福的 VMI 计划就是其中的一种应用，透过经营模式的改变而逐步在改善库存管理与配置的效益，就供应链的角度而言，ECR 更可能影响整个后端的工厂制造与前端店面生产与库存效率的提升。然而这些应用最难的仍在创造合作的第一步，唯有上下游双方均有宏观的思考，愿意共同合作，才会有进步的可能，雀巢与家乐福的合作计划虽然仍有很长的路要走下去，但是却给了我们一个很好的示范，值得其他公司与产业效仿投入。

(资料来源：雀巢与家乐福之供货商管理库存系统案例. 中国物流与采购网.
http://www.chinawuliu.com.cn/xsyj/200709/10/138078.shtml.)

问题:
(1) 实施 VMI 给雀巢与家乐福带来了哪些好处?
(2) 为实施 VMI，雀巢与家乐福做了哪些工作?
(3) 上述案例中，供应商库存管理系统的特点有哪些? 给我们什么启示?

综合案例 5-2：别拿别人的库存不当钱

我们看到：很多从事"流通"的经销或零售企业并没有在"库存"上动太多的脑筋。他们不知道同样做到了 800 万元的销售量，但 A 企业是用 600 万元库存做到的，而 B 企业是用 1000 万元库存做到的，B 企业可能到资金链断裂而倒闭的那一天都不知道是库存出了问题。

如何实现降低库存，不同类型的企业有着不同的库存政策，像上述库存问题可以利用好的商品管理方法来改善。但这样做得再好也只是"各家自扫门前雪"，更重要的是，当你为转移了自己的库存风险而得意时，上下游正通过其他手法把库存损失再转回来，供应链上没有"一枝独秀"的美事。因此，分销企业应该鼓励或联合供应商一起降低库存，提高周转率。

上海通用三种车型的零部件总量有 5400 多种，这相当于一个中型超市的商品数。通用的这些零部件来自 180 家供应商，这也和一个大型卖场的供应商数量相近。我们来看看通用是怎么提高供应链效率，帮助整个供应链降低库存的。

通用的部分零件是本地供应商生产的，这些供应商会根据通用的生产要求，在指定的时间直接送到生产线上。因为不进入原材料库，所以保持了很低或接近于"零"的库存，省去了大量的资金占用。但供应商并不愿意运送那些用量很少的零部件，于是传统汽车制造商要么有自己的运输队，要么找运输公司把零件送到公司，这种方式的缺点是：①有的零件根据体积或数量的不同，并不一定正好能装满一卡车，但为了节省物流成本，运输方经常装满一卡车再送，如果装不满就要等待。这样不仅造成了库存高、占地面积大，而且也影响了客户的服务速度；②不同供应商的送货环节缺乏统一的标准化管理，在信息交流、运输安全等方面都会带来各种各样的问题，如果想管好它，必须花费很多时间、投入很大的人力资源。所以，通用就改变这种做法，使用了"循环配送"的小技巧：他们聘请一家第三方物流供应商，由他们来设计配送路线，然后每天早上依次到不同的供应商处取货，直到装上所有的材料，再直接送到上海通用。这样，通过循环取货，通用的零部件运输成本可以下降 30%以上。这种做法省去了所有供应商空车返回的浪费，充分节约了运输成本，而且体现了这样的基本理念：把所有增值空间不大的外包给第三方，它们会比通用更懂得怎样节省费用。

同样，如果一个大卖场有 300 个供应商，是否有必要每一家都包一辆车，把货物送到收货处呢？你认为供应商会白白地替你送货吗？而且用考核指标要求他们不能断货，要及时送到，这就是在逼迫供应商为你保有一定的库存量。这部分库存成本，供应商会白白为你付出吗？即使有厂家愿意出，它们也是把费用加到了商品价格中。

日本 7-11 刚开始快速发展的时候，是让众多供应商非常头疼的一个客户。当时 7-11 店已经达到 100 家以上了，供应商不肯放弃或得罪这样一个有潜力的零售客户。但问题是，

7-11都是便利店，商品多，要求门店存货少。供应商送货时要面对频繁的送货次数、复杂的送货路线、小批量的订单、大量的上下搬运作业，没有几个供应商愿意承担这样的成本。但如果采取大批量、小频率送货，7-11就要承担大量库存的风险。于是，7-11建议自己的供应商联合起来送货，最初响应的人很少，但最终人们发现这样的确可以降低大量的成本。但问题又出来了，为了保证7-11的低库存，为了能在7-11要货时就能备足各种品类，就要求供应商多准备很多库存。

上海通用也遇到了这种情况。上海通用采取的是"柔性化生产"，即一条生产流水线可以生产不同平台多个型号的产品。这种生产方式对供应商的要求极高，供应商必须处于"时刻供货"的状态，这样就会给供应商带来很高的存货成本。但是，供应商一般不愿意独自承担这些成本，就会把部分成本打在给通用供货的价格中。同时，他们还会把另一部分成本"赶"到其上游的供应商那里，于是上游就准备了更大的库存。

为了克服这个问题，上海通用与供应商时刻保持着信息沟通。通用有一年或半年的生产预测，生产计划是滚动式的，基本上每个星期都有一次滚动，在滚动生产方式的前提下，通用的产量在不断地调整。这个运行机制的核心是要让供应商也看到通用的计划，让其能根据通用的生产计划安排自己的存货和生产计划，减少对存货资金的占用。

零售商同样可以做到这一点，关键在于零售商要把销售数据和促销计划提前通知供应商。供应商至少在以下三个降低库存的方面需要零售商的POS数据：①销售预测，决定了供应商的日常库存；②补货运作，终端数据决定了供应商的存货量和补货速度；③促销计划，这决定了供应商的促销库存及清理以往快过季的库存。

(资料来源：案例分析：别拿别人的库存不当钱. 中国物流与采购网.
http://www.chinawuliu.com.cn/xsyj/200410/14/132393.shtml.)

问题：
(1) 上海通用是如何有效降低库存的？
(2) 零售商可以借鉴通用的哪些经验来降低库存？

第六章 供应链生产运作管理

学习目标

- 理解生产运作的内涵,掌握生产运作管理的内容,了解生产运作的类型;
- 掌握业务流程重组、精益生产、敏捷制造、大量定制生产等生产运作管理方法;
- 了解 MRP 的逻辑流程,会进行 MRP 实例计算;
- 了解 MRP Ⅱ 的逻辑流程、ERP 的管理系统模型;
- 能够进行供应链管理环境下生产计划的制订与生产控制;
- 掌握供应链管理的生产运作模型,掌握生产系统的跟踪机制;
- 掌握甘特图、作业排序、最优生产技术等方法

【本章导读】

【导读案例1】 2011年,娃哈哈在3·15消费者权益日发表《爱迪生奶粉供应链透明化白皮书》,对于当前乳品行业规范化发展之路,乳品行业如何真正保护消费者权益,具有里程碑式的启示意义,也得到了业内与消费者的极大反响。从《爱迪生奶粉供应链透明化白皮书》中了解到,该文件从奶源供应、生产环节到销售服务三大部分,分别对爱迪生奶粉供应链全过程的25个环节进行了详细说明。

1. 奶源环节

娃哈哈此次公开爱迪生奶粉奶源的8个细节,包含生态牧场、奶牛、牧草饲料、牛舍、奶农、机器人挤奶、冷藏储奶罐、鲜奶检测等。以"牧草饲料"为例,荷兰对奶牛食用的牧草高度有严格控制,奶牛只吃长至15厘米的牧草和优质混合饲料,以保证原奶中富含高蛋白和其他天然营养元素。

2. 生产环节

白皮书中实录了爱迪生奶粉生产环节的10个细节,爱迪生先进的湿混技术,作为生产环节最为重要的一步,在白皮书中被严谨地展示出来。湿混技术,准确地来讲,是将采集好的达标鲜奶,立即进行4~7℃低温储存,经标准化处理,加入所需营养素后直接喷粉。这种技术既能保证奶粉的新鲜安全,又能避免任何中间存储环节而带来的营养损失和污染。值得一提的是,爱迪生奶粉的生产全过程,采用严格的SAP系统管理、条码控制,每一罐奶粉的品质都可以被追踪,确保了奶粉质量的安全、可靠。为爱迪生奶粉进行全程生产的工厂,正是质量管理标准比欧盟法规要求还要严格的隶属于荷兰皇家乳业集团的荷兰贝伦工厂。

3. 运输/销售/服务环节

运输/销售/服务环节,是连接企业与消费者之间的桥梁和纽带,企业可以通过这个环节,与消费者进行多方面的沟通。爱迪生奶粉的这个环节则是由娃哈哈集团公司全程护航,这个环节分为报关、运输、进关、中国商检检验、娃哈哈检测、终端、售后服务7个细节。娃哈哈作为爱迪生奶粉全球供应链的整合者,从奶源到生产到运输,再到一对一的销售服务,全程有保障。这个环节非常关键,从中可以清晰了解各种"进口奶粉"的品牌,到底是成品进口还是"大包粉"进口后国内分装的。在中国商检给爱迪生奶粉出具的卫生证明上,清晰记载了进口的爱迪生奶粉是已经完整包装好的成品。

在中国经济环境日趋透明化的今天,站在消费者角度,从消费者利益进行考虑,将爱迪生全球供应链完全透明化,是娃哈哈推动中国乳品行业发展的重大举措,为乳品行业的规范和健康发展开了个好头。

(资料来源:娃哈哈发布《爱迪生配方奶粉供应链透明化白皮书》. 新华网.
http://news.xinhuanet.com/food/2011-03/15/c_121189426.htm.)

启示: 在供应链环境下,产品的生产、销售、售后服务需要由供应链成员企业共同完成,产品质量客观上由供应链成员企业共同完成,产品质量的形成和实现过程分布在整个供应链范畴内。制造企业实施供应链模式下的生产运作管理,实现了企业内部整个物流和生产环节的产品追溯,满足上游供应商和下游流通企业以及客户的信息交互和共同决策的

第六章 供应链生产运作管理

需要，从而确保产品质量。

【导读案例2】一天中午，丈夫在外给家里打电话："亲爱的老婆，晚上我想带几个同事回家吃饭可以吗？"(订货意向)

妻子："当然可以，来几个人，几点来，想吃什么菜？"

丈夫："6个人，我们7点左右回来，准备些酒、烤鸭、番茄炒蛋、凉菜、蛋花汤……你看可以吗？"(商务沟通)

妻子："没问题，我会准备好的。"(订单确认)妻子记录下需要做的菜单(MPS计划)，具体要准备的菜：鸭、酒、番茄鸡蛋……(BOM物料清单)，发现需要：1只鸭，5瓶酒，4个番茄……(BOM展开)，炒蛋需要6个鸡蛋，蛋花汤需要4个鸡蛋(共用物料)。

打开冰箱一看(库房)，只剩下2个鸡蛋(缺料)。来到自由市场，妻子："请问鸡蛋怎么卖？"(采购询价)

小贩："1个1元，半打5元，1打9.5元。"

妻子："我只需要8个，但这次买1打。"(经济批量采购)

妻子："这有一个坏的，换一个。"(验收、退料、换料)

回到家，准备洗菜、切菜、炒菜……(工艺路线)，厨房中有燃气灶、微波炉、电饭煲……(工作中心)。妻子发现拔鸭毛最费时间(瓶颈工序，关键工艺路线)，用微波炉自己做烤鸭可能来不及(产能不足)，于是决定在楼下的餐厅里买现成的(产品委外)。

下午4点，电话铃又响了："妈妈，晚上几个同学想来家里吃饭，你帮忙准备一下。"(紧急订单)"好的，儿子，你们想吃什么，爸爸晚上也有客人，你愿意和他们一起吃吗？""菜你看着办吧，但一定要有番茄炒鸡蛋。我们不和大人一起吃，6:30左右回来。"(不能并单处理)"好的，肯定让你们满意。"(订单确认)

鸡蛋又不够了，打电话叫小贩送(紧急采购)。6:30，一切准备就绪，可烤鸭还没送来，急忙打电话询问："我是李太太，怎么订的烤鸭还没送来。"(采购委外单跟催)

"不好意思，送货的人已经走了，可能是堵车，马上就会到的。"门铃响了，"李太太，这是您要的烤鸭。请在订单上签字。"(验收、入库、转应付账款)

6:45，女儿的电话："妈妈，我想现在带几个朋友回家吃饭可以吗？"(呵呵，又是紧急订购意向，要求现货)"不行呀，女儿，今天妈妈已经需要准备两桌饭了，时间实在是来不及，真的非常抱歉，下次早点说，一定给你们准备好。"(这就是ERP的使用局限，要有稳定的外部环境，要有一个起码的提前期)

送走了所有客人，疲惫的妻子坐在沙发上对丈夫说："亲爱的，现在咱们家请客的频率非常高，应该买些厨房用品了(设备采购)，最好能再雇个小保姆(连人力资源系统也有接口了)。"

丈夫："家里你做主，需要什么你就去办吧。"(通过审核)

妻子："还有，最近家里花销太大，用你的私房钱来补贴一下，好吗？"(最后就是应收货款的催要)

(资料来源：ERP实例. 百度文库. http://wenku.baidu.com/view/9b575a600b1c59eef8c7b47b.html.)

启示：生产线、加工设备、厂房、运输工具、检测设备等都是企业的硬件资源，人力、管理、组织结构、员工的积极性、企业信誉、融资能力等就是企业的软件资源。ERP系统的管理对象便是上述各种资源及生产要素，通过ERP的使用，使企业的生产过程能及时、高质量地完成客户的订单，最大限度地发挥这些资源的作用。

第一节　生产运作管理概述

一、生产运作的内涵与特征

(一)生产运作的内涵

生产是人类从事创造社会财富的活动和过程。狭义的生产仅指创造物质财富的活动和过程。从本质上讲，生产运作是一个投入—转化—产出—反馈的系统，一条供应链，其职能就是将一系列投入转换为社会和用户所需要的产出。"投入"是指制造企业所需的原材料。这些物品可以来自当地、国内或国外。"转换"是指按照某种要求的规格转化原材料的过程。这种转换过程可能包括很多环节，也可能发生在不同地点。"产出"是指生产出产品后把它销售给客户。客户可以是世界范围的。从图 6-1 来看，生产运作系统由投入、生产运作(转化)过程、产出和反馈 4 个基本环节构成。

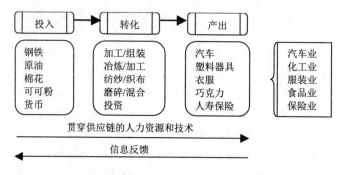

图 6-1　生产运作系统模型

投入要素可分为两类：一类是加工对象，如原材料、零部件等，它们最终构成产品实体的一部分；另一类是虽不构成产品实体、但对生产运作系统运行起决定作用的人力资源、设备、土地、能源、信息资源等。

生产运作的转化是直接进行加工、生产或服务，实现物质与能量转换的过程，处于生产运作系统的核心地位。

生产运作的产出主要是社会和用户需要的产品或劳务，同时还存在一些"副产品"，有些副产品是有用的，如知识，而有些副产品则是有害的，如噪声、边角废料等。企业应努力减少有害副产品的产出。

生产运作系统的反馈环节执行的是控制职能，即收集生产运作系统运行的输出信息，并与输入的计划、标准等信息进行比较，发现差异，分析差异及其原因，从而采取有针对性的措施来消除差异。

(二)生产运作的特征

市场环境的巨大变化以及企业面对的激烈竞争，给现代企业的生产运作管理提出了一系列新的要求，企业也发生了许多新的变化，归纳其特征主要表现在以下几个方面。

1. 生产经营一体化

现代生产运作管理的范围与传统生产管理相比变得更宽。生产运作管理不再是仅仅对现有生产系统进行计划、组织、协调与控制的运行管理,而且要参与到新产品研制开发和生产系统的选择、设计和改造中去。

由于产品的质量、成本、交货期等直接影响产品的市场竞争力,在市场竞争日趋激烈的今天,为了使生产系统的运行更有效,适时适量地生产出能够最大限度地满足市场需求的产品,避免盲目生产,减少库存积压,在管理上要求把供、产、销更紧密地衔接起来,形成供应链模式的生产运作管理。

2. 多品种、中小批量生产

多品种、中小批量生产将成为社会生产的主流方式,从而带来生产运作管理上的一系列变化。20世纪初,以福特为代表的大量生产方式揭开了现代化社会大生产的序幕。如今,一方面,在市场需求多样化面前,这种生产方式显露出缺乏柔性、不能灵活适应市场需求变化的弱点;另一方面,飞速发展的电子技术、自动化技术及计算机技术等,从生产工艺技术及生产管理方法两方面,都对大量生产方式向多品种、中小批量生产方式的转换提供了有力的支持。

生产方式的转变,使生产运作管理面临着如何解决多品种、中小批量生产与降低成本之间的矛盾,从而要求生产管理从组织结构、管理制度到管理方法必须采取新的措施。

3. 计算机技术和现代化管理技术广泛运用

从行业上看,流程型企业(如钢铁、石油、化工等)采用计算机管理的水平要高于非流程型企业;大型企业要高于一般企业。目前,大多数企业正处于从手工管理向计算机管理的过渡时期。CAD、CAM、MRP 及生产系统中出现的成组技术(GT)、柔性制造技术(FMS)等在企业生产管理中的应用很大程度地提高了企业自动化水平。近 20 年发展起来的计算机集成制造系统(CIMS)技术,使得企业的经营计划、产品开发、产品设计、生产制造及营销等一系列活动构成一个完整的有机系统,从而更加灵活地适应市场环境变化的要求。据统计,从科学发明到新技术应用于生产运作的周期呈缩短趋势,第一次世界大战前平均为 30 年左右,第二次世界大战中平均为 9 年左右,目前进一步缩短到 5 年左右。

4. "绿色"制造

当前,随着资源和环境问题成为世界各国关注的热点,世界上正掀起一股"绿色浪潮",制造业也将改变传统制造模式,大力推行绿色制造技术。传统的制造模式是一个开环系统,即生产→流通→消费→废弃的开式循环,而绿色制造提倡的是闭式循环生产模式,在原来的生产模式中增加一个"回收"环节。

绿色制造是一种综合考虑环境影响和资源消耗的现代制造模式,其目标是使产品从设计、制造、包装、使用到报废处理的整个生命周期中,对环境负面影响小、资源利用率高、综合效益大,使企业经济效益与社会效益得到协调优化。绿色制造是人类社会可持续发展战略和循环经济模式在现代制造业中的体现,即绿色制造就是现代制造业的可持续发展模式,而降低行业能源消耗和环境污染,无疑成为绿色制造的主要目的。

二、生产运作管理的内涵

(一)生产运作管理的概念

生产运作管理是对生产运作系统的设计、运行与维护过程的管理，它包括对生产运作活动进行计划、组织和控制。传统生产管理主要是以工业企业，特别是制造业为研究对象，其关注点主要是一个生产系统的计划和控制。现在内涵和外延大大扩展了，将凡是有投入—转换—产出的组织活动都纳入进来，不仅包括工业制造企业，而且包括服务业、社会公益组织及政府机构。这里主要以制造业的生产运作管理为主加以介绍。

(二)生产运作管理的内容

1. 生产运作系统战略决策

生产运作系统战略决策是从如何更好地满足社会和用户的需求出发，根据企业营销系统对市场需求情况的分析及企业发展的条件限制，从整体方面解决"生产什么、生产多少"和"如何生产"的问题。生产运作系统战略决策就是从企业竞争优势出发，对生产运作系统进行战略定位，明确选择生产运作系统的结构形式和运行机制的指导思想。

2. 生产运作系统设计管理

根据战略决策给出的生产运作系统的定位，进行生产运作系统的设计和投资建设。一般包括两方面内容。

(1) 产品开发管理。它包括产品决策、产品设计、工艺选择与设计、新产品试制与鉴定管理等。其目的是为产品生产运作及时提供全套的、令人满意的技术经济效果，并尽量缩短开发周期，降低开发费用。

(2) 厂房设施和机器购建管理。这部分内容包括厂址选择、生产运作规模与技术层次决策、厂房设施建设、设备选择、工厂总平面布置等。其目的是为了以最快的速度、最少的投资，建立起最适宜企业生产运作的系统。

3. 运作系统的运行

根据设计好的运作系统进行计划、组织和控制管理。具体地说，运作系统的运行就是在设计好的框架下，不断进行综合平衡，合理分配人、财、物等各种资源，科学安排生产运作系统各环节、各阶段的生产任务，协调各方面的关系，对生产过程进行有效控制，确保系统正常运行。

(三)生产运作类型

1. 按生产计划的来源分类

按生产计划的来源划分可分为订货型生产和备货型生产。

订货型生产是根据用户提出的具体订货要求后，才开始组织生产，如造船、建筑等。备货型生产是在对市场需要量进行预测的基础上，有计划地进行生产。备货型生产的产品一般为标准产品或定型产品，如电视、小型机床、电动机等。

2. 按生产的连续程度分类

按生产的连续程度划分可分为连续生产和间断生产。

连续生产的产品、工艺流程和使用的生产设备都是固定的、标准化的，工序之间没有在制品储存，如油田的采油作业等。间断生产是输入生产过程的各种要素是间断性地投入，如机床制造、机车制造等。

3. 按产品和工作地专业化程度分类

按产品和工作地专业化程序划分可分为大量生产、单件生产和成批生产。

大量生产品种单一，产量大，生产运作重复程度高，美国福特汽车公司曾长达 19 年始终坚持生产 T 型车一个车种，是大量生产运作的典型例子。单件生产与大量生产相对立，生产品种繁多，每种仅生产一台，生产的重复程度低，如造船、火箭制造、特种机床等。成批生产介于大量生产与单件生产之间，即品种不单一，每种都有一定批量，生产运作有一定重复性。

三、生产运作管理的发展趋势

1. 重视生产运作战略

以前企业认为生产运作只是执行企业的战略，无生产战略可言。随着经济全球化进程的加快，生产运作战略不仅得到了承认，而且被提到重要的位置。

生产运作战略是指在企业经营战略的总体框架下，决定如何通过运作活动来达到企业的整体经营目标。它根据对企业各种资源要素和内、外部环境的分析，对与运作管理及运作系统有关的基本问题进行分析与判断，确定总的指导思想及一系列决策原则。

例如，企业的经营战略侧重于收益率的提高，那么生产运作战略的指导思想应该是尽量增加生产收益，从而在进行产品选择决策时，应该注重选择高附加值产品。又如，企业根据自己所处的经营环境认为应该把企业的经营战略重点放在扩大市场占有率上，相应地，生产运作战略的重点应该是保持生产系统的高效性及灵活性，从而能最大限度地满足市场的各种需求。这样的指导思想及决策原则，就构成了生产与运作战略的内容。由此可见，制定生产运作战略的目的是为了使企业的生产运作活动能够符合企业经营的整体目标和整体战略，以保证企业经营目标的实现。

2. 业务流程重组

业务流程重组 BPR(Business Process Reengineering)是通过资源整合、资源优化，最大限度地满足企业和供应链管理体系高速发展需要的一种方法，它更多地体现为一种管理思想，已经远远超出了管理工具的价值，其目的是在成本、质量、服务和速度等方面取得显著的改善，使得企业能最大限度地适应以顾客、竞争、变化为特征的现代经营环境。美国的一些大公司，如 IBM、科达、通用汽车、福特汽车等纷纷推行 BPR，试图利用它发展壮大自己。实践证明，这些大企业实施 BPR 以后，都取得了巨大成功。

3. 精益生产

精益生产方式(Lean Production)是美国在全面研究以 JIT 生产方式为代表的日本式生产方式应用情况的基础上，于 20 世纪 90 年代初提出的一种较完整的生产经营管理理论。英文"Lean"的本义是指人或动物较瘦,没有脂肪。企业中的过量库存如同人体内的多余脂肪,过量库存占用生产面积,占用厂房、设备、物料、人员、时间和资金。精益生产方式就是运用多种现代管理方法和手段,以社会需要为依据,以充分发挥人的积极性为根本,有效配置和合理使用企业资源,以彻底消除无效劳动和浪费为目标,最大限度地为企业谋取经济效益的生产方式,强调的是质量、柔性、缩短时间和协同工作。此方式现在已在制造业,特别是汽车行业得到了广泛的应用,并取最良好的效果。

4. 供应链管理

在不确定性的环境下,任何一个企业都只能在某一方面拥有一定时间内的优势。为了在竞争中获胜,摒弃过去那种从研发到设计制造再到销售,从原料到半成品再到发货,企业都自己承担或由自己控制的"纵向一体化"模式,转而选择与设计工艺、原料供应、毛坯制造、零部件加工、产品装配、包装运输等各个环节最有优势的企业进行合作,构成了从供应商、制造商、分销商到最终用户的物流和信息网络,这就是供应链。供应链上的企业专注于发展自己的核心竞争能力,各个企业都发挥优势,从而使供应链企业有更强的整体竞争力。这也是目前许多企业正在积极努力的目标。

5. 敏捷制造

新产品投放市场的速度是当今最重要的竞争优势。推出新产品最快的办法是利用不同公司的资源,使分布在不同公司内的人力资源和物资资源能随意互换,然后把它们综合成单一的靠电子手段联系的经营实体——虚拟公司,以完成特定的任务。也就是说,虚拟公司就像专门完成特定计划的一家公司,只要市场机会存在,虚拟公司就存在;该计划完成,市场机会消失,虚拟公司就解体。这种方式就是"敏捷制造"。能够经常形成虚拟公司的能力将成为企业一种强有力的竞争武器。

6. 大量定制生产

个性化生产是按照顾客个性化的要求生产产品,采用的是定制的方式;标准化生产是生产具有共性的产品,采用的是备货型生产的方式。定制生产虽然满足了顾客个性化需求,但效率低,成本高。大量定制生产(Mass Customization,MC)巧妙地将个性化与标准化结合在一起,使顾客以支付标准化产品的价格来获得个性化的产品和服务。大量定制的关键是如何将个性化产品用标准化的模块来生产。模块化使产品的部件成为标准组件,而产品的个性化是通过组件的搭配与合并来取得。标准组件能以大量生产方法制造,从而使大量定制产品的成本和质量与大量重复生产相当,因此模块化是获得规模效益的关键。

第二节 基于单个企业的生产运作

一、MRP

(一)MRP 的内涵

1. MRP 的含义

物料需求计划(Material Requirement Planning,MRP)是指根据产品结构的层次和从属关系，以单个产品为计划对象，以完工时期为时间基准倒排计划，按提前期安排各个物品下达计划时间的先后顺序，是一种工业制造企业内物料计划管理模式。MRP 是一种拉式体系，是根据市场需求预测和顾客订单制定产品的需求计划，然后基于主生产计划、产品的材料结构表和库存状况，通过计算机计算所需物资的需求量和需求时间，从而确定材料的加工进度和订货日程的一种实用技术。

2. MRP 的特点

MRP 具有以下几个方面的特点。

1) 需求的相关性

在流通企业中，各种需求往往是独立的，即独立需求。而在生产系统中，需求具有相关性，即相关需求。例如，根据订单确定了所需产品的数量之后，由产品结构文件(BOM)即可推算出各种零部件和原材料的数量，这种根据逻辑关系推算出来的物料数量称为相关需求。不但品种数量有相关性，需求时间与生产工艺过程的决定也是相关的。

2) 需求的确定性

MRP 的需求都是根据主生产进度计划、产品结构文件和库存文件精确计算出来的，品种、数量和需求时间都有严格要求，不可改变。

3) 计划的复杂性

MRP 要根据主产品的生产计划、产品结构文件、库存文件、生产时间和采购时间，把主产品的所有零部件需要数量、时间、先后关系等准确计算出来。当产品结构复杂，零部件数量特别多时，其计算工作量非常庞大，人力根本不能胜任，必须依靠计算机实施这项工程。

3. MRP 的发展过程

总的来说，MRP 的发展经历了五个阶段，如图 6-2 所示。

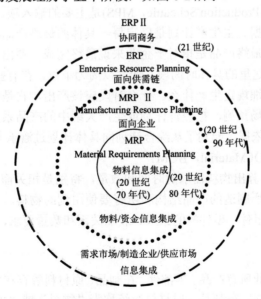

图 6-2 MRP→MRP Ⅱ→ERP 的发展过程

1) 20世纪40年代的订货点法(前MRP阶段)

订货点法是根据历史记录和经验来估测未来的物料需求,比较适用于物料需求量稳定、均衡的情况。其局限性和缺点是不能按照各种物料真正需要的时间来订货,因此对需求的判断常常发生失误,而造成库存积压、物料短缺、库存不平衡等后果。订货点法还无法预测未来需求的发生。

2) 20世纪60年代的基础MRP阶段

20世纪60年代初发展起来的MRP仅是一种物料需求计算器,它根据对产品的需求、产品结构和物料库存数据来计算各种物料的需求,从而解决了生产过程中需要什么、何时需要、需要多少的问题。

3) 20世纪70年代的闭环MRP阶段

此阶段增加了能力需求计划并以此为反馈,它不仅作为库存订货计划方法,还可实现生产计划与控制功能,目的是保证零部件生产计划成功实施、切实可行。

4) 20世纪80年代的MRPⅡ阶段

此阶段把生产、财务、销售、工程技术、采购等各个子系统集成为一个一体化的系统,并称为制造资源计划。

5) 20世纪90年代的ERP阶段

其主要吸收了供应链的管理思想和敏捷制造技术,使供应链从采购、生产、销售各环节的资源无间断地集成,是企业物流、信息流、资金流的集成,称为企业资源计划。

(二)MRP的逻辑流程与依据

1. MRP的依据

1) 主生产计划

主生产计划(Master Production Schedule,MPS)是主要的输入项,是MRP运行的驱动力量,也是其他计划的依据。主生产计划是确定每一具体的最终产品在每一具体时间段内生产数量的计划。这里的最终产品是指对于企业来说最终完成、要出厂的完成品,它要具体到产品的品种和型号。这里的具体时间段,通常以周为单位,在有些情况下,也可以是日、旬、月。主生产计划详细规定生产什么、什么时段应该产出,它是独立需求计划。主生产计划根据客户合同和市场预测,把经营计划或生产大纲中的产品系列具体化,使之成为展开物料需求计划的主要依据,起到了从综合计划向具体计划过渡承上启下的作用。

2) 物料清单(Bill Of Material,BOM)

MRP系统要正确计算出物料需求的时间和数量,特别是相关需求物料的数量和时间,首先要使系统知道企业所制造的产品结构和所有要使用到的物料。产品结构列出构成成品或装配件的所有部件、组件、零件等的组成、装配关系和数量要求,它是MRP产品拆零的基础。

3) 库存信息

库存信息是保存企业所有产品、零部件、在制品、原材料等存在状态的数据库。在MRP系统中,将产品、零部件、在制品、原材料等统称为"物料"或"项目"。为便于计算机识别,必须对物料进行编码。物料编码是MRP系统识别物料的唯一标识。

(1) 现有库存量：是指在企业仓库中实际存放的物料的可用库存数量。
(2) 计划收到量(在途量)：是指根据正在执行中的采购订单或生产订单，在未来某个时段物料将要入库或将要完成的数量。
(3) 已分配量：是指尚保存在仓库中但已被分配掉的物料数量。
(4) 提前期：是指执行某项任务由开始到完成所消耗的时间。
(5) 订购(生产)批量：在某个时段内向供应商订购或要求生产部门生产某种物料的数量。
(6) 安全库存量：为了预防需求或供应方面的不可预测的波动，在仓库中经常应保持最低库存数量作为安全库存量。

根据以上各个数值，可以计算出某项物料的净需求量：

净需求量=毛需求量+已分配量-计划收到量-现有库存量

2. MRP 的逻辑流程

MRP 的逻辑流程，如图 6-3 所示。

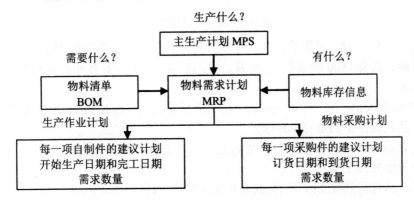

图 6-3　MRP 的逻辑流程

(1) 从最终产品的生产计划(独立需求)导出相关物料(原材料、零部件等)的需求量和需求时间(相关需求)。
(2) 根据物料需求时间和生产(订货)周期确定其开始生产(订货)的时间。

根据逻辑流程来看，独立需求型物料的需求计划是根据销售合同或市场预测信息，由主生产计划 MPS 确定，而大量相关需求型物料的需求计划是通过 MPS 展开产品结构，根据各个物料的从属和数量关系运算确定的。这里的订货计划包括自制件的加工计划和采购件的采购计划两个方面。MRP 运算除了要依据 MPS 和 BOM 的数据，还有一项重要的依据是库存信息，不但要知道现有的库存量，还要知道已分配量、已订货量、安全库存量等，这些数据都是动态信息。

从 MRP 的原理可以看出，MRP 解决了制造业普遍存在的难题，即：生产什么由 MPS 决定；需要什么由 MPS 和 BOM 决定；需要多少由 MPS 和 BOM 及库存量决定；何时需要由提前期决定；何时开始采购和生产由提前期决定。

(三)MRP 计算实例

某公司是在北京专门生产自行车的中型制造企业，在全国乃至世界范围销售。该公司主要从天津购入主要部件,另外,公司自己也有一家加工车架和车把的工厂,最后的装配工作在北京完成。详细的产品结构,如图6-4所示。

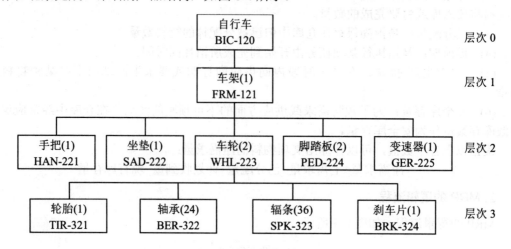

图6-4 自行车产品结构

该公司在今年,初收到某分销商的订单,要求生产某型号自行车2700辆,其中第6周应准备900辆,其余1800辆要在第10周完成。各部件的库存数据如表6-1所示,并对表中信息说明如下:

名称(Description)、编号(Reference)、在制品数量(Quantity In Product)、级别(Level):这些信息与产品结构图中的信息相对应。

来源:表示各部件的来源,如果是制造的或装配的,则表示是内部生产的,而外购的表示部件来自于外部采购。

提前期:从订货到收货(外购件)或者从加工到完工(自制件)的时间间隔。

最小批量:该项只适用于对外采购的轮胎、刹车和轴承,这是基于最经济标准而设定的最小订货批量。

安全库存:对于某些部件安排了一定的安全库存量,以备紧急情况下满足关键客户的需要。这些库存不能被用作其他计划目的。

已分配库存:表示已经安排给其他客户的产品生产,不能用于这里的计划生产。

库存水平(第一周):指当前的库存量总额。

计划收到的订单:指在周期性订货的基础上,可以收到的货物。这里反映的是第一周可以收到的部件,可以被用于MRP计划。

该公司有关的组件数据,如表6-1所示。

表6-1 产品有关组件数据

名称	编号	在制品数量	级别	来源	提前周期	最小批量	安全库存	已分配库存	第一周库存	计划收到的订单	
										数量	周
自行车	BIC-120		0	装配	1		0	0	0		
车架	FRM-121	1	1	生产	1		0	0	5		

续表

名称	编号	在制品数量	级别	来源	提前周期	最小批量	安全库存	已分配库存	第一周库存	计划收到的订单 数量	周
手把	HAN-221	1	2	生产	1		0	0	20		
坐垫	SAD-222	1	2	外购	2		0	0	0		
车轮	WHL-223	2	2	装配	1		0	30	60		
脚踏板	PED-224	2	2	装配	1		20	10	70		
变速器	GER-225	1	2	外购	3		0	0	0		
轮胎	TIR-321	1	3	外购	2	2 000	100	0	120	4 000	1
辐条	SPK-323	36	3	外购	2	60 000	1 750	19 000	1900	60 000	1
刹车片	BRK-324	1	3	外购	2			20	80		
轴承	BER-322	24	3	外购	2	50 000	15 000	1 500	1250	50 000	1

基于这些信息，为该公司制订一个每周的物料需求计划，按表6-2的格式进行分析。

表6-2 物料需求分析表

产品	编号	周次	1	2	3	4	5	6	7	8	9	10
		总需求										
		计划收到的库存										
		可用库存										
		需求净额										
		计划收到的订单										
		计划发出的订单										

解：MRP物料需求计划方案如表6-3所示，对方案解释如下。

(1) 自行车BIC-120。

第6周客户的总需求为900辆，而第10周的总需求为1800辆。目前没有任何库存量，因此第6周和第10周的净需求量仍然是900辆和1800辆。由于没有最小订货批量限制，因此第6周和第10周计划收到的货物与净需求相同，分别为900辆和1800辆。订货提前期为1周，因此在第5周和第9周计划发出的订单分别为900辆和1800辆。

(2) 车架FRM-121。

第5周的总需求为900件，而第9周的总需求为1800件。因为对车框架的需求是由对自行车产品的需求所决定的(每辆车需要1个车框架)。某一期间发出的自行车订单数量决定了对车框架的需求量。目前的库存量为5件，因此第5周的净需求量为(900-5=)895件，而第9周的净需求量为1800件(无可用的库存)。由于没有最小订货批量限制，因此第5周和第9周计划收到的货物与净需求量相同，分别为895件和1800件。提前期1周，第4周和第8周计划发出的订单分别为895件和1800件。

(3) 辐条SPK-323。

第3周总需求为(36×1760=)63 360根，第7周的总需求为(36×3600=)129 600根。该总

需求量由车轮的总需求量决定(每个车轮需要 36 根辐条)。某一期间发出的车轮订单数量决定了对车轴承的需求量。目前的辐条库存量为 1900 根,已经分配给别的生产计划 19 000 根,另外安全库存量为 1750 根,从而可用的库存为(1900-19 000-1750=)-18 850 根。然而,第 1 周计划可以收到已订货的辐条 60 000 根,因此第 3 周可用的辐条数为(60 000-18 850=)41150 根。第 3 周的净需求量为(63 360-41 150=)22 210 根。由于有最小订货批量的限制要求,因此第 3 周计划收到的轴承量为 60 000 根,其中只需要 22 210 根。剩余(60 000-22 210=)37790 根带入第 4 周,这些库存可以在第 7 周被利用。第 7 周的辐条净需求量为(129 600-37 790=)91 810 根。提前期为 2 周,因此在第 1 周应计划发出的订单为 60 000 根,而在第 5 周应计划发出的订单为 91 810 根。

表 6-3 各零部件物料需求计划表

产品	编号	周次	1	2	3	4	5	6	7	8	9	10
自行车	BIC-120	总需求	0	0	0	0	0	900	0	0	0	1800
		计划收到的库存	0	0	0	0	0	0	0	0	0	0
		可用库存	0	0	0	0	0	0	0	0	0	0
		需求净额	0	0	0	0	0	900	0	0	0	1800
		计划收到的订单	0	0	0	0	0	900	0	0	0	1800
		计划发出的订单	0	0	0	0	900	0	0	0	1800	0
车架	FRM-121	总需求	0	0	0	0	900	0	0	1800	0	0
		计划收到的库存	0	0	0	0	0	0	0	0	0	0
		可用库存	5	5	5	5	5	0	0	0	0	0
		需求净额	0	0	0	0	895	0	0	1800	0	0
		计划收到的订单	0	0	0	0	895	0	0	1800	0	0
		计划发出的订单	0	0	0	895	0	0	1800	0	0	0
手把	HAN-221	总需求	0	0	0	895	0	0	1800	0	0	0
		计划收到的库存	0	0	0	0	0	0	0	0	0	0
		可用库存	20	20	20	20	0	0	0	0	0	0
		需求净额	0	0	0	875	0	0	1800	0	0	0
		计划收到的订单	0	0	0	875	0	0	1800	0	0	0
		计划发出的订单	0	0	875	0	0	1800	0	0	0	0
坐垫	SAD-222	总需求	0	0	0	895	0	0	1800	0	0	0
		计划收到的库存	0	0	0	0	0	0	0	0	0	0
		可用库存	0	0	0	0	0	0	0	0	0	0
		需求净额	0	0	0	895	0	0	1800	0	0	0
		计划收到的订单	0	0	0	895	0	0	1800	0	0	0
		计划发出的订单	0	895	0	0	1800	0	0	0	0	0
车轮	WHL-223	总需求	0	0	0	1790	0	0	3600	0	0	0
		计划收到的库存	0	0	0	0	0	0	0	0	0	0
		可用库存	30	30	30	30	0	0	0	0	0	0

续表

产品	编号	周次	1	2	3	4	5	6	7	8	9	10
车轮	WHL-223	需求净额	0	0	0	1760	0	0	0	3600	0	0
		计划收到的订单	0	0	0	1760	0	0	0	3600	0	0
		计划发出的订单	0	0	1760	0	0	3600	0	0	0	0
脚踏板	PED-224	总需求	0	0	0	1790	0	0	0	3600	0	0
		计划收到的库存	0	0	0	0	0	0	0	0	0	0
		可用库存	40	40	40	40	0	0	0	0	0	0
		需求净额	0	0	0	1750	0	0	0	3600	0	0
		计划收到的订单	0	0	0	1750	0	0	0	3600	0	0
		计划发出的订单	0	0	1750	0	0	0	3600	0	0	0
变速器	GER-225	总需求	0	0	0	895	0	0	0	1800	0	0
		计划收到的库存	0	0	0	0	0	0	0	0	0	0
		可用库存	0	0	0	0	0	0	0	0	0	0
		需求净额	0	0	0	895	0	0	0	1800	0	0
		计划收到的订单	0	0	0	895	0	0	0	1800	0	0
		计划发出的订单	895	0	0	0	1800	0	0	0	0	0
轮胎	TIR-321	总需求	0	0	1760	0	0	0	3600	0	0	0
		计划收到的库存	4000	0	0	0	0	0	0	0	0	0
		可用库存	20	4020	4020	2260	2260	2260	2260	660	660	660
		需求净额	0	0	0	0	0	0	1340	0	0	0
		计划收到的订单	0	0	0	0	0	0	2000	0	0	0
		计划发出的订单	0	0	0	0	2000	0	0	0	0	0
辐条	SPK-323	总需求	0	0	63 360	0	0	0	129 600	0	0	0
		计划收到的库存	60 000	0	0	0	0	0	0	0	0	0
		可用库存	-18 850	41 150	41 150	37 790	37 790	37 790	3 7790	0	0	0
		需求净额	0	0	22 210	0	0	0	91 810	0	0	0
		计划收到的订单	0	0	60 000	0	0	0	91 810	0	0	0
		计划发出的订单	60 000	0	0	0	91 810	0	0	0	0	0
刹车片	BRK-324	总需求	0	0	1760	0	0	0	3600	0	0	0
		计划收到的库存	0	0	0	0	0	0	0	0	0	0
		可用库存	60	60	60	0	0	0	0	0	0	0
		需求净额	0	0	1700	0	0	0	3600	0	0	0
		计划收到的订单	0	0	1700	0	0	0	3600	0	0	0
		计划发出的订单	1700	0	0	0	3600	0	0	0	0	0
轴承	BER-322	总需求	0	0	42 240	0	0	0	86 400	0	0	0
		计划收到的库存	50 000	0	0	0	0	0	0	0	0	0

续表

产品	编号	周次	1	2	3	4	5	6	7	8	9	10
轴承	BER-322	可用库存	-15 250	34 750	34 750	42 510	42 510	42 510	42 510	6110	6110	6110
		需求净额	0	0	7490	0	0	0	43 890	0	0	0
		计划收到的订单	0	0	50 000	0	0	0	50 000	0	0	0
		计划发出的订单	50 000	0	0	0	50 000	0	0	0	0	0

(四)闭环 MRP

要使 MRP 真正实用和有效，就必须考虑企业的能力和资源的制约及支持，对企业内、外部环境和条件变化的信息及时加以沟通和反馈，对计划做出符合实际情况的调整。MRP 的不足之处在于：一是仅考虑物料的需求，而且是按需求的优先顺序做计划的，由于只考虑了需求，没有考虑实际生产能力和车间与采购作业，计划做出后是否能够顺利执行还是未知数，致使计划的现实性和可执行性存在许多问题。二是 MRP 计划在执行过程中，对千变万化的现实情况没有做出相应的反应和反馈。因此，很多专家在 MRP 基础上对其功能又做了进一步的扩充，提出了闭环 MRP 的概念，它包括以下两层含义。

(1) 把生产能力计划、车间作业计划和采购计划纳入 MRP，形成一个封闭系统。

(2) 在计划执行过程中，必须有来自车间、供应商和计划人员的反馈信息并利用这些信息进行计划平衡调整，从而使各个子系统得到协调统一。

闭环 MRP 的工作原理是：MRP 系统的正常运行，需要有一个现实可行的主生产计划。它除了要反映市场需求与合同订单外，还必须满足企业的生产能力约束条件。因此，除了要编制资源需求计划外，企业还需要制订能力需求计划(Capacity Requirement Planning, CRP)，同各个工作中心的能力进行平衡。只有在采取措施做到能力与资源均满足负荷需求时，才能开始执行计划。而要保证实现计划就要控制计划，执行 MRP 时要用派工单来控制加工的优先级，用采购单来控制采购的优先级。这样，把能力需求计划和执行及控制计划的功能也包括进来，形成一个环形回路，故称为闭环 MRP，如图 6-5 所示。

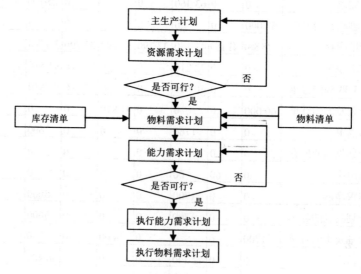

图 6-5 闭环 MRP 工作原理

(五)MRP Ⅱ

闭环 MRP 系统的出现，使生产活动的各种子系统得到了统一，但还远未完善。在企业管理中，生产管理只是一个方面，闭环 MRP 系统所涉及的仅仅是物流，而与物流密切相关的还有资金流等。另外，在闭环 MRP 系统中，财务数据一般由财会人员另行管理，这就造成了数据的重复录入与存储，甚至造成数据的不一致性。为了消除冗余、减少冲突、提高效率，人们设想把工程技术管理与生产管理、销售管理、财务管理等有机地结合起来，把生产制造计划、财务计划等各种有关的计划合理衔接起来。这种把生产、财务、销售、采购、工程技术等各子系统结合为一体的系统，称为制造资源计划。

MRP Ⅱ(Manufacturing Resource Planning，制造资源计划)的基本思想是把企业作为一个有机整体，从整体最优的角度出发，通过运用科学方法对企业各种制造资源和产、供、销、财各个环节进行有效地计划、组织和控制，使他们得以协调发展，并充分地发挥作用。MRP Ⅱ 的逻辑流程如图 6-6 所示。

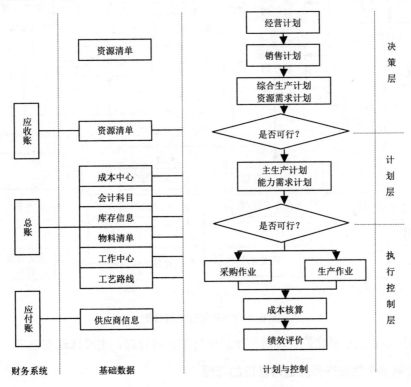

图 6-6　MRP Ⅱ 的逻辑流程

在流程图的右侧是计划与控制的流程，它包括决策层、计划层和控制执行层，可以理解为经营计划管理的流程；中间是基础数据，要储存在计算机系统的数据库中，并且反复调用。这些数据信息的集成，把企业各个部门的业务沟通起来，可以理解为计算机数据库系统；左侧是主要的财务系统，这里只列出应收账、总账和应付账。各个连线表明信息的流向及相互之间的集成关系。

二、ERP

(一)ERP 的核心思想

ERP(Enterprise Resource Planning,企业资源计划)是针对物资资源管理(物流)、人力资源管理(人流)、财务资源管理(财流)、信息资源管理(信息流)集成一体化的企业管理软件,ERP 管理系统模型如图 6-7 所示。

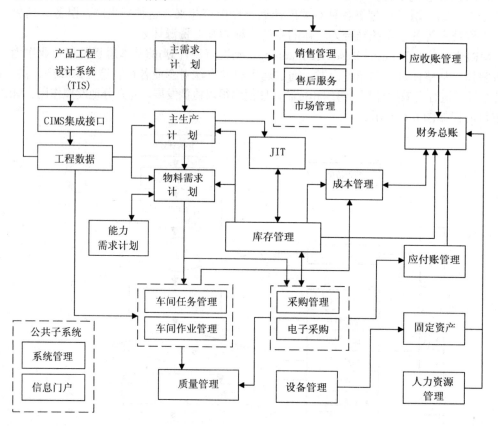

图 6-7　ERP 管理系统模型

ERP 的核心管理思想就是实现对整个供应链的有效管理,主要体现在以下三个方面。

1. 体现对整个供应链资源进行管理的思想

当前市场中,企业仅靠自己的资源不可能有效地参与市场竞争,还必须把经营过程中的合作各方,如供应商、制造工厂、分销网络、客户等纳入一个紧密的供应链中,才能有效地安排企业的产、供、销活动,进一步提高效率和竞争优势。ERP 系统实现了对整个企业供应链的管理,从而适应了市场竞争的需要。

2. 体现精益生产和敏捷制造思想

ERP 系统支持对混合型生产方式的管理,其管理思想表现在以下两个方面。

一是"精益生产"(Lean Production,LP)。它是由美国麻省理工学院提出的一种企业经营战略体系。即企业按大批量生产方式组织生产时,把客户、销售代理商、供应商、协作单位纳入生产体系,企业与其销售代理、客户和供应商的关系,已不再简单地是业务往来关系,而是利益共享的合作伙伴关系,这种合作伙伴关系组成了企业的供应链,即"精益生产"的核心思想。

二是"敏捷制造"(Agile Manufacturing,AM)。当市场发生变化,企业遇有特定的市场和产品需求时,企业的基本合作伙伴不一定能满足新产品开发生产的要求。这时,企业会组织一个由特定的供应商和销售渠道组成的短期或一次性供应链,形成"虚拟工厂",把供应和协作单位看成企业的一个组成部分,运用"同步工程(SE)"组织生产,用最短的时间将新产品打入市场,时刻保持产品的高质量、多样化和灵活性,即"敏捷制造"的核心思想。

3. 体现事先计划与事中控制的思想

ERP 系统中的计划体系主要包括主生产计划、物料需求计划、能力计划、采购计划、销售执行计划、利润计划、财务预算和人力资源计划等,而且这些计划功能与价值控制功能已完全集成到整个供应链系统中。另外,ERP 系统通过定义事务处理相关的会计核算科目与核算方式,以便在事务处理发生的同时自动生成会计核算分录,保证了资金流与物流的同步记录和数据的一致性。此外,计划、事务处理、控制与决策功能都在整个供应链的业务处理流程中实现,流程与流程之间则强调人与人之间的合作精神,以便在组织中充分发挥每个人的主观能动性与潜能,实现企业管理从"金字塔式"组织结构向"扁平式"组织机构的转变,提高企业对市场动态变化的响应速度。

(二)ERP 与 MRP II 的区别

1. 在资源管理范围方面的差别

MRP II 主要侧重对企业内部人、财、物等资源的管理;ERP 系统提出了供应链的概念,即把客户需求和企业内部的制造活动及供应商的制造资源整合在一起,并对供应链上的所有环节进行有效管理。系统主要是面向制造业的,它包含订单、采购、库存、计划、生产制造、质量控制、运输、服务与维护、财务管理、人事管理、项目管理等。

2. 在生产管理方面的差别

MRP II 系统把企业归类为几种典型的生产方式来进行管理,如重复制造、批量生产、按订单生产、按订单装配、按库存生产等,针对每一种类型都有一套管理标准。企业为了紧跟市场的变化,多品种、小批量生产及看板式生产成为企业主要采用的生产方式,而 ERP 则能很好地支持和管理这种混合型制造环境,满足了企业多元化经营需求。

3. 在管理功能方面的差别

ERP 除了 MRP II 系统的制造、分销、财务管理功能外,还增加了支持整合各个环节之间的运输管理和仓库管理;支持生产保障体系的质量管理、设备维修和备品备件管理;支持对工作流的管理,可以通过对工作流的定义,实现企业不同的业务流程模式。

4. 在事务处理控制方面的差别

MRP II 是通过计划的及时滚动来控制整个生产过程,它的实时性较差,一般只能实现事中控制。而 ERP 系统支持在线分析处理(Online Analytical Processing,OLAP)、售后服务及质量反馈，强调企业的事前控制能力，它可以将设计、制造、销售、运输等通过集成来并行地进行各种相关作业，为企业提供了对质量、适应变化、客户满意、绩效等关键问题的实时分析能力。系统提供了各种计划的模拟功能，可以通过对计划的模拟，从中选择最优的模拟计划确认为企业的正式计划，加强对事前计划的控制。

5. 在跨国(或地区)经营事务处理方面的差别

现代企业的发展使得企业内部各组织之间、企业与外部之间的协调变得越来越频繁和重要。ERP 系统运用完善的组织架构，从而可以支持跨国经营的多国家地区、多工厂、多语种、多币制应用需求。

第三节 基于供应链管理的生产运作

一、供应链管理环境下的生产运作

供应链管理环境下的生产计划与控制方法在信息来源、信息集成、计划的决策模式、计划的运行环境、生产控制手段等许多方面，都有显著的不同。

(一)供应链生产运作的环境特征

1. 多元化的决策信息来源

传统的生产计划决策中，决策信息来自两个方面：一方面是需求信息，包括用户订单和需求预测；另一方面是资源信息，指生产计划决策的约束条件。通过对这两方面信息的综合，得到制订生产计划所需要的需求信息。供应链管理环境下需求信息和企业资源的概念与传统概念是不同的。供应链环境下的生产计划是在多源信息的环境下制定的。

2. 群体决策模式

传统的生产计划决策模式是一种集中式决策，而供应链管理环境下的决策模式是分布式的、群体决策过程，每个节点企业的生产计划决策都受到其他企业生产计划决策的影响，需要一种协调机制和冲突解决机制。

3. 网络式并行信息反馈

信息反馈机制监督和控制着企业计划的贯彻执行。传统的生产运作的信息反馈机制是从底层到高层的直线性递阶传递，形成和组织结构平行的信息传递模式。供应链管理环境下信息的传递模式具有网络化结构特征，沿着供应链不同的节点方向传递，信息的交互频率也大得多。

4. 动态的计划运行环境

供应链管理环境下的生产计划是在不稳定的运行环境下进行的，因此要求生产计划与控制系统具有更高的柔性和敏捷性，比如提前期的柔性、生产批量的柔性等。传统的 MRP II 以固定的环境约束变量应付不确定的市场环境，缺乏柔性。供应链管理环境下多是订单化生产，动态性更强。因此，生产计划与控制要更多地考虑不确定性和动态性因素，使生产计划具有更高的柔性和敏捷性。

(二)供应链生产运作的理论基础

有效的供应链计划系统集成企业所有的计划和决策业务,包括需求预测、库存计划、资源配置、设备管理、渠道优化、生产作业计划、物料需求与采购计划等。供应链生产运作的方法与工具主要有 MRP Ⅱ、JIT、DRP/LRP;供应链生产运作的优化方法可以采用 TOC(Theory of Constraint)理论、线性规划、非线性及混合规划方法、随机库存理论与网络计划模型等;根据供应链生产运作的空间对象分为全局性计划和局部计划;根据决策层面分为战略计划、战术计划和运作计划三个层次。在制订生产计划的过程中,主要面临三方面的问题。

1. 柔性约束

对生产计划而言,柔性具有多重含义。

(1) 柔性是双方共同制定的一个合同要素。对于需方而言,它代表着对未来变化的预期;对供方而言,它是对自身所能承受的需求波动的估计。

(2) 柔性是合理范围内的标准。企业必须选择一个在已知的需求波动下最合理的产量。在库存费用与缺货费用之间取得一个均衡点是确定该产量的标准。

(3) 生产计划必须考虑上游企业的利益。上游企业的供应合同信息除了表达对自身所能承受的需求波动的估计外,还表达了对自身生产能力的权衡。因此,下游企业在制订生产计划时应该尽量使需求与合同的承诺量接近,帮助供应企业达到最优产量。

2. 生产进度

生产进度信息是企业控制生产状况的重要依据,也是滚动制订生产计划过程中用于修正原有计划和制订新计划的重要信息。在供应链管理环境下,生产进度计划属于可共享的信息。这一信息的作用表现在以下两点。

(1) 供应链上游企业通过了解对方的生产进度情况实现 JIT 供应。企业的生产计划是在对未来需求做出预测的基础上制定的,借助现代网络技术,合作方共享实时的生产进度信息,上游企业可以了解下游企业真实的需求信息,灵活、主动地安排生产和准时调拨物资,下游企业可以避免不必要的库存。

(2) 在供应链管理下,企业可以了解到上游企业的生产进度,然后适当调节生产计划,使供应链上的各个环节紧密地衔接在一起,避免了供需脱节的现象,从而保证了供应链上的整体利益。

3. 生产能力

任何企业在现有的技术水平和组织条件下都具有一个最大的生产能力,但这并不等于最优生产负荷。上游企业从自身利益出发,更希望所有与之相关的下游企业在同一时期的总需求与自身的生产能力相匹配,这种期望可以通过合同、协议等形式反映出来。这样,在下游企业编制生产计划时就必须考虑到上游企业在这一能力上的约束。

(三)供应链管理环境下生产计划的制订

1. 纵向和横向的信息集成

1) 纵向信息集成

纵向指供应链由下游向上游的信息集成。在生产计划的制订过程中，上游企业的生产能力信息在生产计划的能力分析中独立发挥作用。通过在主生产计划和投入产出计划中分别进行的粗、细能力平衡，上游企业承接订单的能力和意愿都反映到了下游企业的生产计划中。同时，上游企业的生产进度信息也和下游企业的生产进度信息一道作为滚动编制计划的依据，其目的在于保持上、下游企业间生产活动的同步。

2) 横向信息集成

横向指生产相同或类似产品的企业之间的信息共享。外包决策和外包生产进度分析是集中体现供应链横向集成的环节。在外包中所涉及的企业在供应链网络上属于同一产品级别。企业在编制主生产计划时所面临的订单，在两种情况下可能转向外包：一是企业本身或其上游企业的生产能力无法承受需求波动所带来的负荷；二是所承接的订单通过外包所获得利润大于企业自己进行生产的利润。无论在何种情况下，都需要承接外包的企业的基本数据来支持企业的获利分析，以确定是否外包。同时，由于企业对该订单的客户有着直接的责任，因此也需要承接外包的企业的生产进度信息来确保对客户的供应。

2. 能力平衡信息的支持

(1) 为修正主生产计划和投入产出计划提供依据的传统作用。

(2) 进行外包决策和零部件(原材料)急件外购的决策依据。

(3) 上游企业能力数据，反映了其在合作中所愿意承担的生产负荷，可以为供应链管理的高效运作提供保证。

(4) 信息技术支持下的实时能力更新使生产计划具有较高的可行性。

3. 扩展的计划循环

在企业独立运行生产计划系统时，一般有三个企业内部信息流的闭环。

(1) 主生产计划—粗能力平衡—主生产计划；

(2) 投入产出计划—能力需求分析(细能力平衡)—投入产出计划；

(3) 投入产出计划—车间作业计划—生产进度状态—投入产出计划。

在供应链管理下生产计划的信息流跨越了企业，从而增添了新的内容：

(1) 主生产计划—供应链企业粗能力平衡—主生产计划；

(2) 主生产计划—外包工程计划—外包工程进度—主生产计划；

(3) 外包工程计划—主生产计划—供应链企业生产能力平衡—外包工程计划；

(4) 投入产出计划—供应链企业能力需求分析(细能力平衡) —投入产出计划；

(5) 投入产出计划—上游企业生产进度分析—投入产出计划；

(6) 投入产出计划—车间作业计划—生产进度状态—投入产出计划。

(四) 供应链管理环境下的生产控制

1. 生产进度控制

供应链管理环境下的许多产品是协作生产和转包的业务,与传统的企业内部的生产进度控制比较起来难度更大,必须建立一种有效的跟踪机制进行生产进度信息的跟踪和反馈,其目的在于依据生产作业计划,检查零部件的投入和产出数量、产出时间和配套性,保证产品能准时装配出厂。生产进度控制的重点是信息跟踪机制和快速反应机制。

2. 供应链的生产节奏控制

只有各供应链企业之间及企业内部各部门之间保持步调一致,保证供应链企业之间的生产同步化,供应链的同步化才能实现。准时生产系统要求上游企业准时为下游企业提供必需的零部件。如果供应链中任何一个企业不能准时交货,都会导致供应链不稳定或中断,以致对用户的响应性下降,因此,严格控制供应链的生产节奏对供应链整体的稳定性和敏捷性是十分重要的。

3. 提前期管理

提前期管理是基于时间的竞争策略,包括供应提前期的管理模式和交货期的设置系统。缩小提前期,提高交货期的准时性是保证供应链获得柔性和敏捷性的关键,缺乏对供应商不确定性的有效控制是供应链提前期管理的难点。

4. 库存控制和在制品管理

在供应链管理模式下,实施多级、多点、多方管理库存的策略,对提高供应链环境下的库存管理水平、降低制造成本有着重要意义。基于 JIT 的供应与采购、供应商管理库存、联合库存管理等库存控制体系和运作模式对提高供应链的库存管理水平有重要作用,也是供应链企业生产控制的重要手段。

二、供应链管理的生产运作模型

(一) 供应链生产计划与控制模型

供应链管理环境下的生产计划与控制模型如图 6-8 所示。这个生产计划模型具有以下几个特点。

(1) 在 MRP Ⅱ 系统中提出了基于业务外包和资源外用的生产决策策略和算法模型,使生产计划与控制系统更适应以顾客需求为导向的多变的市场环境。生产计划控制系统更具灵活与柔性,更能适应订货型企业(MTO)的需要。

(2) 把成本分析纳入了生产作业计划决策过程中,体现以成本为核心的生产经营思想。传统的 MRP Ⅱ 中虽然有成本核算模块,但仅仅用于事后结算和分析,并没有真正起到成本计划与控制的作用,这是对 MRP Ⅱ 系统的一个改进。

(3) 基于该模型的生产计划与控制系统充分体现了供应链管理思想,即基于价值增值与用户满意的供应链管理模式。

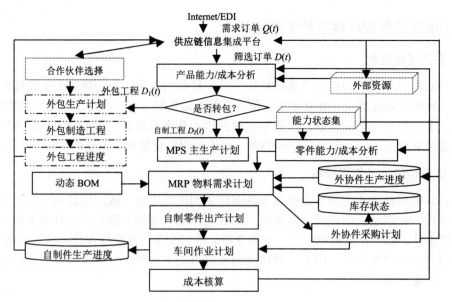

图 6-8 供应链管理环境下的生产计划与控制模型

(二)供应链管理下的生产控制

1. 订货决策与订单分解控制

在对用户订货与订单分解控制决策方面,模型设立了订单控制系统,用户订单进入该系统后,要进行三个决策过程:价格/成本比较分析;交货期比较分析;能力比较分析。最后进行订单的分解决策,分解产生出两种订单:外包订单和自制订单。订货决策与订单分解流程,如图 6-9 所示。

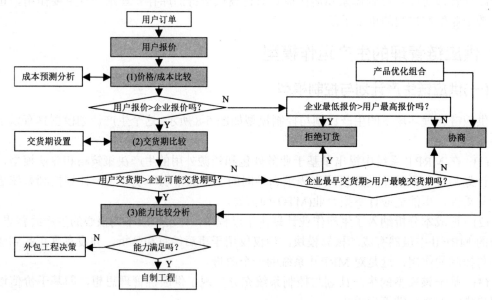

图 6-9 订货决策与订单分解流程

2. 面向对象的分布式协调生产控制

生产型企业的管理对象由产品、设备、材料、人员、订单、发票、合同等组成，企业之间最重要的联系纽带就是订单。企业内部及企业间的一切经营活动都是围绕订单而运作，通过订单驱动其他企业活动，如采购部门围绕采购订单活动，制造部门围绕制造订单运作，装配部门围绕装配订单运作，这就是供应链的订单驱动原理。订单控制流程如图 6-10 所示。

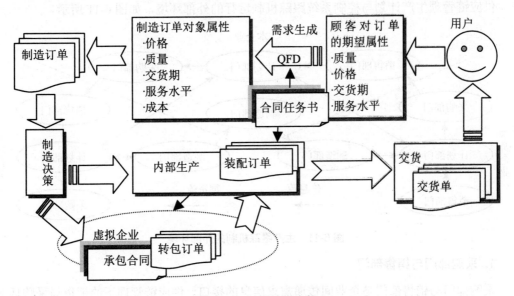

图 6-10　订单控制流程

面向对象的生产作业控制模式从订单开始，考虑系统各目标之间的关系，形成面向订单对象的控制系统。订单控制主要完成以下几个方面的任务。

(1) 对整个供应链过程(产供销)进行面向订单的监督和协调检查。
(2) 规划一个订单工程的计划完成日期和完成工作量指标。
(3) 对订单工程对象的运行状态进行跟踪监控。
(4) 分析订单工程完成情况，与计划进行比较分析。
(5) 根据顾客需求变化和订单工程完成情况提出切实可行的改进措施。

供应链环境下这种分布式、面向对象的、协调生产作业控制模式，最主要的特点是信息的相互沟通与共享。建立供应链信息集成平台(协调信息的发布与接受)，及时反馈生产进度有关数据，修正生产计划，以保持供应链各企业都能同步执行。

三、供应链管理生产系统的跟踪机制

供应链成员之间是服务与被服务的关系，服务信息的跟踪和反馈机制可使企业生产与供应关系同步进行，消除不确定性对供应链的影响。

供应链的服务跟踪机制提供供应链两方面的协调辅助：信息协调和非信息协调。非信息协调主要指完善供应链运作的实物供需条件，采用 JIT 生产与采购、运输调度等；信息协调主要通过企业之间的生产进度的跟踪与反馈来协调各个企业的生产进度，保证按时完成用户的订单，及时交货。

跟踪机制在企业内部表现为客户的相关信息在企业生产系统中的渗透。其中，客户的订单作为需求信息成为贯穿企业生产系统的一条线索，成为生产计划、生产控制、物资供应相互衔接、协调的手段。

(一)供应链生产系统跟踪机制的外部环境

供应链管理生产计划与控制系统跟踪机制运行的外部环境，如图 6-11 所示。

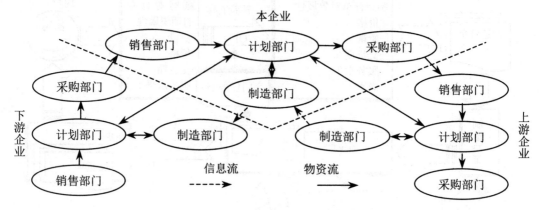

图 6-11　生产跟踪机制的外部环境

1. 采购部门与销售部门

采购部门与销售部门是企业间传递需求信息的接口。供应链管理下的销售与采购环节，稳定而长期的供应关系是必备的前提。

企业的销售部门应该对产品交货的全过程负责，即从订单下达到企业开始，直到交货完毕的全过程。然而，在供应链管理下的战略伙伴关系建立以后，销售部门的职能简化了，在供应链上下游企业间的作用仅仅是一个信息的接口。它负责接收和管理有关下游企业需求的一切信息。除了订单外，还有下游企业对产品的个性化要求，如质量、规格、交货渠道、交货方式等。

采购部门的职责也得以简化。采购部门原有的工作是保证生产所需的物资供应。它不仅要下达采购订单，还要确保采购物资的保质保量按时入库。在供应链管理下，采购部门的主要工作是将生产计划系统的采购计划转换为需求信息，以电子订单的形式传达给上游企业。同时，它还要从销售部门获取与所采购的零部件和原材料相关的客户个性化要求，并传达给上游企业。

2. 制造部门

制造部门的任务不仅是生产，还包括对采购物资的接收及按计划对下游企业配套件的供应，实际上兼具运输服务和仓储管理两项辅助功能。制造部门能够完成如此复杂的工作，原因在于生产计划部门对上下游企业的信息集成，同时也依赖于战略伙伴关系中的质量保证体系。此外，制造部门还在制造过程中实时收集订单的生产进度信息，经过分析后提供给生产计划部门。

3. 生产计划部门

在集成化管理中，企业的生产计划部门肩负着大量的工作，集成了来自上下游生产计划部门、企业自身的销售部门和制造部门的信息。其主要功能表现在以下三个方面。

(1) 滚动编制生产计划。来自销售部门的新增订单信息，来自企业制造部门的订单生产进度信息和来自上游企业的外购物资的生产计划信息，以及来自上游企业的需求变动信息，共同构成了企业滚动编制生产计划的信息支柱。

(2) 保证对下游企业的产品供应。从订单到达时起，供需双方的内外环境就一直不断变化着，最终的订单实际上是双方不断协调的结果，协调的工具就是双方不断滚动更新的生产计划。生产计划部门按照最终的协议指示制造部门对下游企业进行的供应，是与下游企业生产计划相匹配的 JIT 供应。由于生产出来的产品不断发往下游企业，制造部门不会有过多的在制品和成品库存压力。

(3) 保证上游企业对本企业的供应。生产计划部门在制造部门提供的实时生产进度分析的基础上，结合上游企业传来的生产计划与进度信息，与上游企业协商确定各批订单的准确供货时间，上游企业将按照约定的时间将物资发送到本企业。采购零部件和原材料的 JIT 供应降低了制造部门的库存压力。

(二)供应链生产计划中的跟踪机制

1. 建立订单档案

在接到下游企业的订单后，建立针对上游企业的订单档案，其中包含用户对产品的个性化要求，如规格、质量、交货期、交货方式等具体内容。

2. 外包分析及订单分解

主生产计划进行外包分析，将订单分解为外包子订单和自制件子订单。

订单与子订单的关系在于：订单通常是一个用户提出的订货要求，在同一个用户提出的要求中，可能有多个订货项，可以将同一订单中不同的订货项定义为子订单。

3. 规划子订单

主生产计划对子订单进行规划，改变子订单在期与量上的设定，但保持了子订单与订单的对应关系。

4. 投入产出跟踪步骤

投入产出计划中涉及跟踪机制的步骤如下。

1) 子订单的分解

结合产品结构文件和工艺文件及提前期数据，倒排编制生产计划。对不同的子订单独立计算，即不允许进行跨子订单的计划记录合并。

2) 库存的分配

库存的分配与上一步是同时进行的，将计划期内可利用的库存分配给不同的子订单。在库存分配记录上注明子订单信息，保证专货专用。

3) 能力占用

结合工艺文件和设备组文件计算各子订单计划周期内的能力占用。这一步使单独评价子订单对生产负荷的影响成为可能。在调整子订单时也无须重新计算整个计划所有记录的能力占用数据,仅需调整子订单的相关能力数据。

4) 调整

结合历史数据对整个计划周期内的能力占用状况进行评价和分析,找出可能的瓶颈。对于在一定时间段内所形成的能力瓶颈,可采取以下两种办法进行解决。

(1) 调整子订单的出产日期和出产数量。

(2) 将子订单细分为更小的批量,分别设定出产日期和出产数量。当然,必须保持细分后的子子订单与原订单的对应关系。

经过调整的子订单(子子订单)和上一周期计划中未对生产产生实际影响的子订单(子子订单)都可重新进行分解以产生新的计划。

5) 修正

修正实际上是在实施前几步之前进行的,它是对前一周期内投入产出计划执行状况的总结。与通常的计划滚动过程一样,前一周期的生产进度数据和库存数据是必不可少的,不同的是,可以准确地按子订单检查计划的执行状况,同时调整相应子订单的期与量上的设定以适应生产的实际情况。能够完成这一功能的原因在于在整个生产系统中都通过子订单形成了内在的联系。

5. 车间作业计划

车间作业计划用于指导具体的生产活动,具有高度的复杂性,一般难以严格按子订单的划分来调度生产,但可要求在加工路线单上注明本批生产任务的相关子订单信息和相关度信息。在整个生产过程中实时地收集和反馈子订单的生产数据,为跟踪机制的运行提供来自基层的数据。

6. 采购计划

采购部门接收的是按子订单下达的采购信息,他们可以使用不同的采购策略来完成采购计划。子订单的作用主要体现在以下几个方面。

(1) 将采购与销售部门联系起来。下游企业的个性化要求可能涉及原材料和零部件的采购,采购部门可以利用子订单查询这一信息,并提供给各上游企业。

(2) 建立需求与生产间的联系。采购部门的重要任务之一就是建立上游企业的生产过程与本企业子订单的对应关系。在这一条件下,企业可以了解到子订单生产所需要的物资在上游企业中的生产情况,还可以提供给上游企业准确的供货时间。

(三)供应链生产进度控制中的跟踪机制

1. 生产进度控制跟踪的意义

生产控制是生产管理的重要职能,是实现生产计划和生产作业管理的重要手段。虽然生产计划和生产作业计划对生产活动已经做了比较周密而具体的安排,但随着时间的推移,市场需求往往会发生变化。此外,由于各种生产准备工作不周全或生产现场偶然因素的影响,也会使计划产量和实际产量之间产生差异。因此,必须及时对生产过程进行监督和检查,发现偏差,进行调节和校正工作,以保证计划目标的实现。

生产进度控制的主要任务是依照预先制订的作业计划,检查各种零部件的投入和产出时间、数量及配套性,保证产品能准时产出,按照订单上承诺的交货期将产品准时送到用户手中。

由于建立了生产计划中的跟踪机制,生产进度控制中的相应工作就是在加工路线单中保留子订单信息。此外,在生产进度控制中运用了多种分析方法,如在生产预计分析中的差额推算法、生产均衡性控制中的均衡系数法、生产成套性控制中的甘特图等。这些方法同样可以运用到跟踪机制中,只不过分析的目标不仅是计划的执行状况,还包括对各子订单的分析。

在没有跟踪机制的生产系统中,由于生产计划中隐去了子订单信息,生产控制系统无法识别生产过程与子订单的关系,也无法将不同的子订单区别开,因此仅能控制产品的按计划投入和产出。使用跟踪机制的作用在于对子订单的生产实施控制,保证对客户的服务质量。

2. 生产进度控制跟踪的应用

1) 按优先级保证对客户的产品供应

子订单是订单的细化,只有保证子订单准时完工才能保证订单准时完工,也就意味着对客户服务质量的保证。在一个企业中不同的子订单总是有大量相同或类似的零部件同时进行加工。在车间生产的复杂情况下,由于生产实际与生产计划的偏差,在制品未能按时到位的情况经常发生。在产品结构树中低层零部件的缺件破坏了生产的成套性,必将导致高层零部件的生产计划无法执行,这是一个逐层向上的恶性循环。

较好的办法是将这种可能产生的混乱限制在优先级较低的子订单内,保证高优先级子订单的生产成套性。在发生意外情况时,总是认为意外发生在低优先级别的子订单内,高优先级的子订单能够获得物资上的保证,必然能够保证对客户的服务质量。相反,在不能区分子订单的条件下无法实现这种办法。"拆东墙补西墙"式的生产调度,会导致在同一时间加工却在不同时间使用的零部件互相挤占,为后续生产造成隐患。

2) 保证在企业间集成化管理条件下下游企业所需要的实时计划信息

对于本企业而言,这一要求意味着使用精确实时的生产进度数据修正与订单项对应的每一个子订单的相关计划记录,保持生产计划的有效性。在没有相应的跟踪机制的情况下,同一个生产计划、同一批半成品可能对应着多份订单,实际上无法度量具体订单的生产进度。可见,生产控制系统必须建立跟踪机制才能实现面向订单的数据搜集,生产计划系统才能够获得必要的信息以实现面向用户的实时计划修正。

第四节　生产运营规划

企业的生产离不开各项作业活动,在供应链管理中,对作业活动的规划是非常重要的。规划是一种功能,它是为满足客户需求而将所做的工作准备出一份时间表,其管理非常有效,可以防止瓶颈现象的产生,从而优化设备、人力和机器的利用,同时保证商品和服务对顾客的平稳流动。下面介绍几种生产运营规划的方法和优化技术。

一、甘特图

甘特图(Gantt Chart)又叫横道图、条状图(Bar Chart)，由美国工程师亨利·劳伦斯·甘特提出。它以图示的方式通过活动列表和时间刻度形象地表示出任何特定项目的活动顺序与持续时间。甘特图思想简单，基本是一条线条图，横轴表示时间，纵轴表示活动(项目)，线条表示在整个期间上计划和实际的活动完成情况。它直观地表明任务计划在什么时候进行，实际进展与计划要求的对比。管理者由此可方便地弄清一项活动(项目)还剩下哪些工作要做，并可评估工作进度，如图6-12所示。

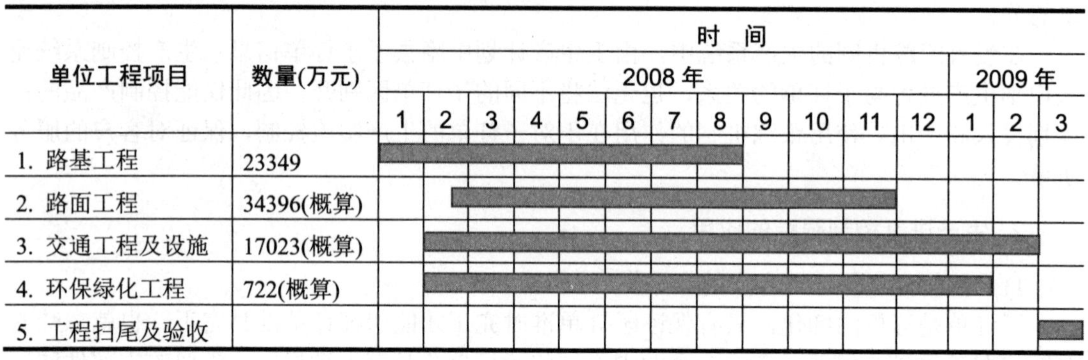

单位工程项目	数量(万元)	时间 2008年												2009年		
		1	2	3	4	5	6	7	8	9	10	11	12	1	2	3
1. 路基工程	23349	■	■	■	■	■	■	■	■							
2. 路面工程	34396(概算)		■	■	■	■	■	■	■	■	■					
3. 交通工程及设施	17023(概算)		■	■	■	■	■	■	■	■	■	■	■			
4. 环保绿化工程	722(概算)		■	■	■	■	■	■	■	■	■	■	■			
5. 工程扫尾及验收																■

图 6-12　单位工程施工甘特图

甘特图是基于作业排序的目的，能帮助企业描述对诸如工作中心、超时工作等资源的使用情况。当用于负荷时，甘特图可以显示几个部门、机器或设备的运行和闲置情况，图6-12所示为该系统的有关工作负荷状况，这样可以使管理人员了解何种调整是恰当的。例如，当某一工作中心处于超负荷状态时，低负荷工作中心的员工可临时转移到该工作中心以增加劳动力，或者在制品可在不同工作中心进行加工，高负荷工作中心的部分工作可移到低负荷工作中心完成。

二、作业排序

在任何生产和服务作业中，劳动力、机器和劳动工时等资源都是有限的。作业的排序是指决定工作处理的顺序。例如：制作一个沙模具→将液态金属注入模具→模具的冷凝→将铸件从模具中分离→清理边角与节点→清理并磨光铸件。从成本的角度来说，合理的作业顺序可以使得成本最低。

(一)生产作业排序考虑的因素

1. 注重交货时间

满足客户需求永远是一条重要的标准，因此，那些注重交货日期或者减少交货延迟的排序原则是最好的，包括最早交货期限原则和紧迫性比率原则。

2. 先来先服务

先来先服务能给客户平等的感觉，也是最公平的，但是从计划或成本的角度来看，这不一定是最优的。

3. 最短处理时间

使用这种原则能够减轻工作人员的生理压力,其缺点是作业时间较长的工作可能会被无限期推迟,而短期限的工作则会优先考虑。

4. 最长处理时间

它可以使最难、最长的作业最先完成,但这不一定是最佳方案。

5. 调整成本

调整成本最小是需要考虑的一个重要原则,其前提是不能造成延迟。

(二)生产作业排序原则

1. "先来先处理"原则

"先来先处理"原则(First Come,First Served,FCFS)意味着处理的下一个工作就是所有等待处理工作中最先到达的那个。这是一种公平的方法,特别是在多客户的情况下。这种方法与库存管理的先进先出法(FIFO)类似。

2. 最早交货期限原则

最早交货期限原则(Earliest Due Date,EDD)是指在给客户承诺发货的情况下,首先完成距离所承诺的发货期最近的工作。这种标准可以避免客户失望,甚至丢失客户。

3. 最短处理时间原则

最短处理时间原则是指接下来将要处理的是完成所需时间最少的工作,即首先完成工作量最小的工作,使工作人员的压力最小。这种方式的缺点是大批量的紧急任务可能被推迟。

4. 最长处理时间原则

最长处理时间原则是指接下来将要处理的工作是完成所需时间最长的工作,即首先完成工作量最大的工作。实际操作中,如果某项工作所需时间太长,一般会把这些工作分割成两个或者更多部分,这样工作安排就比较容易。

5. 紧迫性比率原则

紧迫性比率(Critical Ratio,CR)原则是指下一个要处理的工作是紧迫性比率最小的工作,计算公式如下:

$$紧迫性比率=距到期日的时间/剩余的作业处理时间$$

如果该比率小于1,则表示该工作不能在指定交货期内完成。在这种情况下,应该利用其他资源减少整个处理的时间,以保证紧迫性比率能够大于1,从而让客户满意,可利用的资源包括加班、兼职工人等。

6. 最小调整成本原则

最小调整成本原则指下一个处理的工作是机器调整时间和调整成本最小的工作。例如，某车间现在正在加工圆形的红色塑料模具，而等待加工的是圆形的蓝色塑料模具和矩形的红色塑料模具。如果下一步生产的是矩形红色塑料模具，其成本相对较低，因为这样可以不用清洗机器，它会先得到安排。

7. 最重要客户原则

采用20/80原则或者ABC法对客户进行分类，少部分客户是那些产品价值最高、边际利润最高或者采购批量最大的客户，那么优先安排最优质的客户。

(三)生产作业排序计算实例

北京一家小型印刷厂有一台平板印刷机为客户提供服务，通过对人员的适当安排，机器可以每周工作7天，每天工作8小时。这8小时都是印刷时间，而机器的调整时间是在加班时间(每天早晨或晚上)内完成。目前，收到的全部订单都作为订货来安排生产。在1月27日(第27日)，等待处理的工作如表6-4所示。

表6-4 各订单信息表

工 作	A	B	C	D	E	F
所需处理时间	9	11	8	12	7	5
收到订单的日期	39	42	47	48	37	55
交货日期	71	81	75	98	86	108

依据两种原则制订排序计划：先到先服务原则；最早交货期限原则。为这两种情况制定甘特图，并计算以下数据。

(1) 总计流转时间(从第55天开始需要的处理时间)。
(2) 每个工作的平均流转时间(总计流转时间/工作数量)。
(3) 平均工作率(总计流转时间/总计处理时间)。
(4) 延长的工作数量。
(5) 平均延迟天数(总计延迟天数/工作数量)。

解决方案：

假设每周工作7天，没有休息日。到最后的交货期限，公司有足够的工作处理时间。

总的处理需要时间为：9+11+8+12+7+5=52(天)。

总的可用处理时间为：108-55+1=54(天)。

1. 先到先服务原则

表6-5是按"先到先服务"原则制订的工作计划，图6-13所示为"先到先服务"原则下的甘特图。

表 6-5 按"先到先服务"原则制订的工作计划

当前日期	55 日						
工作	E	A	B	C	D	F	总计
所需处理时间	7	9	11	8	12	5	52
收到订单的日期	37	39	42	47	48	55	
交货日期	86	71	81	75	98	108	
流转时间(在工作中心的时间)	7	16	27	35	47	52	184
完成日期(当前日期+流转时间)	62	71	82	90	102	107	
延迟天数	0	0	1	15	4	0	20
FCFS							
处理的工作数量	6						
总计流转时间	184						
平均流转时间	30.67	总计流转时间/工作数量					
平均工作率	3.54	总计流转时间/总计处理时间					
延迟的工作数量	3						
延迟的天数	20						
平均延迟天数	3.33	总计延迟天数/工作数量					

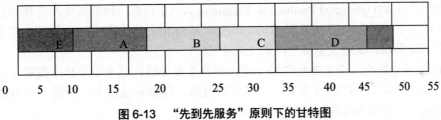

图 6-13 "先到先服务"原则下的甘特图

2. 最早交货期限原则

表 6-6 是按"最早交货期限"原则制订的工作计划,图 6-14 所示为"最早交货期限"原则下的甘特图。

表 6-6 按"最早交货期限"原则制订的工作计划

当前日期	55 日						
工作	A	C	B	E	D	F	总计
所需处理时间	9	8	11	7	12	5	52
收到订单的日期	39	47	42	37	48	55	
交货日期	71	75	81	86	98	108	
流转时间(在工作中心的时间)	9	17	28	35	47	52	188
完成日期(当前日期+流转时间)	64	72	83	90	102	107	
延迟天数	0	0	2	4	4	0	10

EDD		
处理的工作数量	6	
总计流转时间	188	
平均流转时间	31.33	总计流转时间/工作数量
平均工作率	3.62	总计流转时间/总计处理时间
延迟的工作数量	3	
延迟的天数	10	
平均延迟天数	1.67	总计延迟天数/工作数量

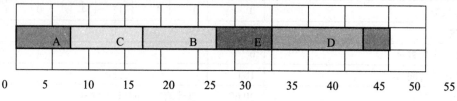

图 6-14 "最早交货期限"原则下的甘特图

三、最优生产技术

(一)最优生产技术的基本内容

最优生产技术(Optimized Production Technology，OPT)是一种改善生产管理的技术，一种计算机化的生产计划和规划工具，1979 年由美国 Milford 公司提出。它主要适用于工厂内的协作性工程规划、制造及重复生产的工作中心。

OPT 的指导思想实质上是集中精力优先解决主要矛盾，这对于单件小批量生产类型比较适应。这类企业由于产品种类多、产品结构复杂、控制对象过多，因此必须分清主次，抓住关键环节。其基本内容包括以下四个方面。

(1) 物流平衡是企业制造过程的关键。

企业的产品需求作为外部因素时刻都在变化，为适应市场，企业必须以尽可能低的成本、尽可能短的周期生产出顾客需要的产品。因此，制造问题主要是物流平衡问题，即需要强调实现物流的同步化。

(2) 瓶颈资源是产品制造的关键制约因素。

在制造过程中，影响生产进度的是瓶颈环节。一般来说，当需求超过能力时，排队最长的机器就是"瓶颈"。瓶颈资源实现满负荷运转，是保证企业物流平衡的基础。瓶颈资源损失或浪费 1 小时，制造系统即损失或浪费 1 小时。因此，瓶颈资源是制造系统控制的重点。

(3) 由瓶颈资源的能力决定制造系统其他环节的利用率和生产效率。

(4) 优化瓶颈工序的前导和后续工序的作业计划，提高计划的可执行性。

根据 OPT 的原理，企业在生产计划编制过程中，首先应编制产品关键件的生产计划，在确认关键件的生产进度的前提下，再编制非关键件的生产计划。

(二)OPT 的九条原则

OPT 建立在九条相互关联原则的基础上，且都是围绕"瓶颈"这一概念的。在一个作业环境中，"瓶颈"是指一些资源，如工作中心、机器或劳动力等，这些资源的最大生产能力小于下游的需求。瓶颈的出现能够导致生产过程中产生库存积压或者工人的排队等待。OPT 的九条原则介绍如下。

1. 原则 1：通过系统而非生产能力来平衡物料流

在制造过程中的每一个工作中心都会受到一些随机事件的影响，如机器故障、操作员缺勤或者原材料不能满足特定需要等。这些随机发生的事情将会导致工期的延误。如图 6-15 所示，原则 1 强调，必须努力通过整个系统来创造一个平缓的原材料物流，以适应下游作业的需要，而不能只是试图保持所有资源都被充分地利用。在需求产生波动时，可以通过使用拥有多项技能的操作人员来达到物流的平稳。

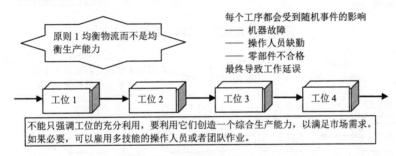

图 6-15　最优生产技术：原则 1

2. 原则 2：非瓶颈资源的利用率取决于系统中的其他限制

在一个生产系统中有两种资源：瓶颈资源(生产能力小于下游需求)和非瓶颈资源(生产能力不小于下游需求)。任何系统的生产能力总是由瓶颈资源的最大生产能力所决定的，如图 6-16 所示。在此方案中，非瓶颈资源不能充分发挥它的最大生产能力，因为瓶颈资源不能够转化所有的物流，同时也会导致库存量的增加。

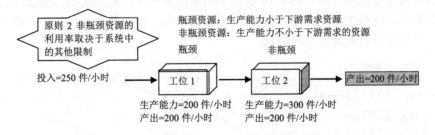

图 6-16　最优生产技术：原则 2

3. 原则 3：资源的"利用"并不等同于资源的"开动"，应该反对盲目地使所有的机器或工人忙起来

在图 6-17 所示的方案中，工位 4 的生产能力是 250 件/小时，但是它只能按照 150 件/小时来生产，因为有上游工位 3 的限制。而对于工位 1 来说，工位 2 又是瓶颈。整个系统

中最主要的限制在于工位 3。

4. 原则 4：瓶颈资源损失 1 小时相当于整个系统损失 1 小时

在图 6-18 所示的方案中，如果第三台机器因为操作故障，每小时只能生产 120 个部件，那么，无论机器 3 上游或下游的生产能力有多大，对于整个系统来说，这条生产线上的生产能力就只有 120 件/小时。

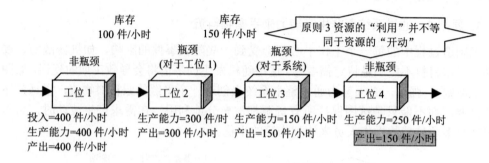

图 6-17　最优生产技术：原则 3

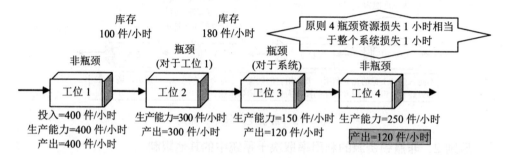

图 6-18　最优生产技术：原则 4

5. 原则 5：在非瓶颈资源上节省 1 小时没有作用

系统的生产能力是由瓶颈资源决定的，因此，在非瓶颈资源上节省时间对于整个系统的生产能力来说是毫无用处的。图 6-19 给出了当前的系统生产能力情况，假设工位 2 的准备时间可以缩减，使得生产能力能够提高到 300 件/小时，但是整个系统的生产能力不会因此而改变，因为总是有瓶颈资源在限制。

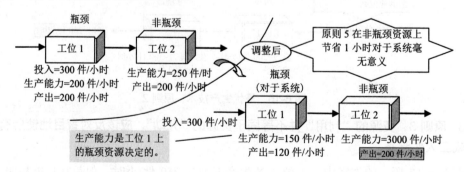

图 6-19　最优生产技术：原则 5

第六章 供应链生产运作管理

6. 原则6：产销率和库存量是由瓶颈资源决定的

在图6-20所示的方案中，系统生产能力是150件/小时，库存积压250件/小时。

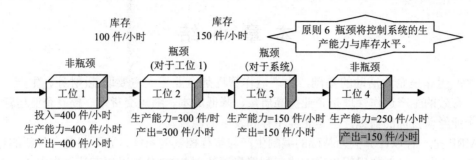

图6-20 最优生产技术：原则6

7. 原则7：每次转移的批量不必等于每次加工的批量

一次转移的批量是指从一个作业中心向另一个作业中心运送材料的数量，而一次加工的批量是指在机器的两次调整之间生产处理的材料数量。比较图6-21所示的两种情况。

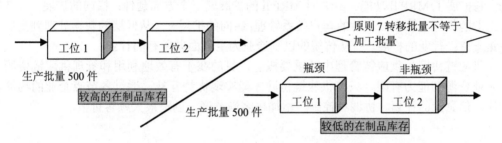

图6-21 最优生产技术：原则7

在第一种情况下，工位1上一批产品500件生产出来并从工位1传送到工位2之前，工位2上的操作人员都在等待。在这种情况下，工位1和工位2之间的在制品累计批量可以达到500件。

在第二种情况下，假设从工位1向工位2传送产品时，每次的传送批量为200件，那么两个工位之间的在制品库存量将不会超过200件。

8. 原则8：加工批量是可变的，而不是固定不变的

在优化的生产技术中，批量规模是计划的一个函数，因此在一段时间内或者在不同作业之间，它不应该是固定的。当不同的部件在不同的机器上进行生产时，为了向客户提供一种平缓、及时的物流，生产的批量规模应该是可变的。

9. 原则9：在制订生产计划前应该考虑系统中的所有限制

在生产过程中，通常会出现延迟，而且不能事先确定。假设部件A必须在工位1和工位2上进行加工，而部件B必须在工位1和工位3上进行加工。

A在工位1和工位2上需要的加工时间分别为9小时和6小时。

B在工位1和工位3上需要的加工时间分别为5小时和14小时。

如果先对 A 部件进行加工，则 A 所需时间为 15 小时，而 B 所需时间为 9+5+14=28(小时)。如果先对 B 部件进行加工，则 A 所需时间为 5+9+6=20(小时)，而 B 所需时间为 19 小时。

本 章 小 结

生产运作是企业活动的基础，生产运作管理是企业三大主要职能(财务、生产、营销)之一，有效的生产运作管理是企业提高质量、降低成本、缩短交货期、提高企业运营效率、实现企业经营目标的前提，也是企业生存和发展的源泉。

MRP 是一种以计算机为基础的编制生产与实行控制的系统，它不仅是一种新的计划管理方法，也是一种新的组织生产方式。制造资源计划 MRPⅡ 是以生产计划为中心，把与物料管理有关的产、供、销、财务各个环节的活动有机地联系起来，形成一个整体，进行协调，使它们在生产经营管理中发挥最大的作用，最终目标是使生产保持连续均衡，最大限度地降低库存与资金的消耗，减少浪费，提高经济效益。

企业资源计划 ERP 是从制造资源计划 MRPⅡ 发展而来的新一代集成化企业资源管理系统，它扩展了 MRPⅡ 功能。ERP 对 MRPⅡ 的扩展朝三个方向延伸：横向的扩展——从供应链上游的供应商管理到下游的客户关系管理；纵向的扩展——从低层的数据处理到高层管理决策支持；行业的扩展——从传统的以制造业为主到面向所有的行业。

供应链协同是供应链管理中的重要概念，目的在于有效地利用和管理供应链资源。单个企业资源和能力有限，只有供应链协同才能实现优势互补，通过各节点企业的物流、资金流、信息流的计划、协调和控制，增加顾客满意度，创造最大顾客价值。

复习思考题

一、名词解释

生产运作管理　物料需求计划　制造资源计划　供应链协同　甘特图　最优生产技术

二、问答题

1. 生产运作的特征是什么？
2. 生产运作的类型有哪些？
3. 生产运作管理的发展趋势是什么？
4. MRP 的依据是什么？
5. 简述 MRP 的逻辑流程。
6. 简述 ERP 的核心思想。
7. ERP 与 MRPⅡ 的区别是什么？
8. 试分析供应链企业协同的原因。
9. 供应链生产系统的协调控制机制有哪些。
10. 生产排序有哪些原则？
11. OPT 的 9 条原则是什么？

综合案例 6-1：三菱化工的生产运作管理

三菱化工公司是由三菱卡石公司和三菱石化公司于 1994 年合并而成，年销售收入达 140 亿美元。公司主要经营范围涉及石化产品、农用化学品、医药产品、塑料制品、专用化工产品。因此，对三菱化工来说，一条高度集成和完整的供应链显得格外重要。三菱化工聘请美国通用管理咨询有限公司帮助其建立起一套完整的，包括产品销售、供给、生产和筹资计划等在内的供应链业务流程；同时协助三菱化工建立起整个供应链的计划运行机制，使其能够高效地运行；还协助三菱化工建立起与其相适应的物流模式。

整个项目包括以下五个方面的内容。

(1) 需求计划设计。用统计工具、因果要素和层次分析等手段进行更为精确的预测，用包括互联网和协同引擎在内的通信技术帮助生成企业间的最新和定时的协作预测。

(2) 生产计划和排序。分析企业内部和供应商生产设施的物料和能力约束，编制满足物料和能力约束的生产进度计划，还可以按照给定条件进行优化。各软件供应商根据不同的生产环境应用不同的算法和技术，提供各有特色的软件。

(3) 分销计划。帮助管理分销中心并保证产品可订货、可营利、能力可用。分销计划帮助企业分析原始信息，然后企业能够确定如何优化分销成本或者根据生产能力和成本提高客户服务水平。

(4) 物流和运输计划。帮助确定将产品送达客户的最佳途径。物流和运输计划的时标是短期的和战术性的。物流和运输计划对货物交付进行成组规划并充分利用运输能力。

(5) 企业或供应链分析。以整个企业或供应链的图示模型，帮助企业从战略功能上对工厂和销售中心进行调整。有可能对贯穿整个供应链的一个或多个产品进行分析，注意和发掘到问题的症结。

供应链管理系统在三菱化学试点单位的实施，使生产线的准备时间和生产物料供应提前期有了明显提高；通过整合和优化供应链中需求和供应计划，达到公司管理层预先设定的要求：当客户有新的需求时，可及时查阅整个供应链上的资源重新配置概况。

三菱化学公司试点单位的供应链计划员可以编制高精度的月生产、销售计划，同时可以通过系统模拟客户需求量的变化对整个供应链的潜在影响程度。高精度的月生产计划可以帮助公司减少浪费、降低生产成本；整个供应链上各要素的综合计划如生产能力、可用库存量和客户对产品的特殊要求等，帮助三菱公司提高了客户满意度。

(资料来源：通用国际咨询. www.gci-corp.com.)

问题：
(1) 三菱化工的生产运作管理有什么特点？
(2) 试分析项目的五个组成部分之间相互的关系与作用。

综合案例 6-2：吉利汽车的 JIT 物料供给管理

在实施 JIT 物料供给体系以前，吉利公司在生产管理和物流管理方面存在的主要问题如下：一是仓库的管理费用由金刚公司承担；二是账目的准确性不高；三是零部件供给的及时性不高；四是信息化程度低，信息传递的及时性和准确性低；五是供应链成本高，浪费现象严重(如零部件的纸箱包装)；六是库存居高不下。

要建立 JIT 物料供给体系，实现拉动式生产和零库存，至关重要的是供应商必须具备日供货条件，信息必须准确传递和运输必须快速高效，而金刚公司相当多的供应商都不具备日供货的条件。针对这种情况，可以建立第三方物流仓库来进行过渡，暂时解决这一问题。2006 年 5 月，第三方物流仓库正式交付使用，不具备条件的供应商可以采用租用第三方物流库房、自己派人组织日供货或委托第三方物流代为管理的方式组织物料的日供给。

第三方物流的组建是建立 JIT 物料供给体系的重要基础和平台，是吉利金刚公司建立 JIT 物料供给体系，实现供应商按日按时而不是按月供货，提高存货周转率、加快资金流动的过渡方式，也是向精益生产方式迈进重要的第一步。最终取消第三方物流，通过 JIT 物料供给体系拉动供应商的生产，实现真正意义上的零库存和 JIT 生产才是最终目的。

金刚公司的 JIT 物料供给管理主要包括以下做法。

1. 实行看板管理

看板作为生产、运送指令的传递工具，是表示某道工序何时需要何数量的某种物料的卡片。看板可分为工序内看板、信号看板、工序间看板、外协看板和临时看板。目前，金刚公司所运用的看板分为两种：一种是条形码电子看板，即针对外部的配套供货厂家所使用的一次性看板，它记载了供货单位的名称、物料名称、供货时间、供货数量、工序、所使用的器具、交货地点等信息。另一种是条形码卡片式看板，它协调着冲压分厂和焊装分厂的生产和物料运送，是可以循环使用的一种看板，它记载了物料名称、供货数量、工序、所使用的器具等信息。

金刚公司看板管理主要分为四大步骤实施。2005 年 8 月以前在总装分厂内部实行看板；2005 年 9 月开始实施条形码扫描；2005 年 12 月至 2006 年 4 月在外部供应商进行看板试点；2006 年 5 月实施外部电子看板。

1) 分厂内部实行看板阶段

金刚公司从 2004 年 3 月在总装分厂内部开始推行看板，打破集团原有的配套发料管理模式，形成看板管理的基本模式。

看板是指令、是信息、是暴露矛盾的管理工具，对缩减生产工时、搬运工时、减少库存、消灭次品、防止再次发生故障等都起着巨大作用。在拉动式物料供给方式下，生产计划已无须下达给仓库，采用看板来传达物料需求信息；依据产量指示灯，物流供给人员循环作业。

金刚公司重点抓全员看板管理的培训工作，编制看板管理初期管理流程 5 个，考核管理制度 1 个。每天核对总装线旁库的库存量，对出现的差异进行即时分析；组织清线、盘点，对盘点结果进行综合分析，确保看板管理与账目管理保持一致。

2) 条形码扫描阶段

由于最初实施看板管理采取的是纯手工操作，导致相关数据不能及时登记，账目核对烦琐。针对出现的各类问题，2005年9月成立信息化看板管理项目，启动条形码扫描项目。通过摸索与实际操作结果的论证，金刚公司于2006年5月将条形码扫描推广到冲压件管理上，形成冲压分厂—物流仓库—焊装分厂—冲压分厂的一个流生产模式。焊装分厂生产线工人在适当的时候将看板投入看板收集箱，冲压件仓库送料人员定时收取看板，并凭看板备料和送料。冲压件仓库保管员定时将回收的看板交给冲压分厂，冲压分厂根据看板返回的时间和数量安排生产，以看板指导生产。条形码扫描实现了看板物料的落地(整车下线)结算、对在线仓库的库存数量不清线盘点、总装车间生产线生产情况综合查询、"一车一档"生成与查询。

3) 外部供应商进行看板试点阶段

为进一步在外部供应商中推广物流看板，金刚公司引进现调部品集货物流的理念。现调部品是指产自本地的零部件现使用现到供应商那里调集。集货是指把分散在各个供应商的零散货物先集中起来再一起送往主机厂。现调部品集货物流是日本丰田公司采用的一种最主要的采购物流方式，又叫"挤牛奶"方式。为推广和应用现调部品集货的思路与理念，金刚公司启动"第三方物流"，选择物流服务商，由其提供拣货服务，其车辆在主机厂与各供应商之间循环周转，同时还要起到信息传递作用。详细计算定量定时集货的循环周期时间、车辆运行路线、运行时间、在各供应商停车装货停留的时间、在主机厂停留的时间。通过采用周转箱、专用器具、专用车辆实现物流标准化作业，以缩短循环周期时间。每日向各供应商提供2~3天后主机厂所需要的详细物料品种、数量等信息。供应商产品质量必须得到保证，在日送料情况下，一旦出现产品质量问题，供应商必须采取特快加急的方式，用专车紧急送货到主机厂。

4) 第三方物流电子看板阶段

在内部推行看板仅仅服务于生产线——物流仓库，在外部推行看板仅仅服务于供应商——物流仓库，如何将两种看板有机结合，直接服务于供应商与生产线，形成一套供应链管理系统？在这种前提与需求下，金刚公司引进了第三方物流的电子看板。第三方物流电子管理看板是联系供应商—物流仓库—生产线的桥梁，将三方形成了一个有机的整体。

第三方物流电子看板通过ERP系统，将生产线的拉动生产指令直接传递到物流仓库，物流仓库通过SCM系统将物料需求信息传递到各供应商，形成电子拉动供应商的生产，达到JIT供货体系，进而形成采购供应链管理。台州本地的14家供应商和租用第三方仓库自行管理的9家供应商通过SCM系统打印出看板，并凭看板备料、送料；由金刚公司代保管的供应商的物料，由第三方仓库的扫描员代为打印看板，然后交给相应的保管员，保管员再根据看板上的信息备料、送料。

通过看板传递需求信息的生产模式，基于"没有看板不能生产、不能运送"的原则，防止了过量生产和过量运送，从而大大降低了库存量；看板作为"目视管理"的工具，基于"看板必须附在相应的实物上存放"的原则，简化了冲压分厂的生产、简化了供应商及第三方仓库的备料、送料工作，使优先顺序一目了然，从而提高了物料供给的及时性；同时，通过定容、定量、定置，规范了现场管理，为达到"6S"现场管理奠定了基础；通过逐步减少看板的数量实现管理水平的提升和库存量的减少，从而降低成本。

2. 开发 P-SCM 系统

P-SCM系统是联系金刚公司与供应商的现代化桥梁。以前，搭起这座桥梁的是电话和传真等传统的通信方式,但这样的方式存在很多不便,如沟通不及时,供应商无法及时了解金刚公司的计划和生产状况,无法及时调节自己的生产;沟通的互动性差,双方的反应时间较长,效率较低;供应商对自己存放在金刚公司仓库的物料状况不清楚,库存量偏高、不良品退库不及时等,严重影响了金刚公司的生产和物流管理,也无法满足日益发展的现代化生产需求。在这种状况下,金刚公司在引进ERP系统、组建三方物流的同时,开发出P-SCM系统。

金刚公司的P-SCM系统,结合采购公司的开发平台进行再次开发,增加了电子看板的打印与发货指令、零星销售计划的下达指令、第三方物流的日收发业务报表的查询工作、金刚公司的日生产作业结算信息的查询工作、金刚公司不合格品日信息的查询工作、金刚公司对各供应商实施的配额监控作业指令的查询工作、月计划查询、结算单查询等诸多模块。

电子看板的打印与发货指令模块的主要作用是取消了原先的电话、传真催货的工作方式,通过ERP与P-SCM系统的有效集成,供应商能够实时在家看到金刚公司的物料需求信息,从而达到JIT生产。

3. 实现JIT生产

JIT生产的基本目标就是降低成本,金刚公司的JIT生产通过对生产流程的物流和信息流的改善得以实现。金刚公司原有的生产模式为计划推动式生产,即由生产部根据销售订单给各个分厂下达每日生产计划,各分厂按此计划组织、安排生产;物流部根据生产计划,配套发送物料。在这种模式下,线旁库存量高、现场管理混乱、仓库库存量高、信息化程度低、送料的时序性差等问题突出,严重制约了金刚公司的发展。

实施第三方物流以后,这些问题都得到解决,初步建成具有吉利特色的生产、物流体系;焊装生产线(下序)的生产通过循环看板拉动冲压自制半成品的物料供给,由此产生的需求通过看板拉动冲压生产线(上序)的生产;总装分厂通过电子看板拉动物料供给,物料供给部门依据看板以定量不定时的方式对生产线组织JIT物料供给,实现了以客户需求为驱动,以"看板"为链条,将后道工序消耗的物料,直接作为前道工序的订单,拉动前道工序的拉动式生产。

同时,金刚公司采用实空搬运的做法,将空箱和满箱放在一起,不建立专门的空器具存放场,所有器具即为库存。空满箱一起定置、定容、定量,确保先进先出、物流路径最优、容器数量最少、容器管理一目了然、库存状态管理目视化、占用场地最小。

JIT生产方式的实现,真正坚持了以销定产的原则,把后道工序作为前道工序的用户,以汽车装配为龙头,以总装拉总成,以总成拉零件,以零件拉毛坯,以毛坯拉材料物资供应,实现了均衡生产和生产作业现场的整体优化。

(资料来源:生产运营管理案例分析—浅析吉利汽车供应链. 百度文库.
http://wenku.baidu.com/view/9f4a3a20bcd126fff7050bc2.html.)

问题:
(1) 吉利金刚公司的JIT物流供给管理解决了哪些问题?
(2) 吉利金刚公司是如何实施看板管理的?
(3) 第三方物流在JIT物流供给管理中起了哪些作用?

第七章
供应链销售管理

学习目标

- 了解供应链下需求预测的内容与步骤，掌握需求预测的方法；
- 理解客户关系管理的内涵，掌握实施客户关系管理的方法；
- 理解快速反应的内涵，掌握快速反应的实施方法；
- 理解有效客户响应的内涵，能够进行有效客户反应系统的构建与实施；
- 理解协同计划、预测与补货的内涵，掌握 CPFR 的实施步骤

【本章导读】

【导读案例 1】 从 2011 年 30 万台、2012 年 719 万台、2013 年 1870 万台、2014 年 6500 万台,小米在中国市场超过了三星电子、联想集团、酷派集团以及华为,成为智能手机发货量第一名。小米的快速崛起与它的创新供应链模式以及身后日益庞大的供应商队伍是密不可分的。小米将自己定位为苹果的补缺者,采取侧翼战为主要战略形式,定位在手机"发烧友"这个市场。小米采取饥渴营销模式,没有 F 码有钱也未必能买到小米。在这个粉丝经济的互联网时代,小米完全靠社交媒体、走的是电商路线,成本大大地降低,超高的性价比仍然有利润。小米单独的手机利润并不高,关键卖增值服务、衍生产品,同时打造互联网平台来盈利。小米采用的是 C2B 预售+电商模式交易渠道扁平化+快速供应链响应+"零库存"策略的供应链模式。C2B 预售使小米在供应链资金流上得到重要的保障,同时从传统的卖库存模式变革成卖 F 码,整个交易过程彻底扁平化,只有线上的途径才可以购买。通过需求集约来驱动后端的整个供应链组织,大概在 2~3 周内满足。这种供应链模式对于小米来说几乎是"零库存"管理,每一个动态的库存都属于顾客。

(资料来源:2013 年中国八大供应链创新案例. 创业邦. http://www.cyzone.cn/a/20140104/248282.html.)

启示: 小米作为互联网思维颠覆传统行业供应链模式的革新者,将传统手机的"重资产供应链组织模式"转变为"轻资产供应链组织模式"。

【导读案例 2】 自海尔进行以供应链为纽带的企业业务流程再造,目前已基本形成了符合新经济要求、业务组织流程化(包括商流、物流、资金流)、组织结构扁平化的企业组织结构,这为各业务流程管理系统的实施打下了坚实的基础。海尔 CRM 管理系统就是在海尔业务流程再造之后的平台上实施的,形成了"前台一张网(客户关系管理网站),后台一条链(市场链)"的闭环系统。海尔 CRM 系统围绕一个中心,面向两类用户,提供三种服务。一个中心是以订单信息流为中心,可实现客户对订单的下达、审核、跟踪的全过程服务。两类用户分别是外部客户用户和内部业务人员用户。三种服务分别是面向外部客户的网上财务对账、费用查询等在线账务服务;面向外部客户的管理咨询、客户投诉;面向内部业务人员的库存查询、日期查询、客户进销存查询、商业智能分析等在线系统服务和企业文化、产品推介、促销活动等网上信息服务。海尔业务流程再造的目标是实现顾客满意度的最大化,而海尔 CRM 系统通过搭建与客户之间统一高效的平台向客户提供更加个性化、专业化的服务。

(资料来源:创造有价值订单迎接 WTO 海尔 CRM 实现与用户零距离. 新浪财经纵横. http://finance.sina.com.cn/b/20011011/115045.html.)

启示: 企业之间的竞争已经从过去直接的市场竞争转向客户竞争。海尔 CRM 系统就是要实现端对端的零距离销售,达到快速获取客户订单、满足用户需求、缩短销售周期、降低销售成本的目的,从而大幅度提高销售业绩与客户满意度。

【导读案例 3】 随着社会经济的发展,现代服装除了最基本的功能外,还被赋予了时尚潮流的新概念,由此引发了国际服装生产出现了一系列新变化和新的生产模式。其中,意大利、法国、日本、韩国等服装企业现在推行的 QR 生产模式最具有代表性,其主要特征有以下几个方面:一是新开发设计的服装小批量制作投放市场,一般不超过 500 件,投放

第七章 供应链销售管理

市场后跟踪销售状况决定下一步的生产量。如果一个月后销售量达到 30%左右，再生产第二批，仍不超过 500 件；两个月后销售率如能达到 70%~80%，第三批生产 1000 件以内，这样最终的销售率能达到 95%左右，此后这批服装就撤离市场。如果市场销售状况不理想，及时停止生产。二是在设计方面有前瞻预测性地先行，保证任何时候都有新款式上市。三是生产企业与销售流通始终保持紧密的网上信息沟通，销售流通环节上的任何信息都能立即反馈到生产企业的管理层和设计开发部门，为快速应对市场变化掌握第一手信息资料，及时做出决策。

服装 QR 生产制作模式为服装生产企业带来了高收益，使库存量大幅下降，高附加值的订单量扩大。统计资料显示，韩国企业推行 QR 生产模式后，库存率由过去的 30%下降为 5%左右；低附加值的订单比例由过去的 70%~80%下降为 55%~60%；高附加值产品的生产量由 16%~20%上升为 25%~35%。韩国 LG 时装公司表示，销量好的服装立即追加生产，销量不畅的服装减产或停产，仅此一项，LG 时装公司一年间可望节省压库费用 1250 万~2000 万美元。

（资料来源：服装生产兴起 QR 模式. 中国纺机网. http://www.ttmn.com/school/schoolshow.asp?id=57242.)

启示：随着竞争的全球化和企业经营业务全球化，QR 成为零售商实现竞争优势的工具。随着零售商和供应商结成战略联盟，竞争方式也从企业与企业间的竞争转变为战略联盟之间的竞争。

【导读案例 4】 与我国奶粉总体消费量整体下降呈鲜明对比的是，国内高端奶粉及婴幼儿奶粉的市场需求在不断扩大，伴随着需求的拉动，婴童奶粉的市场竞争日趋激烈，品牌战、广告战、促销战、渠道战铺天盖地，使每一个婴童奶粉厂家都倍感压力。一位国内知名婴童奶粉厂家的营运总监曾不无感慨地说："婴童奶粉这个产业很难做，市场对于品牌知名度和产品质量非常敏感，基本上是以销定产，对企业整个供应链要求特别高，产品从出厂到上柜销售，最多两个月，超过两个月就不要上架了，我们就要进行促销处理"。目前，很多国内的婴童奶粉企业还没有建立统一、稳定、顺畅的供应链。根据婴童奶粉行业的特点，采取 ECR 供应链模式能够满足婴童奶粉企业需要，快速捕捉客户的需求信息，及时调动资源，以最快的速度满足用户需求。

（资料来源：从 ECR 模式看我国婴童奶粉行业供应链. 中国计算机报. 2007.66.)

启示：在企业间竞争加剧和需求多样化发展的今天，产销之间迫切需要建立相互信赖、相互促进的协作关系，通过现代化的信息和手段，协调双方的生产、经营和物流管理活动，进而在最短的时间内应对客户需求变化。

第一节 供应链管理环境下的需求预测

一、供应链下需求预测的概念、内容与步骤

(一)需求预测的概念

需求预测为企业给出了其产品在未来一段时间内的需求期望水平，并为企业的计划和

控制决策提供了依据。既然企业生产的目的是向社会提供产品或服务,其生产决策无疑会很大程度地受到需求预测的影响。需求预测与企业生产经营活动紧密相关。

(二)需求预测的内容

1. 供给预测

供给是指一定的价格水平下,商品生产者或供应者愿意并能够提供出售商品的数量。在进行供给预测时,既要分析国内市场和国际市场供给情况,又要预测分析产品的现有供应能力,还要分析预测现有生产企业潜在的增长趋势。只有在综合分析多种因素后,才能得出比较正确、合理的预测结果。

资源预测是供给预测的组成部分,资源的稀缺性是市场预测的重要原因之一,对工业项目来说,在确定生产规模时,首先要考虑原材料(如铁矿石)、燃料动力(如天然气、煤、焦炭或电力)等是否能满足需要,资源预测一般包括农副产品资源预测、日用工业品资源预测以及能源预测等。

2. 需求预测

需求是指在一定价格水平下,在一定时间和空间范围内,消费者愿意并能够购买的某种商品的数量,即对该商品有购买力的市场需要。

需求预测一般分为近期市场需求预测和远期市场需求预测,其内容包括产品需求预测、生产资料需求预测和消费资料需求预测。

要预测市场潜量,就必须研究工、农业生产的发展趋势,人民生活水平的提高程度,历年结余的购买力及购买力的投向等。影响市场潜量的因素很多,包括经济水平、文化水平、人口变化等,但最主要的是社会购买力的变化。

(三)需求预测的步骤

1. 选择预测目标

进行市场预测首先要明确预测的目标,即预测的具体对象的项目和指标,进行这次预测活动的原因,这次预测要达到的目的。

2. 广泛收集资料

进行预测必须有充分的市场信息资料,因此,在确定预测目标以后,首要工作就是广泛系统地收集与本次预测对象有关的数据和资料。资料收集得越广泛、越全面,预测的准确程度就越高,当然收集的难度也会越大。市场调查是收集资料普遍采用的方法。

3. 选择预测方法

收集完资料后,要对这些资料进行分析和判断。常用的方法是首先将资料列出表格,制成图形,以便直观地进行对比分析,观察市场活动规律。在分析判断的过程中,要考虑采用何种预测方法进行正式预测。市场预测有很多方法,各种预测方法有不同的特点,适用于不同的市场情况。一般而言,掌握的资料少、时间紧,预测的准确程度要求低,可选用定性预测方法;掌握的资料丰富、时间充裕,可选用定量预测方法。

4. 建立模型，进行计算

市场预测是运用定性分析和定量测算的方法进行的市场研究活动。一些定性预测方法，经过简单的运算，可以直接得到预测结果。定量预测方法要应用数学模型进行演算和预测。在预测过程中，应尽可能选用几种不同的预测方法，以便互相比较，验证其结果。

5. 评价结果，编写报告

通过计算产生的预测结果只是初步的结果，还要加以多方面的评价和检验才能最终使用。

6. 对预测结果进行事后鉴别

完成预测报告，并不是预测活动的终结，下一步还要对预测结果进行追踪调查。因此，预测报告完成以后，要对预测结果进行追踪，考察预测结果的准确性和误差，并分析总结原因，以便取得预测经验，不断提高预测水平。

二、供应链下需求预测的方法

(一)定性预测方法

定性预测方法又称为经验判断法。它是根据已掌握的历史资料和现实材料，凭借个人的经验、知识和分析判断能力，对预测对象未来发展趋势做出性质和程度的判断。

由于定性预测方法主要是凭借个人的知识、经验和分析能力来进行的，因此，对于一些缺乏历史资料或影响因素复杂又难以分清主次，或对主要影响因素难以进行定量分析的情况，使用这种预测方法是最为有效的。常用且较为科学的定性预测方法包括以下三种。

1. 企业集体经验判断预测法

企业集体经验判断预测法是由预测人员召集企业内部有经验的管理者(如经理、科长)、业务人员(如销售员、采购员)和职能部门人员(如会计人员、统计人员)等，组成一个小组，对未来市场的发展趋势做出判断预测，最后由预测人员把小组中每个成员的预测意见集中起来，进行综合处理，得出最后预测结果。企业集体经验判断法，相对于个人经验判断法有十分明显的优点，它利用了集体的经验和智慧，避免了个人掌握的信息量有限和看问题片面的缺点。

2. 销售人员意见综合法

销售人员意见综合法是将不同销售人员的估计值综合汇总起来，经过统计分析做出预测的方法。用此方法得出的预测数据比较接近实际，这是因为销售人员直接接触市场和顾客，比较了解消费者和竞争公司的动向，其所做出的销售预测可靠性较高。

3. 德尔菲法

德尔菲法是采用背对背的通信方式征询专家小组成员的预测意见，经过几轮征询，使专家小组的预测意见趋于集中，最后做出符合市场未来发挥趋势的预测结论。德尔菲法的特点表现在以下三个方面：一是匿名性(背靠背打分)，它采用匿名函征求意见，即专家的意见互不相通，避免心理上的相互干扰，以提出较理想的预测值；二是反馈性，即把意见整理集中，匿名返回到每位专家手中，再次征求其意见，使他们权衡各种意见，不断修正自己的判断；三是集中判断，对各位专家的预测值进行统计，并反复研究，把各种意见用中位数或平均数加以综合，从而为决策提供依据。

德尔菲法的优点是：预测速度快，节省资金，得到了多种有价值的观点和意见，适用于数据资料不足、不可测因素较多的情况。不足之处是：专家的意见难免带有主观片面性或脱离实际，因此一般用于长期预测、宏观预测和对新产品投产的预测。

德尔菲法的具体实施步骤如下。

(1) 组成专家小组。按照课题所需要的知识范围，确定专家。专家的人数，可根据预测课题的大小和涉及面的宽窄而定，一般不超过 20 人。

(2) 向所有专家提出所要预测的问题及有关要求，并附上有关这个问题的所有背景材料，同时请专家提出还需要什么材料，然后，由专家做书面答复。

(3) 各个专家根据他们所收到的材料，提出自己的预测意见，并说明自己是怎样利用这些材料并提出预测值的。

(4) 将各位专家第一次的判断意见进行汇总，列成图表进行对比，再分发给各位专家，让专家比较自己与他人的不同意见，修改自己的意见和判断。

(5) 将所有专家的修改意见收集起来进行汇总，再次分发给各位专家，以便做第二次修改。逐轮收集意见并为专家反馈信息是德尔菲法的主要环节。收集意见和信息反馈一般要经过三四轮。这一过程重复进行，直到每一个专家不再改变自己的意见为止。

(6) 对专家的意见进行综合处理，并得出最终预测结果。

【案例 7-1】 某书刊经销商采用德尔菲法对某一专著销售量进行预测。该经销商首先选择若干书店经理、书评家、读者、编审、销售代表和海外公司经理组成专家小组。将该专著和一些相应的背景材料发给各位专家，要求大家给出该专著最低销售量、最可能销售量和最高销售量三个数字，同时说明自己做出判断的主要理由。将专家们的意见收集起来，归纳整理后返回给各位专家，然后要求专家们参考他人的意见对自己的预测重新考虑。专家们完成第一次预测并得到第一次预测的汇总结果以后，除书店经理 B 外，其他专家在第二次预测中都做了不同程度的修正。重复进行，在第三次预测中，大多数专家又一次修改了自己的意见。第四次预测时，所有专家都不再修改自己的意见。因此，专家意见收集过程在第四次以后停止。最终预测结果为最低销售量 26 万册，最高销售量 60 万册，最可能销售量 46 万册。

(资料来源：德尔菲法. 百度百科. http://baike.baidu.com/view/41300.htm.)

(二)定量预测方法

目前，企业中常用的预测方法主要有加权算术平均法、季节指数法、指数平滑法、一元线性回归预测法、时间序列预测法等，下面重点说明加权算术平均法和季节指数法。

1. 加权算术平均法

加权算术平均数是具有不同比重的数据的算术平均数。

比重也称为权重，数据的权重反映了该变量在总体中的相对重要性，每种变量权重的确定与一定的理论经验或变量在总体中的比重有关。依据各个数据的重要性系数(即权重)

进行相乘后再相加求和,就是加权。加权和与所有权重之和的比等于加权算术平均数。

如果用下列符号表示各有关的数值:

x_i:各观测值;

w_i:各观测值的对应权数;

y:加权算术平均数(即预测值)。

则加权算术平均数的计算公式如下:

$$y=\sum(x_i\times w_i)/\sum w_i$$

【例7-1】 某企业统计50名员工每天加工零件的数量,根据表7-1所示数据计算出平均日产量。

表7-1 零件加工数量统计表

按零件数分组(件)	组中值(x_i)	发生频率(权重 w_i)
105~110	107.5	3
110~115	112.5	4
115~120	117.5	9
120~125	122.5	14
125~130	127.5	12
130~135	132.5	5
135~140	137.5	3
合计	—	50

解:平均日产量=
$$\frac{107.3\times3+112.5\times4+117.5\times9+122.5\times14+127.5\times12+132.5\times5+137.5\times3}{3+4+9+14+12+5+3}=123(件)$$

从例7-1可以看出,算术平均数的大小不仅取决于研究对象的变量值,而且受各变量值重复出现频数大小的影响,如果某一组的频数较大,说明该组的数据较多,那么该组数据的大小对算术平均数的影响就大;反之则小。可见,各组频数的多少(或出现频率的高低)对平均结果起着一种权衡轻重的作用,因而这一衡量变量值相对重要性的数值称为权数。

2. 季节指数法

季节指数法就是根据时间序列中的数据资料所呈现的季节变动规律性,对预测目标的未来状况做出预测的方法。在市场销售中,一些商品如电风扇、冷饮、四季服装等往往受季节影响而出现销售的淡季和旺季之分的季节性变动规律。掌握了季节变动规律,就可以利用它对季节性的商品进行市场需求量的预测。

季节指数法的一般步骤如下。

(1) 收集历年(通常至少有3年)各月或各季的统计资料(观察值)。

(2) 求各年同月或同季平均数,用 A 表示。

(3) 求历年间所有月份或季度的平均值,用 B 表示。

(4) 计算各月或各季度的季节指数,即 A/B。

(5) 根据未来年度的全年趋势预测值，求出各月或各季度的平均预测值，然后乘以相应季节指数，即可得出未来年度内各月或各季度预测值。

【例 7-2】 某纺织生产企业近 4 年的棉布销售量如表 7-2 所示，试对以下情况做出预测。

(1) 假设 2011 年第一季度的销量为 220 万米，预测第二季度的销售量。

(2) 假设 2011 年全年的计划销售量为 1000 万米，预测各季度的销售量。

表 7-2　商品销售量统计表

年度(年) \ 季度	第一季度	第二季度	第三季度	第四季度
2007	180	120	205	100
2008	190	125	215	110
2009	200	140	220	130
2010	210	155	235	150

解：根据表 7-2 所示信息，计算出同季度平均数和季节指数，如表 7-3 所示。

表 7-3　季节指数计算表

年度(年) \ 季度	第一季度	第二季度	第三季度	第四季度	全年合计
2007	180	120	205	100	605
2008	190	125	215	110	640
2009	200	140	220	130	690
2010	210	155	235	150	750
同季合计	780	540	875	490	2685
同季平均值	780/4=195	540/4=135	875/4=218.75	490/4=122.5	年平均值 167.81
季节指数(%)	195/167.81=1.16	135/167.81=0.8	218.75/167.81=1.3	122.5/167.81=0.73	

(1) 设 2011 年第二季度的销售量预测值为 X，已知第一季度的销售量为 220 万米，则 $X=220/1.16\% \times 0.8\%=151.72$(万米)。

(2) 先求出 2011 年的季平均数，再根据各季度的季节指数求出预测值：

2011 年的季平均数=1000/4=250(万米)

第一季度销售量=250 × 1.16%=290(万米)

第二季度销售量=250 × 0.8%=200(万米)

第三季度销售量=250 × 1.3%=325(万米)

第四季度销售量=250 × 0.73%=182.5(万米)

第二节　客户关系管理

一、客户关系管理的内涵

最早发展客户关系管理的是美国，从 1980 年年初的"接触管理"(Contact Management)，即专门收集客户与公司联系的所有信息，到 1990 年演变成包括电话服务中心支持资料分析

第七章 供应链销售管理

的客户关怀(Customer Care)，近年来开始在企业供应链管理中流行。

对于客户关系管理(Customer Relationship Management，CRM)的定义，很多企业和学者给出了不同的解释，在此援引 IBM 对此概念做出的解释：客户关系管理包括企业识别、挑选、获取、发展和保持客户的整个商业过程。

IBM 把客户关系管理分为三类：关系管理、流程管理和接入管理。从管理科学的角度来考察，客户关系管理源于市场营销理论；从解决方案的角度考察，客户关系管理是将市场营销的科学管理理念通过信息技术的手段集成在软件上面，得以在全球大规模地普及和应用。作为解决方案的 CRM，它集合了当今最新的信息技术，包括 Internet 和电子商务、多媒体、数据仓库和数据挖掘、专家系统和人工智能、呼叫中心等。作为一个应用软件的客户关系管理，凝聚了市场营销的管理理念。市场营销、销售管理、客户关怀、服务和支持构成了 CRM 软件的基石。

【案例 7-2】 苏宁在全国 100 多个城市的客户服务中心利用内部 VOIP 网络电话及呼叫中心系统建成了集中式与分布式相结合的客户关系管理系统，建立了 5000 万个顾客消费数据库。CRM 系统将自动语言应答、智能排队、网上呼叫、语音信箱、传真和语言记录功能、电子邮件处理、屏幕自动弹出、报表功能、集成中文 TTS 转换功能、SMS 短消息服务等多项功能纳入其中，建立了一个覆盖全国的对外统一服务、对内全面智能的管理平台。

(资料来源：苏宁电器客户关系管理(CRM)实施案例. 壹佰网.
http://www.erp100.com/thread-38930-1-1.html.)

综上所述，客户关系管理有三层含义：体现为新型企业管理的指导思想和理念；是创新的企业管理模式和运营机制；是企业管理中信息技术、软硬件系统集成的管理方法和应用解决方案的总和。

其核心思想就是：客户是企业的一项重要资产，客户关怀是 CRM 的中心，其目的是与所选客户建立长期和有效的业务关系，在与客户的每一个"接触点"上都更加接近客户、了解客户，最大限度地增加利润和利润占有率。

CRM 的核心是客户价值管理，它将客户价值分为既成价值、潜在价值和模型价值，通过一对一营销原则，满足不同价值客户的个性化需求，提高客户忠诚度和保有率，实现客户价值持续贡献，从而全面提升企业盈利能力。

二、客户关系管理的功能

客户关系管理的功能可以归纳为三个方面：对销售、营销和客户服务三部分业务流程的信息化；与客户进行沟通所需要的手段，如电话、传真、网络、电子邮件等的集成和自动化处理；对上面两部分功能所积累下的信息进行的加工处理，产生客户智能，为企业的战略战术的决策作支持。客户关系管理的功能主要体现在以下三个方面。

1. 销售

有的 CRM 系统具有销售配置模块，允许作为客户或销售代表的系统用户根据产品部件确定最终产品，而用户不需懂得这些部件是怎么联结在一起，甚至不需要知道这些部件能否联结在一起。由于用户不需技术背景即可配置复杂的产品，因此，这种销售配置工具特别适合在网上应用。自助的网络销售能力，使得客户可通过互联网选择、购买产品和服务，使得企业可直接与客户进行低成本的、以网络为基础的电子商务。

【案例 7-3】 在索尼官网，用户可选择定制机型体验个性激光刻字服务，共有两行位置可让用户写上自己喜欢的文字。只是在文字数量上有一定限制，用户可根据自己的实际情况提交刻印文字。对于想真正体验定制笔记本乐趣的人来说，戴尔官网所推出的定制服务绝对可以让人眼前一亮。用户完全可以"自己动手，丰衣足食"，其独特的直销模式与上门保修服务也赢得了市场及消费者的尊重。同样，在苹果官网的在线商城，用户也可以定制自己喜欢的产品。除了可以自选笔记本的硬件，还可以在预装软件、服务和支持、配件及促销上进行自选。

2. 客户服务与支持

在很多情况下，客户的保持和提高客户利润贡献度依赖于提供优质的服务，客户只需轻点鼠标或打一个电话就可以转向企业的竞争者。因此，客户服务和支持对很多公司是极为重要的。在 CRM 中，客户服务与支持主要是通过呼叫中心和互联网实现。在满足客户的个性化要求方面，它们的速度、准确性和效率都令人满意。CRM 系统中强有力的客户数据使得通过多种渠道，如互联网、呼叫中心销售变得可能，当把客户服务与支持功能同销售、营销功能较好地结合起来时，就能为企业提供很多机会，向已有的客户销售更多的产品。客户服务与支持的典型应用包括：客户关怀(电话或邮件回访)；纠纷、次货、订单跟踪；现场服务；问题及其解决方法的数据库；维修行为安排和调度。

【案例 7-4】 2011 年 3 月初，京东商城包裹可视化跟踪系统(GIS)正式上线，京东配送员全部配备 PDA 设备，以后大家可以在地图上实时看到自己包裹在道路上移动等投递情况，该功能在订单详情里面，和订单跟踪、付款信息并行，点击"订单轨迹"即可实现。未来可以准确地在地图上标明包裹到货时间等信息，误差只有 10 分钟。另外，配送员即时服务系统也同步上线，可以实现：现场价格保护，以后无须与呼叫中心确认，京东配送员可以现场实现价格保护服务；在送货过程中，客户无须任何页面操作即可实现退换货服务；现场实现订单完成状态，客户可以更快地进行产品评价、晒单等；售后上门取件，即时下发给最近配送员，提升上门取件服务效率。

(资料来源：京东商城正式上线包裹可视化跟踪系统. 国家经济地理. http://www.negchina.com/news/dlxx/gps/20110302/6791.html.)

3. 计算机、电话、网络的集成

企业有许多与客户沟通的方法，如面对面地接触、打电话、通过呼叫中心、发送电子邮件、利用互联网、通过合作伙伴进行的间接联系等。CRM 有必要为上述多渠道的客户沟通提供一致的数据和客户信息。我们知道，客户经常根据自己的偏好和沟通渠道的方便与否，掌握沟通渠道的最终选择权。例如，有的客户或潜在的客户不喜欢不请自来的电子邮件，但企业偶尔打来电话却不介意，因此，对这样的客户，企业应避免向其主动发送电子邮件，而应多利用打电话的方式。

【案例 7-5】 登录海尔的官方网站 www.haier.com.cn，进入"服务与支持"模块，即可看到"在线提交安装与维修申请"服务，用户只需在线填写提交报修单，就会在 1 小时之内收到总部的确认电话，客户服务专员会通过电话商讨上门维修的相关事宜。之后，维修人员会主动联系客户，上门维修。这样快捷、周到的客户服务消除了用户对维修的时间、维修费用和维修质量的顾虑。

三、客户关系管理的实施步骤

1. 获得企业内部的全方位支持

CRM 将涉及企业内部的很多层面，所以，最重要的是获得销售、市场、技术、财务及生产等部门的通力协作。

2. 建立 CRM 项目团队

在企业的所有部门都达成 CRM 项目共识时，CRM 项目团队的建立自然就提上了日程。项目团队的最佳配置包括各方面的代表，包括管理高层、市场销售、系统集成/技术支持、财务及终端用户。项目成员将各司其职，提出对采用的 CRM 系统后期望达到的具体结果。

3. 商业需求分析

CRM 项目成功的重点是商业需求分析。在很多失败的案例中，CRM 项目小组往往过分或者过快地进入到项目的技术层面，而忽视了预先对现有流程进行调研分析与评估。所以，进行 CRM 调查有助于企业在实施全面 CRM 解决方案时获取必要的数据依据。

4. CRM 计划的执行与软件的选择

企业在 CRM 的实施过程中，有必要制订详细的 CRM 执行计划，规定相应的工作流程从而使 CRM 规划逐步成为现实。在选择 CRM 软件时，目标在于优化销售、市场及客户服务流程。这就意味着，软件的选择必须立足于企业现有的技术基础设施及全面配套的功能要求。

第三节 快速反应与有效客户反应

一、快速反应与快速反应系统

(一)快速反应与快速反应系统基本概念

QR 是美国纺织服装业发展起来的一种供应链管理方法，其管理的重点是对消费者需求做出快速反应。具体来说，快速反应(Quick Response，QR)是指物流企业面对多品种、小批量的买方市场，不是储备"产品"，而是准备各种"要素"，在用户提出要求时，能以最快速度抽取"要素"，及时"组装"，提供所需服务或产品。

快速反应系统，是指通过零售商和生产厂家建立良好的伙伴关系，利用 EDI 等信息技术，通过共享 POS 信息来预测商品的未来补货需求，用多频度、小数量配送方式连续补充商品，以此来实现销售额增长、客户服务的最佳化以及库存量、商品缺货、商品风险和减价最小化目标的一个物流管理系统模式。

【案例7-6】 宝洁公司从北美最大的零售商沃尔玛的收银台直接获取销售数据，运用这些信息制订生产计划和安排配送计划以便补货。这样一来，沃尔玛只保留很少的一部分库存，却可保证较少的缺货，宝洁则得益于对需求的可预知性而更经济地进行生产和物流运作，最重要的是大大增加了对沃尔玛的销售额。

(二)快速反应系统的产生

1. 快速反应系统的起源

快速反应系统起源于20世纪80年代初期，在欧美等发达国家的纺织服装行业，它是为了对付大量的国外纺织品和服装进口对本国市场的冲击而采取的一种市场策略。当时，进口商品大约占到纺织服装行业总销量的40%。针对这种情况，美国纺织服装企业一方面要求政府和国会采取措施阻止纺织品的大量进口；另一方面进行设备投资提高企业的生产率。即便这样，廉价进口纺织品的市场占有率仍在不断上升，而本地生产的纺织品市场占有率却在连续下降。

为此，一些主要的经销商成立了"用国货为荣委员会"。一方面，通过媒体宣传国产纺织品的优点，采取共同的销售促进活动；另一方面，委托零售业咨询公司从事提高竞争力的调查。最后建议零售业者和纺织服装生产厂家合作，共享信息资源，建立一个快速反应系统，即零售店、批发店、面料和成衣制造商实行订货、接单、库存等信息共享，以消减库存、缩短交货期限。这就是最早在纺织服装行业形成的快速反应。

2. 快速反应系统的发展背景

在新的环境下，为满足客户不断快速变化的消费需求，需要对客户需求做出快速反应，主要有以下几个原因。

1) 顾客需求不确定性程度的日益提高

需求的不确定性呈不断增长的趋势，一方面来自新的市场环境下客户需求变化的不断加快；另一方面源于激烈市场竞争下各种市场的变化，如竞争对手意料之外的促销或突然的削价、下游供应链企业订货策略的改变等。

一般而言，客户的响应时间越长，即预测的时间越长，对客户需求的预测准确性就越低。而预测精度的降低又反过来导致产品与实际客户需求的更加不匹配。为了克服客户需求的不确定性，传统的做法就是增加安全库存。但是在一个急剧变化的市场环境下，与提高库存获得的收益相比，通过对客户需求做出快速响应会更有效。

2) 产品寿命周期的不断缩短

产品寿命周期指产品从引入市场到最后退出市场的整个生命过程。近几十年来，一个非常显著的特征就是产品寿命周期的缩短，尤其是那些创新性的商品，如时装、汽车、手机、计算机。产品寿命周期的缩短使得企业从产品开发到投入市场以满足消费者需求的时间大为减少。因此，对顾客需求的快速响应，包括快速的产品开发、快速的生产制造、快速的营销推广，是企业在激烈的市场竞争中获得和扩大市场份额的关键因素。

3) 激烈竞争下"库存"的不断压缩

库存以原材料、零部件、在制品和产成品等形态在供应链中大量存在。激烈的市场竞争要求供应链企业采取各种措施尽可能实现"零库存"，以降低库存持有成本并释放由于库存而占用的企业资金。对于供应商而言,"零库存"意味着在提供及时交货服务的同时不断降低库存成本。在传统管理模式下,服务水平和库存成本间的平衡是非均衡的。服务水平的提高一般需要支付额外的库存成本,如通过持有一定的安全库存。在一个多节点的供应链系统中,这种策略极易诱发库存水平的逐级放大,形成"牛鞭效应"。

二、快速反应的实施

(一)实施 QR 的条件

1. 改变传统的经营方式、革新企业的经营意识和组织

企业不能局限于只依靠本企业的力量来提高经营效率的传统经营意识,要树立与供应链各方建立合作伙伴关系,努力利用各方资源提高经营效率的现代经营意识。零售商在垂直型 QR 系统中起主导作用,零售店铺是垂直型 QR 系统的起始点。明确垂直型 QR 系统内各个企业之间的分工和协作范围与形式,消除重复业务和作业,建立有效的分工协作框架。

2. 开发和应用现代信息处理技术是成功进行 QR 活动的前提条件

现代信息技术有商品条形码技术、电子订货系统(EOS)、POS 系统、EDI 系统、预先发货清单技术(ASN)、电子支付系统(EFT)、供应商管理库存(VMI)及连续补充库存计划(CRP)等。

3. 与供应链各方建立战略伙伴关系

传统的企业关系是一种对抗关系,使得企业不可能根据客户需求安排采购、生产和配送,快速响应也就无从谈起。基于长期友好合作战略关系的建立,有利于企业从如何快速响应客户需求的最终目标出发,站在整个供应链角度分析和思考问题。

4. 必须改变传统的企业商业信息保密的做法

在销售信息、库存信息、成本信息等方面与合作伙伴交流分享,并在此基础上要求各方一起发现问题、分析问题和解决问题。

(二)实施 QR 的阶段

1. 条形码和 EDI

零售商首先必须使用条形码、POS 扫描和 EDI 等技术设备,以加快收款速度,获得更准确的销售数据,并使信息沟通更加流畅。

2. 固定周期补货

QR 的自动补货要求供应商更快、更频繁地配送新订购的商品,以保证店铺不缺货,从而提高销售额。自动补货是指基本商品销售预测的自动化。

3. 先进的补货联盟

成立先进的补货联盟是为了保证补货业务更加流畅。

4. 零售空间管理

零售空间管理是指根据每个店铺的需求模式来规定其经营商品的花色品种和补货业务。

5. 联合产品开发

对于服装等生命周期很短的商品，厂商和零售商联合开发新产品，缩短从新产品概念到新产品上市的时间，而且经常在店内对新产品进行试销。

6. 快速反应的集成

通过重新设计业务流程，将前五步的工作和公司的整体业务集成起来，以支持公司的整体战略。这一步要求零售商和制造商围绕消费者而不是传统的公司职能，重新设计其整个组织、业绩评估系统、业务流程和信息系统。

(三)实施 QR 的收益

美国纺织服装业经过 10 年的 QR 实施计划后，到 20 世纪 90 年代中期，一家咨询公司的一项调查显示，与 1985 年相比，消费者更容易以低价格买到品种丰富的商品。消费者得到的利益在衣料品方面每年达 350 亿美元，其中贡献最大的是 QR 的实施，占到了 37%，达 130 亿美元。由于供货周期缩短、库存断档减少而增加的消费者服务相当于 80 亿美元，产品分销渠道库存降低，其中不必要的成本减少了 50 亿美元。从效果看，成本削减方面获益最大的是零售商，服装制造商由于市场反应能力的提高，在供货品种和服务水平方面得到明显改善，由此产生的成本增加被控制在最小限度。美国的 QR 在 20 世纪 90 年代后期开始进入第三个发展阶段，当时预计 10 年后在衣料品相关行业带来年利益(损失减少)540 亿美元。

一般来说，QR 的价值体现在生产、物流和信息流三个方面，即生产期中追加是 QR 价值的源泉；物流改进给顾客带来更大的利益；标准 EDI 和信息共享是 QR 生产、物流的基础。其中，条形码和 POS 扫描技术使企业可以跟踪销售和库存商品的详细信息，带来的收益包括：消除商店的账簿；降低甚至消除促销商品的标签费用；降低配送中心的标签费用；通过更准确的定价减少削价损失；提高商店付款台的工作效率；零售商和生产厂商通过 EDI 可以使零售商小批量频繁地订货，同时大大减少了文档工作和订单错误；运输包装标志使企业扫描货箱标签时，不需要开箱、分类和盘点货物即可知道货箱的内容，从而使配送中心能够更快地处理货物，并把货物送到目的商店。这些信息技术与 QR 战略结合后使零售商获得了更多的收益。实施 QR 最终使企业增加了销售额，降低了购销、配送、管理、库存利息等费用。

【案例 7-7】沃尔玛公司 1983 年开始采用 POS 系统，1985 年开始建立 EDI 系统，这两大信息系统的建设为沃尔玛实施 QR 奠定了技术基础。1986 年，沃尔玛与服装生产商 Seminole 公司和面料生产商 Milliken 公司在服装商品方面开展合作，开始建立垂直型的 QR 系统，合作的领域仅限于订货业务和付款通知业务。具体的运行过程是：供应商利用 EDI 系统在发货之前向沃尔玛传送预先发货清单 ASN(Advanced Shipping Notice)。这样，沃尔玛事前可以做好进货准备工作，同时可以省去货物数据的输入作业，使商品检验作业效率化。

沃尔玛在接受货物时，用扫描器读取包装箱上的物流条码，将扫描读取的信息与预先储存在计算机内的进货清单 ASN 进行核对，判断到货和发货清单是否一致，从而简化了检验作业。在此基础上，利用电子支付系统 EFT 向供应商支付货款。同时只要把 ASN 数据和 POS 数据进行比较，就能迅速知道商品库存的信息。

(资料来源：关于沃尔玛的快速响应案例分析. 互联网运营实战圈. 搜狐圈子.
http://q.sohu.com/forum/5/topic/5823966.)

三、有效客户响应的内涵

(一)有效客户响应的含义

有效客户响应(Efficient Customer Responses，ECR)是指由生产厂家、批发商和零售商等供应链节点组成的，各方相互协调和合作，更好、更快并以更低的成本满足消费者需要的供应链管理系统。ECR 的优点在于供应链各方为了提高消费者满意度进行合作，分享信息和管理经验。ECR 是一种把以前处于分离状态的供应链联系在一起来满足消费者需要的工具。

(二)ECR 产生的背景

1. 零售业态间的竞争激化

20 世纪 80 年代末，美国食品杂货产业中出现了一些新型的零售业态，即批发俱乐部和仓储式商店，对原有的超市构成了巨大的威胁，成为食品零售市场中的主要竞争者。作为零售企业亟待提高的首先就是如何在最短的时间内对顾客的需求做出响应，从而实现快速、差异化的服务，提高零售企业的作业效率。在这种要求和发展目标的引导下，美国食品杂货行业开始了 ECR 的实践和探索，并最终形成了供应链构筑的高潮。

2. 日益膨胀的促销费用和大量进货造成成本压力

由于市场竞争加剧，生产企业被迫降价促销，各种促销活动日益损坏了生产企业的利益，结果使生产商的负担加重。生产企业为了将损失降低到最小限度，并保持持续不断增长的销售，只有不断扩大新产品的生产，通过广泛的产品线来弥补大量促销造成的损失，这又造成企业之间无差异竞争情况加剧，同时使零售企业的进货和商品管理成本加大。由于 ECR 的推行能够有效地解决上述问题，避免无效商品的生产和经营，所以吸引了大量生产企业的加入。

3. 构建新型的供应链管理体系的需要

ECR 在美国推行过程中还有一个背景和特点是值得人们注意的，即当时随着产销合作或供应链构筑的呼声越来越高，特别是 QR 和战略联盟的日益发展，生产企业与零售商直接交易的现象越来越普遍，与此同时，批发业则日益萎缩，产销之间都开始在交易中排除批发商环节。但是在 ECR 的推行过程中，并不是盲目地排斥批发商，而是在重新认识批发商重要性的同时，通过批发商经营体系的改造和现代经营制度的建立，将其有机地纳入到供应链体系的构筑中。

(三)ECR 的特征

1. 管理意识的创新

传统产销双方的交易关系是一种此消彼长的对立型关系,即交易各方以对自己有利的买卖条件进行交易。ECR 要求产销双方的交易关系是一种合作伙伴关系,即交易各方通过相互协调合作,实现以最低成本向消费者提供更具价值服务的目标,在此基础上追求双方的利益。

2. 供应链整体协调

传统流通活动缺乏效率的主要原因在于厂家、批发商和零售商之间存在企业间联系的非效率性;同时,企业内部采购、生产、销售和物流等部门之间也存在着联系的非效率性。传统的组织是以部门或职能为中心进行经营活动,以自身效益最大化为目标,这样虽然能够提高各个部门或职能的效率,但容易引起部门或职能间的摩擦,企业间也是如此。ECR 要求各部门、各职能及各企业之间放下隔阂,进行跨部门、跨职能和跨企业的管理和协调,使商品流和信息流在企业内和供应链内畅通地流动。

3. 涉及范围广

既然 ECR 要求对供应链整体进行管理和协调,必然涉及零售业、批发业和制造业等相关的多个行业。为了最大限度地发挥 ECR 所具有的优势,必须对关联的行业进行分析研究,对组成供应链的各类企业进行管理和协调。

(四)ECR 的应用原则

ECR 的应用原则主要包括以下几点。

(1) ECR 的目的是以低成本向消费者提供高价值的服务。

(2) ECR 要求供需双方关系必须从传统的输赢型交易关系向双赢型联盟伙伴关系转化,需要企业的最高管理层对本企业的组织文化和经营习惯进行改革,使供需双方关系转化为双赢型联盟伙伴关系成为可能。

(3) 及时、准确的信息在有效地进行市场营销、生产制造、物流运送等决策方面起重要作用;ECR 要求利用行业 EDI 系统在供应链企业间交换和分享信息。

(4) ECR 要求从生产线末端的包装作业开始到消费者获得商品为止的整个商品移动过程中产生最大的附加价值,使消费者在需要的时间内能及时获得所需要的商品。

(5) ECR 为了提高供应链整体的效果,如降低成本、减少库存、提高商品的价值等,要求建立共同的成果评价体系,在供应链范围内进行公平的利益分配。

四、有效客户反应系统的构建与实施

(一)ECR 系统的构建

1. 营销技术

1) 商品类别管理

商品类别管理(Category Management)是以商品类别为管理单位,寻求整个商品类别全体收益最大化。企业对经营的所有商品按类别进行分类，确定或评价每一个类别商品的功能、作用、收益性、成长性等指标。在此基础上，结合考虑各类商品的库存水平和货架展示等因素，制订商品品种计划，对整个商品类别进行管理，以便在提高消费者服务水平的同时增加企业的销售额和收益水平。商品类别管理的基础是对商品进行分类。

2) 店铺空间管理

店铺空间管理(Space Management)是对店铺的空间安排，各类商品的展示比例，商品在货架上的布置等进行最优化管理。在ECR系统中，店铺空间管理和商品类别管理同时进行，相互作用。在综合店铺管理中，对于该店铺所有类别的商品进行货架展示面积的分配，对于每个类别下不同品种的商品进行货架展示面积分配和展示布置，以便提高单位营业面积的销售额和单位营业面积的收益率。

2. 物流技术

物流技术概括为硬技术和软技术两个方面。硬技术是指组织物资实物流动所涉及的各种机械设备、运输工具、站场设施及服务于物流的电子计算机、通信网络设备等方面的技术；软技术是指组成高效率的物流系统而使用的系统工程技术、价值工程技术、配送技术等，也包括各类物流信息技术。ECR系统要求及时配送和顺畅流动，实现这一要求的方法有连续库存补充计划(CRP)、自动订货(CAO)、预先发货通知(ASN)、供应商管理库存(VMI)、直接转拨(Cross-Docking)和店铺直送(DSD)。

3. 组织革新技术

在企业内部的组织革新方面，需要把采购、生产、物流、销售等按职能划分的组织形式改变为以商品流程为基本职能的横向组织形式。在供应链企业间要建立双赢型的合作伙伴关系。

(二)ECR系统的实施

ECR活动是一个过程，这个过程主要由贯穿供应链各方的四个核心过程组成，因此，ECR的战略也应集中在这四个领域，即有效新产品开发与市场投入、有效促销活动、有效店铺空间安排和有效商品补充。

1. 为变革创造氛围

对大多数组织来说，改变对供应商或客户的内部认知过程，即从敌对态度转变为将其视为同盟的过程，将比ECR的其他相关步骤更困难、时间花费更长。创造ECR的最佳氛围首先需要进行内部教育以及通信技术和设施的改善，同时也需要采取新的工作措施和回报系统。但公司或组织必须首先具备一贯言行一致的强有力的高层组织领导。

2. 选择初期ECR同盟伙伴

对于大多数刚刚实施ECR的公司来说，建议成立2~4个初期同盟。每个同盟都应首先召开一次会议，来自各个职能区域的高级同盟代表将对ECR及怎样启动ECR进行讨论。成立2~3个联合任务组，专门致力于已证明可取得巨大效益的项目，如提高货车的装卸效率、减少损毁、由卖方控制的连续补货。以上计划的成功将提高公司的信誉和信心。经验证明：往往要经过 9~12 个月的努力，才能赢得足够的信任和信心，才能在开放的非敌对的环境中探讨许多重要问题。

3. 开发信息技术投资项目支持 ECR

虽然在不大的信息技术投资的情况下即可获得 ECR 的许多利益，但是具有很强的信息技术能力的公司要比其他公司更具竞争优势。

五、QR 与 ECR 的比较

(一)QR 与 ECR 的差异

ECR 是杂货业供应商和销售商为消除系统中不必要的成本和费用，给客户带来更大的效益而进行密切合作的一种策略。ECR 的主要目标是降低供应链各个环节的成本。这与 QR 的主要目标是对客户的需求做出快速反应不同。由于杂货业经营的产品多数是功能型产品，服装业经营的产品多数是创新型产品，所以对于食品行业来说，改革的重点是效率和成本，对于服装业(QR)来说，重点是补货和订货的速度，目的是最大限度地消除缺货。

(二)ECR 和 QR 的共同点

(1) 共同的外部变化：竞争的加剧，零售商必须生存并保持客户的忠诚度。零售商和供应商之间发生了变化。

(2) 共同的目标：它们都以最低的成本向消费者提供所需商品、提高整个供应链效率为目标。

(3) 共同的策略：它们都重视供应链的核心业务，对业务进行重新设计，以消除资源的浪费。但 QR 解决的是出货问题，而 ECR 注重的是过量库存的问题。

(4) 共同的误区：人们都错误地认为 QR 与 ECR 属于技术层面的问题。

第四节 协同计划、预测与补货

一、协同计划、预测与补货的内涵

(一)协同计划、预测与补货的定义

协同计划、预测与补货(Collaborative Planning Forecasting and Replenishment，CPFR)，是指在共同预测和补货的基础上，进一步推动共同计划的制订，即不仅合作企业实行共同预测和补货，同时将原来属于各企业内部事务的计划工作也由供应链各企业共同参与。

(二)CPFR 产生的背景

CPFR 的形成始于沃尔玛所推动的 CFAR(Collaborative Forecast and Replenishment)，是利用 Internet 通过零售企业与生产企业的合作，共同做出商品预测，并在此基础上实行连续补货的系统。后来，在沃尔玛的不断推动下，基于信息共享的 CFAR 系统又向 CPFR 发展。

【案例 7-8】1962 年，山姆·沃尔顿在美国阿肯色州罗杰斯设立了第一家沃尔玛商店。如今这家公司提供 4 种不同概念的零售模式：沃尔玛折扣店、购物广场、社区店和山姆会员店。沃尔玛很早就采用 CPFR 提供全盘管理，通过网络化运营方式来管理供应链中的贸易伙伴。CPFR 帮助沃尔玛建立起一套针对每件商品的短期预测方案，用来指导订货。这种由相互协商确立的短期预测成为改进需求管理的动力，实现了对供给和库存水平的更好控制。CPFR 项目的实施帮助沃尔玛和供应商节约了大量的库存维护水平，并促使沃尔玛逐步形成准时制系统。沃尔玛实施了一个数据仓库项目，在一台中央服务器上汇总历史数据并进行分析，从数据中更好地了解商业环境，并做出了最好的决策。最初系统只收集销售点和运输的数据，这些数据按照每个商品、每个商店和每一天进行归类。数据仓库中除了沃尔玛的运用数据以外，还包括竞争对手的数据。这些数据向沃尔玛的买家、中间商、物流提供商和预测相关人员及 3500 家合作伙伴开放。预测过程为：沃尔玛的买家提交一份初步的预测，这个数据会显示在制造商实施 CPFR 的服务器上。制造商的计划人员将意见和建议分享给沃尔玛的计划制定者，最后，经过协调的、统一的每件产品的预测结果用于制造商的生产和沃尔玛的仓库管理。沃尔玛和它的供应商使用同样的系统。沃尔玛将 7 亿种商品进行数据组合分析，实现了将正确的商品在正确的时间以合适的价格运送到正确的商店，从而卖给顾客。沃尔玛通过不断提高预测的准确性，取得了零售行业内无法比拟的竞争优势。

(资料来源：沃尔玛的需求预测和 CPFR. 百度文库.
http://wenku.baidu.com/view/a11bb9d184254b35eefd3413.html.)

(三)CPFR 的特点

1. 协同

从 CPFR 的基本思想看，供应链上、下游企业只有确立共同的目标，才能使双方的绩效都得到提升，取得综合性的效益。CPFR 这种新型的合作关系要求双方长期承诺公开沟通、信息分享，从而确立其协同性的经营战略，尽管这种战略的实施必须建立在信任和承诺的基础上，但这是买卖双方取得长远发展和良好绩效的唯一途径。所以，协同的第一步就是保密协议的签署、纠纷机制的建立、供应链计分卡的确立以及共同激励目标的形成。

2. 计划

沃尔玛与 Warner-Lambert 的 CFAR 为消费品行业推动双赢的供应链管理奠定了基础，当定义项目公共标准时，需要在已有的结构上增加"P"，即合作计划(品类、品牌、分类、关键品种等)及合作财务(销量、订单满足率、定价、库存、安全库存、毛利等)。此外，为了实现共同目标，还需要双方协同制订促销计划、库存政策变化计划、产品导入和中止计划及仓储分类计划等。

3. 预测

任何一个企业或双方都能做出预测，但是 CPFR 强调买卖双方必须做出最终的协同预测，这对供应方和销售方都是十分重要的。基于这类信息的共同预测能大大减少整个价值链体系的低效率、死库存，促进产品销售，节约整个供应链的资源。与此同时，最终实现协同促销计划是实现预测精度提高的关键。协同预测还有一个特点，它不仅关注供应链双方共同做出的最终预测，同时也强调双方都要参与预测反馈信息的处理和预测模型的制定和修正，特别是如何处理预测数据的波动等问题，只有把数据集成、预测和处理的所有方面都考虑清楚，才能使协同预测发挥作用。

4. 补货

销售预测必须利用时间序列预测和需求规划系统转化为订单预测，在订单处理周期、前置时间、订单最小量、商品单元及零售方长期形成的购买习惯等方面都需要供应链双方加以协商解决。

二、CPFR 的合作关系和价值观

(一)基于 CPFR 的合作伙伴关系

基于 CPFR 的合作伙伴关系如图 7-1 所示，可分为三个职责层。

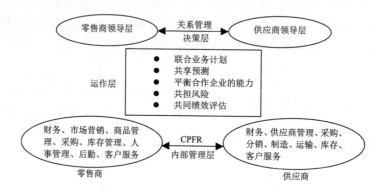

图 7-1 基于 CPFR 的合作伙伴关系

第一层为决策层，主要职责是零售商和供应商领导层的关系管理，包括企业联盟目标和战略的制定；跨企业的业务过程的建立、执行；企业信息交换和共同决策。

第二层为运作层，主要职责是 CPFR 的实施和运作，包括制定联合业务计划；建立需求预测、共担风险和平衡合作的能力。

第三层为内部管理层，主要职责是负责企业内部的运作和管理。在零售环境中，主要包括商品分类管理、库存管理、商店运作和后勤等；在供应环境中，主要包括顾客服务、市场营销等。

(二)合作企业的价值观

1. 以企业的双赢态度看待合作伙伴和价值链

在传统的价值链中，许多合作伙伴存在"赢/输"的观念，即一个企业的赢利需要把成本转移给合作企业。CPFR 成功的一个关键是从"赢/输"到"赢/赢"价值链合作关系的转变。

2. 共同承担责任为运作提供持续保证

这是 CPFR 成功所必需的企业价值观。每个合作伙伴对价值链成功运作的保证、权限和能力是有差别的，在实施 CPFR 时，合作伙伴能够调整其业务活动以适应这些差别。

3. 承诺实现跨企业、面向团队的价值链

团队成员可能参与其他团队，并与他们合作伙伴的竞争对手合作，如一个制造商可以与多个相互竞争的零售商合作，一个零售商也可能与多个相互竞争的制造商合作。这些竞争团队互相有"赢/输"关系，这种多重关系可能造成多个 CPFR 团队中人员的冲突。在这种情况下，必须有效地构建支持团队和个体关系的公司价值系统。

4. 承诺制定和维护行业标准

公司价值系统的另一个重要组成部分是对行业标准的支持。每个公司都有自己的制度和标准，这会影响与合作伙伴的联合，而制定行业标准既有利于 CPFR 实施的一致性，又允许公司间有差别，这样才能有效联合。

三、CPFR 的实施步骤

CPFR 实施的特点是辅助上、下游成员协同规划销售、订单的预测及异常状况的处理，其内容可分为协同计划、协同预测及协同补货三个阶段，如图 7-2 所示。9 项步骤中步骤 1 和步骤 2 属于协同规划，步骤 3～步骤 8 属于协同预测，步骤 9 则为协同补货，各阶段内容如下。

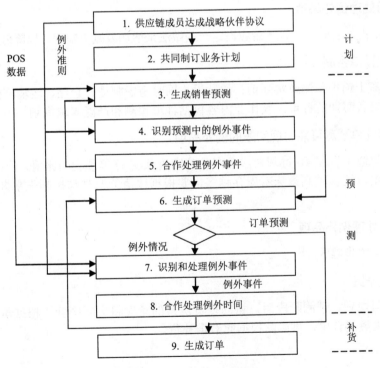

图 7-2 CPFR 业务流程步骤

1. 建立合作关系

买卖双方应共同建立正式的商业协议，其内容应为：明确定义合作目标与相关绩效衡量指标；协同合作范围内共享的资料；合作计划可动用的资源，如人员、资讯系统、专业

能力等；例外状况判定的法则；如何解决分析等。

2. 建立联合商业计划

将纳入合作的产品分别制定清晰的合作策略，包括：买卖双方合作的营运计划；共同定位产品、销售目标、达成目标的战术；拟定品项订单的最小订单量、品项出货的前置时间、订单的冻结期间、安全存量等。

3. 建立销售预测

利用最终消费者的消费资料，预测产品特定期间的销售，消费资料包括 POS 资料、仓储的出货资料、制造商的消费资料、影响销售相关因素分析，如季节、天气、计划性事件等。本阶段需要预测的细化事项包括拟定预测时间的范围，如第 5~6 周；拟定预测的时间单位，如月、周、日；拟定预测产品的事项，如单店的销售量、某区域物流中心的总量。方法上，使用历史资料配合回归分析法、时间序列分析法来进行预测。预测结果应区分为基本的需求与促销的需求两类。

4. 辨识销售预测可能出现问题的例外品项

列出销售预测中可能出现问题的例外品项，如热卖产品、滞销产品。对于异常的销售情形，特别要时时监控，以便调整策略。

5. 共同处理例外品项

当异常情况发生时，上、下游应设定一些做法来增加或减少销售，以降低对库存的冲击。

6. 建立订单预测

供应商基于销售预测或实际销售的结果，同时考虑制造、仓储、运输产能等制约因素，共同拟定未来各时期的订单，其作业内容包括订单预测和产能需求规划。

7. 列出订单预测可能出现问题的例外品项

此步骤类似于步骤 4，特别要注意产品的销售预测/订单预测的比值，若比值高于 1，将会有库存发生，比值越高意味着库存越多，要根据比值的监视与控制来掌握订单异常状况的处理。

8. 共同处理例外品项

此步骤参照步骤 5。

9. 下单补货

经过协同规划、预测阶段后，协同补货决策的难度将大幅降低。根据事先议定的订单预测结果产生最终订单，供应商根据此数据补货。

本 章 小 结

需求预测是供应链所有成员和部门进程规划和控制的基础，需求数量和时间极大地影响了生产进度、资金安排和其他经营总体规划。预测方法可以分为定性和定量两类，常用的包括德尔菲法、专家意见法、加权算术平均法和季节指数法等。

供应链环境下的客户关系管理 CRM 是 IT 业、营销业内一个较新的概念，是感情消费时代的产物，通过管理与客户间的互动，以客户利益为中心，提高客户满意度和忠诚度，打造客户导向型组织，最终实现有效地提升客户的忠诚度和企业价值。

快速反应(QR)与有效客户反应(ECR)战略在供应链内部整合的基础上，通过信息技术和改善合作伙伴关系重组供应链流程，缩短订货提前期和降低成本，进而实施供应链流程再造以实现整个企业供应链网络的集成。

作为供应链集成化运作的库存决策代理模式 CPFR 有助于打破传统的各自为政和信息闭塞的传统库存管理状况，它以双方都获得最低成本为目标，在一个共同的框架协议下由供应商代理用户行使库存控制的决策能力，并通过对该框架协议经常性的监督和修正使库存管理得到持续的改进。

复习思考题

一、名词解释

牛鞭效应 客户关系管理 快速响应 有效客户反应 CPFR

二、问答题

1. 需求预测的方法有哪些？
2. 德尔菲法的原理和步骤是什么？
3. 为什么要注重客户关系管理？
4. 快速响应系统是怎样产生并发展的？
5. 实施快速响应必须具备的条件是什么？
6. ECR 有效客户反应是如何产生的？它与 QR 的区别是什么？
7. 什么是 CPFR？其要求企业具备什么样的价值观？

综合案例 7-1：方太利用 Dynamics CRM 统一的信息平台进行信息化管理

方太厨房专家成立于 1996 年，专门从事厨房电器、集成厨房技术与产品的研究、开发、生产与销售，致力于为每一个家庭提供科技、领先、人性的家庭生活环境及专业厨房解决方案，已成为中国厨房领域最著名的品牌，并已成功进入全球厨房市场。

从 1998 年起，方太在集成产品开发、全面质量管理、人力资源管理、财务管理、物流与分销管理等诸多方面，建立基于 IT 的管理体系。经过多年管理改进与变革，2005 年方太采用了 Microsoft Dynamics AX 系统来整合生产各方面的数据资源，制订准确的生产计划，使得库存周转率大幅度提高，成本大幅度降低，销量也随之大量增加，但相应的售后服务压力也在日益增加，每年要处理近百万的服务单证。在售后服务越来越被用户重视的今天，不断提高客户满意度与忠诚度已经成为企业必须达到的目标。然而，这个目标是需要完善的管理架构、良好的运作流程来支撑，同时对每一位与客户直接接触的一线服务人员的要求更高，因为他们的服务直接影响着目标达成的成功率。因此，方太售后服务部门需要一个功能强大却又简捷易用的客户关系管理平台来实现售后服务管理的改进。

解决方案

首先，方太利用 Microsoft Exchange Server、Office 中的 Outlook 建立了一个简单易用、方便快捷的办公自动化系统，之后又成功部署了微软 CRM，使之与办公自动化系统集成起来，建立了统一的售后服务中心。这一信息平台不仅可以支持快速响应的售后服务、服务跟踪、信息反馈，而且还可以为用户提供短信平台及时通知用户服务内容；同时这也是一个为员工提供培训、学习的平台，通过建立绩效考核标准，激励员工提高业务能力。该系统的实施使整个售后服务体系顺利建立，并迅速得到了用户和员工的好评。

优势与收益

(1) 通过统一信息平台，确保信息迅速传递，内部电话沟通量减少了98%。

以前客户资料、维修服务、配件管理等信息需要使用 Excel 表或 Word 文件记录，既不能及时查找也不能在全国共享，数据格式不同，数据更新不及时，给管理带来了巨大的困难。例如，过去的售后服务是以用户报修为主，当用户报修之后，虽然电话服务中心记录到了文件中，但经常因为找不到最近的售后服务工程师或配件的库存不清楚，导致服务不及时；还经常因为售后工程师不清楚用户的需求信息，不得不再次电话询问用户报修的情况等，这些都是引起用户不满的原因，严重的情况甚至迫使用户不断地拨打投诉电话，而总部接到用户的投诉电话时也只能多次以电话询问的方式进行监督和跟踪。为了改善这种情况，不得不设立一个专门录入的工作小组，使管理成本大幅度升高，更糟糕的是客户的满意度却在下降。

自从使用了新的信息平台，利用微软 CRM 的服务计划和电子邮件管理功能，售后服务电话中心的人员可以在接到用户报修电话的同时将详细信息记录在系统中，系统会自动建立工单并快速分派下去。派工之后，系统还会自动建立服务跟踪记录，每个工单执行的进度和结果都会及时显示在系统中，管理人员只需通过系统的管理界面，就可以全面、及时地掌握所有的细节情况，对于异常的事件可以及时发现并发邮件督促解决，基本上不再使用电话跟踪的方式，电话的使用量减少了98%，而且同时取消了录入工作小组的岗位设置。现在，方太不但提高了工作效率，而且大幅度地节约了成本。更重要的是用户得到了及时、准确、高质量的服务，使客户的满意度快速上升。

(2) 服务反馈时间由2个月缩短为1天，核算速度提高近30倍。

在方太，结算费用时需要在完成售后服务回访之后再进行，以前时效性比较差，每次做完的服务质量报告需要邮寄回总部，总部收到报告将信息录入 Excel 表中，再进行调查分工，之后才能做用户回访。这个过程一般需要一个4人专门录入小组2个月左右的时间才能完成，而两个月之后回访用户，很多信息用户已经记不清了，很难评定当时的服务情况，给核算工作带来很大的困难，也为企业科学地评价售后服务水平带来难度。而在实施微软 CRM 之后，方太不但取消了录入小组，并且一线信息当天录入系统，核算人员当天就能看到，与2个月的时间比较，录入的效率提高了几百倍之多。以前结算需要45～60天，现在只需要2天就可以完成，效率大大提高了。

(3) 提供知识管理系统，全面提高了员工工作能力。

方太管理层清楚地知道，要为用户提供优质的服务，直接面对用户的一线工作人员需要具备良好的知识技能和处理沟通问题的能力。一线的工作人员包括电话服务中心负责答疑的技术支持人员和提供上门服务的售后工程师，他们的一言一行是最能反映企业文化及管理水平的，也是让客户感受最深的。为了能进一步提高员工的工作能力，方太利用微软CRM搜索知识库的功能，建立了业务知识库，并在全国范围内共享给所有一线的员工，使他们随时可以查阅业务知识，其中建立了常见问题应答，用标准回答的形式解决用户提出的一般问题。对于比较复杂的问题，系统中建立了丰富的技术指导资料，方便需要提供上门服务的售后工程师查阅，迅速提高了业务能力，从而高质高效地解决用户需求。

对于售后服务部门的每个人都必须经过技术水平考核，包括维修、清洗、安装、调试等；管理类的考核包括企业文化、公司理念、文化价值观，然后再加上24道工序和其他各个部门的行为规范、礼仪规范等。通过这些考核系统，不但提高了员工的能力，而且建立了公司人才库。

（4）变被动服务为主动服务，提高了客户满意度和忠诚度。

方太在微软CRM平台基础上开发了一个短信平台，向中国联通和中国移动申请了短信服务，具有特定的客户服务号码并在全国范围内开通。这个短信平台是一个收发平台，更是一个交流平台。它有两个作用：一是告知用户服务进度。例如，给用户送货的时候，方太可以告诉用户，送货车已经出发，将在什么时间到达等信息，这样就可以使客户掌握送货的行程，以安排接待的时间和人员。二是提醒和通知客户参加方太提供的特色服务。为了回馈客户，方太定期举办一些特色服务，如方太抽油烟机的免费清洗服务。方太利用短信平台将活动细则发给符合活动条件的用户，邀请用户参加并回复短信完成预约。另外，还通过这个平台对VIP用户在节假日和特殊的日子里发送一些温馨的祝福信息等。

方太在提供上门服务时，给用户提供服务行为报告，以前都是手写的，使用户感觉企业的管理非常不规范，现在则换成了工整的打印件，大大地改善了公司形象。这些改进都有力地提升了客户的满意度，客户忠诚度也随之大幅度上升，客户的忠诚度已经达到55%。

对于新产生的客户类型——工程客户，即单位集中购买、民间组织团购、开发商提供的精装修房屋的采购等，工程客户只有在产品到了真正的使用者手里才能产生详细的客户信息明细，才可以针对用户进行售后服务，这也为售后服务管理提出了新的难题。方太利用微软CRM系统的功能先建立管理单元，当用户逐一落实之后，再将获得的最终使用者信息记录到系统中，以便日后进行各种应有的服务。

（资料来源：方太利用 Dynamics CRM 统一的信息平台进行信息化. ERP 中国网. http://www.erpchn.com/qiyexinxihua/14303.html.）

问题：
(1) 企业在何种情况下需要采用 CRM 系统？
(2) 在客户关系管理中企业一般都会遇到哪些问题？
(3) 应用 CRM 能给企业带来哪些好处？

综合案例 7-2：ZARA 凭什么让企业"快"起来

西班牙的世界知名服装品牌 ZARA 以"快速反应"著称于流行服饰业界，其成功的运作模式不仅成为业界的标杆，更成为欧美商学院著名的教学个案。

ZARA凭借其令人咋舌的快速反应能力在激烈的市场竞争中赢得了成功。大多数零售商要好几个月才能把新产品推上市场，ZARA只要两个星期。ZARA在欧洲27个国家及全世界55个国家和地区建立了2200家女性服饰连锁店。在2004年度全球营业收入达到46亿欧元，利润4.4亿欧元，获利率9.7%，比美国第一大服饰连锁品牌GAP的6.4%还要出色。

"高速度、小批量、多款式"构成ZARA与众不同的生产方式。

高速度——紧随时尚的脉动

时尚最大的特点就是多变，一部电影、一张专辑都可能改变人们对时尚的看法，而时装最动人处正是紧随时尚。当电影或电视媒体中出现新的流行元素，ZARA只需几天的时间就可以完成对歌星的装束或顶级服装大师创意作品的模仿。从流行趋势的识别到将迎合流行趋势的新款时装摆到店内，ZARA只需两周的时间，而传统生产方式下这个周期长达4~12个月。ZARA与顾客追求时尚的心态保持同步，以此来打动顾客。

小批量——饥饿疗法的实施

与其他服装零售商相比，ZARA每一款服装的生产数量都非常小，这就人为地创造了一种稀缺。越是不容易得到的，就越能激发人们的购买欲望。ZARA执行永远"缺货"的策略，对于同一种款式的服装，零售店的库存一般只有几件，或许由于一时犹豫，从而错失了最终拥有它的机会。这最初的懊恼，换来的是顾客再次光顾时果断的购买速度。

多款式——让审美不再疲劳

ZARA并不讲求每种款式生产更多的数量，而是注重款式的多样性。ZARA每年生产的服装款式超过12 000种，比起它的许多竞争对手，ZARA能在流行时装上提供更多的选择。ZARA商店每周供货两次，因为很少有对售完款式的再定购，商店每隔3~4天架上货品会全部更新，总能给人以新鲜感，从而大大增加了顾客对ZARA的偏好与忠诚度。

由此看来，ZARA最成功的地方在于：把由设计到销售所需的前导时间大幅缩减，ZARA的前导时间只有12天。对于服装行业而言，每天贬值0.7%，只要提前10天卖出去，少贬值7%，而毛利率就增加13%，谁能减少前导时间，谁就能够盈利。它保证了第一时间为顾客带来最为时尚的新款服装。传统的服装零售商由于生产周期长而不能根据季节的变化随时改变设计或增加新的款式，而ZARA由于其快速的生产方式可以随时更换产品的数量、设计、面料、色彩，其速度与20多岁的年轻人改变心意的速度一样快。

ZARA的商业模式十分独特，但要能够做到对市场响应如此之快，以信息和通信技术为核心的IT系统是其得以实现的关键。

1. 信息收集的及时化

ZARA的资讯来源于大量分布在酒吧、秀场等时尚场所的时尚观察员，他们搜集最新的时尚信息，及时向总部汇报；同时ZARA专卖店也会及时反馈当日的销售报告及顾客需求的相关信息。关于时尚潮流趋势及顾客意见的各种信息每天源源不断地从世界各地进入ZARA总部的数据库。设计师们可以一边核对当天的发货数量和每天的销售数量，一边利用新信息来产生新的想法及改进现有的服装款式。通过访问数据库中的实时信息，设计师与生产、运营团队一起决定一个具体的款式用什么布料、如何剪裁及如何定价。

2. 服装信息的标准化

对一个典型的服装零售商来讲，不同产品的尺寸规格等有效信息通常需要几个星期才能添加到他们的产品设计和批准程序中。但是在ZARA的仓库中，产品信息都是通用的、标准化的，这使得ZARA能快速、准确地准备设计，对裁剪给出清晰的生产指令。

3. 库存管理的清晰化

卓越的产品信息和库存管理数据系统，使得ZARA的团队能够管理数以千计的布料、各种规格的装饰品及设计清单和库存商品。ZARA的团队也能通过这些信息以现存的库存来设计服装，而不必去订购原料再等待它的到来。

4. 生产模式的整合化

ZARA公司在西班牙拥有22家工厂，其所有产品的50%通过自己的工厂来完成，以保证绝对的快速。ZARA将其余50%的产品外包给400家加工厂，它们负责大量烦琐的缝制工作。而且，一个工厂只生产一种款式，这就绝对保证了生产的专业化水平和非常快的速度。这400家加工厂，其中70%在欧洲，而且主要是在西班牙和葡萄牙，地理位置的便利让这些工厂能对ZARA的订单快速做出反应，尤其是异常时尚的款式。剩下的30%则主要在亚洲，ZARA向这些地方订"基础型"产品或者当地有明显优势的产品。这也是ZARA取得成功的关键之处。

5. 物流配送的高效化

ZARA的物流配送系统十分发达，大约20公里的地下传送带将ZARA的产品运送到西班牙拉科鲁尼亚的货物配送中心，该中心拥有非常成熟的自动化管理软件系统。为了确保每一笔订单准时到达目的地，借用光学读取工具进行产品分拣，每小时能挑选并分拣超过6万件服装。物流中心的运输卡车依据固定的发车时刻表，不断开往欧洲各地。ZARA还有两个空运基地，通常欧洲的连锁店可以在24小时之内收到货物，美国的连锁店需要48小时，日本在48~72小时。ZARA的运输中心每周经手260万件衣服。每个专卖店一周要进两次货。ZARA的各专卖店每天把销售信息发回总部，并且根据当前库存和近2周内销售预期每周向总部发两次补货订单。在信息化手段的干预下，ZARA出货的正确率高达98.9%，而出错率不足0.5%。

对于滞销品，ZARA则取消原定计划生产，这样就可以把预测风险控制在最低水平。因为在当季销售前只生产下个季度出货量的15%左右，而大多数服装企业已经生产下个季度出货量的45%~60%；如果有产品超过2~3周的时间还没销售出去就会被送到所在国某专卖店进行集中处理，在一个销售季节结束后，ZARA最多有不超过18%的服装不太符合消费者口味，而行业平均水平约为35%。

(资料来源：悟道ZARA：凭什么让企业"快"起来. 中国时尚品牌网.
http://www.chinasspp.com/News/Detail/2006-8-25/36412.htm.)

问题：
(1) ZARA采用了哪些供应链管理方法和技术？
(2) ZARA的快速反应得以实施的保障措施是什么？
(3) 中国的服装企业应该从中得到哪些借鉴？

综合案例7-3：苏宁"以销定产"供应链协同尝试

在外界眼中，苏宁电器在全国拥有约1500家终端实体销售店，但苏宁人知道，如果没有苏宁电器全国90多个仓储基地和物流中心，没有支撑整个物流系统运转的WMS、TMS

系统，苏宁电器的发展一定会大打折扣。不论是 WMS 还是 TMS，一切都是为了积极推进与上游企业建立的 CPFR 系统。

"如果你的存货超过 2 万个 SKU(库存量单位)，人工就管不过来了，更不要说几十万、上百万个 SKU。因此，分类存储、及时补货、科学调配成为苏宁 WMS 与 TMS 要解决的重点。"苏宁电器总裁金明强调说。

以南京雨花基地为例该物流基地不仅要负责配送来自苏宁南京连锁店的订单，还要兼顾镇江、扬州、泰州等苏宁消费者的需求。考虑到 6 小时内送达的服务承诺，苏宁将物流中心和仓储基地的建设覆盖半径设计为基地周围 80～150 公里。

当一个订单通过销售产生后，苏宁的后台系统会先将订单传送至配送部，配送部通过 TMS 自动"派工"。TMS 考虑的决策因素主要包括客户订单所处的位置、从南京雨花至客户处所需的时间、当前闲置车辆(装有 GPS 定位)所处的位置、车辆到达仓库及配送所需时间等。WMS 系统需要根据仓库现有的存货状况及近日出货的大致统计，来确定仓库补货的订单。南京雨花的半自动仓库存货量大致为 20 万件，高峰时为 30 万件。

有了运转良好的 WMS 和 TMS 两大管理系统做支撑,苏宁的供应链是否已经万事无忧？答案当然是否定的。

"一方面，企业对于消费者需求的响应永远有改善的空间；另一方面，国内目前企业间的供应链对接水平还相当低。"金明举例说，某知名彩电品牌也有自己的仓储基地，其产品从生产线上下来，就运到这些仓库中；而当苏宁电器的订单到达该公司后，该公司再将产品从仓库运到苏宁分布在全国的物流中心，苏宁再由物流中心向小的配送点或者消费者家中配送。

"不难看出，企业间的对接，人为多了一道仓储环节，造成了财力、物力、人力的浪费。"金明称，国内还有不少家电企业，试图通过自建渠道，延伸其产业链，将企业原本相对有限的财务资源进一步从研发和制造两个环节分摊到了研发、制造和渠道三个环节，忽视社会发展分工越来越细的基本趋势。

2010 年，苏宁已经实现几乎所有供应商的信息接入，并与 30 家重要的供应商达成多种创新形式的合作关系。

苏宁的订单是采购订单，但是对于上游的供应商而言就变成了销售订单。无论是内部审批单据、审核信用，还是双方的系统及内部流程都需要共同进行一些改造。对于那些经过多年的合作，双方已经建立起充分信任的大供应商，在建立起战略合作伙伴关系后，双方的对接更为容易。

但是"对接"并不意味着一定能达到 CPFR 的功能。不仅因为供应商大小不同，对接方式有区别，即使在那些实现 B2B 直连的供应商中间，也有 CPFR 和非 CPFR 的区别。这主要取决于供应商对合作的开放态度和认识深度。

作为零售终端，苏宁天然比生产厂商更接近消费者，更了解消费者的需求。在早期部分强势家电品牌不愿按照苏宁提出的产品型号、性能、规格等进行生产时，苏宁通过向 OEM 厂商提出订单需求，以买断、包销、定制等方式满足消费者需求。

作为零售商，苏宁的核心竞争力不是去研发和制造，但苏宁拥有大量的客户消费数据，通过深层的数据挖掘，消费者的市场需求能够被相当精确地分析出来。苏宁做 OEM 绝非为了同家电厂商竞争，更多是发现家电品牌未能满足消费者的"盲点"，这也是苏宁把服务作为核心产品和 ECR 观念的一种体现。

事实上，国内当前渠道商和品牌商的关系相当微妙，但对于国外一些大的品牌商来说，苏宁提出的 CPFR 却率先得到了他们的响应。诸如三星、LG、索尼等纷纷与苏宁电器提供的数据接口进行系统对接，相互分享从零售终端需求到生产、研发、配送中的供应链信息。

举例来说，苏宁与某供应商合作建立 CPFR 供应链管理体系，通过苏宁连锁店面终端的销售数据和咨询信息，销售预测分析师在每天上午 10 点通过 BI(Business Intelligence，商业智能)系统，在系统数据分析平台中查询与销售相关的信息，做环比和同比分析，并对市场消费者的需求导向做出判断，分析结果显示畅销商品的型号、数量及某些单品的需求特性(比如颜色、性能、应用技术等)，根据分析结果预测未来一段时间内的销售量。然后，再通过 B2B 系统将预测结果与某供应商共享。

供应商则参考苏宁的店面销售数据和预测结果，进行研发设计调整、改进生产流程。同时根据苏宁在各地的库存情况，每天零点由系统自动将缺货信息以邮件形式发送到制单员处。制单员在上班后，根据缺货信息及时进行制单操作，系统将订单实时传递至物流配送系统，物流部门当天对苏宁缺货店面进行发货作业。

经过一段时间的运行，在某供应商操作的商品类别范围内，门店库存周转率提高了 15%，门店的库存满足率提高了 28%，降低了缺货率，更准确的销售预测也在库存和销售上得到体现，销售量提升了 38%。

(资料来源：苏宁："以销定产"供应链协同尝试. 金融界. http://finance.jrj.com.cn/biz/2011/07/08172110400502.shtml.)

问题：
(1) 苏宁具备了哪些条件才得以实施 CPFR？
(2) CPFR 的应用使苏宁都在哪些方面得到了改善？
(3) CPFR 给供应商带来了什么好处？

第八章
供应链物流管理

学习目标

- 理解供应链物流及供应链物流管理的内涵，掌握供应链的物流模式，理解供应链物流管理战略，掌握供应链物流网络布局方法；
- 掌握供应链运输管理的内容，了解供应链物流中心的内涵与功能，掌握供应链物流中心的类型；
- 理解第三方物流的内涵，掌握第三方物流的业态分类、战略选择，能够进行物流业务外包的分析与实施；
- 理解第四方物流的内涵，掌握第四方物流的运作模式与管理内容

【本章导读】

【导读案例1】 法国的 Faurecioa 公司是世界上最大的汽车配件供应商之一，负责向沃尔沃、标致、丰田、大众、尼桑、雪铁龙等汽车公司提供零配件。该公司通过分别对外部(上游的厂商供货)与内部物流(工厂内部的零配件供应)进行流程分析与优化重组，合理制订上游供货厂商送货和工厂内部配送的频率、时间、数量，设定库存，改善包装，建立了新的物流管理模式 EXWORD，即由本厂统一采购、统一供货，对分散的供应商进行集成管理、优化，使每个产品形成一个说明书(标准、流程)，采用集中配送。这一供应链管理模式不仅使公司的物流管理费用在营业额中所占的比例下降到 4.3%(不含仓储费用)，更主要的是大大提高了对市场的反应速度，把原来 15 天的供货期缩短到 7 天，增加了顾客的满意度。同时也为下游企业提高物流效率创造了条件。

(资料来源：法国电子商务物流的启示. 中国电子商务研究中心.
http://b2b.toocle.com/detail--5408963.html.)

启示：信息技术的应用为企业节省了大量的管理与交易成本，相对地，物流活动成本便凸显出来，成为供应链的最大成本支出。供应链物流管理成为企业的重要课题。

【导读案例2】 日本富士物流配送中心是一家以配送食品和饮料为主，仓库面积达 2 万平方米的大型配送中心，主要为连锁店铺服务。该中心的配送范围是从北海道到九州的几乎整个日本，包括 136 家大中型连锁店铺。富士物流配送中心针对其单次配送批量较大、配送频度较低、操作管理较为简单的业务特点，在物流设备上采用了最先进的大型全自动物流系统，包括保管商品的立体自动仓库，出货区自动化设备，进、存货区域的自动传送带和自动货架，无线小型分拣台车，电控自动搬运台车，专职分拣装托盘的机器人，全库区自动传送带等，最先进的物流设备一应俱全。由于自动化程度很高，虽然其最大的保管容量达到 8640 托盘，最大日出货处理量可达 1800 托盘，一天可安排 10 吨的进出货车辆 125 辆，但整个物流配送中心的工作人员只有 28 名。

(资料来源：日本连锁企业物流配送中心考察见闻. 中国物流与采购网.
http://www.chinawuliu.com.cn/xsyj/200407/29/131825.shtml.)

启示：第三方物流以其物流服务的专业化优势为生产和流通企业提供了很好的选择。企业将物流业务外包后，能够专注于核心竞争力，同时以更低的成本和更专业化的服务获得了物流优势，实现了强强联合。

【导读案例3】 亚物天津定位于第四方物流服务商，其最大核心优势是不断扩张的运营网络，是通过设立在 87 个城市中的 150 家分公司及办事处，形成了基于互联网的中国覆盖面最广的省际公路物流网络，从而全面提升物流服务的竞争力。公司没有自己的仓库及车队，而是通过长租或控股的运输车队拥有重型、中型、小型、货柜等车况良好的各类车辆 1000 台以适合不同的货运要求。仓储也是通过长租或控股的方式，由于车是车主的，仓是仓主的，亚物天津可以省去不少车辆或仓库维修及保养的烦恼。亚物天津拥有的只是一张覆盖全国的物流运营网络，一个信息交流、搭配、交易的网络平台及一班有物流行业经验的专家队伍。

(资料来源：第四方物流案例：亚洲物流(天津)有限公司. 锦程物流网.
http://info.jctrans.com/zhuanti/zta/2/200687285195.shtml.)

启示：第四方物流是知识与经验高度密集的新兴产业，能够为企业提供优秀的解决方案，协助企业实施全方位的供应链改造，提高企业竞争力。

第一节 供应链物流管理

一、供应链物流管理的内涵

(一) 供应链物流

供应链物流是为了顺利实现与经济活动有关的物流，协调运作生产、供应活动、销售活动和物流活动，进行综合性管理的战略机能。

供应链物流能力由物流要素能力及物流运作能力构成。供应链物流能力是物流主体以顾客价值最大化和物流成本最小化为目的，围绕核心企业，从采购原材料到制成中间产品及最终产品，最后由销售网络把产品送到用户手中这一供应链物流活动中顺利完成相应物流服务的能力，主要包括客观(设备和设施)能力和主观能力。

不同的供应链结构模型，就有不同的物流系统结构与之相适应。供应链物流系统一般由供应物流、生产物流和分销物流组成。整个供应链的物流服务，可以是专业的第三方物流企业提供，也可以由供应链合作伙伴中某个或某几个成员企业的物流部门提供。

(二) 供应链物流管理概述

1. 供应链物流管理的定义

供应链物流管理(Supply Chain Logistics Management，SCLM)，是指以供应链管理思想实施对供应链物流活动的组织、计划、协调与控制。强调供应链成员不再孤立地优化自身的物流活动，而是通过协作、协调与协同，提高供应链物流的整体效率。

供应链物流管理，是以供应链核心产品或者核心业务为中心的物流管理体系。前者主要是指以核心产品的制造、分销和原材料供应为体系而组织起来的供应链的物流管理。例如，汽车制造、分销和原材料的供应链的物流管理，就是以汽车产品为中心的物流管理体系。后者主要是指以核心物流业务为体系而组织起来的供应链的物流管理，如第三方物流的配送、仓储、运输等供应链的物流管理。

2. 供应链物流管理的内容

(1) 前向物流与反向物流，包括运输、仓储、包装、装卸搬运、配送等。

(2) 前馈与反馈的信息流，包括订单、交付、运输等活动的信息交换，既包括供应信息、需求信息，也包括共享信息。

(3) 管理和控制，包括采购、营销、预测、库存管理、计划、销售和售后服务。

3. 供应链物流管理的特点

(1) 供应链物流是大系统物流，涉及供应链不同类型、不同层次的各个企业，这些企业共同构成了一个供应链系统。这个大系统物流不仅包括企业之间的物流，也深入到企业内部的物流，甚至直接和企业生产系统相连。

（2）供应链物流是以核心企业为中心的物流。要站在核心企业的立场上，以为核心企业服务的观点来统一组织整个供应链的物流活动。

（3）更广泛的资源配置。供应链物流管理应当在更大的范围内进行资源配置，包括充分利用供应链企业的各种资源，以实现供应链物流更优化。

（4）企业间的同盟关系。供应链企业之间是一种相互信任与支持、共生共荣、利益相关的紧密伙伴关系。组织物流活动时应体现这一宗旨，才能组织更有效的物流活动。

（5）企业间物流信息共享。供应链企业之间通常都建立起计算机信息网络，相互之间进行信息传输，实现销售信息、库存信息等的共享。组织物流活动时可以充分利用这个有利条件，在物流信息化、效率化上有较强的支持作用。

二、供应链物流分析原理及模式分析

(一)供应链物流分析原理

供应链的特点是在反应能力和盈利能力之间进行权衡。每一种提高反应能力的战略，都会付出额外的成本，从而降低盈利水平。因此，供应链有两种类型的竞争优势：一是反应优势；二是成本优势。

1. 供应链物流反应能力

供应链物流的反应能力指的是具备需求变化反应能力，或者具备供货需求反应能力，或者同时具备这两种反应能力所产生的竞争优势。

（1）需求变化反应能力。需求变化反应能力是指当市场需求发生波动时，依据需求变化速度来改变供货速度的能力，主要体现为对大幅度变动的需求量的反应，提供多品种的产品，生产具有高度创新性的产品等能力。

（2）供货需求反应能力。供货需求反应能力是指在客户发出货物订单后所需要的供货周期，主要表现为满足较短供货期的需求，满足特别高的服务水平要求等能力。

2. 供应链物流成本能力

生产企业供应链物流成本包括三个方面：过剩成本、投资成本和批量成本。供应链物流的成本优势是指供应链物流的总成本达到行业的最低水平。

（1）过剩成本。由于生产过剩所引起的供应链物流成本，即为过剩产品所支付的销售、生产、采购和物流成本。过剩成本包括两类：一是在规定的时间内产生了数量过剩的产品，即实际产出量大于实际需求量；二是在规定的时间提前完成了生产任务，即在需求产生之前完成了生产任务。

（2）投资成本。投资成本指为了实现供应链物流的高效率而支付的成本，如为提高客户的需求反应所投资的成本。

（3）批量成本。批量成本指在供应链物流过程中由于流量的大小所引起的成本。

(二)供应链物流模式分析

根据协调运作生产、供应活动、销售活动和物流活动机能的差异性，可以把生产企业供应链物流归纳成三类四种模式：批量物流，消费者订单物流、渠道订单物流，准时物流。每一种模式都有其各自的特征，体现出不同的竞争优势。

1. 批量物流

批量物流的协调基础是对客户需求的预测，生产企业的一切经济活动都是基于对客户需求预测而产生的。在预测前提下，生产企业的经济活动都是批量运营的，批量采购、批量生产和批量销售，也伴随着批量物流。

在成本方面，批量物流采取的是批量采购，最大能力的大规模生产，实行库存销售。这种模式在投资成本和批量成本上具有相当大的优势，但是由于大规模生产，这种模式会造成在规定的时间内提前完成任务，造成第二类过剩成本处于较高的水平；对需求预测的不准确会导致渠道中产生过多的库存积压，产生较高的第一类过剩成本，所以这种模式的过剩成本很高。

在反应能力方面，由于采取了最大能力的批量生产，很难调整生产的品种数和品种量，对最终消费者的需求变化的反应能力非常弱；而采取存货销售，最终消费者总能即刻获得购买的产品，这对最终消费者的市场供货反应能力非常强。所以批量物流的需求变化反应能力弱，市场供货反应能力强，过剩成本高，投资成本和批量成本都较低。

批量物流应该发挥其批量成本和投资成本低、供货需求反应能力强的优势，避免需求变化反应能力弱、过剩成本高的劣势。所以，批量物流对于市场需求波动小，预测准确度高，市场需求量大，顾客希望能够即刻获得的产品比较合适。生产企业为了提高预测的准确性，可以与零售商合作，从零售商那里获得最终消费者的需求信息，而不是以直接渠道客户的需求信息作为预测的依据。

2. 订单物流

订单物流的协调基础是客户订单，生产企业的经济活动是基于客户订单而产生的。生产企业根据订单进行销售、生产和采购，物流也是根据客户订单产生的经济活动形成的。订单物流主要表现为两种模式。

1) 最终消费者订单驱动模式

【案例 8-1】 戴尔物流是基于最终消费者订单驱动的供应链物流模式，是通过生产而不是库存来满足消费者的需求，所以戴尔物流能够及时、准确地反映消费者的需求变化，但是戴尔的客户必须等待 1~2 周才能得到订购的产品，所以市场供货反应能力非常弱。在物流成本方面，戴尔物流通过生产消费者订购的产品，消灭了过剩生产所导致的积压库存，使一类过剩成本很低；戴尔采用了大规模生产方式，这造成较高的二类过剩成本。戴尔式物流模式决定客户的订单规模小，订单数量大，这要求戴尔有非常强大客户订单信息的处理能力，因此信息设备的投资成本大。戴尔式物流采取的是大规模定制，生产批量大，另一方面其客户规模小，客户量大，为了能够缩短产品交货时间，戴尔采用包裹式运输，导致配送批量成本较高，所以戴尔物流的批量成本居于一个适中的水平。因此，戴尔式物流的需求变化反应能力强，市场供货反应能力弱，投资成本高，批量成本适中，一类过剩成本低，二类过剩成本高。

(资料来源：供应链物流. 百度百科. http://baike.baidu.com/view/2706926.htm.)

戴尔式物流应该发挥其需求变化反应能力强的优势，避免市场供货需求反应能力弱的劣势。所以，戴尔式物流对于市场的需求波动比较大，顾客购买频率低，并且顾客愿意延迟获得的产品比较适合。戴尔式物流需要企业能够对众多零散的最终顾客的购买信息进行及时、准确处理的信息系统，所以对企业的信息系统要求很高。

2) 渠道顾客订单驱动模式

【案例8-2】海尔的客户主要是海尔专卖店和营销点，海尔物流最大的特点是"一流三网"。"一流"是订单流，海尔通过客户的订单进行采购、制造等活动；"三网"分别是全球供应链资源网络、全球用户资源网络和计算机信息网络。"三网"同步运动，为订单信息流的增值提供支持。海尔式物流的实质是把客户的预测前移到渠道顾客，根据渠道顾客的订单驱动企业的运作。由于渠道顾客对最终消费者的预测比海尔自己对需求的预测更为准确，所以海尔物流对最终消费者的需求反应比批量物流要强，但是比戴尔式物流要弱得多。渠道顾客都保有海尔产品的库存，使对顾客的及时供货反应保持较高的水平。因为是渠道顾客订单驱动，订单规模比最终消费者的订单要大得多，所以在批量成本上居于两者之间。由于采用了批量生产，海尔式物流还是会产生较高的第二类过剩成本，而其产出的产品都是渠道顾客订购的，所以第一类过剩成本很低。因为批量生产，所以生产设备投资成本较低，在对顾客的订单处理能力方面虽然比批量物流高，但比戴尔式物流低，所以海尔式物流的投资成本处于中间水平。因此海尔式物流在市场需求变化反应能力比较差，市场供货反应能力强，一类过剩成本低，二类过剩成本高，投资成本和批量成本居中。

（资料来源：供应链物流．百度百科．http://baike.baidu.com/view/2706926.htm.）

海尔式物流应该发挥供货需求反应能力强的优势，并且依托渠道顾客的订单实现成本优势。所以，海尔式物流对于需求量大，顾客希望能够即刻获得的产品比较适合。海尔式物流模式的匹配范围比较广，如果生产企业能够跟渠道顾客进行合作，就能够使供应链模式运作更为有效。

3. 准时物流

准时物流是订单物流的一种特殊形式，是建立在准时制管理理念基础上的现代物流方式。准时物流能够达到在精确测定生产线各工艺环节效率的前提下，按订单准确的计划，消除一切无效作业与浪费，如基于均衡生产和看板管理的丰田模式。

【案例8-3】由于丰田的生产计划来自渠道顾客最近一个星期的订单，为丰田式物流对市场需求变化做出及时反应提供了有利条件；而且丰田采取了均衡式生产，看板式管理方式，能够及时对市场的需求变化做出反应，调整生产计划，这为丰田式物流方式创造了很强的需求变化反应能力。另外，丰田的渠道顾客总是能够维持一定量的丰田产品的库存，虽然在量上比不上批量物流和海尔式物流模式，但其快速的供应链物流反应，能够保证对最终消费者的及时供应。丰田式物流通过渠道顾客订单驱动，采取均衡式生产方式，使两类过剩成本都降到了最低。但是为了实现这种模式，在生产过程中，无法充分利用生产能力；而追求准时化生产，使物流都在小批量的状态下运行，批量成本非常高。为了实现生产的柔性，及时掌握市场需求动态，提高对市场需求的反应能力，生产和信息设备的投资成本也相当高。所以，丰田式物流的需求反应能力强，市场供货能力强，过剩成本低，投资成本和批量成本高。

（资料来源：供应链物流．百度百科．http://baike.baidu.com/view/2706926.htm.）

丰田式物流应该发挥需求变化反应能力、供货需求反应能力强及过剩成本低的优势。所以丰田式物流对于需求波动大，顾客希望能够即刻获得的产品比较适合。这种模式适合于短渠道分销，特别是采用一级渠道分销的产品。丰田式物流对企业的运作系统和管理能力提出很高的要求。

从以上分析可以看出，不同的生产企业供应链模式具有不同的竞争优势特征。而每一种模式的成功，都与企业和产品的特征相匹配，以充分发挥其优势特征，避免其劣势特征。供应链物流的模式应该匹配于相关的企业和产品的特征。

三、供应链物流管理战略

物流战略是对物流发展设立的总目标和为实现这一目标所制定的方针、政策和措施的总和。在制定供应链物流战略的过程中，一般需要注意以下几个方面：要对客户进行细分，对不同类型的客户确定相应的服务水平，如订货周期、运输方式库存水平等；要根据销售情况对产品进行分组，针对每一类别的产品可以采取不同的策略；订单录入、订单执行及交货作业处理占物流活动很大比例，因而需要通过技术和管理使整个供应链的物流流程更有效率，特别是对于成员企业间的接口部位，通过集成能剔除多余工作流，提高物流效益；各个成员企业应通过改善合作关系、使用现代管理手段和技术来实现准确预测、信息共享，从而减少不确定性因素带来的负面影响。

(一)物流战略的内容

1. 一体化物流战略

1) 纵向一体化物流

纵向一体化物流要求企业将提供产品或服务的供应商和接受产品或服务的客户纳入管理范围，实现从原材料供应到最后将产品交给用户的全过程的每个环节的物流管理，要求企业利用自身条件建立和发展与供应商和客户的关系来赢得竞争优势。

2) 横向一体化物流

横向一体化物流是通过同一行业中多个企业在物流方面的合作而获得规模经济效益和物流效率。从企业经济效益上看，这种做法降低了企业的物流成本；从社会效益上看，减少了社会物流过程的重复劳动。

3) 物流网络

物流网络是纵向一体化物流与横向一体化物流的综合体。当一体化物流的某个环节，同时又是其他一体化物流系统的组成部分时，以物流为纽带联系的企业关系，就会形成一个网络关系，即物流网络。当加入物流网络的企业增多时，其规模效益就会进一步显现出来，整个社会的物流成本就会大幅下降。

2. 物流服务延伸战略

物流服务延伸战略，是指在现有物流服务的基础上，通过向两端延伸，为客户提供更加完善和全面的物流服务，从而提高物流服务的附加值，满足客户高层次物流需求的经营战略。这种模式对于从事单一物流服务功能的传统物流企业来说，不仅可以拓展物流服务的范围，而且可以达到提高物流服务层次的目的。

3. 物流信息化战略

信息化是降低物流成本、实现物流增值的关键，也是现代企业有效运作和参与市场竞争最主要的基础条件。物流管理很大程度上是对信息的处理，如物资订单、采购销售、存储运输等物流信息的处理和传送，也包括对物流过程中的决策活动，如供应商的选择、顾客分析、顾客服务审计等提供信息支持，并对其实施监控，以便采取优化资源的措施，降低生产成本，提高生产效率，增强企业竞争优势。

【案例8-4】 法国电子商务的成功是与电子物流的掌控密切相关的。初始电子物流对网上在线购物还很薄弱，但随着软件技术的开发和更新换代，电子物流已完全融入了电子商务的飞跃发展，不断通过网络对业务进行外包和重组，并能够实现系统之间、企业之间以及资金流、物流、信息流之间的无缝链接，这种链接同时还具备预见功能，可在上下游企业间提供一种透明的可视化功能，帮助企业最大限度地控制和管理库存。同时，由于全面应用了客户关系管理、商业智能、计算机电话集成、地理信息系统、全球定位系统和互联网等先进的信息技术手段，以及配送优化调度、动态监控、智能交通、仓储优化配置等物流管理技术和物流模式，这为电子物流提供了一套先进的、集成化的信息技术手段，从而为企业建立敏捷的供应链系统提供了强大的技术支持。

(资料来源：法国电子商务物流的启示．中国电子商务研究中心．
http://b2b.toocle.com/detail--5408963.html.)

4. 物流技术装备现代化战略

物流产业的发展离不开国家的政策支持和资金投入，不仅需要建设现代化的机场、车站、码头、公路、铁路等公共基础设施，还需要物流企业加大资金投入，购置先进的物流技术装备，改善交通运输系统、集装箱装卸搬运系统、散料储运系统、自动仓储系统、产品包装系统、流通加工系统和配送中心技术装备的落后局面，为物流产业的发展提供强有力的物质保障和技术支持。

5. 定制式物流服务战略

定制式物流服务，是指将物流服务具体到某个客户，为该客户提供从原材料采购到产成品销售过程中各个环节的全程物流服务模式，涉及储存、运输、加工、包装、配送、咨询等全部业务，甚至还包括订单管理、库存管理、供应商协调等在内的其他服务。现代物流服务强调与客户建立战略协作伙伴关系，采用定制式服务模式不仅能保证物流企业有稳定的业务，而且能节省企业的运作成本。物流企业可以根据客户的实际情况，为其确定最合适的物流运作方案，以最低的成本提供高效的服务。

6. 物流战略联盟模式

物流战略联盟模式，是指物流企业为了达到比单独从事物流服务更好的效果，相互之间形成互相信任、共担风险、共享收益的物流伙伴关系的经营模式。国内中、小型物流企业的发展方向是相互之间的横向或纵向联盟。这种自发的资源整合方式，经过有效的重组联合，依靠各自的优势，可以在短时间内形成一种合力和核心竞争力。同时，它们在企业规模和信息化建设两个方面的提高，可形成规模优势和信息网络化，实现供应链全过程的有机结合，从而使企业在物流服务领域实现质的突破，形成一个高层次、完善的物流网络体系。

7. 物流咨询服务战略

物流咨询服务，是指利用专业人才优势，深入到企业内部，为其提供市场调查分析、物流系统规划、成本控制、企业流程再造等相关服务的经营模式。企业在为客户提供物流咨询服务的同时，帮助企业整合业务流程与供应链的上、下游关系，进而提供全套的物流解决方案。企业通过物流咨询带动其他物流服务的销售，区别于一般仓储、运输企业的简单化服务，有助于增强企业的竞争力。

8. 绿色物流战略

绿色物流，是指在运输、储存、包装、装卸和流通加工等物流活动中，采用先进的物流技术、物流设施，最大限度地降低对环境的污染，提高资源利用率。例如，包装材料尽量采用可回收材料，运输工具采用清洁能源，加强对废弃物的管理等。

9. 企业物流专业化战略

专业化战略，就是把物流独立出来，建立自己的物流体系。企业的专业化物流，不仅为满足企业自身的物流需求，而且对外进行营业服务。专业化的物流系统，要求企业有自己的配送中心、服务团队、配送工具、强有力的组织领导和良好的企业形象等。

10. 企业物流国际化战略

全球化进程加快了整个世界经济结构、产业结构的调整以及全球贸易的发展，大大促进了资源配置的国际化，正是基于此形成了企业物流的国际化。一些较有实力的跨国公司为适应全球化的需求，努力在全球范围内配置资源。

(二)物流战略管理

1. 现代物流市场的开拓管理

根据客户的需求，构建客户需要的业务流程，围绕主要客户，调动各部门的力量，动员各种资源，完成从商流到物流的市场开拓。这就要对物流市场的需求进行调研与预测分析，正确选择企业的目标市场，确立正确的市场定位。物流定位就是通过辨别物流客户的不同需求，突出服务的差异化，达到满足客户需求的目的。

2. 员工凝聚力、责任感和归属感的塑造与培养

现代物流企业人力资源管理的一项重要工作，就是在企业内部营造一个安谧的环境，使每一个员工都能在和谐的气氛中工作，发挥其最大的潜能，努力为企业创造更大的价值。

3. 现代物流企业的财务管理

1) 物流成本预测

物流成本预测，就是根据有关的成本数据和企业的具体发展情况，运用一定的技术方法对未来的成本水平及其变动趋势做出科学估计。

2) 物流成本决策

物流成本决策，就是在成本预测的基础上，结合有关资料，运用科学的方法，从若干

方案中选择一个满意方案的过程。

3) 物流成本计划

物流成本计划，就是根据成本决策所确定的方案、计划期的生产任务及有关资料，运用一定的方法，以货币的形式规定计划期物流各环节耗费水平和成本水平，并提出保证成本计划顺利实现所采取的措施。

4) 物流成本控制

物流成本控制，就是根据物流计划的目标，对成本形成和发生过程及影响成本的各种因素和条件施加影响，以保证实现物流成本计划。

5) 物流成本核算

物流成本核算，就是采用一定的计算方法，按规定的成本项目，通过一系列的物流费用汇集与分配，计算出各种物流活动对象的实际成本。

6) 物流成本分析

物流成本分析，就是在成本核算及其他有关资料的基础上，运用一定的方法揭示物流成本水平的变动情况，进一步理出影响物流成本变动的各种因素。通过物流成本分析，可以提出积极建议，采取有效措施，合理地控制物流成本。

4. 运输的合理化管理

运输合理化就是在一定的产销条件下，对货物的运量、运距、时间、流向和中转等环节进行科学调配实现运输费用最省。因为运输费用在全部物流费用中占很大比例，运输费用的高低在很大程度上决定了整个物流系统的竞争能力。

5. 仓储的科学管理

仓储管理是物流战略管理的重要组成部分。仓储管理包括两个方面的内容：一是对库存物资实行科学的维护与保养，保持库存物资的数量和质量不变；二是对库存的物资数量实行科学的控制。

第二节　供应链中的物流运作

一、供应链物流网络布局

(一)设施决策在供应链中的作用

1. 设施决策的概念

供应链设施包括对材料、在制品、产成品进行物料处理作业和进行存储作业的一切设施。所有的零售商店、成品仓库、制造工厂和材料储备仓库都属于供应链设施。

供应链设施决策也称供应链网络设计决策，包括生产、储藏或运输相关设施的区位及每样设施的容量和作用。设施与设施网络的选择，决定了供应链在成本与服务方面的竞争能力。

2. 设施决策的内容

(1) 设施功能：每一设施的作用，在每一设施中将进行的作业流程。
(2) 设施区位：每一设施最适宜的布局。
(3) 容量配置：每一设施应配置的容量。
(4) 市场和供给配置：每一设施应服务的目标市场和货物的供给源。

3. 设施决策的作用

(1) 设施功能决策，决定了供应链在满足客户需求中的灵活性大小。
(2) 设施区位决策，对供应链的运营有长期影响，废弃或迁移设施的代价是十分昂贵的。好的设施区位能帮助企业在较低成本下保证供应链的运营。
(3) 容量配置决策，不易改变、合理的容量配置能降低成本，提高设施利用效率，提升对需求的反应能力。
(4) 设施的供应源及市场配置决策，会影响供应链为满足客户需求所引发的生产、运输、库存等成本。

集中建立与分散建立设施的比较，如表 8-1 所示。

表 8-1 集中建立与分散建立设施的比较

项 目	集中建立	分散建立
规模效应、经验效果、协同效果	易享受	难享受
生产与管理费用	少	多
运送费用	多	少
交货期	长	短
公司内的经验等	易共有	难共有

(二)物流网络设计决策的影响因素

1. 战略性因素

强调生产成本的企业在成本最低的区位布局生产设施，即便会使生产工厂远离其市场区；强调反应能力的企业，在市场区附近布局生产设施，有时甚至不惜以土地或租金的高成本为代价；全球化的供应链网络，通过在不同国家或地区布局职能设施，支持其不同战略目标的实现。

2. 技术因素

(1) 在生产技术能带来显著的规模经济效益时，布局少数大容量的设施。
(2) 在设施建设固定成本较低时，较多的地方性生产设施可降低运输成本。
(3) 在生产技术稳定，而且不同国家对产品的要求不同时，可以在每一个国家建立地方性基地为该国市场服务。
(4) 如果生产技术富有灵活性，可选择在较少的几个大基地进行生产。

3. 宏观经济因素

(1) 关税水平。高关税时，应在更多的地方进行生产，每个地方的工厂生产能力较小；低关税时，减少生产基地，同时每一生产基地扩大生产能力。

(2) 税收减让。企业布局在税收减让地区可获得成本优势。

(3) 汇率风险。对供应链的利润有显著影响。良好的供应链网络能利用汇率波动增加利润。在供应链网络中多规划一部分生产能力，使生产能力具有灵活性，满足不同市场的需求，在当前汇率下使成本较低的基地生产更多的商品。

(4) 需求波动。由于经济波动或其他因素而导致的需求波动。

4. 政治因素

政治稳定因素在供应链网络布局中起着重要作用，企业倾向于布局在政局稳定的国家，这些国家的经济贸易规则较为完善。但政治稳定很难量化，所以企业在设计供应链时只能进行主观的评价。

5. 基础设施因素

基础设施的好坏影响供应链运营的成本。关键的基础设施包括场地和劳动力的供给，密集的交通如靠近运输枢纽、机场和码头、高速公路入口、铁路服务等，地方性公用事业完善。良好的基础设施是供应链布局的先决条件。

6. 竞争性因素

设计供应链网络，必须考虑竞争对手的战略、规模和布局。企业竞争表现在为瓜分市场而布局，企业是邻近还是远离竞争对手布局是一项基本的决策。如果企业在价格上进行竞争，而且承担向客户送货的成本，那么最优的布局是二者尽可能离得远些；当企业不能控制价格，只是在与客户距离的远近上相互竞争时，他们就能通过相互接近的布局获取最大的市场份额。此外，原材料和劳动力等外部因素也会迫使其相互靠近。

7. 对顾客需求的反应时间

企业的目标客户若能容忍较长的反应时间，企业就能集中力量扩大每一设施的生产能力；企业的客户群认为较短的反应时间很重要，则必须布局在离客户较近的地方，并且应当设有许多生产基地，每个基地的生产能力较小，由此来缩短对客户的反应时间，增加供应链中设施的数量。

8. 物流和设施成本

(1) 库存成本。在仓储网络中，库存由在途库存、安全库存和基础库存组成。随着供应链网络中仓库设施的增加，在途的运输时间将不断减少，在途库存的量也会不断减少；当供应链中设施数目增加时，平均安全库存及由此引起的库存成本就会增加。

(2) 运输成本。如图8-1所示，直接从生产地到达客户的小批量运输成本较高；随着仓库数量的增加，运输的总成本不断减少，运输成本的降低源于在某个设施对货物的集拼运输与短途运输的相互结合；成本曲线的最低点，表示获得最大的货物集拼效益所需的设施的数量；如果设施数量的扩张超出了货物集拼的最大值，每个设施所承担的集拼运输的数量减少了，成本将逐渐增加。

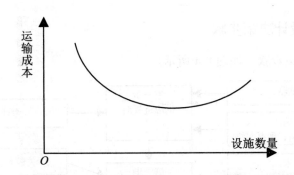

图 8-1 设施数量和运输成本之间的关系

(3) 设施(建设和运营)成本。固定成本是指短期内不随设施货流量的改变而改变的成本,如建设成本和租赁成本;可变成本是指与生产或仓库运营相关的随着加工数量的变化而变化的成本。如果设施的设立,可以为供应链提供成本或服务的优势,则该设施的设立就是必要的。物流成本和反应时间变动与设施数量的关系如图 8-2 所示;物流总成本随着设施数目的增加,总成本先减后增,如图 8-3 所示。

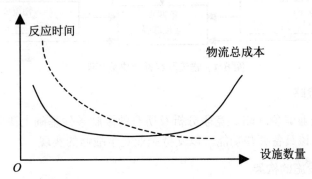

图 8-2 物流成本和反应时间变动与设施数量的关系

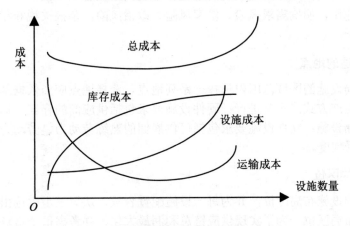

图 8-3 设施数量和总成本之间的关系

(三)物流网络设计决策步骤

物流网络设计决策步骤,如图8-4所示。

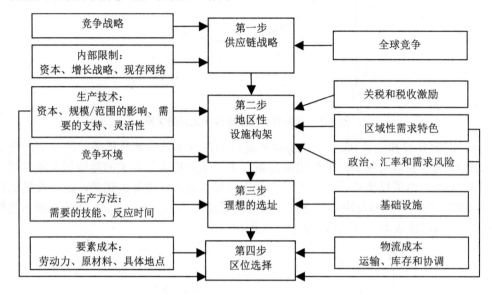

图8-4 物流网络设计决策框架

1. 明确供应链战略

管理者必须在企业竞争战略、竞争分析及所有的限制条件基础上决定供应链战略,并且详细说明供应链应该具备哪些功能,以支持企业竞争战略的实现。

2. 明确地区性设施的构架

选择设施布局的区域,明确设施的潜在作用及其最大容量。具体要进行需求预测,分析规模经济的作用,明确需求风险、汇率风险、政治风险,掌握关税和税收减免情况,进行竞争环境分析。

3. 选择合适的地点

在将要布局设施的区域范围内选择一系列地点。选择地点应当依据基础设施的状况,以确保预想的生产方式能正常进行;硬件设施要求包括供应商的存在、运输服务、通信、公用事业及仓储设施;软件设施要求包括可供雇佣的熟练劳动力、劳动力转换及当地社区对工商业的接受程度。

4. 选择布局区位

选择精确的设施布局区位,并为每一设施配置容量。从第三步中选出的理想地点中进行筛选,找出布局区位。为了实现供应链总利润最大化,并考虑每个市场的预期边际效益和需求以及不同的物流和设施成本,可选择重力区位模型和网络优化模型。

1) 重力区位模型

重力区位模型使供应商处运来原材料的运输成本和向市场运送最终产品的运输成本之和最小。

2) 物流网络设计优化模型

管理者进行设施布局和容量配置的目标，应当使整个供应链网络的利润最大化。在制定这一决策前，应该掌握以下几个方面的信息。

(1) 供应源和市场的位置。
(2) 潜在的设施地点的区位。
(3) 市场需求预测。
(4) 每一地点的设施成本、劳动力成本和原材料成本。
(5) 每两个设施布局地点之间的运输成本。
(6) 每一地点的库存成本及其与设施数量的关系。

以最小总成本为目标的供应链物流网络模型包括的变量有订货量、发运量、运输方式、选定位置；约束条件有市场需求、所期望的库存服务水平、设施备选位置、供应链网络设计的其他模式、最大限度的服务水平、差异化的竞争优势、最大利润、最小化的资产配置。

【案例8-5】 美国德尔菲(Delphi)公司生产深海鱼油和各种保健品，其产品在设计和开发方面始终保持优势，但其物流系统存在严重问题。德尔菲公司将其全部的内部物流作业都转移到联邦速递(Federal Express)的分支机构——商业物流公司(Business Logistics)，由其重新构造、改善和管理在德尔菲公司供应链上的货物和信息流动的每一个方面。重组前，德尔菲公司有6个大型仓库、8家承运人和12个管理系统，从顾客订货到向顾客交货的间隔时间长、存货量大及严重缺货，生产线中约有16%的产品在零售店脱销。重组后，除一家外，关闭所有在美国的仓库，从仅为当地顾客服务转变为向全球顾客服务，成为一个世界性的"处理中心"，充当公司产品的物流交换所。使得随机的需求得到满足的成功率提高；通过存货周转率提高和装卸费用降低弥补甚至降低运输成本；由于产品只需一次装运，使送货时间得到保证。公司还计划通过联邦快递的航空运输网络在24~28小时之内向世界上位于任何地点的商店进行供货，先进的系统和通信将被用于监督和控制世界范围的存货。

(资料来源：物流管理案例：德尔菲公司的现代物流. 考试吧.
http://www.exam8.com/zige/wuliu/anli/200709/334490.html.)

二、供应链运输管理

(一)供应链运输管理的任务

1. 设计规划运输任务

设计规划运输任务就是要站在供应链的整体高度，统一规划有关的运输任务，确定运输方式、运输路线，联合运输方案，设计运输蓝图，达到既能够满足各点的运输需要，又使总运输费用最省的目的。因为供应链运输问题，是一个多点系统的运输问题，涉及供应商到核心企业、核心企业到分销商以及供应商之间、分销商之间等多个企业、多个品种、多种运输方式、多条运输路线的组织规划等问题。要根据供应链正常运行的节拍，确定各点之间的正常运量，然后统一组织联合运输、配送和准时化供货。这个通常要建立模型，仔细地优化计算得出运输方案、建立运输蓝图。具体的做法可以运用运输规划法、配送计划法等方法来完成。

2. 寻找合适的运输承包商

确定运输任务方案之后，就需要找运输承包商。应当找正规的运输企业或者物流企业，建立稳定的合作关系，甚至可以把它们拉入供应链系统中。运输的方式有长途输送运输、短途配送运输和准时化供货等形式。

3. 运输组织和控制

运输组织和控制就是按照给定的运输方案和运输计划对运输承包商的运输活动过程和运输的效果进行组织、管理和控制。

(二)供应链运输决策

1. 运输部门的激励机制

进行运输决策时应确保运输战略对企业的发展战略起促进作用。如在决策时只考虑降低运输成本而不考虑客户响应程度，将使企业总成本增加。所以，企业运输部门的业绩考核应综合考虑运输成本、受运输决策影响的库存成本及所达到的客户响应程度。

2. 选择自营运输和外包运输

考虑使用自营运输、外包运输或二者兼而有之，应基于企业的运输管理能力和运输对企业发展战略的重要性。当运量较小、运输不是企业成功的关键因素时，可将运输外包给第三方承担，节约成本。然而当运量大、客户响应程度重要时，运输对企业发展战略的成功影响非常大，企业应拥有自己的运输车队。

3. 运输网络的柔性

进行运输网络设计时应考虑需求的不确定性和运输的可利用性。忽视需求不确定性会导致大量采用廉价、非柔性的运输方式，如果运输计划不变，这种运输网络会执行得很好，然而当运输计划改变时，往往就很差劲。如果企业考虑了不确定性，在运输网络设计中采用一些柔性的运输方式，虽然价钱昂贵，但可以让企业以较低的成本提供高水平的客户响应。

4. 运输成本与其他相关成本

供应链中的运输决策必须考虑对库存成本、设备和加工处理成本上升，协作成本以及提供给客户的响应水平、对不同的运输配置进行评估，按不同的成本、收入及协作的复杂性把它分成不同的等级，然后进行合适的运输决策。

1) 运输与库存成本

运输与库存成本间的权衡包括运输方式的选择和库存集中。

(1) 运输方式的选择。它包括规划决策和运作决策两个方面，规划决策侧重于承运商的选择，运作决策针对的是某次运货的具体运输方式的选择。对于这两种决策，发货方都必须权衡运输与库存成本。成本最低的运输方式不一定降低供应链总成本，越廉价的运输方式提前期越长，装货量也越大，库存水平越高；装载量小的运输方式可降低库存水平，但相对昂贵。因此，价值与重量比值高的货物适合速度快的运输方式，对它来说降低库存颇为重要；价值与重量比值低的货物则适合速度慢的运输方式，对它来讲降低运输成本更为重要。

(2) 库存集中。将分散的库存集中起来可使企业显著降低安全库存，然而集中库存会增加运输成本。当库存、设备成本占供应链总成本很大时，可以考虑库存集中。对价值与重量比值高且具有高度需求不确定性的货物，集中库存也是有效的。

2) 运输成本与客户响应

供应链中运输成本与供应链提供的客户响应程度密切相关。如果企业的响应程度高、当天接收到的订单当天完成，由于运量小、车辆利用率低，将导致很高的运输成本；反过来，如果降低响应程度，在发货前经过一段时间集中订单，将会因运量增大带来的规模经营而使运输成本降低，但集中订单会由于未能及时发货而使客户响应程度降低。

(三)供应链运输不确定性对策

在供应链中运输是一个由多方共同参与的过程，它具有很强的不确定性。运输过程中出现的问题不仅会影响运输活动自身的正常进行，而且会降低供应链绩效，甚至可能使供应链停止运作。如何避免运输不确定性带来的副作用是个值得关注的问题，只要有预见性和周密的规划，供应链中出现的运输问题大多可以成功解决。

(1) 制定备选规划和具体可选方案，使其成为偶然突发事件的基础，一旦运输出现问题，立即启动备选方案。

(2) 注意收集、更新有关数据，如燃料价格、承运商的经营状况等，通过对这些数据的分析，提高对运输问题的预见性。

(3) 选择承运商时，应进行全面严格的考核，不能仅基于价格进行选择。

总之，在信息技术飞速发展的今天，供应链运作的基础依然是运输这个不被人重视的环节。当它正常运作时没有人会注意到它，然而运输中一个极小的问题可能让整个供应链崩溃，同时运输也是供应链物流成本中比例最大的部分，所以，在供应链管理中应当高度重视运输问题。

(四)协同运输管理

1. 协同运输管理的内涵

协同运输管理(Collaborative Transportation Management，CTM)，是把供应链的合作伙伴和运输服务供应商聚集到一起，达成协议，使运输规划和作业流程避免出现无效率的运作。其目的是通过促进供应链中运输作业参与者，包括发货人、承运人、收货人或者第三方物流等的相互影响和协同合作，消除无效率的作业。

2. 实施协同运输的效果

根据日本推动协同运输的统计数据，可从以下三个方面看出协同运输管理的效果。

(1) 供应商。可以提前与运输商分享信息，以保证运输工具及时到位，提高回程货物装载率，并获得最低运价。此战略的实施，增加了产品按时送货率，按时服务提高35%，库存降低50%，通过增加服务给客户，使销售额提高23%，提前期减少75%，管理成本减少20%。

(2) 运输商。减少了运输商装货、卸货的等待时间，通过优化运输，它可以更好地安排运输次序和路线，减少空载率；降低了运输疏忽造成的货物流失；减少了单据错误和不准确的沟通。无利润里程减少15%，滞留时间减少15%，运输设备利用率提高33%，司机流动降低15%。

(3) 客户。通过协同运输，运力资源得到了充分利用，运输的准时性、快捷性得到了改善，客户满意度大大提高。

【案例8-6】 北美最大的汽车零配件零售商AutoZone于1995年认识到，要想进行企业的快速扩张，必须保证有效的物流系统。由于AutoZone的供应商控制其95%的水运和85%的卡车货物运输，结果导致运输货物的循环周期很长，货物缺少可视性，并且无法预测交货期，易在分销中心产生瓶颈、运输成本很高，最终限制其扩张计划的实施。由于AutoZone一共有7个分销中心，1000多个零售点，500多个供应商，物流管理复杂，因此要提高运输环节的效率，进行运输管理改革势在必行。最终，AutoZone选择著名的第三方物流公司Transplace帮助其进行供应链重组工程，Transplace选择了协同运输管理方案。AutoZone的主要要求是：改变对供应商提前支付货款，采用货到付款，并对货物进行控制和进行可视化管理；集成发货和回程的管理；提高运输的效率；提高整个供应链，包括整个系统、过程、人员的效率。

(资料来源：供应链运输管理．百度百科．http://baike.baidu.com/view/3233574.htm.)

三、供应链物流中心

(一)供应链物流中心的内涵

供应链环境下的现代物流中心有广义和狭义之分，广义物流中心包括港湾、货运站、运输仓储业者、公共流通商品集散中心、企业自身拥有的物流设施等；狭义物流中心专指为有效地保证商品流通而建立的物流综合管理、控制、调配的机构和设施。

我国国家标准《物流术语》中对物流中心的定义是：接受并处理下游用户订货信息，对上游供应的大批量货物进行集中储存、加工等作业，并向下游进行批量转运的机构和设施。从这个定义可以看出，物流中心也充分体现了供应链管理的思想。

(二)供应链物流中心的功能

1. 商品运输中心

商品运输功能是物流中心必须具备的首要功能。因此，物流中心需要拥有或同时租赁一定规模的运输工具，并且其运输网络必须覆盖所服务的范围，还必须在所覆盖范围以外的其他地区找到合适的合作伙伴来完成运输，尽可能方便客户。

物流中心应能为客户选择满足其需要的运输方式，然后组织运输网络内部的运输作业，按客户要求，在恰当的时间，把恰当数量的商品运送到恰当的地点。一般而言，物流中心拥有数量较大的客户，应尽可能对客户的运输需求和自身及战略伙伴的运输资源进行整合，在最大程度上实现物流的共同配送，充分发挥物流中心规模经济效益而使经营成本得以不断降低，从而使自己和客户从中受益。

2. 商品分拣中心

随着商品流通体系的不断发展和市场营销渠道的细分化以及商品种类的多样化、差异化，商品分拣的功能显得尤为必要。物流中心可以将不同工厂、不同批号生产的商品进行整合，通过物流中心向各类批发商和零售商进行统一发货，大大节约了商品分拣工作量，同时也保证了商品发运、调达的及时性和正确性，给物流参与各方带来了直接的经济效益。从宏观角度讲，实现了商品配送的集约化，大幅度减少了交错运输等不合理的运输情况，符合社会及产业的利益。

3. 商品保管中心

在现代市场经济社会中，商品的生产和消费之间由于时间、空间及其他因素的影响，往往会出现暂时的分离，物流中心为了发挥时空调节机能和价格调整功能，必须具备商品保管职能。物流中心可以帮助客户削减库存量，降低库存占压资金、减少储存成本。

4. 流通加工中心

商品从生产地到消费地往往需要多道流通加工作业，为方便生产和销售，物流中心可以为生产商或分销商完成一定的加工作业，如商品细分、小件包装、贴标签、制作并粘贴条形码等。物流中心还可进行商品的货架配置、食品保鲜等作业活动。物流中心的流通加工功能大大提高了商品作业的效率、降低了店铺的管理费用，有利于实现企业的统一管理和企业形象的建立。

5. 物流信息处理

物流信息处理已经成为物流企业生存与发展的生命线，现代物流中心必须为客户提供强大的物流信息处理服务。现代物流信息具有信息量大、更新快、来源多样化等特点，许多信息技术不断应用于物流领域，功能强大的信息处理平台的建立已经成为物流中心不可缺少的重要内容。

随着经济与社会环境的变化，企业间的竞争日益加剧，物流业飞速发展，尤其在供应链管理模式下，物流中心除了必须具备上述基本功能以外，还应具有以下增值功能。

6. 需求预测

预测未来一段时间内某类商品的进、出库量，预测市场对某类商品的需求。

7. 结算功能

结算功能不仅包括对物流费用的结算，还可替客户向收货人结算货款等。

8. 物流系统设计咨询

为客户设计物流系统，代替客户选择和评价运输商、仓储商及其他物流服务供应商，这个功能可以在很大程度上增强物流中心的竞争力和整个供应链的核心竞争力。

在供应链的各成员中，原材料供应商、制造商、分销商、零售商、专业物流者都需要物流中心。由于处在供应链中的位置不同，各个成员需要物流中心提供服务的要求也有所不同。对于原材料供应商，物流中心功能应该强调原材料的配套储存、分拣、及时配送、加工和预处理等方面；对于制造商，物流中心不仅必须为其提供支持制造活动的服务，还必须为其产品分销提供服务；对于分销商，物流中心必须加强仓储、运输及信息交换等方面的服务；对于零售商，作为供应链的末端机构，要求物流中心为其提供良好的商品配送服务，包括订单处理、采购、分拣、配送、包装、加工、退货等多方位的服务。另外，随着第三方物流的大量出现，物流中心必须为其提供更高度专业化的服务，尤其在增值服务方面。

并不是所有物流中心都必须具有上述所有功能。从供应链管理角度而言，一个物流中心应该具有核心竞争能力，并且物流中心的功能应根据其所处的位置向上游或下游进行延伸，同时物流中心应加强与其他伙伴的战略联盟。一条供应链可能由几个物流中心为其提供服务，一个物流中心也可以为几条供应链提供服务，因此现代物流中心必须明确自己在供应链中的位置，客户的要求是什么，自己必须具备的核心竞争力的功能是什么，这样才可能更大限度地满足客户的目标要求。

(三)供应链物流中心的类型

1. 根据经营主体不同进行分类

(1) 自有型物流中心。企业自己承担产品的物流运作，不面向社会，是企业集团的一部分。一般大型企业集团都拥有这种自有型物流中心。自有型物流中心能在一定程度上提高企业的物流效率，如果企业管理不善或缺乏合理的绩效评价及激励机制，提供的物流服务质量可能会降低，物流费用反而会不断上升。同时自有型物流中心会造成重复建设及资源浪费的现象。

(2) 合作型物流中心。由数家企业合作管理拥有，为合作的企业提供物流服务。这种类型的物流中心能在一定程度上避免重复建设和资源浪费的现象，但在具体运作时难以管理，尤其是在合作企业间利益发生冲突的时候。

(3) 公用型物流中心。一般由独家企业管理拥有，面向社会的所有企业提供各种物流服务。一般具有相当大的规模，可提供几种具有核心竞争力的主要物流服务，也可提供综合性的配套物流服务。这种物流中心能提高物流服务的专业化水平，提高物流行业的资源利用率，是物流中心的中坚力量。

2. 按照物流中心的规模大小进行分类

(1) 配送中心。一般而言，配送中心规模不大，运送距离较短，功能较为单一，处于供应链末端的物流配送，通常由仓储企业、运输企业演变而来，也可能由连锁店共同组建而成，还可能由大型企业自己独立拥有。

(2) 物流中心。相对规模较大，具备配送中心的大多数功能，服务范围也更广。

(3) 物流园区。物流园区是多家物流中心或配送中心在空间上集中布局形成的场所，具有相当规模和综合物流服务功能的物流集结点，一般位于郊区或城乡边缘带的主要交通枢纽附近。通过提供完善的基础设施和服务设施及各种优惠政策，吸引大型物流(配送)中心在此聚集，形成规模效益，降低物流成本，减轻大型物流(配送)中心在市中心分布所带来的一系列不利影响。

随着围绕核心企业的供应链管理思想的不断深入到物流企业的管理中，寻求供应链整体的最优,是现代物流中心所追求的目标。现代物流中心将是相互协作,物流、信息流、资金流相互融合的物流中心。现代物流系统需要供应链上各个企业从商品流动的全过程考虑物流中心的建设,物流中心的建设应当从流通全过程的绩效来衡量。建立高度信息化、集约化、综合化的物流中心,同时物流中心间采取不断加强战略合作、优势互补的运作模式,是现代物流中心发展的趋势。

第三节　第三方物流与物流外包

一、第三方物流的内涵

(一)第三方物流的基本概念

第三方物流(Third-Party Logistics,简称 3PL,TPL),是相对"第一方"发货人和"第二方"收货人而言的,它是由第三方专业企业来承担企业物流活动的一种物流形态。3PL通过与第一方或第二方的合作来提供其专业化的物流服务,它不拥有商品,不参与商品的买卖,而是为客户提供以合同为约束、以结盟为基础的、系列化、个性化、信息化的物流代理服务。

最常见的 3PL 服务包括设计物流系统、EDI 能力、报表管理、货物集运、选择承运人及货代人、海关代理、信息管理、仓储、咨询、运费支付、运费谈判等。由于服务业的方式一般是与企业签订一定期限的物流服务合同,所以有人称第三方物流为"合同契约物流(Contract Logistics)"。

第三方物流内部的构成一般可分为两类:资产基础供应商和非资产基础供应商。对于资产基础供应商而言,他们有自己的运输工具和仓库,他们通常实实在在地进行物流操作。而非资产基础供应商则是管理公司,不拥有资产或租赁资产,他们提供人力资源和先进的物流管理系统,专业管理顾客的物流功能。广义的第三方物流可定义为两者结合。第三方物流因其所具有的专业化、规模化等优势在分担企业风险、降低经营成本、提高企业竞争力、加快物流产业的形成和再造等方面所发挥的巨大作用,已成为 21 世纪物流发展的主流。

(二)第三方物流的基本特征

1. 关系合同化

首先,第三方物流是通过契约形式来规范物流经营者与物流消费者之间关系的。物流经营者根据契约规定的要求,提供多功能直至全方位一体化物流服务,并以契约来管理所有提供的物流服务活动及其过程。其次,第三方物流发展物流联盟也是通过契约的形式来明确各物流联盟参加者之间权、责、利相互关系的。

2. 服务个性化

首先,不同的物流消费者存在不同的物流服务要求,第三方物流需要根据不同物流消费者在企业形象、业务流程、产品特征、顾客需求特征、竞争需要等方面的不同要求,提供针对性强的个性化物流服务和增值服务。其次,从事第三方物流的物流经营者也因为市场竞争、物流资源、物流能力的影响需要形成核心业务,不断强化所提供物流服务的个性化和特色化,以增强物流市场竞争能力。

3. 功能专业化

第三方物流所提供的是专业的物流服务。从物流设计、物流操作过程、物流技术工具、物流设施到物流管理必须体现专门化和专业水平,这既是物流消费者的需要,也是第三方物流自身发展的基本要求。

4. 管理系统化

第三方物流应具有系统的物流功能,是第三方物流产生和发展的基本要求,第三方物流需要建立现代管理系统才能满足运行和发展的基本要求。

5. 信息网络化

信息技术是第三方物流发展的基础。物流服务过程中,信息技术发展实现了信息实时共享,促进了物流管理科学化,极大地提高了物流效率和效益。

二、第三方物流的运作

(一)第三方物流业态分类

现今中国物流行业中第三方物流企业的经营业态主要有以下两种。

1. 基于客户委托的物流服务

第三方物流企业接受客户委托,根据客户提出的要求处理相关货物。这种模式是一种代理或委托的法律关系,其表现形式是以处理委托人事务为目的,根据委托事项支付一定费用,受托人(物流企业)根据实际成本加上利润收取费用并提供相应服务。

2. 为客户提供定制化物流方案

物流企业根据客户要求,以物流企业名义向外寻求供应商、代理商、分销商,同时又向客户提供相应的仓储、运输、包装等服务,为客户设计物流计划。该模式往往是从事第三方物流服务的企业通过与固定客户建立稳定的契约关系,以物流企业的名义与生产商建立广泛的商品关系,是第三方物流和终端客户建立的长期联盟合作。这种经营模式是第三方物流的高级经营业态。

(二)第三方物流的发展战略

1. 资源战略

物流企业发展第三方物流,需要集中把握和有效运用企业经营资源。首先,准确认识和深入分析企业经营资源状况,正确选择第三方物流发展的方向;其次,积极探索企业资源的有效配置方式,有力促进第三方物流发展的速度;最后,认真研究企业资源的可持续发展问题,确保第三方物流的健康发展。中、小企业以供应链管理重构业务流程,构筑第三方物流发展优势,应把握资源转换方式,不断提高资源产出效益。

2. 联盟战略

物流企业发展第三方物流需要本着"优势互补、利益共享"的原则，借助产权方式、契约方式实行相互合作，共同拓展物流市场，降低物流成本，提高物流效益。首先，物流资源的联盟，将中小工业企业分散的物流资源、物流功能要素通过一定的方式联合在一起，形成物流一体化的资源优势。其次，物流地理区域和行业范围的联盟。根据各行各业中小企业的特性，在一定地理区域或一定行业范围实行物流联盟，形成高效直接式运作体系。最后，与中小企业建立发展第三方物流的联盟，通过组建服务协会，协调和指导物流企业与中小工业企业在发展第三方物流中的各种关系。

3. 服务战略

物流企业发展第三方物流必须依托中小工业企业的发展，必须依据中小工业企业的实际需要，设计和提供个性化物流服务理念；必须关注市场需求变化，提供保障企业产品服务质量的服务措施；必须深刻理解中小企业物流规律，建立完善的物流运作与管理的服务效益。

4. 创新战略

物流的发展过程就是一个不断创新的过程。实施创新战略，首先，创新观念，打破传统思想，借鉴国际先进物流管理思想，与中小企业实践有机结合起来，探索具有中小企业物流特色的新思想和新方法；其次，创新组织，充分运用现代信息技术手段，借助中小企业数量大面广的特点，建立网络化物流新型组织；再次，创新服务，深入研究中小工业企业物流需求，通过引进、模仿和创新物流技术手段，不断设计、创新和提供有效的物流服务；最后，创新制度，既要建立以产权制度为核心的现代企业制度，也要根据发展需要建立完善、合理的物流管理体制。

5. 品牌战略

物流企业发展第三方物流必须确立品牌战略，充分发挥品牌效应，获取良好效益。首先，树立物流发展的精品名牌意识，严格制定各项物流质量标准，才会不断提高物流服务水平；其次，引进先进技术手段，设计创造物流服务的精品名牌意识，严格制定各项物流质量标准，才会不断提高物流服务水平；最后，强化物流技术与管理人员素质培训，建立优秀的物流人才队伍，确保企业名牌战略的实现。

(三)第三方物流的战略选择

1. 成本领先战略适合有实力的企业

当企业与其竞争者提供相同的产品和服务时，只有想办法做到产品和服务的成本长期低于竞争对手，才能在市场竞争中最终取胜，这就是成本领先战略。在生产制造行业，往往通过推行标准化生产，扩大生产规模来摊薄管理成本和资本投入，以获得成本上的竞争优势。而在第三方物流领域，必须通过建立一个高效的物流操作平台来分摊管理和信息系统成本。物流操作平台由以下几部分构成：相当规模的客户群体形成的稳定的业务量；稳定实用的物流信息系统；广泛覆盖业务区域的网络。

2. 集中化战略适合自身有一定优势的企业

每一个企业的资源都是有限的，任何企业都不可能在所有领域取得成功。集中化战略就是把企业的注意力和资源集中在一个有限的领域，这主要是基于不同的领域在物流需求上会有所不同，如IT企业更多采用空运和零担快运，而快速消费品更多采用公路或铁路运输。第三方物流企业应该认真分析自身的优势所在及所处的外部环境，确定一个或几个重点领域，集中企业资源，打开业务突破口。

3. 起步较晚的新企业最可取的是差异化战略

差异化战略是指企业针对客户的特殊需求，把自己同竞争者或替代产品区分开来，向客户提供不同于竞争对手的产品或服务，这种不同是竞争对手短时间内难以模仿的。企业集中于某个领域后，就应该考虑怎样把自己的服务和该领域的竞争对手区别开来，打造自己的核心竞争力。如果具有特殊需求的客户能够形成足够的市场容量，差异化战略就是一种可取的战略。对于一个起步较晚的新企业，差异化战略是最为可取的战略。

定位差异化是为顾客提供与行业竞争对手不同的服务与服务水平。通过顾客需求和企业能力的匹配来确定企业的定位，并以此定位作为差异化战略的实质标志。

服务差异化是对不同层次的顾客提供差异化的服务。定位差异化强调的是竞争对手不同，而服务差异化则强调的是顾客的不同。顾客是有差异的，想要以一种服务水平让所有顾客都满意是不可能的；每个顾客对企业利润的贡献也各不相同，所以不同的顾客对企业的重要性也不会完全一样。

(四)第三方物流的价值

1. 第三方物流创造利润的来源

第三方物流发展的推动力就是要为客户及自己创造利润。第三方物流公司必须以有吸引力的服务来满足客户需要，要使客户在物流方面得到利润，同时自己也要获得收益，因此，第三方物流公司必须通过自己物流作业的高效化、物流管理的信息化、物流设施的现代化、物流运作的专业化、物流量的规模化来创造利润。

(1) 作业利益。一方面，第三方物流公司可以通过第三方物流服务，提供给客户自己不能提供的物流服务或所需要的生产要素，这是产生物流外包并获得发展的重要原因；另一方面，改善企业内部管理的运作表现，增加作业的灵活性，提高质量和服务、速度和服务的一致性，使物流作业更具效率。

(2) 经济利益。第三方物流服务为客户提供经济利益是第三方物流服务存在的基础。低成本一般是由低成本要素和规模经济创造的，其中包括劳动力要素成本。通过物流外协，企业可以将不变成本转变成可变成本，又可以避免盲目投资，从而降低成本。稳定和可见的成本也是影响物流外协的积极因素，通过物流外协，使用第三方物流服务，供应商要申明成本和费用，成本的明晰性就会增加。

(3) 管理利益。第三方物流服务给客户带来的不仅是作业的改进及成本的降低，还有与管理相关的利益。物流外包可以使用企业不具备的管理专业技能，也可以将企业内部管理资源用于其他创造价值的用途中，并与企业核心战略相一致。物流外包可以使公司集中于核心活动，而同时获得了第三方物流公司的核心经营能力。减少供应商数目所带来的利益也是物流外包的潜在原因，使企业减轻了在几个运输、搬运、仓储等服务商间协调的压力。第三方物流服务可以给客户带来的管理利益还有很多，如订单的信息化管理、避免作业中断、运作协调一致等。

(4) 战略利益。物流外包还能产生战略意义及灵活性。包括地理范围的灵活性，如快速设点或者撤销，以及根据环境变化进行调整；集中主业在管理层次与战略层次；共担某些领域中的经营风险。

2. 第三方物流的运作价值

第三方物流服务供应商面临的挑战是，能提供比客户自身物流运作更高的价值。他们不仅考虑与同行的竞争，还要考虑潜在客户的内部运作。第三方物流提供商一般需要从提高物流运作效率、与客户运作的整合、发展客户运作三个方面创造运作价值。

1) 提高运作效率

物流运作效率的提高意味着对每一个最终形成物流活动的作业进行效率开发，在作业效率范围内另一个更先进的作用是协调连续的物流活动。因此，除了作业技能外，还需要协调和沟通技能，这在很大程度上与信息技术相关联。

2) 客户运作整合

引入多客户运作，或者在客户中分享资源，带来第三方物流服务增值。例如，多客户整合的仓储和运输网络，可以利用相似的结合起来的资源，整合运作规模，提高效率。第三方物流整合运作的复杂性很高，需要更多的信息技术与技能，如果运作得好，将带来更大的竞争优势。一些拥有大量货流的客户也常常自行整合公司的物流资源。

3) 横向或者纵向整合

第三方物流服务供应商也需要进行资源整合和业务外包。对无资产主要是以管理外部资源为主的第三方物流服务提供商，这类公司为客户创造价值的技能是强有力的信息技术和物流规划管理与实施等技能，它可以通过纵向整合，购买具有成本和服务优势的单项物流功能作业或资源，发展与单一物流功能提供商的关系。在横向上，具备条件的第三方物流公司通过各种合作形式，扩大为客户提供服务的地域覆盖面。

4) 发展客户运作

第三方物流公司为客户创造价值的另一类方式是通过发展客户公司及组织运作来获取价值，这种第三方物流服务基本上接近传统意义上的物流咨询公司所做的工作，所不同的是此时的解决方案要由物流供应商自己开发，完成运作。

三、物流业务外包

(一)物流业务外包概述

物流业务外包，即制造企业或销售等企业为集中资源、节省管理费用，增强核心竞争能力，将其物流业务以合同的方式委托给第三方物流运作。外包是一种长期的、战略的、相互渗透的、互利互惠的业务委托和合约执行方式。

物流外包的主要业务形式有：物流业务部分外包；物流业务完全外包；物流系统接管；战略联盟；物流系统剥离；物流业务管理外包。这是物流外包从低级向高级发展的过程，也是供应链成熟的过程。每个企业在开展物流外包时，一定要认真分析自身条件，选择适合自己的物流外包阶段。

(二)影响企业物流外包的因素

1. 影响企业物流外包的外部因素

企业没有选择物流外包,并不一定是钟情于自营物流,而是担心物流外包的条件和时机尚未成熟。影响物流外包的外部约束条件主要包括以下几个。

1) 区域物流平台

区域物流平台包括基础设施、物流设备和各种标准,是整合了区域物流资源的物流服务体系。我国目前还没有建立这样的平台或正在建设中但远未完备,如各港口城市的物流中心、物流园区,并且它们也并不是完全定位在为企业提供物流外包服务。

2) 基础设施的建设与整合

物流基础设施建设和物流资源整合一定要围绕区域物流平台进行,尤其要发展区域综合配送中心。过去有不少零散的设施和资源,需要通过区域物流平台进行整合,防止各自为政,低水平重复建设和恶性竞争。

3) 综合物流商的培植

物流成为热点后,国企、外企、民营企业纷纷抢滩涌入第三方物流,这对物流业的发展是有利的,但是要形成有实力的综合物流商,才能解决物流外包的成本和服务及时性问题。综合物流商培植也要以区域物流平台为载体,探索一种投资主体多元化的全新物流平台模式。

4) 信息系统建设

信息系统建设对于沟通供需,缩短时空距离,解决及时性问题,实现物流、资金流、信息流统一是非常重要的。建立区域物流平台的信息系统有利于快速地采集、处理和反馈信息,解决速度问题,同时也能降低物流成本。建设信息系统要以区域物流平台的信息系统为轴心,以电子商务为依托。

2. 影响企业物流外包的内部因素

1) 企业物流观念

企业的物流观念和对于资源的认识是影响物流外包的因素。物流外包要有外部压力和比较优势,企业高层对物流外包重要性的认识,也是影响物流能否外包的条件。对物流外包的认识是基于企业对竞争战略的认识,对企业自身资源的认识,事关企业战略。但目前企业对物流及物流外包的认识刚刚起步,有的企业还停留在狭隘资源观上,为此,对企业进行现代物流理念的普及和培训也是很重要的。

2) 物流体制

企业物流体制是影响企业物流外包的另一个因素,因为企业物流相对分散,这给物流外包增加了难度。为此,企业需要进行物流和内部供应链一体化,建立适应物流外包的物流管理体制,即集成化的管理模式。

3) 物流信息化

物流信息化程度也是制约物流外包的一个不可忽视的要素,没有物流信息化,就无法快速沟通供需,与第三方物流的信息交流也无法在速度上满足物流外包的要求。为此,要实现物流外包就要建立与第三方物流对接的信息系统与电子商务平台。

(三)物流外包的利弊分析

当今竞争日趋激化和社会分工日益细化的大背景下,物流外包具有明显的优越性,具体表现在以下几个方面。

(1) 企业可将有限的资源集中用于发展主业。企业将物流业务外包给第三方物流,可以实现资源的优化配置,减少用于物流业务方面的车辆、仓库和人力的投入,将有限的人力、财力集中于核心业务。

(2) 企业节省费用,增加盈利。第三方物流企业利用规模经营的专业优势和成本优势,通过提高各环节能力的利用率,实现费用节省,使企业能从分离费用中获益。

(3) 企业加速商品周转,减少库存,降低经营风险。第三方物流采用精心策划的物流计划和适时的运送手段,最大限度地加速商品周转,减少库存,降低企业经营风险。

(4) 提升企业形象。第三方物流提供者利用完备的设施和训练有素的员工对整个供应链实现完全的控制,帮助企业改进顾客服务,提升企业的形象。

(5) 降低管理难度,提升管理效率。物流业务外包既能使制造企业享受专业管理带来的效率和效益,又可将内部管理活动变为外部合同关系,把内部承担的管理职责变为外部承担的法律责任,有利于简化管理工作。

当然,与自营物流相比较,第三方物流在为企业提供上述便利的同时,也会给企业带来诸多不利。主要包括:企业不能直接控制物流职能;不能保证供货的准确和及时;不能保证顾客服务的质量和维护与顾客的长期关系;企业将放弃对物流专业技术的开发等。比如,企业在使用第三方物流时,第三方物流公司的员工经常与客户联系,此时,第三方物流公司会通过在运输工具上喷涂自己的标志或让公司员工穿着统一服饰等方式来提升第三方物流公司在顾客心目中的整体形象。

(四)物流外包的实施

物流外包已经被许多企业视为一项有价值的战略,但任何物流职能的外包都需要认真计划、实施与管理。企业必须制订详细的计划,并保证项目能够得到跟踪,也必须建立畅通的沟通渠道,并获得高层管理部门的支持。审慎地选择第三方物流供应商,建立服务和支持体系,以及绩效考核制度,确保良好关系的建立与维护。以下步骤可供实施物流外包的企业参考。

(1) 拟定外包战略。结合自营方案,了解自己的目标和需求,建立选择第三方物流的标准,包括IT能力、联盟伙伴、顾客服务和文化匹配。

(2) 制定严格的物流服务提供商选择程序。检查其行业来源、现有客户和财务状况,认真分析管理水平、战略方向、信息技术状况、劳动关系和企业文化及相容性。

(3) 明确定义自己的期望。大量的外包关系之所以不成功,往往在于不切实际的期望。物流公司通常在提交标书时,对为之服务企业的运输能力、规模及频度等方面的信息了解得不充分,企业对自身的物流活动也缺乏准确的或详细的认知。此外,提供服务的成本,特别在信息技术方面,往往被低估或有误解。这样的结果会引发物流公司的成本计算及合同执行不能反映实情。

(4) 签订有效的合同。详细列出责任、期望与解决问题的方法，建立激励机制，做到双方利益共享，以提高作业水平与生产率。

(5) 制定良好的规范与流程。给物流公司一个作业说明书，并包含全部规范、流程与其他外包合同有效执行的必要信息。

(6) 发现并避免潜在的冲突点。双方应经常注意可能发生的冲突点，提前发现它们并制定一个处理程序。

(7) 与物流伙伴有效沟通。缺乏沟通是仅次于缺乏计划的又一外包关系失败的原因，必须在作业的所有方面进行频繁的和双向的沟通。第三方物流公司必须被看做企业的延伸，纳入到企业的战略规划中。

(8) 衡量绩效、沟通结果。当关系建立的时候，双方应该对绩效标准予以明确，取得一致与进行沟通，并定期衡量绩效。

(9) 激励与奖励物流服务提供商。根据良好的绩效进行奖励，问候、表扬、奖金、奖品或宴请等都可成为激励的方式。

(10) 成为一个好的伙伴。良好的伙伴关系能使双方受益。为自己及自己的客户服务的物流服务提供商的能力通常会影响到企业的绩效。

第四节　第四方物流

一、第四方物流的内涵

(一)第四方物流的基本概念

第四方物流(Fourth Party Logistics，4PL)是一个供应链的集成商，是供需双方及第三方物流的领导力量。它不是物流的利益方，而是通过拥有的信息技术、整合能力及其他资源提供一套完整的供应链解决方案，以此获取一定的利润。它是帮助企业实现降低成本和有效整合资源，并且依靠优秀的第三方物流供应商、技术供应商、管理咨询及其他增值服务商，为客户提供独特的和广泛的供应链解决方案。

(二)第四方物流的特点

1. 提供一整套完善的供应链解决方案

第四方物流有能力提供一整套完善的供应链解决方案，是集成管理咨询和第三方物流服务的集成商。第四方物流和第三方物流不同，不是简单地为企业客户的物流活动提供管理服务，而是通过对企业客户所处供应链的整个系统或行业物流的整个系统进行详细分析后提出具有中观指导意义的解决方案。第四方物流服务供应商本身并不能单独完成这个方案，而是需要通过物流公司、技术公司等多类公司的协助此方案才能得以实施。

第三方物流服务供应商能够为企业客户提供相对于企业的全局最优，却不能提供相对于行业或供应链的全局最优，因此，第四方物流服务供应商需要先对现有资源和物流运作流程进行整合和再造，从而达到解决方案所预期的目标。第四方物流服务供应商整个管理过程大概分为四个层次，即再造、变革、实施和执行。

2. 通过对整个供应链产生影响进而增加价值

第四方物流是通过对供应链产生影响的能力来增加价值，在向客户提供持续更新和优化技术方案的同时，满足客户特殊需求。第四方物流服务供应商可以通过物流运作的流程再造，使整个物流系统的流程更合理、效率更高，从而将产生的利益在供应链的各个环节之间进行平衡，使每个环节的企业客户都可以受益。如果第四方物流服务供应商只是提出一个解决方案，但是没有能力控制这些物流运作环节，那么第四方物流服务供应商所能创造价值的潜力也无法被挖掘出来。因此，第四方物流服务供应商对整个供应链所具有的影响能力直接决定了其经营的好坏，也就是说，第四方物流除了具有强有力的人才、资金和技术，还应该具有与一系列服务供应商建立合作关系的能力。

3. 成为第四方物流企业需具备一定的条件

要想进入第四方物流领域，企业必须在某一个或几个方面具备很强的核心能力，并且有能力通过战略合作伙伴关系很容易地进入其他领域。第四方物流应具备的条件主要包括以下几个。

(1) 供应链策略制定、业务流程再造、技术集成和人力资源管理能力。
(2) 在集成供应链技术和外包能力方面处于领先地位。
(3) 富有经验的业务流程管理和外包实施方面的供应链管理专业人才。
(4) 能够同时管理多个不同的供应商，具有良好的关系管理和组织能力。
(5) 全球化的地域覆盖能力和支持能力。
(6) 对组织变革问题的深刻理解和管理能力。

二、第四方物流的运作

(一)第四方物流的运作模式

1. 协同运作模式

该运作模式下，第四方物流只与第三方物流有内部合作关系，即第四方物流服务供应商不直接与企业客户接触，而是通过第三方物流服务供应商将其提出的供应链解决方案、再造的物流运作流程等实施。这就意味着，第四方物流与第三方物流共同开发市场，在开发的过程中第四方物流向第三方物流提供技术支持、供应链管理决策、市场准入能力及项目管理能力等，它们之间的合作关系可以采用合同方式绑定或采用战略联盟方式形成。

2. 方案集成商模式

该运作模式下，第四方物流作为企业客户与第三方物流的纽带，将企业客户与第三方物流连接起来，这样企业客户就不需要与众多第三方物流服务供应商进行接触，而是直接通过第四方物流服务供应商来实现复杂的物流运作的管理。在这种模式下，第四方物流作为方案集成商，除了提出供应链管理的可行性解决方案外，还要对第三方物流资源进行整合，统一规划为企业客户服务。

3. 行业创新者模式

行业创新者模式与方案集成商模式有相似之处，都是作为第三方物流和客户沟通的桥梁，将物流运作的两个端点连接起来。两者的不同之处在于，行业创新者模式的客户是同一行业的多个企业，而方案集成商模式只针对一个企业客户进行物流管理。在这种模式下，第四方物流提供行业整体物流的解决方案，这样可以使第四方物流运作的规模更大限度地得到扩大，使整个行业在物流运作上获得收益。

(二)第四方物流管理的基本内容

1. 执行——承担多个供应链职能和流程的运作

4PL 开始承接多个供应链职能和流程的运作责任。其工作范围远远超越了传统的第三方物流的运输管理和仓库管理的运作，包括制造、采购、库存管理、供应链信息技术、需求预测、网络管理、客户服务管理和行政管理。尽管一家公司可以把所有的供应链活动外包给 4PL，通常的 4PL 只是从事供应链功能和流程的一些关键部分。

2. 实施——流程一体化、系统集成和运作交接

一个第四方物流服务商帮助客户实施新的业务方案，包括业务流程优化，客户公司和服务供应商之间的系统集成，以及将业务运作转交给 4PL 的项目运作小组。项目实施过程中应该对组织变革多加小心，因为"人"的因素往往是把业务转给 4PL 管理的成败的关键。最大的目标，是避免把一个设计得非常好的策略和流程实施得非常无效，因而局限了方案的有效性，影响了项目的预期成果。

3. 变革——改善供应链具体的职能

通过新技术实现各个供应链职能的加强，变革的努力集中在改善某一具体的供应链职能，包括销售和运作计划、分销管理、采购策略和客户支持。在这一层次上，供应链管理技术对方案的成败变得至关重要。领先和高明的技术，加上战略思维、流程再造和卓越的组织变革管理，共同组成最佳方案，对供应链活动和流程进行整合和改善。

4. 再造——供应链过程协作和供应链过程的再设计

第四方物流最高层次的方案就是再造。供应链过程中真正的显著改善，一是通过各个环节计划和运作的协调一致来实现，二是通过各个参与方的通力协作来实现。再造过程就是基于传统的供应链管理咨询技巧，使得公司的业务策略和供应链策略协调一致。同时，技术在这一过程中又起到了催化剂的作用，整合并优化了供应链内部和与之交叉的供应链的运作。

(三)第四方物流的价值

第四方物流通过其对整个供应链产生影响的能力来增加价值。第四方物流充分利用各类服务提供商的能力，包括第三方物流、信息技术供应商、合同物流供应商、呼叫中心、电信增值服务商等，以及客户的能力和第四方物流自身的能力，通过提供一个全方位的供应链解决方案来满足企业所面临的广泛而复杂的需求。

(1) 通过提升服务水平带来收益的增加。传统的物流解决方案往往过于注重运输成本和仓储成本的最小化，第四方物流服务提供商更注重强调对客户的服务水平，这必将导致整体收益的提高。

(2) 通过过程优化提升运作效率。为弥补传统的物流运作功能方面的缺陷，第四方物流提供商强调过程优化，减少供应链上的不确定因素与非增值环节，不仅为控制和管理特定的物流服务，而且为整个物流过程提出策划方案，并通过电子商务将实现过程集成，从而带来物流运作效率的提升。

(3) 节约成本，实现最大范围的社会资源整合。第三方物流缺乏跨越整个供应链运作以及真正整合供应链流程所需的战略技术，而第四方物流可以不受约束地将每一个领域的最佳物流供应商集成起来，为客户提供最佳物流服务，进而形成最优物流方案或供应链管理方案，而且能使所有的物流信息充分共享，实现全部社会资源的充分利用。

(4) 实现供应链一体化。第四方物流向用户提供更加全面的供应链解决方案，并通过第三方物流企业、信息技术企业和咨询企业的协同化作业来实现，使物流的集成化一跃成为供应链一体化。

(5) 实现用户企业业务流程再造。第四方物流将改变用户原来的物流业务流程，并通过业务流程再造，使用户的物流流程得以优化。

(6) 优化用户企业组织结构。物流外包的不断扩大及业务流程的优化，必然给用户企业带来组织结构的变革。

本 章 小 结

供应链物流是为了顺利实现与经济活动有关的物流，协调运作生产、供应活动、销售活动和物流活动，进行综合性管理的战略机能。不同的供应链结构模型，就有不同的物流系统结构与之相适应。供应链物流管理是指以供应链管理思想实施对供应链物流活动的组织、计划、协调与控制，是指以供应链核心产品或者核心业务为中心的物流管理体系。供应链中的物流运作包括供应链物流网络布局、供应链运输管理、供应链物流中心建设与管理等方面的内容。

第三方物流通过与第一方或第二方的合作来提供其专业化的物流服务，它不拥有商品，不参与商品的买卖，而是为客户提供以合同为约束、以结盟为基础的系列化、个性化、信息化的物流代理服务。物流业务外包，即制造企业或销售等企业为集中资源、节省管理费用，增强核心竞争能力，将其物流业务以合同的方式委托给第三方物流运作。

第四方物流是一个供应链的集成商，是供需双方及第三方物流的领导力量。它不是物流的利益方，而是通过拥有的信息技术、整合能力及其他资源提供一套完整的供应链解决方案，以此获取一定的利润。它是帮助企业实现降低成本和有效整合资源，并且依靠优秀的第三方物流供应商、技术供应商、管理咨询及其他增值服务商，为客户提供独特的和广泛的供应链解决方案。

复习思考题

一、名词解释

供应链物流　供应链物流管理　供应链设施决策　协同运输管理　物流中心　第三方物流　物流外包　第四方物流

二、问答题

1. 供应链物流能力指的是什么？
2. 简述供应链物流管理的内容。
3. 供应链物流管理有哪些特点？
4. 分析生产企业的供应链物流模式。
5. 供应链物流战略包括哪些内容？
6. 物流网络设计有哪些影响因素？
7. 简述供应链运输管理的任务。
8. 供应链运输决策涉及哪些问题？
9. 简述供应链物流中心应具备哪些功能？
10. 简述供应链物流中心的类型。
11. 简述第三方物流的发展战略。
12. 第三方物流能提供哪些价值？
13. 如何实施物流外包？
14. 简述第四方物流的运作模式。

综合案例8-1：云鸟科技如何用IT系统减少新零售的物流成本

云鸟科技作为一家同城配送的互联网科技公司，用科技去改变整个供应链交付，从而解决城配当中的痛点。

借助新零售的发展，从2017年开始，中国B2B物流迎来了新的起点。

"新零售的发展必然会带来零售店补货思维方式的变化。"云鸟科技CEO韩毅表示，不同于铺货，补货是根据前端订单来判断库存边界，零售场所变小，补货量降低，但补货的频率会上升，物流成本也随之增加。大卖场的物流成本占其总成本的1%～1.5%，而新零售趋势下，B端的物流成本则占到了6%～7%。目前，中国零售总额在30多万亿元，总物流成本就从1万亿元奔到了1.6万亿～1.7万亿元。"这是很可怕的，也必然会带来物流技术和各个方面很大的变革。"

如何减少10%～15%的物流成本？零售终端的社区化和就近消费原则，对物流配送系统提出了更高要求。在品质优先的前提下，还要兼顾效率并控制成本。对于物流行业来说，是空前的机遇也是巨大的挑战。

云鸟科技平台有四组数据能有效说明这一点。第一，城市交付单日的平均票数为4.8万票，城配市场整体比较分散。第二，如果城市交付单日的平均票数达到6.5万票，就意味着有80%的装载率，所以目前还有一定的提升空间。第三，司机到达仓库之后，到离仓之间要等待2.6个小时，这个过程中他会参与到仓内的分拨、清点、交接、离仓，因此2.6个小时还非常低效，存在着非常大的改善空间。第四，城市交付单票平均在途是0.8小时，约为50分钟。众所周知，很多城市的道路设计对货物运输不够友好，行驶、停靠、拥堵都会影响实际配送效率。

新零售时代的到来，对城配提出了更高的要求。城配供应链要解决仓管、运输、调度、线路规划等众多内部环节问题，也要考虑司机经验、车辆种类、配送货品种类等，归纳来讲就是要解决车辆满载、配送实效、交付完整性三大核心痛点。

或许是发现传统物流粗放的业态，无法满足新零售发展的需求，又抑或是认准行业蓝海，云鸟科技正为B2B、O2O、连锁商业、分销商、品牌商、制造商、B2C、快递快运、零担网络和供应链管理公司等客户提供区域及同城配送业务。目前，其在北上广深等18个一线城市开展业务，覆盖华北、华东、华南、华中、西南，服务各类供应链客户近1万家，配送运费收入突破700万元/日。截至目前，云鸟科技拥有超过80万运力储备。

毋庸置疑，新零售的客户对订单的时效要求普遍较高，高频次、少批量，订单波动比较大。那么，云鸟科技如何达到新零售物流的要求？

"用IT去做供应链交付末端的标准化产品整合服务。"

韩毅指出，云鸟科技建立了"订单多点配"的标准，货主一站式把订单需求上传"云鸟"后，系统会保证整个配送过程高质高量地完成，整体可以为客户节省10%～15%的成本。

同时，"鸟眼系统"也是云鸟科技给客户提供的操作系统。"鸟眼"会把非常复杂、个性化的承配需求转化为一个标准，精确地帮助客户实现全程自动化、标准化的管控。同时，刚推出"鸟眼"2.0版本升级系统，还增加了多级账号管控，企业里面不同层次的人员对物流有不同的需求，因此对其进行更细致的划分，给客户提供更多的数据精细化运营服务。

第一，订单信息。明确前端的收货人、货品的类型、体积、重量，送货地址和送货时间。任何的物流行为，都可以翻译成物流订单。

第二，专业预约。有些新零售是自营的，24小时营业。但大部分新零售点可能是专卖店，可能是购物中心，如果送货时主管的人不在、负责清点的人不在，就会影响妥投率(快件配送成功的比率)。因此预约好之后再进行配送，可以大大降低配送成本。

第三，排线调度。排线调度是件大事，前端明天要送200个地方，怎么划分区域，哪些区域用一辆大车而不至于时效崩溃，哪些地方小车就可以了，订单密度的宽松、体积、重量、交通堵塞范围，包括车型的选择、路线的选择，还有配送顺序等。"这些在'鸟眼'系统里都可以自动完成。"韩毅说。

第四，合理安排路线。系统可以根据每天配送区域的地点、路线、时间、制约要素，动态生成适合今天最好的配送路线。

美国硅谷科技教父Peter Thiel说："一个产业的变革者，需要10倍以上的效率提升。"而云鸟科技正在像沃尔玛、星巴克一样，用科技来改变物流产业的效率。

不难发现，云鸟科技的技术就是其最大的壁垒。韩毅说："作为一家专注B2B的城配物流公司，云鸟科技对客户的理解和整个作业过程的标准化有自己的想法和打法，这不是做一个简单的 APP 就能搞定的。"

云鸟科技是为客户提供物流整体的解决方案。该解决方案是客户把货物配送交给云鸟科技,客户可以选择各种模块组合,云鸟科技根据客户需求为其制定最省时间、最省钱的物流方案和支付体系。据了解,云鸟科技北京总部提供解决方案的物流顾问就占到员工总数的 22%,仅次于技术团队。

同时,除了上述云鸟科技能够提供更多的数据精细化运营服务和解决方案,还能解决传统城配物流存在的诸多问题。比如,城配这个万亿元蓝海场景复杂,呈现"大、散、旧、低"的特质。

一次同城配送,就包括装卸、出仓、路线规划、流程把控、服务操作、交付、代收款等近百个环节。此外,同城配送还涉及物流主管、仓管、现场运作、司机、收货人、财务、发货人等多方的协作,加之城配客户类型和需求的多样化,更增加了整个城市配送系统的复杂性。

而"鸟眼"系统可将城配透明化,货主、公司运营人员、司机都有权限看到自己应该看到的东西。比如,司机整个出车的轨迹、配了哪些货、这些货到底是谁签收的、运费是多少,都变得非常透明,几乎没有做手脚的空间。同时,透明化的体系对司机也很公平,好司机能获得更高的收入。

"云鸟"在收费方式上,也采用双方灵活交易的方式。对于企业客户来说,支持周结、半月结、月结等。对于司机来说,采用的是周结形式,从而创造了运力双方最大化的资金使用与周转率。

除此之外,在基础服务上,"云鸟"还提供基础运力,在途监控,云鸟赔付救援,司机福利代付,订单排线等五大运输保障;增值服务上,提供现控服务、保价服务和"晚就赔"等三大增值服务模式,其中现控服务主要是指在标准配送服务基础上,为客户制定个性化解决方案,含流程设计与完善、线路优化、排线、在途监控、现场管理等,并派驻运作主管驻场管理。

"云鸟"也为进一步保障中高值客户的权益,提供一些定制化的保护服务,比如以运费为基数计费,进行低费用和保价限额高、保障范围广的保价措施,而且为保障按时货品送达履约能力推出了"晚就赔"增值服务,一旦配送超时,云鸟会对客户进行高额赔付。

通过以上分析可以看到,"云鸟"正是基于互联网技术打通了同城物流链路中的信息流、实物流、资金流,从而使货主方、收货方、承运商、承运人、服务监控人等多个角色间进行了物流供应链协同的高效运作,将城市配送中的车辆满载、配送时效、交付完整性的三大核心痛点进行了逐一突破,从而真正地解决了末端配送的物流问题。

值得注意的是,云鸟科技对用户也有一定的要求,其服务只针对于以数据化能力为核心的货主。韩毅解释说,数据化的货主是指拥有内部的 ERP、OMS、WNS 系统,其本身供应链能力就很强。"如果一个企业供应链能力一塌糊涂,那么它对配送也绝对没有要求。"

韩毅最后总结说,未来,云鸟科技将要实现通过 API 跟客户进行信息实时传导,从客户的系统传到"云鸟"系统后,通过预约排线生产派车单,把派车单返还给客主,提高我们的仓配衔接。所有配送过程的参与人信息都可以同步传达。通过出仓优化设置,开展出仓的标准流程 SOP,代收货款,保价等服务。

(资料来源:界面. http://www.jiemian.com/article/1516955.html.)

问题：
(1) 谈谈云鸟科技在解决城市配送痛点方面有哪些具体措施。
(2) 云鸟科技在供应链物流支持方面有哪些出色的表现？

综合案例 8-2：重新定义成功的现代物流配送中心

2015 年发布的《中国城市 60 强》报告向我们传递了一则重要信息，中国物流市场需要重新整合。随着过去几年中国内陆物流需求量的急剧增长，物流市场正逐步向内陆地区扩张，改变了过去由长江三角洲、珠江三角洲及渤海沿海地区主导物流产业的局面。中国物流正开启产业新篇章。然而，中国物流配送中心的扩张虽然令人欣喜，但一系列的挑战也随之而来。

中国物流配送中心日益复杂的城市布局，加上存货过剩、高昂劳动力和房地产成本等问题的逐渐显现，使得现代物流配送中心面临新的巨大变革。物流供应商不应沉浸在已解决问题的喜悦中，成功解决错综复杂的难题和挑战才能获得成功的未来。

物流商经常遇到这样的情况：刚解决一个配送中心的物流难题，下周又出现两个新问题；正竭力提高员工的稳定性，下个月就出现了人员短缺。与此同时，身处数字经济时代的今天，当日送达已成常态，配送中心亟待革新以应对订单的变化。

尽管实体店是现代物流配送中心发展的主要推动力，但电子商务和全渠道模式的兴起也大力推动着配送中心的发展，开发配备数字订单系统和灵活快捷退货系统的物流配送中心已成为行业发展的新趋势。因此，现代物流配送中心成功的核心关键在于应时而变，为各地消费者提供令人满意的派送服务。

曼哈特软件和客户及物流配送中心高管共同观察得出的现代物流中心面对的挑战表现在以下四个方面。

1. 单一配送中心处理复杂多渠道订单配送

目前，许多物流主管驾车穿行于零售商店之间进行补货，库存一直是企业的重点所在。从零售配送中心运货至门店来推广新产品、补充常用商品可选用许多灵活的方式来进行，但灵活的同时也伴随着一系列的挑战。

对于批发的方式，我们将产品从下游批发商运至一些零售客户代表，这些零售客户代表着他们在整个企业所拥有的最大客户群。由于许多公司都已涉足电子商务领域，几乎每个品牌生产商和供应商都能在电商潮流中将商品派送到终端消费者手中。

而对于送货到家所产生的问题愈发复杂。通常这样的订单数量比批发订单量或运至门店的大批配送量少得多，如果商品不是由快递员或地区送货人配送，运输方式通常需要小包快递或包装配送。这些问题都对单一配送中心提出一系列复杂要求。

2. 多源物流的不同配送形式

曼哈特注意到现有客户与潜在客户正采用多个配送中心进行配送，这些配送中心主要关注零售店补货以及电子商务或批发。最为现代化的范例是那些已经优化过的配送中心，它们能够在同一系统下处理零售店补货、批发及电子商务的需求，使库存、房屋租赁和员工管理达到最佳状态。

当然，现在的情况要复杂得多。鉴于零售店离消费者最近，客户正充分利用门店库存及员工,以确保将产品尽快配送至终端消费者手中。品牌商和零售商利用无缝式的伙伴关系,借助上游卖家、供应商和生产商作为他们的代表来直接发货给消费者。

另外,有时产品太过稀缺、昂贵或体积过大,常常无法在配送中心或门店内部处理。在电子交易的情况下,上游合作伙伴和供应商可以作为客户代表直接将货物配送到消费者手中。我们的客户和市场主导着这些复杂的情况,所以他们经常求助于第三方物流公司(3PL)作为代表来配送一部分商品。如果将全渠道环境下的所有变量纳入考虑,无疑是在描绘一幅十分复杂的物流配送图景。

3. 人员流失严重

目前,曼哈特的现有客户和潜在客户都在应对劳动力快速流失的问题。此外,物流配送行业面临着员工不愿在供应链或配送中心工作这一难题也是人尽皆知的现状。

作为解决方案的提供者和执行者,我们不禁思考怎样才能缓和这一状况?怎样才能将配送中心打造成更具吸引力的工作场所?如何使用新型管理技术,调整工作内容,以更好地吸引年轻一代和渴求工作的人呢?

4. 应战高峰期和节假日

每年节假日期间,物流配送行业都十分紧张、压力剧增。确切来说,在假期的数周乃至数月之前,物流商就已加紧准备,确保一切就绪。

众所周知,通常在准备前期的第一步就是为配送中心补充新货,确保消费者能买到当季最畅销的商品,保证供应链供给充足。在后期,从配送中心至销售门店或至电商客户,将有大量物流配送需求,并集中在4~6周的时间段内进行处理,以确保假日期间能及时将包裹寄送上门。这使得客户在处理节假日期间的订单及临时工激增方面颇具创造性。要实现这一切,需要物流中心具备高度的伸缩性和灵活性。

在描绘这些严峻的现状后,或许可以了解到现代配送中心的复杂性。我们把应对挑战并提出相应的解决方案视作未来成功的标志。解决电子商务配送、多源物流、劳动力流失和高峰期配送的问题有助于为配送中心奠定战略性基础,以快速应对这个不断发展的行业所产生的下一波挑战。

(资料来源:曼哈特中国. 畅享网. http://www.vsharing.com/k/SCM/2016-10/718604.html.)

问题:

(1) 通过以上案例谈谈现代物流配送中心在供应链中的地位与作用。

(2) 谈谈现代物流配送中心与第三方物流和第四方物流的关系。

第九章
供应链财务管理

学习目标

- 理解供应链财务管理的内涵,掌握供应链财务管理模式,了解供应链财务管理的实施;
- 理解财务分析的内涵,掌握财务分析的内容和方法;
- 能够进行反映企业偿债能力、营运能力、盈利能力、社会贡献能力的指标分析;
- 掌握财务状况综合分析的方法;
- 了解供应链成本管理的内容与方法

【本章导读】

【导读案例 1】 戴尔公司通过实施直销战略,顾客在线订购产品并支付货款,戴尔以顾客订单拉动前端生产,一周后交货。在这个过程中,戴尔公司占用了顾客的资金。丰田公司在北美投资建立装配工厂,生产产品满足当地顾客的需求。深圳怡亚通供应链管理公司通过公开发行A股的方式募集资金,并通过分红的方式分配资金。

启示:传统的财务管理关注单一企业,供应链财务管理关注供应链与财务管理的结合。企业在供应链设计阶段,要考虑如何在供应链内进行融资、投资、资金日常管理和资金分配,以实现供应链价值的最大化。

【导读案例 2】 美的集团在进行采购管理时,选择供应商的指标之一是供应商财务的稳健性。美的集团通过有效的财务分析手段,对供应商的财务状况进行分析,分别与历史情况、行业情况对比分析,以确定供应商的财务状况,并将发现的问题告知供应商,督促供应商整改并提升财务管理水平。

启示:随着以供应链为基础的竞争不断加剧,供应链管理过程中需要对供应链上、下游节点企业的财务状况进行管理。财务的稳健性不但会影响到企业自身的可持续、健康经营,并且可能通过供应链传到并影响到其他企业。如何进行有效的财务分析和控制因此显得尤其重要。

【导读案例 3】 我国著名的服装品牌李宁公司在选择服装外包生产商的时候,会指定服装生产商的供应商,服装生产企业只能从指定的供应商采购原材料并组织生产。通过指定供应商的方法,李宁公司将小批量集合成大批量,掌握了与原材料供应商谈判的优势,并降低了采购的价格。同时,李宁公司掌握了服装生产商的成本构成,可以确定合理的采购价格,通过这种方式实现了供应链运营成本的控制。

启示:供应链环境下的成本控制不再是基于单一节点企业,而是基于供应链上所有的节点企业。通过有效的成本控制,可以降低供应链整体的运营成本,以提升供应链运营的赢利水平。

第一节 供应链财务管理的内容

一、供应链财务管理的内涵

(一)供应链财务管理的产生

目前,很多供应链管理关注的是物流成本的降低,即供应链成本管理,而很少从收入、资金流的角度等财务管理的其他内容上来考虑。财务管理研究的核心问题,一是如何确定合理的资本结构,以降低财务风险,二是如何确定合理的投资结构,以降低经营风险,从而增加企业价值。在目前的大部分研究中,供应链管理和财务管理是相对分离的,但在实务中,已经有一些企业通过整合供应链财务管理更好地实现了资金流动,不仅是在成本缩减方面,更是在顾客导向、文化、技术、战略等方面取得了一定的绩效,实现了多赢。

站在供应链整体的高度来看,财务管理应该和物流管理、信息流管理同步进行,以顾客的利益最大化为目标,协调各方,改变传统的财务管理模式中"好量疏质""忽视顾客"等缺陷,将财务管理建立在供应链经济活动过程中,建立在供应链信息流动过程中,建立在供应链价值分享过程中。这是一种与环境变迁相适应的、动态的、战略的财务管理。

供应链财务管理的基本理念是物流和财务活动之间密切整合和信息交换,以达到成本节约和为股东创造价值的目的。从理论上分析,一方面,现金信息可以从相关的财务供应链中获取,增加现金的来源和使用的透明度,从而降低现金管理的不稳定性,最终达到降低企业总成本的目的;另一方面,资金属于稀缺资源,一个企业拥有的资金是有限的,而外部融资又相对困难,弥补资金缺口便成为急需解决的问题。企业管理者和决策者希望能及时追踪和分析企业的支出、成本、收益的来源,以便降低企业的库存占用现金,提高企业的运营管理,最终降低产品成本。于是,一些金融服务公司便推出财务供应链服务职能,引入现金管理,"财务供应链管理"便应运而生。

财务供应链管理的主要目标是:降低营运资本、改进营运资本管理、提高库存的透明度和加强服务水平等。财务供应链管理的主要作用是运作的控制和检验、决策/战略的支持和日常财务的交易。

(二)供应链管理对财务管理的影响

1. 对财务管理目标的影响

在知识经济时代,人力资本作为企业的重要资源逐渐被人们所认同,加上理财主体的多元化发展,以"资本雇佣劳动力"模式的股东财富最大化的财务管理目标已受到挑战。企业是相关利益者间的"契约联结体",是企业资本所有者与人力资本所有者共同拥有的,企业要实现其自身的可持续发展,就应维护契约的公平性和有效性,使联结体中"各相关者利益最大化",这是在知识经济时代财务管理目标的重新定位。在供应链管理形式下,企业的财务管理目标转换为以"相关利益最大化"的个体目标为导向,以"客户价值最大化"和"协同效应最大化"整体目标为辅助的三位一体化的目标。

2. 对财务管理对象的影响

从传统意义上讲,财务管理的对象是资金及其流转。资金流转的起点和终点是现金,其他资产都是现金在流转中的转化形式,因此,财务管理的对象也可以说是现金及其流转。在供应链管理中,企业除了对资金流要倍加关注,也要关注其信息流,供应链中各企业的相互衔接是通过信息予以沟通的,基本资源的调度也是通过信息的传递来实现的。因此,对资金转化为各种形式后的实物流的控制必须以信息为基础。在研究资金流和信息流的基础上,着重关注存货流的管理质量的好坏,这是供应链管理下对财务管理对象更切实的定位。

3. 对资产管理的影响

出于服务的可靠性考虑,许多企业倾向于自建配送中心,直接控制商店的运送,由于投资额巨大,这种做法往往给企业造成沉重的负担。供应链管理可以使供应链成员之间物流资源共享,使企业不必自建商品配送中心,减少了各企业对物流设施设备的重复投资,能为企业和社会节省大笔资金。在供应链管理中,上游与下游企业建立的长期稳固的关系,能在一定程度上减少谈判和履约费用,为企业节省资金。在实施有效的供应链管理中,通过电子数据交换(EDI),使各方信息共享,改变了企业以前为应付顾客需求的不确定性而增加库存、多占用资金的情况,节省了大量的仓储费。

4. 对风险管理的影响

在传统的业务往来中,供应链上、下游企业之间缺乏交流与合作。供应商不知道分销商的商品销售状况、销售速度、订货时间,因此组织生产和准备货源只能凭主观判断。同样,分销商也不知道供应商的库存情况,不知道供应商能否保证及时供应,因此在确定订货数量时只能依据乙方的数据。信息不能共享,渠道透明度不高,无疑增加了供应渠道中的不确定性,加上市场中本已变化多端的顾客需求,使得各企业面临的经营风险加大。而在有效的供应链管理中,上述情况均可避免,因为在实施供应链管理的企业之间,通过电子数据交换系统,关于生产、销售、库存、配送的信息和数据能由各方共享。这样,供应链中的各个成员便能及时、清楚地掌握整条渠道中原材料、在产品和制成品的流动情况,在途运输或配送情况、库存情况、商品销售情况和顾客需求状况,渠道风险和不确定性大为降低。

(三)财务管理与供应链管理的融合

当前人们普遍采用"供应链分析—价值链分析—作业链分析—成本动因分析"的流程来寻找成本缩减的机会,不可否认它在成本的缩减过程中可以起到很好的作用,能够避免供应链某个环节的变化导致整个价值链成本增加、效率下降。但反复运用该成本分析流程以及作业成本法和目标成本法等成本控制工具,成本缩减的潜力已无多大的空间,而整合了资金流、信息流和物资流的财务管理却能进一步挖掘成本缩减的潜力。供应链财务管理的基本理念是物流和财务活动之间密切整合和信息交换,以达到成本节约和为股东创造价值的目的。

由银行或第三方物流提供供应链财务整合服务,可以有效消除供应链企业信息障碍、缺乏协调、支付延期和计价能力等财务成本的驱动因素,还有利于消除库存等物流成本驱动因素,有利于物流、信息流和资金流的整合,也有利于整个供应链的成本缩减,从而最终提升供应链的竞争力。

首先,银行提供的在线支付和外汇交易是建立在现代信息技术基础上的,既实现了财务服务与物流及信息流的无缝整合,也实现了供应链企业各个部门业务的协同和信息的共享,这就消除了信息障碍、缺乏协调两个财务成本的驱动因素。

其次,银行或第三方物流通过应收账款管理,在折扣期内替客户归还欠供应商的应收账款,一方面,供应商可以及时回笼资金,消除由于客户延迟支付而导致应收账款变为坏账的风险,另一方面,银行或第三方物流可从客户那里收取应收账款占用资金的利息和从供应商那里收取因提前支付所奖赏的价值折扣。因此,应收账款管理不但消除了延迟支付这个财务成本驱动因素,而且能够为银行和第三方物流等供应链参与者提供实质性的价值增值。

最后,银行或第三方物流提供库存融资、交易信用管理和保险等财务管理服务,通过为供应链参与者管理库存风险、降低库存成本、及时融资、保住交易信用等级以从提供的融资服务中获得增值机会。

二、供应链财务管理模式

从企业微观角度，供应链中的节点企业主要的日常活动分为经营活动、投资活动和筹资活动，通过现金在三个活动之间的平衡流动，实现企业财务管理的目标。因此，从内部联系来说，企业的经营活动、投资活动、筹资活动通过企业的现金流量来相互影响和制约，这是供应链上、下游节点企业内部的资金管理和财务管理。从节点之间的联系来看，供应链上游企业的经营活动会影响下游企业的筹资、投资和经营活动；反之亦然。节点之间的互动是通过供应链的现金流动来实现企业之间的互动。

基于供应链思想的企业财务管理系统，始终贯穿于企业的物流、资金流和信息流三大循环之中。在此系统中，外环是企业的物流环，它以客户和订单管理为入口，根据订单下达生产计划、制订采购计划，采购管理系统根据一定的准则选择合适的供应商，原材料经过质量检验后入库，投入到车间进行生产，最后，产品通过分销系统送给客户，实现实物的循环流动。系统的内环是企业的资金流，它具有与企业物流循环相同的流动方向，从付款到收款，实现企业资金的循环。在这个内环中，还包括人力资源管理、设备管理和成本管理三个企业内部管理的重要环节。企业的内环和外环(即物流和资金流)之间通过信息流联接，将各个系统的状态及时、准确地描述出来，以保证管理人员随时掌握市场的动态，做出正确的决策。

物流、资金流和信息流循环虽然是各自独立的循环系统，但它们又是密不可分的。物流循环和资金流循环相互配比，信息流的前期形成基础来源于物流和资金流，这"三流"保持着互动促进和互动修正的关系。基于供应链的财务管理系统在开发设计阶段就应该充分考虑"三流"循环的成分，以增强企业的市场适应能力和竞争能力。企业要把这样复杂的信息流、物流、资金流及时、准确地集成起来，光靠用传统的管理手段是很难做到的。资金占用不明，成本构成不清，消耗定额不准，考核、决策无依据等问题，传统的财务管理系统无法满足企业实施供应链管理的要求。面向供应链的财务管理系统，是以基于 Web 平台的信息处理手段为依托，从企业的日常业务入手，面向未来，面向控制，从而实现基于供应链的管理。

三、供应链财务管理的实施

传统的财务管理往往关注的是本企业局部或者较为短期的利益目标，考虑的是如何通过本企业的财务管理来实现资金优化，而不考虑优化过程中可能会给供应链上其他企业带来一定的财务损失，从而造成整个供应链上的资金流动缺乏协调性和合理性。

如果供应链节点企业之间的信息共享没有完整实现，例如彼此的信息系统不对接，或者企业之间对于信息共享持有不同的态度，不太愿意共享信息，这些都会给财务管理整合带来很大的障碍。

另外，不同的节点企业有着不同的文化，供应链上的企业文化有冲突，资金管理处理方式就不同，双方对供应链的三流协调流动存在较大的差异，这样就很难实现资金流在供应链上顺利流动。

解决上述困难，首先，可以从组织和实施方法上来整合。组织上主要有两个方面的要求：一是供应链上各企业的高层要重视供应链财务管理的整合，指导下属的工作展开；二是人员互动培训。在企业之间建立互动联系，公司的上层和中层之间彼此多交流、互动，把整体理念传达正确。也可以共同培训，例如下游零售商苏宁和上游供应商三星等企业，共同举办销售管理培训班来培训销售人员。其次，通过信息系统的完善来加强信息共享的程度，如应用 ERP 等系统或者采用其他信息共享模式来更好地实现信息上的对称。

第二节 供应链管理环境下的财务分析

一、财务分析概述

(一)财务分析的内涵

财务分析也称财务报表分析，是企业财务管理的重要环节之一，也是企业相关利益主体分析使用会计信息，判断企业偿债能力、营运能力、盈利能力、社会贡献能力和综合财务状况的基本途径。财务分析是以会计核算和报表资料及其他相关资料为依据，采用一系列专门的分析技术和方法，对企业等经济组织过去和现在有关筹资活动、投资活动、经营活动、分配活动的盈利能力、营运能力、偿债能力和增长能力状况等进行分析与评价的经济管理活动。它是为企业的投资者、债权人、经营者及其他关心企业的组织或个人了解企业过去、评价企业现状、预测企业未来、做出正确决策、提供准确信息或依据的科学分析方法。

财务分析是财务管理的重要方法之一，通过对供应链节点企业一定期间的财务活动的总结，为供应链企业进行财务预测和财务决策提供依据。因此，财务分析在供应链管理中具有重要的意义，通过财务分析可以及时掌握供应链企业的财务状况和发展趋势，帮助和改善供应链决策。通过财务分析，可以评价企业一定时期的财务状况，揭示企业生产经营活动中存在的问题，总结财务管理工作的经验教训，为企业生产经营决策和财务决策提供重要的依据。通过财务分析，可以为投资者、债权人和其他有关部门和人员提供系统的、完整的财务分析资料，便于他们更加深入地了解企业的财务状况、经营成果和现金流量情况，为他们做出经济决策提供依据。通过财务分析，可以检查企业内部各职能部门和单位完成财务计划指标的情况，考核各部门和单位的工作业绩，以便揭示管理中存在的问题，总结经验教训，提高管理水平。

(二)财务分析的内容

由于企业财务分析主体构成的多元化导致了目标的多元化，从而构成财务分析的目标体系，分析目标的不同又导致了分析内容的不同。

1. 企业的偿债能力分析

通过对企业的财务报告等会计资料进行分析，可以了解企业资产的流动性、负债水平及偿还债务的能力，从而评价企业的财务状况和经营风险，为企业经营管理者、投资者和债权人提供财务信息。

2. 企业的营运能力分析

企业的营运能力分析即企业的资产运用效率分析。企业的生产经营过程就是利用资产取得收益的过程。资产是企业生产经营活动的经济资源，资产的运用效率直接影响到企业的收益，它体现了企业的整体素质。通过财务分析，可以了解到企业资产的保值和增值情况，分析企业资产的管理水平、资金周转状况、现金交易情况等，为评价企业的经营管理水平提供依据。

3. 企业的盈利能力分析

获取利润是企业的主要经营目标之一，它也反映了企业的综合素质。企业要生存和发展，必须争取获得较高的利润，这样才能在竞争中立于不败之地。投资者和债权人都十分关心企业的获利能力，获利能力强可以提高企业偿还债务的能力，从而提高企业的信誉。对企业获利能力的分析不能仅看其获取利润的绝对数，还应分析其相对指标，这些都可以通过财务分析来实现。

4. 企业的社会贡献能力分析

社会贡献能力是从国家或社会的角度衡量企业的贡献水平。对盈利企业可用实现利税来衡量，但对一些主要体现为社会效益的企业来讲，则无法适用。因此，应该设计、分析相应的指标，如社会贡献率、社会积累率等，评价企业经济效益和社会效益两个方面对国家和社会的贡献情况。

5. 企业的综合财务能力分析

综合财务能力分析是根据企业财务状况和经营情况总体变化的性质、趋势进行的分析。无论是企业的经营管理者，还是投资者，都十分关注企业的发展趋势和综合财务能力，这关系到他们的切身利益。通过对企业进行财务分析，可以判断出企业的发展趋势，预测企业的经营前景，从而为企业经营管理者和投资者进行经营决策和投资决策提供重要的依据，避免决策失误给其带来重大的经济损失。

(三)财务分析的基础

财务分析是以企业的会计核算资料为基础，通过加工整理，得出一系列科学的、系统的财务指标，以便进行比较、分析和评价。这些会计核算资料包括日常核算资料和财务报告，但财务分析主要是以财务报告为基础，日常核算资料只作为财务分析的一种补充资料。财务报告是企业向政府部门、投资者、债权人等与本企业有利害关系的组织或个人提供的，反映企业在一定时期内的财务状况、经营成果以及影响企业未来经营发展的重要经济事项的书面文件。企业的财务报告主要包括资产负债表、损益表、现金流量表、其他附表及财务报告说明书。这些报表及财务状况说明书集中概括地反映了企业的财务状况、经营成果和现金流量情况等财务信息，对其进行财务分析，可以更加系统地揭示企业的偿债能力、资金营运能力、盈利能力等财务状况。

1. 资产负债表

资产负债表是反映企业一定日期财务状况的会计报表。它以"资产＝负债＋所有者权益"这一会计等式为依据,按照一定的分类标准和次序反映企业在某一时点上资产、负债及所有者权益的基本状况。资产负债表是进行财务分析的一张重要财务报表,它提供了企业的资产结构、资产流动性、资金来源状况、负债水平及负债结构等财务信息。分析者通过对资产负债表的分析,可以了解企业的偿债能力、资金营运能力等财务状况,为债权人、投资者及企业管理者提供决策依据。

2. 损益表

损益表也称利润表,是反映企业在一定期间生产经营成果的财务报表。损益表是以"利润=收入－费用"为依据编制而成。通过损益表可以考核企业利润计划的完成情况,分析企业的获得能力及利润增减变化的原因,预测企业利润的发展趋势。

3. 现金流量表

现金流量表是以现金及现金等价物为基础编制的财务状况变动表,是企业对外报送的一张重要会计报表。它为会计报表使用者提供企业一定会计期间内现金和现金等价物流入和流出的信息,以便于报表使用者了解和评价企业获取现金和现金等价物的能力,并据以预测企业未来的现金流量。

(四)财务分析的方法

1. 比较分析法

比较分析是对两个或几个有关的可比数据进行对比,揭示差异和矛盾。比较是分析的最基本方法,具体方法种类繁多。

(1) 按比较对象,可分为趋势分析、横向分析和差异分析。

趋势分析是指本企业不同时期的指标的对比分析;横向分析是指与行业平均数或竞争对手的比较分析;差异分析是指实际执行结果与计划预算指标的比较分析。

(2) 按比较内容,可分为总量比较、结构百分比比较和财务比率比较。

总量比较是指报表项目的总金额,如总资产、净资产、净利润等的比较。总量比较主要用于时间序列分析,如研究利润的逐年变化趋势,判断其增长潜力。有时也用于同业对比,看企业的相对规模和竞争地位。

结构百分比比较是指把损益表、资产负债表、现金流量表转换成结构百分比报表来分析。例如,以收入为100%,研究损益表的各项目比重。结构百分比报表用于发现有显著问题的项目,揭示进一步分析的方向。

财务比率比较是最重要的分析。财务比率是各会计要素的相互关系,反映其内在联系。它们是相对数,排除了规模的影响,使不同比较对象建立起可比性。财务比率的计算比较简单,但对它加以说明和解释是相当复杂和困难的。

2. 因素分析法

因素分析是依据分析指标和影响因素的关系确定各因素对指标的影响程度。企业的活动是一个有机整体,每个指标的高低,都受若干因素的影响。从数量上测定各因素的影响程度,可以帮助人们抓住主要矛盾,或更有说服力地评价经营状况。因素分析的方法可以分为以下几种。

(1) 差额分析法。如固定资产净值增加的原因分析为原值增加和折旧增加两部分。
(2) 指标分解法。如资产利润率，可分解为资产周转率和销售利润率的乘积。
(3) 连环替代法。依次用分析值替代标准值，测定各因素对财务指标的影响，如影响成本降低的因素分析。
(4) 定基替代法。分别用分析值替代标准值，测定各因素对财务指标的影响，如标准成本的差异分析。

二、财务分析指标

财务报表中有大量的数据，可以根据需要计算出很多有意义的比率，这些比率涉及企业经营管理的各个方面，称为财务分析指标。

(一)反映企业偿债能力的指标分析

偿债能力是指企业偿还各种到期债务的能力。偿债能力分析是企业财务分析的一个重要方面，通过这种分析可以揭示企业的财务风险。

1. 短期偿债能力分析

短期偿债能力分析是指企业偿付流动负债的能力。流动负债是将在一年内或超过一年的一个营业周期内偿付的债务，这部分负债对企业的财务风险影响较大，如果不及时偿还，可能使企业面临倒闭的危险。在资产负债表中，流动负债与流动资产形成一种对应关系。一般来说，流动负债需以流动资产来偿付，特别是通常需要以现金来直接偿还。因此，可以通过分析企业流动负债与流动资产之间的关系来判断企业短期偿债能力。通常，评价企业短期偿债能力的财务比率主要有流动比率、速动比率、现金比率、现金流量比率和到期债务本息偿付比率等。

1) 流动比率

流动比率是企业流动资产与流动负债的比率，其计算公式为

$$\text{流动比率} = \frac{\text{流动资产}}{\text{流动负债}} \times 100\%$$

流动资产主要包括现金、短期投资、应收及预付款项、存货、待摊费用和一年内到期的长期债券投资等，一般用资产负债表中的期末流动资产总额表示；流动负债主要包括短期借款、应付及预收款项、各种应交款项、一年内即将到期的长期负债等，通常也用资产负债表中的期末流动负债总额表示。

2) 速动比率

一般来说，流动资产扣除存货后的资产称为速动资产，主要包括现金(即货币资金)、短期投资、应收票据、应收账款等。速动资产与流动负债的比率称为速动比率，其计算公式为

$$\text{速动比率} = \frac{\text{速动资产}}{\text{流动负债}} = \frac{\text{流动资产} - \text{存货}}{\text{流动负债}} \times 100\%$$

3) 现金比率

现金比率是企业的现金类资产与流动负债的比率。现金类资产包括企业的库存现金、随时可以用于支付的存款和现金等价物，即现金流量表中所反映的现金，其计算公式为

$$现金比率 = \frac{现金 + 现金等价物}{流动负债} \times 100\%$$

4) 现金流量比率

现金流量比率是企业经营活动中现金净流量与流动负债的比率，其计算公式为

$$现金流量比率 = \frac{经营活动现金净流量}{流动负债} \times 100\%$$

5) 到期债务本息偿付比率

到期债务本息偿付比率是指经营活动产生的现金流量净额与本期到期债务本息的比率，其计算公式为

$$到期债务本息偿付比率 = \frac{经营活动现金净流量}{本期到期债务本金 + 现金利息支出} \times 100\%$$

2. 长期偿债能力分析

长期偿债能力是指企业偿还长期负债的能力，企业的长期负债主要有长期借款、应付长期债券、长期应付款等。在对企业进行短期偿债能力分析的同时，还需分析企业的长期偿债能力，以便于债权人和投资者全面了解企业的偿债能力及财务风险。反映企业长期偿债能力的财务比率主要有资产负债率、股东权益比率、权益乘数、负债股权比率、产权比率与有形净值债务率、偿债保障比率、利息保障倍数和现金利息保障倍数等。

1) 资产负债率

资产负债率是企业负债总额与资产总额的比率，也称为负债比率或举债经营比率。它反映企业的资产总额中有多少是通过举债而得到的，也可以衡量企业在清算时保护债权人利益的程度。其计算公式为

$$资产负债率 = \frac{负债总额}{资产总额} \times 100\%$$

2) 产权比率与有形净值债务率

产权比率又称为负债股权的比率，是企业负债总额与股东权益总额之比。其计算公式为

$$产权比率 = \frac{负债总额}{股东权益总额} \times 100\%$$

从公式中可以看出，这个比率实际上是负债比率的另一种表现形式，它反映了债权人所提供资金与股东所提供资金的对比关系，因此，它可以揭示企业的财务风险及股东权益对债务的保障程度。该比率越低，说明企业长期财务状况越好，债权人贷款的安全越有保障，企业财务风险越小。

3) 偿债保障比率

偿债保障比率是负债总额与经营活动现金净流量的比率。其计算公式为

$$偿债保障比率 = \frac{负债总额}{经营活动现金净流量} \times 100\%$$

从公式中可以看出，偿债保障比率反映用企业经营活动产生的现金净流量偿还全部债务所需的时间，所以，该比率亦被称为债务偿还期。一般认为，经营活动产生的现金流量是企业长期资金的最主要来源，而投资活动和筹资活动所获得的现金流量虽然在必要时也

可用于偿还债务,但不能将其视为经常性的现金流量。因此,用偿债保障比率就可以衡量企业通过经营活动所获得的现金偿还债务的能力。一般认为,该比率越低,企业偿还债务的能力越强。

4) 利息保障倍数与现金利息保障倍数

利息保障倍数也称利息所得倍数,是税前利润加利息费用之和与利息费用的比率。其计算公式为

$$利息保障倍数 = \frac{税前利润 + 利息费用}{利息费用}$$

或者

$$利息保障倍数 = \frac{息税前利润}{利息费用}$$

公式中的税前利润是指交纳所得税之前的利润总额,利息费用不仅包括财务费用中的利息费用,还包括计入固定资产成本的资本化利息。利息保障倍数反映了企业经营所得支付债务利息的能力。如果这个比率太低,说明企业难以保证用经营所得来按时按量支付债务利息,这会引起债权人的担心。一般来说,企业的利息保障倍数至少要大于1,否则难以偿付债务利息,若长此以往,甚至会导致企业破产倒闭。

(二)反映企业营运能力的指标分析

营运能力是指企业资金的利用效率,可以用来衡量公司在资产管理方面的效率,因而又称资产管理比率。反映企业营运能力的指标有营业周期、存货周转率、应收账款周转率、流动资产周转率和总资产周转率。

1. 营业周期

营业周期是指从取得存货开始到销售存货并收回现金为止的这段时间。营业周期的长短取决于存货周转天数和应收账款周转天数。营业周期的计算公式为:

$$营业周期 = 存货周转天数 + 应收账款周转天数$$

把存货周转天数和应收账款周转天数加在一起计算出来的营业周期,指的是需要多长时间能将期末存货全部变为现金。一般情况下,营业周期越短,说明资金周转速度越快;营业周期越长,说明资金周转速度越慢。

2. 存货周转率

在流动资产中,存货所占的比重较大。存货的流动性,将直接影响企业的流动比率,因此,必须特别重视对存货的分析。存货的流动性,一般用存货的周转速度指标来反映,即存货周转率或存货周转天数。

存货周转率是衡量和评价企业购入存货、投入生产、销售收回等各环节管理状况的综合性指标。它是销货成本被平均存货所除而得到的比率,也称存货的周转次数。用时间表示的存货周转率就是存货周转天数。其计算公式为

$$存货周转率 = \frac{销货成本}{平均存货} \times 100\%$$

$$存货周转天数 = \frac{360}{存货周转率} = \frac{平均存货 \times 360}{销货成本}$$

公式中的销售成本数据来自损益表，平均存货来自资产负债表中的"期初存货"与"期末存货"的平均数。

一般来讲，存货周转速度越快，存货的占用水平越低，流动性越强，存货转换为现金或应收账款的速度越快。提高存货周转率可以提高企业的变现能力，而存货周转速度越慢则变现能力越差。

存货周转率(存货周转天数)指标的好坏反映存货管理水平，它不仅能够影响企业的短期偿债能力，也是整个企业管理的重要内容。企业管理者和有条件的外部报表使用者，除了分析批量因素、季节性生产的变化等情况外，还应对存货的结构及影响存货周转速度的重要项目进行分析，如分别计算原材料周转率、在产品周转率或某种存货的周转率。其计算公式为

$$原材料周转率 = \frac{耗用原材料成本}{平均原材料存货} \times 100\%$$

$$在产品周转率 = \frac{制造成本}{平均在产品存货} \times 100\%$$

存货周转分析的目的是从不同的角度和环节找出存货管理中存在的问题，使存货管理在保证生产经营连续性的同时，尽可能少占用经营资金，提高资金的使用效率，增强企业短期偿债能力，促进企业管理水平的提高。

3. 应收账款周转率

应收账款和存货一样，在流动资产中有着举足轻重的地位。及时收回应收账款，不仅可以增强企业的短期偿债能力，也能够反映出企业管理应收账款方面的效率。

反映应收账款周转速度的指标是应收账款周转率，也就是年度内应收账款转为现金的平均次数，它说明应收账款流动的速度。用时间表示的周转速度是应收账款周转天数，也称平均应收账款回收期或平均收现期，它表示企业从取得应收账款的权利到收回款项，转换为现金所需要的时间。其计算公式为

$$应收账款周转率 = \frac{销售收入}{平均应收账款} \times 100\%$$

$$应收账款周转天数 = \frac{360}{应收账款周转率} = \frac{平均应收账款 \times 360}{销售收入}$$

一般来说，应收账款周转率越高，平均收账期越短，说明应收账款的收回越快；否则，企业的营运资金会过多地呆滞在应收账款上，影响正常的资金周转。影响该指标正确计算的因素包括：第一，季节性经营的企业使用这个指标时不能反映实际情况；第二，大量使用分期付款结算方式；第三，大量使用现金结算的销售；第四，年末大量销售或年末销售大幅度下降。这些因素都会对该指标计算结果产生较大的影响。财务报表的外部使用人可以将计算出的指标与该企业前期指标、与行业平均水平或其他类似企业的指标相比较，判断该指标的高低，但仅根据指标的高低分析不出上述各种原因。

4. 流动资产周转率

流动资产周转率是销售收入与全部流动资产的平均余额的比值。其计算公式为

$$流动资产周转率 = \frac{销售收入}{平均流动资产} \times 100\%$$

5. 总资产周转率

总资产周转率是销售收入与平均资产总额的比值。其计算公式为

$$总资产周转率 = \frac{销售收入}{平均资产总额} \times 100\%$$

(三)反映盈利能力的指标分析

盈利能力就是企业赚取利润的能力。一般来说，企业的盈利能力只涉及正常的营业状况。非正常的营业状况，也会给企业带来收益或损失，但只是特殊状况下的个别结果，不能说明企业的能力。因此，在分析企业盈利能力时，应当排除证券买卖等非正常项目、已经或将要停止的营业项目、重大事故或法律更改等特别项目、会计准则和财务制度变更带来的累积影响等因素。

反映企业盈利能力的指标很多，主要包括销售净利率、销售毛利率、资产净利率、净值报酬率、成本费用净利率等，对于股份有限公司还要分析每股盈余、每股现金流量、每股股利、股利发放率、每股净资产和市盈率等。

1. 销售净利率和销售毛利率

(1) 销售净利率

销售净利率是指净利润与销售收入的百分比，其计算公式为

$$销售净利率 = \frac{净利润}{销售收入} \times 100\%$$

(2) 销售毛利率

销售毛利率是毛利占销售收入的百分比，毛利是销售收入与销售成本的差额。其计算公式为

$$销售毛利率 = \frac{销售收入 - 销售成本}{销售收入} \times 100\%$$

销售毛利率表示每一元销售收入扣除销售成本后，有多少可以用于各项期间费用和形成盈利。销售毛利率是企业销售净利率的基础，没有足够大的毛利率便不能盈利。

2. 资产净利率

资产净利率是企业净利润与平均资产总额的百分比。计算公式为

$$资产净利率 = \frac{净利润}{平均资产总额} \times 100\%$$

$$平均资产总额 = (期初资产总额 + 期末资产总额) \div 2$$

资产净利率是一个综合指标，企业的资产是由投资人投入或举债形成的。净利的多少与企业资产的多少、资产的结构、经营管理水平有着密切的关系。为了正确评价企业经济效益的高低、挖掘提高利润水平的潜力，可以用该项指标与本企业前期、与计划、与本行业平均水平和本行业内先进企业进行对比，分析形成差异的原因。影响资产净利率高低的

因素主要有产品的价格、单位成本的高低、产品的产量和销售的数量、资金占用量的大小等。

3. 成本费用净利率

成本费用净利率是企业净利润与成本费用总额的比率。它反映企业生产经营过程中发生的耗费与获得的收益之间的关系。其计算公式为

$$成本费用净利率 = \frac{净利润}{成本费用总额} \times 100\%$$

公式中,成本费用是企业为了获得利润而付出的代价,主要包括销售成本、销售费用、销售税金、管理费用、财务费用和所得税等。这一比率越高,说明企业为获取收益而付出的代价越小,企业的获利能力越强。因此,通过这个比率不仅可以评价企业获利能力的高低,也可以评价企业对成本费用的控制能力和经营管理水平。

(四)反映企业社会贡献能力的指标分析

1. 社会贡献率

社会贡献率的计算公式为

$$社会贡献率 = \frac{企业社会贡献总额}{平均资产总额} \times 100\%$$

式中,社会贡献总额,包括工资(含奖金、津贴等工资性收入)、劳保退休统筹及其他社会福利支出、利息支出净额、应交增值税、应交产品销售税金及附加、应交所得税及其他税收、净利润等。

2. 社会积累率

社会积累率的计算公式为

$$社会积累率 = \frac{上缴国家财政总额}{企业社会贡献总额} \times 100\%$$

式中,上缴国家财政总额包括应交增值税、应交产品销售税金及附加、应交所得税及其他税收等。

三、财务状况综合分析

(一)财务分析趋势分析法

企业财务状况的趋势分析主要是通过比较企业连续几个会计期间的财务报表或财务比率,以了解企业财务状况变化的趋势,并以此预测企业未来财务状况,判断企业的发展前景。一般来说,进行企业财务状况的趋势分析,主要应用比较财务报表、比较百分比财务报表、比较财务比率、图解法等方法。

1. 比较财务报表

比较财务报表是比较企业连续几期财务报表的数据,分析其增减变化的幅度及其变化原因,以此判断企业财务状况的发展趋势。这种方法选择的期数越多,分析结果的准确性

越高。但是,在进行比较分析时,必须考虑到各期数据的可比性。由于某些特殊原因,某一时期的某项财务数据可能变化较大,缺乏可比性,因此,在分析过程中应该排除非可比因素,使各期财务数据具有可比性。

2. 比较百分比财务报表

比较百分比财务报表是在比较财务报表的基础上发展而来的。百分比财务报表是将财务报表中的数据用百分比来表示。比较财务报表是比较各期报表中的数据,而比较百分比财务报表则是比较各项目百分比的变化,以此来判断企业财务状况的发展趋势。这种方法比前者更加直观地反映了企业的发展趋势。比较百分比财务报表既可用于同一企业不同时期财务状况的纵向比较,也可用于不同企业之间或与同行业平均数之间的横向比较。

3. 比较财务比率

比较财务比率就是将企业连续几个会计期间的财务比率进行对比,从而分析企业财务状况的发展趋势。这种方法实际上是比率分析法与比较分析法的结合。与前面两种方法相比,这种方法更加直观地反映了企业各方面财务状况的变动趋势。

4. 图解法

图解法是将企业连续几个会计期间的财务数据或财务比率绘制成图,并根据图形走势来判断企业财务状况的发展趋势。这种方法比较简单、直观地反映出企业财务状况的发展趋势,能够发现一些通过以上几个比较法所不易发现的问题。

(二)杜邦体系分析法

杜邦财务分析体系是在考虑各财务比率内在联系的条件下,通过制定多种比率的综合财务分析体系来考察企业财务状况的一种分析方法,如图 9-1 所示。杜邦财务分析方法是由美国杜邦公司的经理创造的,故称为杜邦体系分析法或杜邦系统。

图 9-1 中的权益乘数,表示企业的负债程度,权益乘数越大,企业负债程度越高。通常的财务比率都是除数,除数的倒数叫乘数。权益除以资产是资产权益率,权益乘数是其倒数即资产除以权益。其计算公式为:

$$权益乘数 = \frac{1}{1-资产负债率} = \frac{资产}{权益}$$

公式中的资产负债率是指全年平均资产负债率,它是企业全年平均负债总额与全年平均资产总额的百分比。例如,ABC 公司某年度年初负债总额为 800 万元(流动负债 220 万元,长期负债 580 万元),年末负债总额为 1060 万元(流动负债 300 万元,长期负债 760 万元)。依上式计算权益乘数为:

$$权益乘数 = \frac{1}{1-\frac{(800+1060)\div 2}{(1680+2000)\div 2}\times 100\%} = \frac{1}{1-50.54\%} = 2.022$$

权益净利率就是前面所讲的净资产收益率,它是所有比率中综合性最强、最具有代表性的一个指标。

因为, 权益净利率=资产净利率×权益乘数×100%

而且，　　　　资产净利率=销售净利率×资产周转率×100%
所以，　　　　权益净利率=销售净利率×资产周转率×权益乘数×100%

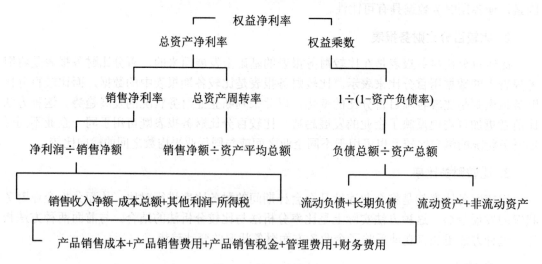

图9-1　杜邦财务分析

通过杜邦体系分析，可以了解以下几个问题。

(1) 决定权益净利率高低的因素有三个方面：销售净利率、资产周转率和权益乘数。这样分解之后，可以把权益净利率发生升降变化的原因具体化，比只用一项综合性指标更能说明问题。

(2) 权益乘数反映所有者权益与资产的比例关系。主要受资产负债比率的影响，负债比例大，权益乘数就高，说明企业有较高的负债程度，能给企业带来较大的杠杆利益，同时也给企业带来较大的风险。

(3) 销售净利率高低的因素分析，需要从销售额和销售成本两个方面进行。这方面的分析可以参见有关盈利能力指标的分析。当然，经理人员还可以根据企业的一系列内部报表和资料进行更详尽的分析，而企业外部财务报表使用人不具备这个条件。

(4) 资产周转率是反映运用资产以产生销售收入能力的指标。对资产周转率的分析，则需对影响资产周转的各因素进行分析。企业总资产由长期资产和流动资产构成，它们各自又有自己的明细项目，同时以各自的特点在运转。因而，在对影响资产周转的各因素进行分析时，除了对资产的各构成部分从占用量上是否合理进行分析外，还可以通过对流动资产周转率、存货周转率、应收账款周转率等有关各资产组成部分使用效率的分析，判明影响资产周转的主要问题出在哪里。通过对总资产周转情况的分析，可以发现企业资产管理中存在的问题与不足。

(5) 企业资金由所有者权益和负债两部分构成，通过对总资金结构的分析，可以了解企业的资金结构是否合理和财务风险的大小，从而及时发现企业财务管理存在的问题，以便采取措施加以改进。

第三节 供应链成本管理

一、供应链成本管理概述

(一)供应链成本管理的概念

供应链成本管理(Cost Management in Supply Chain),包括企业在采购、生产、销售过程中为支撑供应链运转所发生的一切物料成本、劳动成本、运输成本、设备成本等。供应链成本管理是以成本为手段的供应链管理方法,也是有效管理供应链的一种新思路。供应链成本管理是一种跨企业的成本管理,其视野超越了企业内部,将成本的含义延伸到整个供应链上企业的作业成本和企业之间的交易成本,其目标是优化、降低整个供应链上的总成本。

(二)供应链成本管理的内容

1. 采购成本管理

相关研究表明,采购成本占生产成本的50%~70%,占销售收入的40%~60%,降低采购成本成为降低供应链成本的关键点之一。通过卓有成效的采购成本控制,合理地制定采购策略,进一步达到降低供应链成本的目的。

2. 设计成本管理

在产品设计阶段如不能充分考虑成本控制问题,将直接引发制造成本的增加。因此,控制设计成本,在设计阶段引入成本管理思想,才能从根源上降低供应链的成本。

3. 生产成本管理

成本改善是在生产制造领域进行的降低成本的活动,可以通过彻底排除生产制造过程中的各种浪费和松弛点达到降低成本的目的。

4. 物流成本管理

物流成本在企业供应链成本中占有较高的比重,在制造业和流通业中更为突出。物流成本主要包括运输成本、存货成本、仓储成本和设施成本。在保证客户价值需求的情况下,追求物流成本最小,这是物流成本管理的根本目标。

5. 服务成本管理

服务成本是指在满足客户一定价值需求情况下最小的服务成本。服务成本是企业的支出,旨在通过服务增加客户价值,在价格相同的情况下,吸引更多的客户。服务成本与消费者购买成正比,企业支出的服务成本就大。

(三)供应链成本管理的特点

1. 供应链成本管理是需求拉动型

与传统的生产推动式导向不同,供应链中的成本管理是需求拉动型成本管理模式。需求拉动生产,是指有市场需求才组织生产。将顾客需求及客户订单作为生产和采购的拉动力,以控制资金的占用成本。

2. 供应链中成本管理的目标具有双重性

传统成本理论认为,提高客户服务水平必然导致成本的上升,同时为保证安全生产和经营必须依靠大量库存,因此,传统成本管理的目标就是单纯地追求企业成本与服务水平之间的平衡。但从供应链系统的角度考虑,改善服务和降低成本可以同时实现,供应链中成本管理的目标具有双重性。

3. 供应链中成本管理的范围逐渐扩大

传统的成本管理往往重视生产领域成本的控制,而将其他环节的成本视为生产和销售产品中所发生的额外费用。然而,随着科学技术的进步和市场竞争的加剧,生产成本在企业中的比例呈现下降趋势,而与产品相关的设计、供应、服务等成本不断上升,其数额甚至超过生产成本。

4. 供应链中成本管理的互动具有整体性和层次性

供应链的整体性体现在企业自身流通环节的整合和企业与上、下游企业之间的整合两个方面。企业的成本分为三个层次:战略层次、战术层次和作业层次。

5. 供应链中成本管理手段多样化

供应链管理的有效实现主要利用信息技术通过供求信息在企业间的整合,建立客户关系管理系统、供应商管理系统、全球采购系统和电子商务系统等,改善企业传统的业务流程,创建学习型组织来降低系统的成本。

二、供应链成本管理的方法

(一)目标成本法

1. 目标成本法介绍

目标成本法是丰田公司于 20 世纪 60 年代开发出的成本管理方法,目前已经得到了广泛采用。目标成本法的目的在于将客户需求转化为所有相关流程的强制性竞争约束,以此保证产品能够创造出利润。目标成本法是在产品生命周期的研发及设计阶段设计好产品的成本,而不是试图在制造过程中降低成本。

目标成本法是一种全过程、全方位、全人员的成本管理方法。全过程是指供应链产品从生产到售后服务的一切活动,包括供应商、制造商、分销商在内的各个环节;全方位是指从生产过程管理到后勤保障、质量控制、企业战略、员工培训、财务监督等企业内部各职能部门各方面的工作以及企业竞争环境的评估、内外部价值链、供应链管理、知识管理等；全人员是指从高层经理人员到中层管理人员、基层服务人员、一线生产员工。

目标成本法在作业成本法的基础上考察作业的效率、人员的业绩、产品的成本，弄清楚每一项资源的来龙去脉，每一项作业对整体目标的贡献。

总之，传统成本法局限于事后的成本反映，而没有对成本形成的全过程进行监控；作业成本法局限于对现有作业的成本监控，没有将供应链的作业环节与客户的需求紧密结合。目标成本法则保证供应链成员企业的产品以特定的功能、成本及质量生产，然后以特定的价格销售，并获得令人满意的利润。

2. 目标成本法实施程序

1) 以市场为导向设定目标成本

(1) 根据新品计划和目标售价编制新品开发提案。

新品上市前就要正式开始目标成本规划，每种新产品设一名负责产品开发的经理，以产品开发经理为中心，对产品计划构想加以推敲。编制新品开发提案，内容包括新品样式规格、开发计划、目标售价及预计销量等。其中，目标售价及预计销量是与业务部门充分讨论，考虑市场变化趋势、竞争产品情况、新品所增加新机能的价值等后加以确定。开发提案经高级主管所组成的产品规划委员会核准后，即进入制定目标成本阶段。

(2) 采用跨部门团队方式，利用价值工程寻求最佳产品设计组合。

进入开发设计阶段，以产品开发经理为中心，组成跨职能的成本规划委员会，成员包括来自设计、生产技术、采购、业务、管理、会计等部门的人员，是一个超越职能领域的横向组织，开展具体的成本规划活动，共同合作以达到目标。成本规划活动目标分解到各设计部后，各设计部即可从事产品价值和价值工程分析，根据产品规划书，设计出产品原型，再结合原型，把成本降低的目标分解到各个产品构件上。在分析各构件是否能满足性能的基础上，运用价值工程降低成本，如果成本的降低能够达到目标成本的要求，就可以转入基本设计阶段；否则还需要运用价值工程重新加以调整，以达到要求。

进入基本设计阶段，运用同样的方法，挤压成本，转入详细设计，最后进入工序设计。在工序设计阶段，成本降低额达到后，挤压成本暂时告一段落，可以转入试生产。试生产阶段是对前期成本规划与管理工作的分析与评价，致力于解决可能存在的潜在问题。一旦在试生产阶段发现产品成本超过目标成本要求，就得重新返回设计阶段，运用价值工程进行再次改进。只有在目标成本达到的前提下，才能进入最后的生产。

2) 在设计阶段实现目标成本，计算成本差距

目标成本与公司目前相关估计产品成本(即在现有技术条件下，不积极从事降低成本活动下产生的成本)相比较，可以确定成本差距。由于新品开发很多都是借用件，并非全部零部件都会变更，变更需要重估的只是一部分，所以目前相关产品成本可根据现有产品加减其变更部分成本差额算出。目标成本与估计成本的差额即为成本规划目标。

3) 在生产阶段运用持续改善成本法以达到设定的目标成本

新品进入生产阶段 3 个月后，检查目标成本的实际达成情况，进行成本规划实绩的评估，确认责任归属，以评价目标成本规划活动的成果。至此，新品目标成本规划活动正式告一段落。进入生产阶段，成本管理即转向成本维持和持续改善，使之能够对成本对象耗费企业资源的状况更适当地加以计量和核算，使目标成本处于正常控制状态。

3. 目标成本法的形式

供应链成员企业间的合作关系不同，所选择的目标成本法也不一样。

1) 基于价格的目标成本法

这种方法最适用于契约型供应链关系，而且供应链客户的需求相对稳定。在这种情况下，供应链企业所提供的产品或服务变化较少，所以很少引入新产品。目标成本法的主要任务就是在获取准确的市场信息的基础上，明确产品的市场接受价格和所能得到的利润，并且为供应链成员的利益分配提供较为合理的方案。

在基于价格的目标成本法的实施过程中，供应链成员企业之间达成利益水平和分配时间一致，是最具成效和最关键的步骤。应该使所有的供应链成员都获得利益，但利益总和不得超过最大许可的产品成本；达成的价格应能充分保障供应链成员企业的长期利益和可持续发展。

2) 基于价值的目标成本法

一般来说，市场需求变化较快，需要供应链有相当大的柔性和灵活性，特别是在交易型供应链关系的情况下，往往采用这种方法。为了满足客户的需要，要求供应链企业向市场提供具有差异性的高价值的产品，这些产品的生命周期多半不长，增大了供应链运作的风险。因此，必须重构供应链，以使其供应链成员企业的核心能力与客户的现实需求完全匹配。有效地实施基于价值的目标成本法，通过对客户需求的快速反应，能够实质性地增强供应链的整体竞争能力。然而，为了实现供应链成员企业冲突的最小化及减少参与供应链合作的阻力，供应链上的成员企业必须始终保持公平的合作关系。

基于价值的目标成本法以所能实现的价值为导向，进行目标成本管理，即按照供应链上各种作业活动创造价值的比例分摊目标成本。这种按比例分摊的成本成为支付给供应链成员企业的价格。一旦确定了供应链作业活动的价格或成本，就可以运用这种目标成本法识别能够在许可成本水平完成供应链作业活动的成员企业，并由最有能力完成的企业构建供应链，共同运作，直到客户需求发生进一步的变化需要重构供应链为止。

许多供应链成员企业发现它们始终处于客户需求不断变化的环境中，变换供应链成员的成本非常高。供应链若要存续与发展，供应链成员企业必须找到满足总在变化的客户需求的方法。在这样的环境条件下，基于价值的目标成本法仍可按照价值比例分摊法在供应链作业活动间分配成本。但供应链成员企业必须共同参与重构活动，以保证每个成员的价值贡献正好与许可的目标成本相一致。

3) 基于作业成本管理的目标成本法

这种方法适用于紧密型或一体化型供应链关系，要求供应链客户的需求是一致的、稳定的和已知的，通过协同安排实现供应链关系的长期稳定。为了有效运用这种方法，要求能够控制和减少供应链总成本，并且成员企业都能由此获益，供应链成员企业必须尽最大的努力以建立跨企业的供应链作业成本模型，并通过对整体供应链的作业分析，找出其中不增值部分，进而从供应链作业成本模型中扣除不增值作业，以设计联合改善成本管理的作业方案，实现供应链总成本的合理化。

目标成本法的作用在于激发和整合成员企业的努力，以连续提升供应链的成本竞争力。因此，基于作业成本管理的目标成本法实质上是以成本加成定价法的方式运作的，供应链成员企业之间的价格由去除浪费后的完成供应链作业活动的成本加市场利润构成。这种定价方法促使供应链成员企业剔除基于自身利益的无效作业活动。供应链成员企业通过"利益共享"获得的利益，必须足以使它们致力于供应链关系的完善与发展，而不为优化局部成本的力量所左右。

(二)作业成本法

1. 作业成本法介绍

作业成本法以作业为成本核算对象，基于作业消耗资源、产品和服务耗费作业的理念，目标是将成本动因引起的资源消耗更合理地分配到产品或服务中去。企业可以通过作业成本法识别出那些与最终顾客的效用无关的作业，并通过减少或完全剔除这类无增值作业来降低成本，这样企业就可以更好地对市场需求做出反应并增强自身的竞争力。

供应链成本主要包括企业内部发生的直接成本、间接成本及企业间的交易成本。因此，供应链作业成本法应该站在供应链的视角上，以作业和交易为基础分析间接费用来优化产品或服务的总成本。企业内部的间接成本以作业为成本动因进行分析，而企业间的间接成本(交易成本)需要以企业间发生的各种交易行为(如谈判、买卖等)为基础进行分析。

2. 作业成本法组成

1) 作业

需要进行操作并因此消耗资源的流程或程序，如打电话向供应商订购是一个作业。

2) 成本动因

成本动因是工作的直接原因。成本动因反映了产品或其他成本对象对作业的需求。如果作业是交付货物，成本动因就是将要被交付货物的数量。

成本动因应该与度量单位联系起来，并且容易度量。它们之间的联系会对作业和交易成本的关系产生影响，即作业如何影响交易成本。简易的度量可以度量出作业成本的多少、作业的产品或者服务的使用情况。采购作业的一般成本动因包括申请所要求的货物数量、零件规格的数量、进度表变动的数量、供应商的数量和延迟交付的数量。

3) 成本对象

需要考核绩效的实体，比如产品、顾客、市场、分销渠道和项目。

4) 作业清单

产品或其他的成本对象所需要的作业及其相关成本的清单。

(三)生命周期成本法

目前，对于生命周期成本法还没有达成统一的理解，普遍接受的定义是："生命周期成本是指在系统的生命周期中与该系统相关的所有成本。"在生命周期成本法系统中，产品使用者承担的成本(包括使用成本和周期结束成本)负责补充传统上由产品生产商所承担的成本，并且除了考虑实物流程及其相关物资和能源流动的成本外，还要考虑劳动力和使用知识(如专利)的成本及交易成本(如信息流)，如在生命周期中需要考虑产品的开发成本。

在采用生命周期成本法下，即可确定产品开发、生产、使用、周期结束所产生的所有成本，并据此识别生命周期和供应链中的成本驱动因素及其悖反关系，以开发和生产最小总成本的产品。

(四)改善成本法

改善成本法是供应链上各企业在产品生产阶段最主要的成本约束机制。改善成本法也是一种前馈型的成本管理方法,它是通过预期的成本降低需要来制定产品成本的降低目标,而不是当成本超标已经发生后才做出反应。通过改善成本法,可以使成本降低压力持续于整个的产品生命周期。

将改善成本法局限于某个企业内部,将忽视供应链上游和下游企业进一步节约成本的潜力。改善成本法在供应链上各企业间的跨组织应用是通过大量的信息共享和合作机制,挖掘所有的成本降低机会。改善成本法可以看作目标成本法在产品生产阶段的延伸,在跨组织成本管理中改善成本法的应用与目标成本法有相似之处。

改善成本法同样是一种需要购货商和供应商共同合作的成本管理方法。在产品生产过程中,供应链上的所有成员企业都将共同实施改善成本法。这种合作使得企业可以实现在单独进行成本管理时所不能达到的成本节约。改善成本法的跨组织应用既可以由购货商发起,也可以由供应商发起。例如,购货商可以向供应商委派设计工程师或提供技术支持;供应商可以在购货商的配合下寻求新的部件设计方法。

"价格传递机制"在改善成本法中依然有效。购货商的改善成本管理体系同样可以通过确定供应商的改善成本降低目标,将市场压力传递给它的供应商。所以,制定合理的改善成本降低目标至关重要,否则"价格传递机制"将失去效用。但是,在改善成本法中,购货商并不是降低某一特定产品的成本,而是对所有的外包部件规定一个统一的成本降低比率。所以,供应链的改善成本管理在企业之间是互相关联的,而不是像目标成本管理那样在相关企业间实现首尾连接。

本 章 小 结

供应链财务管理的基本理念是物流和财务活动之间密切整合和信息交换,以达到成本节约和为股东创造价值的目的。供应链财务管理的主要目标是:降低营运资本、改进营运资本管理、提高库存的透明度和加强服务水平等。供应链财务管理的主要作用是:运作的控制和检验、决策/战略的支持和日常财务的交易。传统的财务管理方法存在诸多弊端,在供应链管理环境下必然需要全新的财务管理理念和方法。供应链节点企业的运营不但会影响到本企业,还会沿着供应链影响其他节点企业。因此,有必要对供应链节点企业进行财务分析,以了解和掌握供应链节点企业的财务状况,保证供应链运营的稳定性。在供应链环境下,节点企业需要综合考虑上、下游企业的经营管理,以实现供应链盈利的最大化。为了追求最大限度的利润,保证资产的保值、增值,必须全面了解企业的生产经营状况和财务状况。在供应链环境下,主要衡量企业的偿债能力、分析企业的营运能力、分析企业的盈利能力、分析企业的社会贡献能力和分析综合财务能力。在财务分析过程中,针对不同的目标选取不同的财务分析指标,并选取合适的综合分析方法对供应链节点企业财务情况进行分析。

供应链成本管理包括企业在采购、生产、销售过程中为支撑供应链运转所发生的一切物料成本、劳动成本、运输成本、设备成本等。供应链成本管理可以说是以成本为手段的供应链管理方法，也是有效管理供应链的一种新思路。供应链环境下成本管理与传统企业成本管理存在诸多不同，供应链成本管理包括多种方法，在企业供应链成本管理中要选取合适的方法。

复习思考题

一、名词解释

供应链财务管理　财务分析　供应链成本管理　目标成本法　作业成本法

二、问答题

1. 供应链与财务管理为何实现了融合？
2. 财务分析的目的和内容是什么？
3. 供应链财务分析常用的指标有哪些？
4. 不同的供应链财务综合分析方法有何不同？
5. 供应链环境下成本管理与传统的成本管理有何异同？
6. 目标成本法如何应用于供应链成本管理？
7. 作业成本法如何应用于供应链成本管理？

综合案例 9-1：ITAT 集团从明星走向衰败

ITAT 的前世今生

欧通国的名气是伴着金盾的"走红"而名声在外的。1982 年 3 月，20 岁的他卖掉了家里唯一值钱的一头猪，从惠州只身来到深圳创业。几年过后，当同行们还在为三五块钱争得面红耳赤时，这个头脑灵活的年轻人已经做起了国际品牌的代理，他先后成为全国第一家"老人头皮鞋""宾度皮鞋"和"苹果牌服装"的代理商。1990 年，他亲自设计了名为"金盾"的服装品牌。他还为这个稚嫩的品牌配上了英文"KINDON"，并设计了一个船形模样的 LOGO，这在当时清一色的"山寨服装"中独树一帜。1998 年，欧通国已经携其"金盾"在中国香港风光上市。不过一向顺风顺水的欧通国却就此遭遇了滑铁卢。1998 年，亚洲金融危机爆发，金盾上市后不久遭遇信心低谷，股价低到 0.1 元，随后被国际游资恶意收购，欧通国两手空空又回到了原点。

2002 年，他开始迷上了沃尔玛。他深入了解，得知这个市值天下第一的公司之所以经营出色，在于有一套独特的信息系统。在信息系统的支撑下，商品周转率得到提高，仓库始终接近零库存状态，进销存等环节也一览无余。

欧通国决定在他所熟悉的服装界打造一个"沃尔玛"。他所理解的这个"沃尔玛"，要理念超前，要有一个强大的信息系统，要保持零库存的状态，要有非常好的现金流，要有非常大的店面……2002 年下半年，他投入巨资，开始请人研发一套适用于服装卖场的涉及财务、人事、销售的零售软件，欧通国为这个即将诞生的品牌取了个洋气的名字——ITAT。

ITAT 是 International Trademark Agent Trader 的缩写，翻译成中文为"国际品牌服装会员店"。

商业模式与发展历程

欧通国还为 ITAT 设计了一套独一无二的商业模式。ITAT 找到那些生产过剩，又付不起商场"进场费"的中小型服装厂，允许对方用 ITAT 品牌贴牌生产消化库存，然后产品放在 ITAT 卖场里销售，当然，厂家必须先无偿铺货。ITAT 又与拥有大量闲置物业、相对偏僻的地产物业商协商，化零为整，包下原本属于诸多小商贩的大量摊位，物业方免费提供场地，通过销售额分成的方式获得收益。而厂家、ITAT、物业方，三方分成的比例为 60：25：15。如此，ITAT 在理论上即可实现"零货款、零租金、零库存"的经营模式，这是一套看起来无懈可击的商业模式。

2003 年，他斥资收购了法国国际商标集团、欧洲服装集团两家公司。这是两家注册地在中国香港，依靠注册大量的商标然后卖出获利的公司。在欧通国的宏大构想中，这 200 多个自有商标以后将在 ITAT 的各个卖场中出现，上游厂家只负责贴牌生产。欧通国对品牌有着非常深切的感受，尽管代理的品牌不甚知名，但他却要让世人皆知 ITAT。

2004 年 9 月，ITAT 在深圳地王大厦小心翼翼地开出了第一家店铺，当年实现销售额 546 万元。2005 年，欧通国决定在广东省大规模地拓展，同年，ITAT 开店 68 家，实现销售额 1.79 亿元。事实上，直到这个时候，ITAT 还没什么盈利。2006 年，他在 ITAT 和供货商中内部发行了 2 亿股股票集资，每股作价 0.16～0.35 元不等，募集了 4000 多万元资金，雄心勃勃地把店面迅速扩张至 220 家。2006 年，ITAT 实现销售额 7.8 亿元。

2006 年年底，欧通国已然有了足够的底气。他几乎用一种"空手套白狼"的方式，将"一个伟大的构想"化为现实中一个个林立的门店，并在短短两年内实现数亿元的销售收入。期间，ITAT 无须向地产商支付租金，无须向供应商支付货款，服装生产商、地产商、终端运营商几方联动，风险共担。这样解决了中小企业过剩的大量库存、商业地产中大量的闲置门面。这无疑让嗅觉灵敏的风投资本家们很感兴趣。

2006 年 11 月，在与欧通国长谈了两三次后，蓝山资本随即向 ITAT 投入了首笔 5000 万美元的风投资金。其后，高盛、美林、摩根斯坦利及数不清的本土基金公司纷纷造访 ITAT，他们几乎要排队，并且等上大半天才能得到欧通国短暂的接见。各路基金混战 3 个月后，2007 年 3 月，蓝山资本、摩根斯坦利和 CITADEL 得以联合投入 7000 万美元，至此，成立两年的 ITAT 获得了风投资本家共 1.2 亿美元的投入。

在巨额资金的支撑下，他们推出了一个庞大而又有些眼花缭乱的扩张计划：2007 年内要达到 1000 家；2009 年年底要达到 2000 家。围绕此计划计算出的利润也是惊人的：ITAT 的年度净利润由 2006 年的 7000 万元增加到 2007 年的 10 亿元和 2008 年的 30 亿元！

成立两年多的 ITAT 一跃成为服装界乃至中国风投界的"神话"。2007 年，ITAT 像一条充满攻击性的章鱼，在一系列"奇迹"和"神话"的光环中四处游弋，疯狂进攻。

2007 年，ITAT 开始在中央电视台、凤凰卫视、湖南卫视等数家电视台大规模地投放广告。广告播出密集，轮番轰炸，仅在央视共播出 1200 多次。为了提高品牌知名度，ITAT 还签下当年的人气明星陈好和吴大维做形象代言人。

与此同时，ITAT 的开店狂潮也应势展开。2007 年年初到 2008 年 5 月，ITAT 的门店从 240 多家扩张到 780 多家。2007 年 5 月和 10 月两个黄金周，ITAT 就分别创下了一周新开门店60家和100家的纪录。在公司的网站上，他们高调地写上了这样一句话：2007年，根据中国服装协会统计数据，ITAT开店速度世界第一。

模式之争与资金困局

2007年下半年，有业内人士站出来质疑，ITAT所谓的最佳商业模式不过是一个虚妄的"画饼"。首先，在消费者最为看重的产品质量和款式上，ITAT就难以保证。和ITAT合作的厂家，大多为中小服装企业，实力有限，所能提供的产品也大多为过时的库存产品。其次，ITAT开店的场所多在一些人气较差的边缘地带，这些地方并非商圈中心，经营清淡。ITAT虽解决了将货摆上货架的问题，但无法从根本上解决如何将货卖出去的问题。一些人甚至用调侃的方式将ITAT的经营模式总结成一句话，在"没人去的地方"卖"没人要的产品"。紧接着，有人又在网上爆料，ITAT那些所谓的"品牌"也存在很大的商业诚信问题。

ITAT的管理，在极度高速扩张下，也被人指责为混乱。ITAT的店长均是基层员工提拔上去的，60%的人只有初、高中文化程度，缺乏经验，管理方式简单，"他们明白把货卖出去了才有更高的提成，反过来对服务等没有太深的概念"。一段时期内，ITAT开店成了第一要务，以至于有些店在开店之后的大半年间，未作任何盘点。一盘点，大批货物不见踪迹，而后这批货款被分摊到对立情绪比较严重的员工头上。

在褒贬不一的争议中，ITAT度过了膨胀的2007年。2008年3月，ITAT站在中国香港资本市场的门槛上。2008年3月，随着意欲在香港上市的ITAT的第二次聆讯失败，其创始人欧通国开始转战农业投资，ITAT经营急转直下，并卷入债务危机。但这并不能阻止更多的问题相继曝光于众。2007年2月、3月底、4月中旬，投行曾到ITAT门店中进行了三次消费者流量调查。ITAT的做法是：第一次，给每名员工发了一叠厚厚的免费购物券，要求其分给家人朋友，无偿在店中购买衣物；第二、第三次则是直接分给每个员工一笔钱，让员工扮成顾客轮流进店购买商品，以造成川流不息的假象。为了让这个"虚假繁荣"更为真实，ITAT总部还统一了员工口径。比如，一个月销售额不到10万元的店面，员工被告知要夸大10多倍，告诉基金检查人员月销售额为100万元。事实上，ITAT旗下的大多数门店，都处于亏损状态。

2008年10月，ITAT开始实施大规模裁员。本次"调整"持续4个月之久，至2009年2月时，ITAT员工人数减半、门店数量减半，不知不觉间ITAT已伤元气。2009年5月，一些员工开始在QQ群里抱怨，自4月份之后，他们再也未能领到每月15号准时发放的工资；一些总部的员工还被强行签订一份严格的保密协议，不得对媒体透露任何情况，否则，他们将失去自己的"饭碗"。

最新进展

2009年7月2日，最新的进展是，ITAT的高层已经被大规模地换掉，如意集团本应在6月底到位的5亿元资金尚未打到账上。新的老板邱亚夫依旧在国外考察，员工的工资依旧被拖欠。

其后，惠盈集团于2010年12月15日宣布重组ITAT，当天下午，惠盈集团举行"第一届供应链组合联谊会"，并召集已阔别一年的ITAT供应商，宣布合并ITAT。据惠盈集团重组资料，合并后的ITAT主要股东包括中商联集团、ITAT，以及转换为普通股后的ITAT原优先股股东摩根斯坦利、美国蓝山资本等16家金融机构。此外，ITAT股东还包括ITAT原供应商和本次合并的新的供应链合作伙伴。2010年11月,惠盈集团在中国香港由中商联集团发起成立,作为惠盈集团的主要股东,惠盈集团董事局主席马惠君,曾经为ITAT原十大供应商之一,它也是所有供应商中的最大债权人。

(资料来源:迷失的ITAT.新浪网. http://finance.sina.com.cn/leadership/mroll/20090727/16596533645.shtml.)

问题:
(1) 描述ITAT的供应链结构,并分析ITAT商业模式中的财务管理环境。
(2) ITAT为什么很快走向衰败?其财务管理方面存在哪些问题?

综合案例9-2:戴尔的供应链成本管控

在全球高技术行业及PC(即个人电脑)制造业普遍不景气的大环境下,美国戴尔公司可谓"一枝独秀"。据在全球计算机市场分析领域居于权威地位的美国IDC公司报告,戴尔公司2007年第一季度已进占全球PC销售额第一的头牌位置,市场占有率为13.1%。直销模式的好处是"以销定产",制造商可以更积极地与市场发生互动。因此,这种模式如今已兴盛为美国制造业,尤其是计算机制造业所因循的一个范例。但戴尔公司的成功,尤其是近期所取得的成功背后,存在一些更为独特的重要因素。

戴尔公司副总裁迪克·亨特在接受美国《商业周刊》负责工业报道的编辑亚当·阿斯顿的专访时透露,高效率的"供应链"对于戴尔公司的业绩而言,"绝对是一个至关重要的因素"。从供应链角度解读戴尔公司的成功,亨特处在一个特别具有说服力的位置上。1998年加入戴尔公司之前,亨特已置身于制造业25年,先后曾在美国通用电器公司、德州仪器公司和瑞典爱立信公司从事生产运营和供应链管理工作。加入戴尔公司之后,亨特除了分管供应链,还管理着戴尔公司下属规模最大的计算机生产基地。对于供应链的重视,始于戴尔公司的最高层。据亨特介绍,戴尔公司总裁迈克尔·戴尔的注意力,一直集中在通过供应链降低物料和产品的成本,最终施惠于众多客户。

降低成本的途径

降低成本的途径之一,是在确保质量的前提下降低物料的成本。据亨特介绍,戴尔公司的物料成本约占运营收入的74%,公司当年花费在物料上的资金总计约210亿美元。亨特认为,这笔费用只需下降0.1%,其实际效果就远大于提高劳动生产率10%。

途径之二,是降低库存量。戴尔公司的库存量相当于5天的出货量。鉴于PC制造业的物料成本每周约下降1%的状况,高库存不仅意味着占用更多资金,还意味着使用了高价物料。所以,亨特说,库存量只有一个星期出货量的戴尔公司,相对于库存量相当于4个星期出货量的另一家计算机公司而言,就拥有3%的物料成本优势,反映到产品底价上就是2%或3%的优势。

在戴尔方面,对于世界各地每一家PC工厂的每一条生产线,管理人员都借助于信息和资源管理软件每隔两个小时更新一次零部件的供货安排,即只向工厂提供足够两个小时使用的物料。一般情况下,包括手头正在进行中的作业在内,任何一家工厂内的库存量都只相当于五六个小时的出货量。这就加快了各家工厂的运行周期,并且减少了库房空间。在

第九章 供应链财务管理

节省下的空间内，戴尔公司安装了更多 PC 生产线。

如此严密的生产安排，需要有一个组织严密的供应商网络，才能保障零部件的准点供应。为此，戴尔公司旗下最大的 30 家供应商提供了相当于戴尔公司总成本 75%的物料；再加上规模仅次于这 30 家供应商的另外 20 家供应商，则相当于戴尔公司总成本 95%的物料。在日常生产运营过程中，戴尔公司每天都要与这 50 家主要供应商中的每一家打交道，甚至每天要与其中的许多家打许多次交道。

与客户保持互动

在亨特眼里，戴尔公司做得"最漂亮"的事情之一，就是依据"直线订购模式"每天与 1 万多名客户展开互动。这种互动经常通过 Internet 实现，每天给予戴尔公司 1 万次机会，可以用于在供应和需求之间取得平衡。即使某一部件可能出现短缺现象，戴尔公司也会提前了解问题，进而着手解决问题。

在与客户互动的过程中，解决部件短缺问题的方法之一，就是实施某种促销活动。例如，如果短缺索尼牌 17 英寸显示器，戴尔公司就会主动向客户提出以低于原价的价格、甚至与 17 英寸显示器相同的价格提供一台 19 英寸显示器。亨特解释说，戴尔公司的管理人员明白，借助于这些手段以及通过戴尔网站对标价和产品组合做实时调整，大量需求将会发生相应变动。这是通过零售渠道施行"直线订购模式"所无法实现的。

就亨特而言，持续供需平衡是他个人毕生追求的主要目标。"如果能实现持续平衡，我一定能够随时满足客户对于供货的期望。持续平衡将有助于最大限度地减少过剩和过时的库存。"

实际上，戴尔公司从账面上注销的过剩和过时库存占物料总成本的 0.05%~0.1%，这在公司全球业务中就是每年大约 2100 万美元。而在 PC 制造业内，这一比例为 2%~3%，其他行业为 4%~5%。

至于美国经济面临的衰退状况，以及高技术行业与 PC 制造业的普遍不景气现实，亨特表示，这对于戴尔公司而言可以是一件"大好事"，原因是戴尔公司可以更快地把更低的成本直接施惠于客户，进而扩大市场占有率。他特别提到一个理念：唯有低成本的生产商，才会成为最后的赢家。

2007 年 5 月 30 日，美国第二大计算机直销商 Gateway 公司终于按捺不住，宣布自己产品的价格一定要低于竞争对手的同类产品。实际上，低价只是高效供应链最终体现在产品市场上的外在表现，不应该只是一种市场竞争策略。所以，业内分析人士认为，Gateway 如果只是以低价与戴尔公司竞争，而不在内部整合供应链，并不容易获胜。

(资料来源：戴尔经营秘密. 中国贸易金融网.
http://www.sinotf.com/GB/Logistics/1119/2007-9-27/035276IICB.htm.)

问题：
(1) 戴尔公司取得成功的关键因素是什么？
(2) 戴尔公司管理并降低供应链成本的方法是什么？

第十章
供应链绩效评价与激励机制

学习目标

- 理解供应链绩效评价的内涵，了解供应链绩效评价系统，掌握供应链绩效评价的步骤；
- 掌握反映整个供应链业务流程的绩效评价指标，和反映供应链上、下节点企业之间关系的绩效评价指标；
- 掌握层次分析法、ROF 法、平衡记分卡法、标杆管理法、SCOR 模型、SCPR 模型等绩效评价方法；
- 了解供应链企业激励机制的内容

【本章导读】

> 【导读案例 1】 西门子公司对供应商进行严格的分级管理,将供应商分为首选的、可接受的、受限制的和剔除的四个等级。不同级别的供应商对应不同的采购批量和采购价格,管理标准也有所不同。西门子公司供应商分级的前提是能够对供应商进行有效的绩效评价。
>
> (资料来源:西门子公司供应商管理.百度文库.
> http://wenku.baidu.com/view/11dc7528bd64783e09122b7a.html.)

启示:供应链环境下的绩效评价与传统的绩效评价方式最大的区别在于将传统的注重独立部门绩效评价的思想拓展和外延到外部监督和绩效评价。供应链环境下绩效评价的指标体系和方法都与传统绩效评价有所不同。

> 【导读案例 2】 西门子公司在对供应商进行管理和绩效评价时,设计了适合企业的独特的评价体系:将供应商的考核分为采购、物流、质量、技术等 4 个一级指标和 16 个二级指标以及更多的三级指标,通过量化考核对不同的细化指标进行打分,最后得出量化的供应商绩效评价结果。
>
> (资料来源:西门子公司供应商管理.百度文库.
> http://wenku.baidu.com/view/11dc7528bd64783e09122b7a.html.)

启示:西门子公司以制造为核心的供应商绩效考核指标体系更侧重与生产和采购相关的指标,通过层次的指标体系的设计,最终实现量化考核的目标。因此,在设计绩效评价标准时要考虑不同供应链结构和不同供应链运营的影响。

> 【导读案例 3】 快速消费品行业为了应对促销引起的牛鞭效应问题,通过将批量折扣、短期价格折扣改变为总量折扣的方式,在一定程度上激励了分销商降低采购批量和囤货,缓解了供应链的牛鞭效应问题。

启示:激励机制的选择和实施,能够对供应链上、下游企业产生不同的影响。针对不同的情况和问题,设计和实施有效的激励机制,能够引导供应链上的节点企业做出正确的判断和选择,并进一步改善供应链的运营绩效。

第一节 供应链绩效评价概述

一、供应链绩效评价的内涵

(一)供应链绩效评价的含义及发展阶段

供应链绩效评价是指围绕供应链的目标,对供应链整体、各环节,尤其是核心企业运营状况及各环节之间的运营关系等所进行的事前、事中和事后分析评价,即对整个供应链的整体运行绩效、供应链节点企业、供应链上的节点企业之间的合作关系所做出的评价。绩效评价的结果不仅可以作为奖惩的依据,更重要的是能够帮助组织发现问题和不足,以便在下一阶段的工作中有效地解决。供应链绩效评价是与供应链理论和实践的发展过程紧密联系的,其发展过程可分为以下三个阶段。

(1) 企业只关注自身的绩效评价,通过建立企业内部信息系统收集数据进行绩效评价,比如通过建立 MRP/MRP II/ERP 系统。目前,大部分企业都做到了这一点,特别是企业基于财务的绩效评价系统非常成熟,其评价的实质是企业内部供应链绩效评价。

(2) 企业在考虑自身绩效的同时,也关注与业务直接相邻企业的绩效。例如,通过客户关系管理 CRM 及供应商关系管理 SRM 等系统来管理直接相邻的供应商与顾客的绩效,目前部分企业做到了这一点。

(3) 考虑整个供应链范围内的集成绩效评价,即对供应链涉及的所有关键业务成员依据供应链战略目标进行整体绩效评价,是企业努力的方向。供应链绩效评价的发展过程如图 10-1 所示。

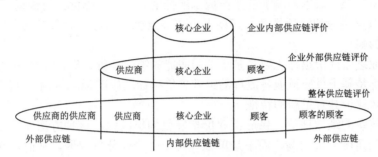

图 10-1　供应链绩效评价的发展过程

(二)供应链绩效评价的作用

1. 对整个供应链的运行效力和效率做出评价

对整个供应链的绩效评价,能够为供应链与供应链间的竞争,为供应链在市场中的生存、组建、运行和撤销的决策提供必要的客观依据。进行供应链绩效评价的目的是通过绩效评价获得对整个供应链的运行状况的了解,找出供应链运作方面的不足,及时采取措施予以纠正。

2. 对供应链各个成员企业做出评价

对供应链各个成员企业的绩效评价,主要考虑供应链对其成员企业的激励,吸引企业加盟,剔除不良企业。

3. 对供应链内企业与企业之间的合作关系做出评价

对供应链内企业与企业之间的合作关系的绩效评价,主要考察供应链的上游企业(如供应商)对下游企业(如制造商)提供的产品和服务的质量,从用户满意度的角度评价上、下游企业之间关系的好坏。

4. 对供应链企业的激励

除对供应链企业运作绩效的评价外,这些指标还可起到对企业的激励作用,既包括核心企业对非核心企业的激励,也包括供应商、制造商和销售商之间的相互激励。

(三)供应链绩效评价的特点

为了衡量供应链整体运作绩效,以便决策者能够及时了解供应链整体状况,应该设计出更适合于度量供应链企业绩效的指标和评价方法。根据供应链管理运行机制的基本特征和目标,供应链绩效评价指标应该能够恰当地反映供应链整体运营状况及上下游节点企业之间的运营关系,而不是孤立地评价某一供应商的运营情况。例如,对于供应链上的某一供应商来说,该供应商所提供的某种原材料价格很低,如果孤立地对这一供应商进行评价,就会认为该供应商的运行绩效较好;若其下游节点企业仅仅考虑原材料价格,而不考虑原材料的加工性能,就会选择该供应商所提供的原材料,而该供应商提供的这种价格较低的原材料,其加工性能不能满足该节点企业生产工艺要求,势必增加生产成本,从而使这种低价格原材料所节约的成本被增加的生产成本所抵消。所以,评价供应链运行绩效的指标,不仅要评价该节点企业的运营绩效,还要考虑该节点企业的运营绩效对其上层节点企业或整个供应链的影响。

现行的企业绩效评价指标主要是基于部门职能的绩效评价指标,如图 10-2 所示;供应链绩效评价指标是基于供应链业务流程的绩效评价指标,如图 10-3 所示。可以看出,供应链管理下的绩效评价具有了新的特征。

(1) 较之传统的绩效评价,供应链评价指标更为集成化。这种方法使得企业能更好地从整个供应链的角度分析问题,而不是单独针对一个企业分析问题,从而反映了整个供应链的优化。

(2) 供应链绩效注重组织的未来发展性,加强绩效管理的前瞻性。

(3) 绩效评价除了对企业内部运作的基本评价之外,还把注意力放在外部链的测控上,以保证内在外在绩效上达到一致。

(4) 非财务指标和财务指标并重,关注供应链的长期发展和短期利润的有效组合,实现两个目标之间的有效传递。

(5) 供应链绩效评价系统注重指标之间的平衡。

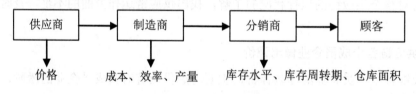

图 10-2 基于职能的绩效评价

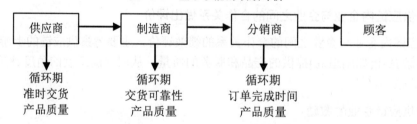

图 10-3 基于供应链业务流程的绩效评价

总之，基于供应链业务流程的绩效评价指标，描述了规划、设计、构建和优化供应链的途径和方法，突出了价值链社会化的增值能力。供应链绩效评价体系的建立，不仅应该考虑供应链管理的物流决策、关系决策和整合决策，还应综合考虑企业运作过程中的各项指标，具有综合性、全局性等特点。基于供应链关系的绩效评价，如图 10-4 所示。

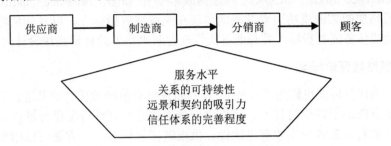

图 10-4　基于供应链关系的绩效评价

二、供应链绩效评价系统

供应链绩效评价系统可分为以下七个方面，如图 10-5 所示。

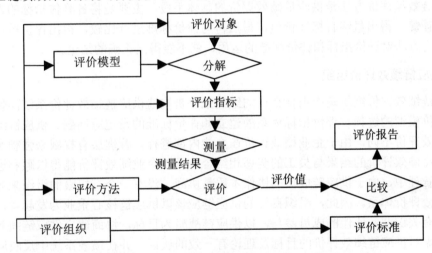

图 10-5　供应链绩效评价系统的基本组成关系

1. 供应链绩效评价对象

供应链绩效评价对象是供应链战略目标的执行效果，涉及供应链中的所有成员。供应链战略比较抽象，难以直接衡量，因此必须对其进行分解和映射，并把供应链的战略目标和供应链关键业务流程结合起来，然后将业务流程分解成具体的活动和任务，再对其进行绩效测量、分析、综合，得到供应链整体绩效。

2. 供应链绩效评价模型

供应链绩效评价模型是指如何依据供应链的绩效战略目标划分从而形成能进行度量的供应链绩效指标体系。在供应链中常用的方法模型有平衡计分卡(Balanced Score Card，BSC)、作业成本法(Activity-Based Cost，ABC)、关键绩效指标法(Key Performance Indication，KPI)和标杆法(Benchmarking)等。

3. 供应链绩效评价指标体系

供应链绩效评价指标体系是指通过哪些关键指标来反映供应链绩效，它是实施供应链绩效评价的基础。供应链绩效评价指标体系包括供应链运作参考模型(Supply Chain Operations Reference Model，SCOR)、制造商成本/价格/质量(Cost Price Quality，CPQ)策略等。如何将战略层的关键成功因素准确地体现在关键绩效指标上，以及如何将关键绩效指标分解成活动或任务绩效指标，并与业务流程映射起来是绩效评价系统设计的主要问题。

4. 供应链绩效评价标准

供应链效绩评价标准也称为"标杆"，是判断评价对象绩效优劣的基准。选择什么标准作为评价的基准取决于评价的目的。评价供应链绩效必须有评价度量标准供评价时参考，其评价判断结果对决策者来说才有可比性。供应链评价标准，一方面可以用供应链过去的绩效评价数据为标准进行比较，从而反映绩效的改进程度，另一方面也可以与同行业竞争者供应链绩效进行比较。

5. 供应链绩效评价方法

供应链效绩评价方法是供应链绩效评价的具体手段，主要是将各具体指标的评价值经过适当的计算，得出最终目标评价值，最后再与评价标准进行比较，得出评价结论。没有科学的评价方法对评价指标和评价标准的运用，就不能得出正确的结论。

6. 供应链绩效评价组织

供应链绩效评价组织是指由什么样的组织来负责构造供应链绩效评价系统，包括供应链绩效评价模型的选择、评价指标体系的建立和评价标准的设定等问题。供应链绩效评价与企业绩效评价不同，由于企业绩效评价在企业内部进行，管理层有权威来强制实施绩效评价，并将绩效评价的结果与员工的奖惩相结合，所以企业绩效评价能得以顺利进行。而在供应链管理中，由于供应链成员的协作本质是协商，没有一个有权限的组织来领导建立供应链绩效评价体系。因此，组织良好的供应链应该以供应链核心企业为发起者，邀请供应链中所有关键业务伙伴的成员参与，以供应链战略为目标，协商建立供应链绩效评价系统，使大家对供应链绩效评价的目标及理论有一致的认识，并在绩效系统中反映所有伙伴的利益，以供应链绩效评价体系中的指标来衡量其对供应链绩效所做的贡献。

7. 供应链绩效评价报告

供应链评价报告是绩效评价系统的输出信息，也是绩效评价系统的结论性文件。绩效评价系统通过各种方式获取的评价信息，经过加工、整理后得出绩效评价对象的评价指标数值或状况，对这些评价指标进行计算得出供应链整体绩效，并对评价指标及计算结果的数值状况与预先确定的评价标准及历史评价报告进行对比，得出评价对象绩效优劣及发展趋势的结论，形成供应链绩效评价报告，提供给供应链决策者参考。

三、供应链绩效评价的步骤

建立和实施一个完整的供应链绩效评价体系，一般包含以下5个步骤，具体流程如图10-6所示。

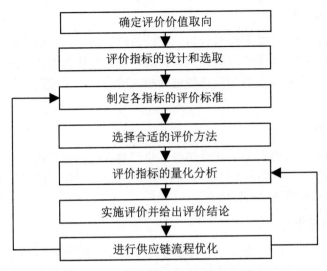

图10-6 供应链绩效评价的基本流程

1. 绩效评价目标和方向的确定

在供应链绩效评价中，首先要明确的是组织的绩效评价目标及方向。对评价的性质和范围没有足够的认识，就好比无的放矢。一旦确定组织目标和方向，就可以确保评价制度能帮助组织完成其发展规划。另外，企业的绩效目标应与供应链总体绩效相挂钩，这是使节点企业活动与供应链整体战略目标保持一致的最佳方式。

2. 评价指标的设计和选取

供应链绩效评价指标主要反映供应链整体运营状况及上、下游节点企业之间的运营关系，而不是孤立地评价某一节点企业的运营状况。一个理想的评价指标体系应能够反映客户、企业和供应链自身的需求，易于理解，应用广泛和使用成本低等，更重要的是能够为操作者和管理者提供快速的反馈，能激励绩效的改善等。

3. 制定各指标的评价标准

为了建立能有效评价供应链绩效的指标体系，应突出重点，对关键绩效指标进行重点分析；采用能反映供应链业务流程的绩效指标体系；评价指标要能反映整个供应链的运营情况，而不是仅仅反映单个节点企业的运营情况；应尽可能采用实时分析与评价的方法，要把绩效度量范围扩大到能反映供应链实时运营的信息上去，因为这要比仅做事、后分析有价值得多；在衡量供应链绩效时，要采用能反映供应商、制造商及用户之间关系的绩效评价指标，把评价的对象扩大到供应链上的相关企业。

4. 合适的评价方法的选择

供应链绩效评价方法的选择不仅要考虑该方法是否对企业绩效的表现做出评价，是否能够可靠地预测未来的绩效，还要考虑是否评估了企业管理中最根本的原因，是否有助于改进供应链绩效。这是确保绩效评价体系成为企业发展和运作改进的真正"发动机"的重要步骤之一。

5. 评价体系的应用

整个过程包括评价、反馈和纠偏行为。在绩效评价指标的基础上采用合适的评价方法对供应链整体进行评价，由于供应链绩效评价随环境的变化而变化，因而在评价的过程中要及时进行反馈，并根据需要对绩效计划进行相应的调整。供应链的最优绩效是不断改进和发展的动态结果。

6. 评价结果的实施

供应链绩效评价的最终目的不仅是获得企业和供应链的运营状况，更重要的是优化企业或供应链的业务流程，绩效评价不应该止于评价结果，企业应该用它来监督有效的供应链经营活动，并推动和改进供应链流程。

7. 供应链的流程优化

优化供应链是要去除供应链流程中的非增值环节，使供应链中各元素的运行协调起来，从而实现效益最大化。那些原本构成组织要素的流程步骤，现在或许正是限制该组织效率和能力的桎梏。将企业内部供应链与外部供应链进行优化通常有以下五个阶段。

(1) 发现问题，分散解决。
(2) 从职能管理上合理界定人手以解决流程问题。
(3) 将企业内各部门在流程基础上集成为内部供应链。
(4) 将企业内部供应链与其合作者的供应链进行集成，形成企业间的供应链。
(5) 构建供应链动态联盟，营造供应链环境。

第二节　构建供应链绩效评价指标体系

一、构建供应链绩效评价指标体系的原则

反映供应链绩效的评价指标有其自身的特点，其内容比现行的企业评价指标更为广泛，它不仅代替会计数据，还提出一些方法来测定供应链的上游企业是否有能力及时满足下游企业或市场的需求。供应链绩效评价具有综合性的特点，单一的指标无法全面测量供应链绩效，实施供应链绩效评价必须构建一个反映经营绩效各个方面的由一系列指标组成的指标评价体系。在实际操作上，为了建立能有效评价供应链绩效的指标体系，应遵循以下五个原则。

(1) 突出重点，要对关键绩效指标进行重点分析。
(2) 采用能反映供应链业务流程的绩效指标体系。
(3) 能反映整个供应链的运营情况，而不是仅仅反映单个节点企业的运营情况。
(4) 尽可能采用实时分析与评价的方法，要把绩效度量范围扩大到能反映供应链实时运营的信息上去，这样比仅做事后分析有价值得多。
(5) 在衡量供应链绩效时，要采用能反映供应商、制造商及用户之间关系的绩效评价指标，把评价的对象扩大到供应链上的相关企业。

二、供应链绩效评价指标体系的内容

供应链绩效评价可以从内部绩效度量、外部绩效度量和供应链综合绩效度量 3 个方面构建综合指标体系,也可以分别构建综合衡量反映整个供应链业务流程的绩效评价指标,以及反映供应链上、下游节点企业之关系的绩效评价指标体系。

1. 内部绩效度量

内部绩效度量主要是对供应链上的企业内部绩效进行评价。常见的指标有成本、客户服务、生产率、良好的管理和质量等。

2. 外部绩效度量

外部绩效度量主要是对供应链上的企业之间运行状况的评价。外部绩效度量的主要指标有用户满意度、最佳实施基准等。

3. 供应链综合绩效度量

供应链综合绩效要求提供能从总体上观察透视供应链运作绩效的度量方法。这种透视方法必须是可以比较的,如果缺乏整体的绩效衡量,可能出现制造商对用户服务的看法和决策与零售商的想法完全背道而驰的现象。供应链综合绩效的度量主要从用户满意度、时间、成本、资产等几个方面展开。

(一)反映整个供应链业务流程的绩效评价指标

整个供应链是指从最初供应商开始直至最终用户为止的整条供应链。反映整个供应链运营的绩效评价指标,目前国内外研究较少,本章综合考虑了指标评价的客观性和实际可操作性,提出了以下几个反映整个供应链运营绩效的评价指标。

1. 产销率指标

产销率是指在一定时间内已销售出去的产品与已生产的产品数量的比值,其公式为

$$产销率 = \frac{一定时间已销售出去的产品数量}{一定时间内生产的产品数量} \times 100\%$$

产销率指标又可分成以下三个具体的指标。

(1) 供应链节点企业的产销率。该指标反映供应链节点企业在一定时间内的产销经营状况。

(2) 供应链核心企业的产销率。该指标反映供应链核心企业在一定时间内的产销经营状况。

(3) 供应链产销率。该指标反映供应链在一定时间内的产销经营状况,其时间单位可以是年、月、日。随着供应链管理水平的提高,时间单位越来越小,甚至可以做到以天为单位。该指标也反映供应链资源(包括人、财、物、信息等)的有效利用程度,产销率越接近 1,说明资源利用程度越高。同时,该指标也反映了供应链库存水平和产品质量,其值越接近 1,说明供应链成品库存量越小。

2. 平均产销绝对偏差指标

平均产销绝对偏差的计算公式为

$$\text{平均产销绝对偏差} = \frac{\sum_{i=1}^{n}|P_i - S_i|}{n}$$

式中：n——供应链节点企业的个数；

P_i——第 i 个节点企业在一定时间内已生产产品的数量；

S_i——第 i 个节点企业在一定时间内已生产的产品中销售出去的数量。

该指标反映在一定时间内供应链总体库存水平，其值越大，说明供应链成品库存量越大，库存费用越高；反之，说明供应链成品库存量越小，库存费用越低。

3. 产需率指标

产需率是指在一定时间内，节点企业已生产的产品数量与其上游节点企业(或用户)对该产品的需求量的比值。具体分为以下两个指标。

(1) 供应链节点企业产需率

$$\text{供应链节点企业产需率} = \frac{\text{一定时间内节点企业已生产的产品数量}}{\text{一定时间内上层节点企业对该产品的需求量}} \times 100\%$$

该指标反映上、下游节点企业之间的供需关系。产需率越接近1，说明上、下游节点企业之间的供需关系越协调，准时交货率越高；反之，则说明下游节点企业准时交货率较低或者企业的综合管理水平较低。

(2) 供应链核心企业产需率

$$\text{供应链核心企业产需率} = \frac{\text{一定时间内核心企业已生产的产品数量}}{\text{一定时间内用户对该产品的需求量}} \times 100\%$$

该指标反映供应链整体生产能力和快速响应市场能力。若该指标数值不小于1，说明供应链整体生产能力较强，能快速响应市场需求，具有较强的市场竞争能力；若该指标数值小于1，则说明供应链生产能力不足，不能快速响应市场需求。

4. 供应链产品出产(或投产)循环期或节拍指标

当供应链节点企业生产的产品为单一品种时，供应链产品出产循环期是指产品的出产节拍；当供应链节点企业生产的产品品种较多时，供应链产品出产循环期是指混流生产线上同一种产品的出产间隔。由于供应链管理是在市场需求多样化经营环境中产生的一种新的管理模式，其节点企业(包括核心企业)生产的产品品种较多，因此，供应链产品出产循环期一般是指节点企业混流生产线上同一种产品的出产间隔期。它可分为以下两个具体的指标：

(1) 供应链节点企业(或供应商)零部件出产循环期。该循环期指标反映了节点企业库存水平以及对其上游节点企业需求的响应程度。该循环期越短，说明该节点企业对其上游节点企业需求的快速响应性越好。

(2) 供应链核心企业产品出产循环期。该循环期指标既反映了整个供应链的在制品库存水平和成品库存水平，也反映了整个供应链对市场或用户需求的快速响应能力。

核心企业产品出产循环期决定着各节点企业产品出产循环期，即各节点企业产品出产循环期必须与核心企业产品出产循环期合拍。该循环期越短，说明整个供应链的在制品库存量和成品库存量都比较少,总的库存费用都比较低;另外,也说明供应链管理水平比较高,能快速响应市场需求,并具有较强的市场竞争能力。缩短核心企业产品出产循环期,应采取以下措施。

首先,使供应链各节点企业产品出产循环期与核心企业产品出产循环期合拍,而核心企业产品出产循环期与用户需求合拍;其次,可采用优化产品投产计划或采用高效生产设备或加班加点以缩短核心企业(或节点企业)产品出产循环期。其中,优化产品投产顺序和计划以缩短核心企业(或节点企业)产品出产循环期,是既不需要增加投资又不需要增加人力和物力的好方法,而且见效快,值得推广。

5. 供应链总运营成本指标

供应链总运营成本包括供应链通信成本、供应链库存费用及各节点企业外部运输总费用。它能够反映供应链运营的效率。具体分析如下:

(1) 供应链通信成本,包括各节点企业之间的通信费用,如 EDI、Internet 的建设和使用费用、供应链信息系统开发和维护费用等。

(2) 供应链总库存费用,包括各节点企业在制品库存和成品库存费用、各节点之间在途库存费用。

(3) 各节点企业外部运输总费用,包括供应链所有节点企业间运输费用的总和。

6. 供应链核心企业产品成本指标

供应链核心企业的产品成本是供应链管理水平的综合体现。根据核心企业产品在市场上的价格确定出该产品的目标成本,再向上游追溯到各供应商,确定相应的原材料、配套件的目标成本。只有当目标成本小于市场价格时,各个企业才能获得利润,供应链才能得到发展。

7. 供应链产品质量指标

供应链产品质量是指供应链各节点企业(包括核心企业)生产的产品或零部件的质量,包括合格率、废品率、退货率、破损率、破损物价值等指标。

(二)反映供应链上、下节点企业之间关系的绩效评价指标

供应链是由若干个节点企业所组成的一种网络结构,如何选择供应商、如何评价供应商的绩效及由谁来评价等都是必须明确的问题。根据供应链层次结构模型,这里提出了相邻层供应商评价法,可以较好地解决这些问题。相邻层供应商评价法的基本原则是通过上层供应商来评价下层供应商。由于上层供应商可以看成下层供应商的用户,因此通过上层供应商来评价和选择与其业务相关的下层供应商更直接、更客观,如此递推,即可对整个供应链的绩效进行有效的评价。

满意度指标是反映供应链上、下节点企业之间关系的绩效评价指标,即在一定时间内上层供应商 i 对其相邻下层供应商 j 的综合满意程度 C_{ij}。其表达式如下:

$$C_{ij} = \alpha_j \times 供应商j准时交货率 + \beta_j \times 供应商j成本利润率 + \chi_j \times 供应商j产品质量合格率$$

式中:α_j,β_j,χ_j 为权数,且 $\alpha_j + \beta_j + \chi_j = 1$。

准时交货率,是指下层供应商在一定时间内准时交货的次数占其总交货次数的百分比。供应商准时交货率较低,说明其协作配套的生产能力达不到要求,或者对生产过程的组织管理跟不上供应链运行的要求;供应商准时交货率较高,说明其生产能力强,生产管理水平高。

成本利润率,是指单位产品净利润占单位产品总成本的百分比。在市场经济条件下,产品价格是由市场决定的,因此,在市场供需关系基本平衡的情况下,供应商生产的产品价格可以看成是一个不变的量。按成本加成定价的基本思想,产品价格等于成本加利润,因此产品成本利润率越高,说明供应商的盈利能力越强,企业的综合管理水平越高。在这种情况下,由于供应商在市场价格水平下能获得较大利润,其合作积极性必然增强,必然对企业的有关设施和设备进行投资和改造,以提高生产效率。

产品质量合格率,是指质量合格的产品数量占产品总产量的百分比,它反映了供应商提供货物的质量水平。质量不合格的产品数量越多,则产品质量合格率就越低,说明供应商提供产品的质量不稳定或质量差,供应商必须承担对不合格的产品进行返修或报废的损失,这样就增加了供应商的总成本,降低了其成本利润率。因此,产品质量合格率指标与产品成本利润率指标密切相关。同样,产品质量合格率指标也与准时交货率密切相关,因为产品质量合格率越低,就会使得产品的返修工作量加大,必然会延长产品的交货期,使得准时交货率降低。

在满意度指标中,权数的取值可随着上层供应商的不同而有所变化。但是对于同一个上层供应商,在计算与其相邻的所有下层供应商的满意度指标时,其权数均取相同值。这样,通过满意度指标就能评价不同供应商的运营绩效以及这些不同的运营绩效对其上层供应商的影响。满意度指标值低,说明该供应商运营绩效差,生产能力和管理水平都比较低,并且影响了其上层供应商的正常运营,从而影响整个供应链的正常运营,因此满意度指标值较低的供应商应作为管理的重点,要么进行全面整改,要么重新选择供应商。在整个供应链中,若每层供应商满意度指标的权数都取相同值,则得出的满意度指标可以反映整个上层供应商对其相邻的整个下层供应商的满意程度。同样,对于满意度指标值低的供应商应当进行整改或更换。

供应链最后一层为最终用户层,最终用户对供应链产品的满意度指标是供应链绩效评价的一个最终标准。其表达式如下:

$$满意度 = \alpha \times 零售商准时交货率 + \beta \times 产品质量合格率 + \chi \times (实际产品价格/用户期望价格)$$

第三节 绩效评价的方法

一、层次分析法

层次分析法(Analytic Hierarchy Process,AHP),是将与决策有关的元素分解成目标、准则、方案等层次,在此基础上进行定性和定量分析的决策方法。该方法是美国运筹学家匹茨堡大学教授萨蒂于 20 世纪 70 年代初,在为美国国防部研究"根据各个工业部门对国家福利的贡献大小而进行电力分配"课题时,应用网络系统理论和多目标综合评价方法,提出的一种层次权重决策分析方法。

运用层次分析法有很多优点,其中,最重要的一点就是简单明了。层次分析法不仅适用于存在不确定性和主观信息的情况,还允许以合乎逻辑的方式运用经验、洞察力和直觉。层次分析法后来被引入供应链管理领域,用于构建各种指标体系。层次分析法是一种实用的多准则决策分析方法,将定性分析与定量分析相结合,并将决策者的经验判断予以量化,具有实用性、系统性和简洁性的特点。

二、ROF 法

ROF 法由比蒙于 1999 年提出,为避免传统绩效评价中出现的问题,他提出了三个方面的绩效评价指标,可以反映出供应链的战略目标:资源(Resources)、产出(Output)以及柔性(Flexibility)。资源评价和产出评价在供应链绩效评价中已经得到了广泛的应用,而柔性指标则在应用中比较有限。这三种指标都具有各自不同的目标:资源评价(成本评价)是高效生产的关键;产出评价(客户响应)必须达到很高的水平以保持供应链的增值性;柔性评价则要快速响应变化的环境。它们之间是相互作用、彼此平衡的。

比蒙认为供应链评价系统必须从以下三个方面进行评价。
(1) 资源评价,包括对库存水平、人力资源、设备利用、资源使用和成本等方面的评价。
(2) 产出评价,主要包括对客户响应、质量以及最终产品数量的评价。
(3) 柔性评价,主要包括范围柔性和响应柔性两种类型的评价。

三、平衡记分卡法

(一)平衡记分卡介绍

1992 年,Kaplan 和 Norton 发明了平衡记分卡(Balanced Score Card,BSC),BSC 通过将短期目标和长期目标、财务指标和非财务指标、内部绩效和外部绩效结合起来,使管理者的注意力从短期的目标实现转移到兼顾战略目标实现,其最大的特点是集评价、管理、沟通于一体。

平衡记分卡被认为是目前最流行的管理工具之一,它强调从四个不同的角度全面而平衡地审视企业绩效,并把组织的使命和战略转化为有形的目标和衡量指标。这四个角度分别为顾客角度、内部业务流程角度、财务角度及创新/学习角度,具体如图 10-7 所示。

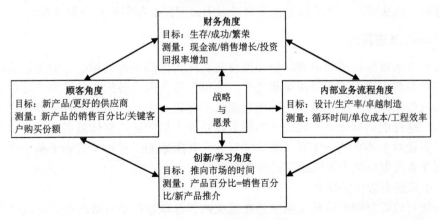

图 10-7 平衡记分卡的框架

1. 顾客角度

供应链的目标之一是为整个供应链中的顾客提供持久稳定的收益。因此，供应链管理的核心之一就是进行顾客管理，了解顾客的需求及评价满足顾客需求的程度，用以调整供应链的经营方法和策略。平衡记分卡通过对顾客方面的评价，让管理者关注顾客的反应和市场策略，从而保证更好的效益。其评价指标集中在体现顾客意志、反映顾客需求，既包括反映顾客价值、客户反馈的一般指标，也包括集中于顾客价值等特定范畴的指标。顾客角度的绩效可以通过以下几个关键指标来进行有效的衡量。

1) 顾客保有率

供应链利润持久的来源是核心顾客。若想通过特定的顾客群体保持或增加市场份额，最方便的就是保有现有的顾客。努力保持和顾客的关系，按照顾客的需求满足顾客，并允许顾客积极参与产品的合作开发设计，使顾客能够成为自己的持久利润来源。除了留住顾客，供应链管理还要从与现有顾客交易量的分析上衡量顾客的忠诚度。当然，供应链要扩大利润源，就要在现有顾客的基础上，制定不断扩大顾客范围的战略。

2) 订单完成的总周期

供应链订单完成的总周期是评价整个供应链对于顾客订单的总体的反应时间。其中包括接受订单、从投料到生产、从生产到发运、从发运到顾客签单、从顾客签单到顾客收到产品的时间等。快速的响应周期不但能够提高对顾客的响应，降低顾客成本，提高顾客的价值，同时反映供应链内部响应的便捷和流畅。因此，尽可能降低订单的完成周期，有利于发现并消除供应链内部的时间冗余，达到提高顾客满意度的目的。

3) 顾客对供应链柔性响应的认同

该指标用于评价顾客对供应链提供服务的顾客化及响应速度的满意度。这个指标有两个方面的用途。其一，反映顾客是否能自由地就订单的包装、产品性能等提出个性化的需求；其二，顾客是否感到这种顾客化的要求能够及时实现。也就是说，它反映了顾客对个性化要求的自由度以及服务及时性的要求。

4) 顾客价值率

顾客价值率是顾客对供应链所提供服务的满意度与服务过程中发生的成本进行比较后所得到的价值比。顾客价值率是决定顾客是否选择产品或服务的重要因素，它相对产品或服务的品牌、质量或单价等单独因素更有说服力，因此必须得到充分的重视。

2. 内部业务流程角度

顾客角度绩效指标固然重要，但必须将其转化为内部流程指标后才能得以实现。良好的顾客绩效来自于组织的流程决策和运作，从供应链内部业务流程角度来考虑供应链竞争力就是解决如何经营才能满足或超越顾客需求的问题。由于供应链流程牵涉供应链成员的生产运作，这样的指标就将不同成员的绩效联系成为供应链的整体效果。这一联系使得供应链成员企业对于各自的运作有了明确的目标，其所做的改进也将有利于整个供应链的改进。内部业务流程角度绩效指标包括四个方面。

1) 供应链有效提前期率

供应链有效提前期率反映了供应链在完成顾客订单过程中有效的增值活动时间在运作总时间中的比率。其中包括两个指标：供应链响应时间和供应链增值活动总时间。供应响应时间为顾客需求及预测时间、预测需求信息传递到内部制造部门时间、采购及制造时间与制造终节点运输到最终顾客的平均提前期(或者订单完成提前期)之和。供应链增值活动总时间则是供应链运作的相关部门增值活动的时间整合。所以，供应链有效提前期率为供应链增值活动总时间与供应链响应时间的比值。该指标体现了减少供应链内部运作的非增值时间和流程浪费空间的大小。通常情况下，企业之间的传递空间和时间很大部分为非增值活动所占用，很多资源被大大地浪费了。达到精益的供应链必须保证合作企业之间的信息共享及合作机制的完备，达到流畅地无缝连接，减少无谓的时间和空间的浪费。

同种性质的指标还包括库存闲置率，即供应链中库存闲置的时间和库存移动时间的比率。其中，闲置时间包含以物料、在制品、产品库存等不同形式在供应链运作中的总停滞时间和缓冲时间。库存移动时间则是指库存在加工、运输、发运中的总时间。该指标表现了库存在整体运作中的时间占用，提供了库存经营效率能够提高的空间。

2) 订单完美履行率

订单完美履行率是指将合适的产品，在合适的地方、合适的时间、合适的环境和包装下，以合适的价格将正确的产品数量及使用说明提供给需要的顾客的完美程度。

3) 供应链成本

供应链成本角度考虑供应链绩效，主要考察供应链运作过程中所有活动所花费的总成本。供应链总成本考察的是供应链成本运作的有效性和成本的集约性，它包括计划、采购、制造、分发及退货等流程涉及成本的各个方面的内容。

4) 供应链柔性

供应链柔性是指供应链响应市场变化及获得、维护市场竞争优势的敏捷能力。市场需求变动导致非计划产量增加一定比例后，供应链内部业务流程必须重新组织，才能达到使计划、生产等柔性响应的目的。具体来说，主要包括成本柔性、时间柔性、质量柔性以及产品数量和种类柔性等。

3. 财务角度

虽然供应链绩效的评价趋势开始重视非财务指标的评价，但财务绩效依然是所有复杂系统评价的核心，是供应链评价的重要指标。当供应链伙伴目标得以实现，供应链必须取得财务上的成功，从而实现股东的利益。经营目标实现的目的是使成本大为降低，从而提高边际收益率，使现金流得以更好地优化，获得更高的收益和资本回收率。财务角度的绩效可以通过以下四个关键指标来有效地衡量。

1) 供应链内伙伴利润率

供应链内伙伴利润率反映了供应链范围内各成员伙伴的利润分配平衡度，是反映供应链财务状况的重要指标之一。通过对供应链各成员伙伴利润的测量，能有效影响供应链收益在供应链成员之间的分配，从而有效地促进供应链整体绩效的提升。因此，对这个指标的评价能更有效地促进供应链成员之间的协作关系。

2) 现金周转率

这是一个与供应链的整个业务流程相关的关键指标，它能够评价供应链运作过程中现金在原材料、劳动力、在制品、产成品等业务操作中全过程的周转状况。现金周转率是传统财务评价中的重要评价指标。供应链系统通过信息技术及产品流集成，协调合作伙伴之间的运作，可以达到更快的现金周转的目的。

3) 顾客销售利润及增长

这个指标主要表现的是财务绩效趋势，它反映了供应链产品单位时间内销售收入和利润率的增长情况。这类指标反映了供应链下游在三个方面的绩效：顾客的销售量在单位时间内的增长情况、对于特定顾客服务所获得的收益随着合作关系的增进而进一步提高的情况、接受产品或服务的基数增加的情况。扩大销售额，不断增加新的顾客是实现新的利润增长点的主要方法。

4) 供应链资本收益率

该指标由股东的利润除以在此期间使用的供应链的平均资产，它反映了使用其资产的增值性绩效的大小。

4. 创新/学习角度

创新/学习角度亦称为"所有战略的基础"，这个方面的成果将有助于其他三个领域的目标实现和业绩提高。供应链平衡记分卡评价模型中财务、顾客和内部业务流程运作角度的评价主要是分析供应链当前的竞争力，但是成功的目标是不断变化的，供应链绩效必须能体现供应链的持续竞争力。严峻的全球竞争要求供应链必须不断改进和创新，发掘整合供应链内部和外部的资源，提高现有流程、产品/服务质量和开发新产品的能力。主要包括以下四个指标。

1) 产品及流程的革新能力

这一评价指标包括两个方面：一方面是产品的更新换代能力，另一方面是对业务流程的革新能力。产品的更新换代能力主要包括新产品的数量、产品研发技术储备情况及专利申请数等。业务流程的革新能力主要是对供应链中顾客个性化需求趋势的把握，并能根据这种变化对流程做相应调整。这种流程的革新不仅包括流程的重组，还包括供应链成员的优胜劣汰。

2) 成员间的协调能力

这个指标主要是评价供应链的组织性。它考察当供应链面临竞争的压力时，供应链管理层协调供应链成员调整自己的战略适应新的竞争环境的能力，这种能力受企业文化、员工素质、组织及管理等各方面因素的影响。

3) 信息化水平

供应链的特点之一就是信息共享，这是维持供应链伙伴关系的关键。信息共享是供应链协调与协作的基础，要保证信息在供应链各成员之间准确、及时地流通，信息系统是实现这一目标的重要条件。供应链整体信息化水平的高低，以及信息系统的重用及重构能力是评价供应链未来发展绩效的重要方面。信息共享的内容包括需求预测、销售点数据、生产计划、战略方向、顾客目标等，以实现组织之间的集成。

4) 危机应对能力

供应链本身是一个动态变化的过程，各种新出现的技术理念、环境变化及政策法规都会对供应链核心竞争力产生重要的影响，因此要能对潜在危机要求评估新的竞争技术的绩效趋势。

虽然平衡记分卡从财务、客户、内部流程及创新/学习四个相对独立的角度系统对组织绩效进行评价，但是它们在逻辑上紧密相承，具有一定的因果关系。从图10-8中可以看出，在财务方面，为了获得较高的投资回报率，必须得到较高的客户满意度。如何才能得到较高的顾客满意度呢？在客户方面要努力提高准时交货率。为了提高准时交货率，在内部流程方面，一要保证产品质量，二要控制生产周期，实现敏捷生产。如何实现敏捷生产呢？在创新/学习方面，就要做到不断提高员工的技能。

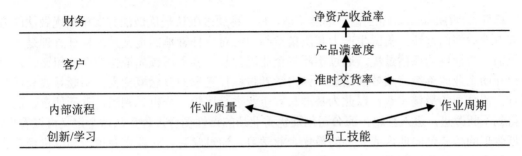

图10-8　平衡记分卡的因果关系

(二)平衡记分卡的实施与实效

1. 平衡记分卡的实施

平衡记分卡的实施主要表现在以下四个方面。

1) 转化组织战略远景

让组织所有成员在组织的战略远景及策略上建立共识，以一套集成的目标和相应绩效指标来推动组织的长期发展。

2) 沟通与联结

让所有成员在组织中向上及向下沟通战略远景与策略，并将战略目标与部门和个人的目标联结起来。平衡记分卡让组织内各阶层都了解组织长期的战略和策略，也让部门、个人的目标与组织的长期战略保持一致。

3) 规划与设计指标

集成组织的业务与财务计划，通过平衡记分卡设定指标，来决定资源分配及设定优先级以实现组织的长期战略目标。

4) 反馈与学习

使组织有能力将绩效评价的结果与组织相应的战略目标进行比较，在组织管理层、部门及个人中识别改进之处。

2. 平衡记分卡的实效

平衡记分卡的实效主要表现在以下四个方面。

(1) 以战略为核心，就组织目标进行沟通，达成一致。

(2) 过程管理与目标管理并重，把战略实现变成可实现、可度量的指标，并对指标进行排序，保证企业整体和局部的行动及战略目标和年度目标一致。

(3) 财务指标与非财务指标并存。

(4) 短期目标与长期目标平衡。

四、标杆管理法

(一)标杆管理介绍

标杆管理(Benchmarking)也称基准管理,是一种通过确认最优做法并实施最优做法的方式来改善业绩的方法。美国生产力和质量控制中心对标杆管理的定义是:标杆管理是一个系统的、持续性的评估过程,通过不断将企业流程与世界上居领先地位的企业相比较,以获得帮助企业改善经营绩效的信息。国内学者将标杆管理的概念概括为:不断寻找和研究同行一流公司的最佳实践,以此为基准与本企业进行比较、分析、判断,从而使自己的企业得到不断改进,进入赶超一流公司创造优秀业绩的良性循环过程。从这个定义可以看出,标杆管理的核心是向业内或业外的最优企业学习,通过学习,企业重新思考和改进经营实践,创造自己的最佳实践。

标杆法认为传统的建立绩效目标的方法是不全面的。利用过去的标准或者与企业内部标准比较的方法,都不能引导企业了解竞争对手、为企业制订提高绩效能力的计划提供充分的信息。作为一种信息来源,特别是当建立标杆过程或者对不同企业(如供应商管理)的功能活动具有共用性时,从合作伙伴身上获得标杆信息往往比从竞争对手那里更容易。标杆法对那些没有处于领先地位的企业是非常有用的。例如,一个企业发现竞争对手推出一种新产品,然后赶紧分析它的产品具有竞争力的原因,通过标杆的实施过程找到了竞争对手的优势,这就是标杆法的运用,企业可以利用在标杆过程中获得的知识,创造各种方法,超过竞争对手。

(二)标杆管理的实施步骤

标杆管理的具体实施内容要因行业而异、因企业而异,因为不同行业、不同企业有不同的衡量标准。要根据企业自身所处的行业发展前景,结合企业发展战略,考虑成本、时间和收益,来制订企业标杆管理的计划。企业坚持系统优化的思想,追求企业总体的最优,根据获益的可能性确定标杆管理的内容、环节和先后次序,逐层深化。另外,标杆管理一定要注重实施的可操作性。通常的标杆管理实施步骤如图10-9所示。

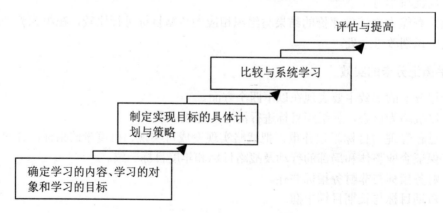

图10-9 标杆管理实施步骤

1. 确定学习的内容、学习的对象和学习的目标

企业实施标杆管理，首先要确定学习的内容(标杆项目)和学习的对象(标杆企业)，并确定实施标杆管理需要达到什么样的目标(标杆目标)。标杆项目的选择由于标杆类型的不同而不同，也由于企业的优势和劣势的不同而不同。分析最佳模式与寻找标杆项目是一项比较烦琐的工作，需要开发一套对标杆的研究策略。其中包括：其一，实地考察，搜集标杆数据；其二，处理、加工标杆数据并进行分析；其三，与企业自身同组数据进行比较，进一步确立企业自身应该改进的地方。必要时还需要借助外部咨询和外部专门数据库。在大量搜集有关信息和有相关专家参与的基础上，针对具体情况确定不同的比较目标：可以在企业内部寻找绩效好、效率高的部门作为比较目标，也可以在行业内寻找其他先进企业作为比较目标，甚至将不同行业的先进企业作为比较目标。另外，在分析对比同行业中的企业时，不仅需要参考行业第一，还要参照一些与自身相近的企业，全面而准确地确定威胁与机会、优势与劣势，从而制定出可操作的、可实现的分步实施目标。

2. 制订实现目标的具体计划与策略

这是实施标杆管理的关键。一方面要创造环境，使企业中的人员能够自觉自愿地进行学习和变革，以实现企业的目标；另一方面要创建一系列有效的计划和行动，通过实践赶上并超过比较目标，这是打造企业核心竞争力的关键。因为标杆本身并不能解决企业存在的问题，企业必须根据这些具体的计划采取切实的行动，实现既定的目标。

3. 比较与系统学习

将本企业指标与标杆指标进行全面比较，找出差距，分析差距产生的原因，然后提出缩小差距的具体行动计划与方案。在实施计划之前，企业应当培训全体员工，让员工了解企业的优势和不足，并尽量让员工参与具体行动计划的制订，只有这样才能最终保证计划的切实实施。标杆管理往往涉及业务流程再造，需要改变一些人旧有的行为方式，甚至涉及个人的利益，因此，企业方面要解除思想上的阻力，更重要的是创建一组最佳的实践和实现方法，赶上并超过标杆对象。

4. 评估与提高

实施标杆管理是一个长期的渐进过程。在每一轮学习完成时，都需要重新检查和审视对标杆研究的假设和标杆管理的目标，以不断提升实施效果。标杆管理只有起点没有终点，企业应当在持续学习中不断把握机遇、提升优势、避免危机、发扬优势。

如前所述只是标杆学习的一个流程，企业在实施标杆管理的过程中，应当从整个企业系统出发，持续循环地实施标杆学习。每个循环都需要围绕标杆管理的目标、概念和对标杆研究假设进行思考。

五、供应链运作参考模型

(一)SCOR 模型的定义

SCOR(Supply Chain Operations Reference Model)是由国际供应链协会开发支持，适合于不同工业领域的供应链运作参考模型，它既是第一个标准的供应链流程参考模型，也是供

应链的诊断工具,涵盖了所有行业。SCOR 使企业间能够准确地交流供应链问题,客观地评测其性能,确定性能改进的目标,并影响今后供应链管理软件的开发。模型通常包括一整套流程定义、测量指标和比较基准,以帮助企业开发流程改进的策略。

SCOR 模型主要由四部分组成:供应链管理流程的一般定义、对应于流程性能的指标基准、供应链"最佳实施"的描述以及选择供应链软件产品的信息。基于 SCOR 模型的绩效评价方法是将业务流程重组、标杆管理及最佳业务分析等领域组合集成为一个多功能一体化的模型结构,为企业供应链管理提供一个跨行业的普遍适用的标准。SCOR 模型从周转时间、成本、服务/品质、资产利用等方面制定指标,评估供应链管理绩效,设计了供应链管理绩效记分卡。完整的 SCOR 将组织最高层次的四个基本商务流程(计划、获取资源、制造、支付)逐层分解下去,一直到包含成百个作业的第五个层次为止。一旦公司的计量被计算出来,它们将与行业中的最好水平和平均水平相比较。这可以帮助公司确定其优势及寻找改善供应链的差距。这种绩效评估方法可以从上到下,一层一层地与 ABC 法配合使用。SCOR 第一水平衡量如表 10-1 所示。

表 10-1　SCOR 第一水平衡量

类别	衡量项目	衡量单位
供应链可靠性	按时交货	百分比
	完成率	百分比
柔性和反应能力	完好的订单履行	百分比
	供应链的反应时间长度	天数
费用	上游生产柔性	天数
	供应链管理成本	百分比
	保证成本占收益的百分比	百分比
	每个员工增加的价值	现金
资产/利用	供应库存总天数	天数
	现金周转时间	天数
	净资产周转次数	天数

(二)SCOR 模型的三个层次

第一层,绩效衡量指标。绩效衡量能够反映供应链的性能特征,高层绩效测量可能涵盖了多个不同层次的 SCOR 流程。衡量供应链的表现与理解其运作都是十分必要的,衡量工作必须结合企业的目标,衡量工作要有可重复性,衡量工作必须能对更有效地管理供应链提出见解,衡量一定要适于所评测的流程活动。

第二层,配置层。配置层由 26 种核心流程类型组成。企业可选用该层中定义的标准流程单元构建其供应链。每一种产品或产品型号都可以有它自己的供应链。每一个 SCOR 流程都分三种流程元素进行详细描述:计划元素,调整预期的资源以满足预期需求量;计划流程要达到总需求平衡及覆盖整个的规划周期,定期编制计划流程有利于供应链的反应时间,计划流程同时综合模型中的部分企业;执行元素,由于计划或实际的需求引起产品形式的变化,需要执行的流程包括进度和先后顺序的排定、原材料及服务的转变及产品搬运。支持元素,计划和执行过程所依赖的信息和内外联系的准备、维护和管理。

第三层，流程元素层。流程流、输入和输出、输入的采购、输出目的地，包括计划、采购、生产、发运和退货。

(三)SCOR 模型的应用意义

SCOR 模型是一个崭新的基于流程管理的工具，国外许多公司已经开始重视、研究和应用 SCOR。大多数公司都是从 SCOR 模型的第二层开始构建其供应链，此时常常会暴露出现有流程的低效或无效，因此需要对现有的供应链进行重组。典型的做法是减少供应商、工厂和配送中心的数量，有时公司也可以取消供应链中的一些环节。一旦供应链重组工作完成，就可以进行性能指标的评测和争取最佳业绩的工作。企业在运营中自始至终必须努力提高其供应链管理的效率。在提高其自身运作效率的同时，企业可以同供应商和客户一道发展被称为"扩展企业"(Extended Enterprise)的一种供应链成员间的战略伙伴关系。

六、中国企业供应链管理绩效水平评价参考模型

中国企业供应链管理绩效水平评价参考模型(Supply Chain Performance Metrics Reference Model，SCPR)，是由中国电子商务协会供应链管理委员会于 2003 年 10 月制定发布的，是评价中国企业供应链管理绩效水平，指导中国企业科学有效地实施供应链管理工作的指导性参考模型，是中国第一个正式的、由全国性行业组织制定并发布的供应链管理绩效水平评价模型。制定该模型的目的是：科学判断企业的供应链管理绩效水平；科学指导企业的供应链管理工作；规范中国供应链管理行业的服务行为；有效避免 IT 黑洞；推进中国企业核心竞争能力的提升。

(一)SCPR 的指标体系

SCPR 的指标体系由五大类指标组成，分别从不同的方面对企业的供应链管理水平进行评价，如表 10-2 所示。

表 10-2　SCPR 的指标体系

序　号	一级指标	说　明
1	订单反应能力指标	包括 3 个二级指标，10 个三级指标
2	客户满意度指标	包括 4 个二级指标，10 个三级指标
3	业务标准协同指标	包括 4 个二级指标，9 个三级指标
4	节点网络效应指标	包括 3 个二级指标，8 个三级指标
5	系统适应性指标	包括 4 个二级指标，8 个三级指标

1. 订单反应能力指标

供应链的最终目标是为最终顾客及时准确地提供其所需要的产品，当顾客的订单到达后，在多长的时间内处理订单，完成货物交付，既是衡量供应链管理水平的重要指标，也是对客户服务水平客观基础的评价，具体二、三级指标如表 10-3 所示。

表 10-3　订单反应能力指标的二、三级指标

一级指标	二级指标	三级指标
订单反应能力	反应速度	订单信息处理方式
		订单延迟率
		订单完成总平均周期
		订单货物延迟率
	反应可靠性	订单处理准确率
		订单满足率
		订单协同程度
	反应适应性	销量预测准确率
		按照订单生产比率
		订单风险管理能力

2. 客户满意度指标

供应链对客户的服务水平如何，最终还是需要客户来判断，这是供应链客户服务水平的主观评价，具体二、三级指标如表10-4所示。

表 10-4　客户满意度指标的二、三级指标

一级指标	二级指标	三级指标
客户满意度指标	产品质量	质量合格率
	产品价格	同比价格比较优势
		平均单品促销频率
	客户服务水平	客户抱怨处理率
		异常事件处理能力
		客户查询回复时间
		对账处理
		退换货处理
	产品可靠性	准时交货率
		客户抱怨率

3. 业务标准协同指标

供应链管理是一个长期的过程，不仅要通过供应链管理平台奠定供应链管理工程的基础，更重要的是通过业务标准协同，规范供应链上不同产权主体的业务行为和具体操作，业务标准就是指导供应链上各节点企业在业务上协同作业的约束条款和工作标准。有无业务标准、业务标准是否完整科学、业务标准是否得到坚决的执行等因素，是决定供应链管理水平乃至整个供应链管理工程成败的关键，所以 SCPR 强调业务标准，并将其作为评价供应链管理水平的重要指标，其二、三级指标如表10-5所示。

表 10-5 业务标准协同指标的二、三级指标

一级指标	二级指标	三级指标
业务标准协同指标	业务标准相关性	与系统功能的耦合性
		与现有业务能力的相关性
	业务标准覆盖范围	业务活动协同
		管理活动协同
		财务和资金协同
	业务标准灵活性	持续优化机制
		内外标准协同
	业务标准执行力	业务标准是否尽知
		执行控制力

4. 节点网络效应指标

供应链管理具有明确的网络效应,即加入供应链的企业越多,整个供应链的价值越大,为最终客户创造的价值越明显;加入供应链的企业越多,整个供应链运作的复杂性越高,需要的价值链管理水平也越高,所以可以通过评价供应链的企业数量、互动能力等因素,来评价供应链的管理水平,具体二、三级指标如表10-6所示。

表 10-6 节点网络效应指标的二、三级指标

一级指标	二级指标	三级指标
节点网络效应指标	系统覆盖率	协同使用供应链管理系统
		外部节点覆盖程度
		最低单一节点覆盖面
	节点互动性	是否支持移动应用
		能够信息跟踪和实时提醒
	系统依赖性	业务对系统的依赖程度
		业务人员对系统的依赖程度
		管理人员对系统的依赖程度

5. 系统适应性指标

供应链管理的实现,乃至整个供应链管理工程的基础就是基于应用平台的系统功能,但系统功能必须和企业业务能力相适应,系统功能不能落后于业务能力,更不能盲目地超前业务能力,所以系统使用性对衡量供应链管理水平至关重要。具体二、三级指标如表10-7所示。

表 10-7 系统适应性指标的二、三级指标

一级指标	二级指标	三级指标
系统适应性指标	系统拥有成本	一次性投入成本
		使用成本
		升级成本
	系统实现方式	系统建设方式
		系统接入方式
	系统扩展性	系统改进能力
		新增用户能力
	系统建设风险	服务提供商专业能力

(二)SCPR 供应链绩效评价方法

1. 指标权重

SCPR 根据各指标的重要性,为一级指标和三级指标分配了不同的权重,一级指标权重如表 10-8 所示。

表 10-8 SCPR 一级指标权重

序 号	一级指标	权 重
1	订单反应能力指标	15%
2	客户满意度指标	15%
3	业务标准协同指标	20%
4	节点网络效应指标	25%
5	系统适应性指标	25%

SCPR 三级指标权重如表 10-9 所示。

表 10-9 SCPR 三级指标权重

一级指标	二级指标	三级指标	权 重
订单反应能力	反应速度	订单信息处理方式	15%
		订单延迟率	10%
		订单完成总平均周期	10%
	反应可靠性	订单货物延迟率	5%
		订单处理准确率	10%
		订单满足率	10%
		订单协同程度	10%

续表

一级指标	二级指标	三级指标	权重
订单反应能力	反应适应性	销量预测准确率	15%
		按照订单生产比率	10%
		订单风险管理能力	5%
客户满意度指标	产品质量	质量合格率	5%
	产品价格	同比价格比较优势	5%
		平均单品促销频率	10%
	客户服务水平	客户抱怨处理率	15%
		异常事件处理能力	5%
		客户查询回复时间	5%
		对账处理	15%
		退换货处理	10%
	产品可靠性	准时交货率	15%
		客户抱怨率	15%
业务标准协同指标	业务标准相关性	与系统功能的耦合性	15%
		与现有业务能力的相关性	10%
	业务标准覆盖范围	业务活动协同	15%
		管理活动协同	5%
		财务和资金协同	10%
	业务标准灵活性	持续优化机制	10%
		内外标准协同	15%
	业务标准执行力	业务标准是否尽知	10%
		执行控制力	10%
节点网络效应指标	系统覆盖率	协同使用供应链管理系统	15%
		外部节点覆盖程度	15%
		最低单一节点覆盖面	10%
	节点互动性	是否支持移动应用	10%
		能够信息跟踪和实时提醒	10%
	系统依赖性	业务对系统的依赖程度	15%
		业务人员对系统的依赖程度	15%
		管理人员对系统的依赖程度	10%
系统适应性指标	系统拥有成本	一次性投入成本	15%
		使用成本	10%
		升级成本	10%
	系统实现方式	系统建设方式	10%
		系统接入方式	5%
	系统扩展性	系统改进能力	15%
		新增用户能力	15%
	系统建设风险	服务提供商专业能力	20%

2. 计算方法

供应链管理水平评价得分

$$A = \sum_{i=1}^{n} w_i p_i$$

式中：w_i——第 i 个一级指标的权重；
p_i——第 i 个一级指标的得分。

每个一级指标的计算过程与其相似：

$$p_i = \sum_{i=1}^{n} w_{ij} A_{ij}$$

式中：w_{ij}——第 i 个一级指标的第 j 个三级指标的权重；
A_{ij}——第 i 个一级指标的第 j 个三级指标的得分。

3. 结果输出

SCPR 的结果输出有以下三种类型。
(1) 得分表：可计算总体得分，各一级指标、二级指标、三级指标的得分。
(2) 指示灯图：显示所有一级指标、二级指标、三级指标的得分和地位。
(3) 柱状图：显示所有一级指标、二级指标、三级指标的地位。

第四节 供应链的企业激励机制

一、供应链失调与企业激励机制

(一) 供应链的失调与协调

供应链的失调是指供应链中各成员企业之间相互冲突或者虽然不冲突但供应链的整体效益不佳的现象。如果供应链的每一个节点企业只是追求各自利益的最优化，而未考虑自身行为对供应链整体绩效的影响，由于多种原因的存在，某种程度上导致了供应链失调情况的发生，从而使供应链运营绩效受到影响。

供应链协调是指在供应链合作伙伴之间的决策、通信和交互的模式，可以帮助计划、控制和调整供应链中所涉及的物料、零部件、服务、信息、资金、人员和方法之间的交流，并且支持供应链网络中关键的经营过程。因此，供应链协调的目的是通过各种方法使供应链中各节点企业减少冲突、竞争及内耗，更好地分工合作，发挥供应链的优势以获得最大利益。

(二) 通过激励机制协调供应链

影响供应链协调的因素众多，其中最重要的因素之一是供应链在不同阶段的目标不同而发生冲突。如果供应链的每一个阶段都归属于不同的企业，则不同阶段的目标可能会发生冲突。为了实现各自的目标，供应链各成员企业必然做出不同的决策，从而制订不同的计划，其结果是实现了企业的小目标，却影响了供应链的大目标。

供应链的各成员企业及其部门内部所采取的评价方法和激励方式的差异会加剧需求的波动和成员相互之间的目标冲突，影响供应链的协调性。传统的企业业绩评价体系和激励方式是从企业内部的角度制定的，供应链的各成员企业在其业绩考核指标中，都是以自身企业的利润、成本、服务水准和市场份额等的完成情况作为评价依据，而很少把与供应伙伴的关系、相互协调性和供应链的整体业绩等作为衡量标准。

合理的激励机制会使供应链上各个企业能按照供应链的总目标一致行动。为了提高供应链的协调性，供应链各成员企业应从传统的实现企业利益最大化的激励方式和业绩评价体系，向以实现供应链整体目标最优的现代激励方式和业绩评价体系转变。

二、供应链企业激励机制的内容

供应链的激励机制包含激励对象(又称激励客体、代理方)、激励目标、供应链绩效测评(包括评价指标、指标测评和评价考核)和激励方式(正激励和负激励、物质性激励、精神性激励和感情性激励)等内容。事实上，根据供应链激励的特点，供应链的激励机制还隐含了两个内容：供应链协议和激励者(又称激励主体、委托方)。考察激励主体实质是站在什么角度去实现激励行为，达到什么目的。激励机制的内容包括激励的主体与客体、激励的目标和激励的手段。

(一)激励的主体与客体

激励的主体是指激励者，激励的客体是指被激励者，即激励对象。激励的主体从最初的业主转换到管理者、上级，到今天已经抽象为委托人。相应地，激励的客体从最初针对蓝领的工人阶层转换到白领的职员阶层以至今天的代理人。供应链管理中的激励对象主要指其成员企业，如上游的供应商企业、下游的分销商企业等，也包括每个企业内部的管理人员和员工。这里主要讨论对以代理人为特征的供应链企业的激励，或对代理人的激励。因此，供应链管理环境下的激励主体与客体主要涉及以下五种。

(1) 核心企业对成员企业的激励。
(2) 制造商(下游企业)对供应商(上游企业)的激励。
(3) 制造商(上游企业)对销售商(下游企业)的激励。
(4) 供应链对成员企业的激励。
(5) 成员企业对供应链的激励。

(二)激励的目标

激励的目标主要是通过某些激励手段，调动委托人和代理人的积极性，兼顾合作双方的共同利益，消除由于信息不对称和败德行为带来的风险，使供应链的运作更加顺畅，实现供应链企业共赢的目标。

(三)激励的手段

供应链管理模式下的激励手段多种多样。从激励理论的角度理解，主要分为正激励和负激励两大类。

正激励和负激励是一种广义范围内的划分。正激励是指一般意义上的正向强化、正向激励，是鼓励人们采取某种行为；负激励则是指一般意义上的负强化，是一种约束、一种惩罚，阻止人们采取某种行为。正激励是指在激励客体和激励目标之间形成一股激励力，使激励客体向激励目标进发。负激励是对激励客体实施诸多约束，仅仅预留指向激励目标给激励客体发展，从而达到向激励目标进发的激励目的。通常的激励方式都是正激励，负激励一般作为约束机制来研究。

对于激励的手段，在现实管理中主要采取三种激励模式：物质激励模式、精神激励模式和感情激励模式。

对供应链管理来讲，物质激励模式可以理解为利润的刺激。要保证代理人企业获得理所应当追求的经济利益，同时又能鼓励他积极工作，就要在物质利益上设立满足代理人经济需求的激励指标。供应链企业拥有社会心理，同样追求挑战性和有意义的工作。更多的订单对于供应链企业来说就是一种挑战。精神激励模式有公开表扬或批评、工作的承认、权力和责任、在同行中获得较高的信誉和在公众中获得较高的声誉等。感情激励模式既不以物资为刺激，也不以精神理想为刺激，而是以企业与企业之间的感情联系为手段，主要有沟通思想式、排忧解难式等。但是对供应链企业的激励不仅如此。例如，一条供应链因为获得比别的供应链更多的信息而被激励。信息既不属于精神，也不属于物资，所以称为信息激励模式。

信息激励模式主要包括以下几种。

1. 价格激励

在供应链环境下，虽然各个企业在战略上是相互合作的关系，但是各个企业的自身利益不能被忽视。供应链的各个企业间的利益分配主要体现在价格上。价格包含供应链利润在所有企业间的分配、供应链优化而产生的额外收益或损失在所有企业间的均衡。供应链优化所产生的额外收益或损失大多数是在相应企业内承担，但是在许多时候并不能辨别相应对象或者相应对象错位，因而必须对额外收益或损失进行均衡，这个均衡通过价格来反映。

价格对企业的激励是显而易见的。高价格能增强企业的积极性，不合理的低价会挫伤企业的积极性。供应链利润的合理分配有利于供应链企业间稳定合作和顺畅运行。

但是，价格激励本身也隐含着一定风险，这就是逆向选择问题。即制造商在挑选供应商时，会过分强调低价格的谈判，他们往往选中了报价较低的企业，而将一些整体水平较好的企业排除在外，会对产品的质量和交货期等造成一定影响。当然，看重眼前的利益是导致这一现象不可忽视的原因，但出现这种差供应商排挤好供应商最为根本的原因是：在签约前对供应商的了解不够，没有意识到报价越低违约的风险越高。因此，使用价格激励机制时要谨慎从事，不可一味强调低价策略。

2. 订单激励

供应链获得更多的订单是一种极大的激励，在供应链内的企业也需要更多的订单激励。一般来说，一个制造商拥有多个供应商。多个供应商竞争来自于制造商的订单，更多的订单对供应商是一种激励。

3. 商誉激励

商誉是企业的无形资产，对企业极其重要。商誉来自供应链内其他企业的评价和在公众中的声誉，它能够反映企业的社会地位。在激烈的市场竞争中，代理人的代理量不仅取决于其收入，还取决于其过去的代理质量与合作水平。长期来看，代理人必须对自己的行为负完全责任。因此，即使没有显性激励合同，代理人也会积极努力工作，因为这样可以改进自己在代理人市场上的声誉，从而提高未来收入。

4. 信息激励

在信息时代，信息对企业意味着生存。企业获得更多的信息意味着拥有更多的机会、更多的资源，从而获得激励。信息对供应链的激励实质属于一种间接的激励模式，但是它的激励作用不可低估。在前面几节的讨论中，曾多次提到在供应链企业群体中利用信息技术建立起信息共享机制，其主要目的之一就是为企业获得信息提供便利。如果能够快捷地获得合作企业的需求信息，本企业能够主动采取措施提供优质服务，必然使合作方的满意度大为提高。这对在合作方建立起信任能够起到非常重要的作用。因此，企业在新的信息不断产生的条件下，始终保持着对了解信息的欲望，也更加关注合作双方的运行状况，不断探求解决新问题的方法，这样就达到了对供应链企业激励的目的。

信息激励机制的提出，也在某种程度上克服了由于信息不对称而使供应链中的企业相互猜忌的弊端，消除了由此带来的风险。

5. 淘汰激励

淘汰激励是负激励的一种。优胜劣汰是世间事物生存的自然法则，供应链管理也不例外。为了使供应链的整体竞争力保持在一个较高的水平，供应链必须建立对成员企业的淘汰机制，同时供应链自身也面临淘汰。淘汰弱者是市场规律之一，保持淘汰对企业或供应链都是一种激励。对于优秀企业或供应链来讲，淘汰弱者使其获得更优秀的业绩；对于业绩较差者，为避免淘汰的危险它更需上进。

淘汰激励是在供应链系统内形成的一种危机激励机制，让所有合作企业都有一种危机感。企业要想在供应链管理体系中获得群体优势的同时自己也获得发展，就必须承担一定的责任和义务，对自己承担的供货任务，从成本、质量、交货期等负有全方位的责任。这一点对防止短期行为给供应链群体带来的风险也起到一定的作用。危机感可以从另一个角度激发企业发展。

6. 新产品、新技术的共同开发

新产品、新技术的共同开发和共同投资可以让供应商全面掌握新产品的开发信息，有利于新技术在供应链企业中的推广和开拓供应商的市场。

在传统的管理模式下，制造商独立进行产品的研究与开发，只将零部件的最后设计结果交由供应商制造。供应商没有机会参与产品的研究与开发过程，只是被动地接受来自制造商的信息。这种合作方式最理想的结果也就是供应商按期、按量、按质交货，不可能使供应商积极主动关心供应链管理。因此，供应链管理实施较好的企业，都将供应商、经销商甚至用户结合到产品的研究开发工作中来，按照团队的工作方式展开全面合作。在这种环境下，合作企业也成为整个产品开发中的一分子，其成败不仅影响制造商，而且会影响供应商及经销商。因此，每个人都会关心产品的开发工作，这就形成了一种激励机制，构成对供应链上企业的激励作用。

7. 组织激励

在一个较好的供应链环境下，企业之间的合作十分愉快，供应链的运作也通畅，少有争执。也就是说，一个良好组织的供应链对供应链及供应链内的企业都是一种激励。

减少供应商的数量，并与主要的供应商和经销商保持长期稳定的合作关系，是制造商采取的组织激励的主要措施。但有些企业对待供应商与经销商的态度忽冷忽热，零部件供过于求时和供不应求时对经销商的态度大不相同，产品供不应求时对经销商态度傲慢，供过于求时往往企图将损失转嫁给经销商，因此不能达到供应商和经销商的信任与合作。产生这种现象的根本原因，还是由于企业管理者的头脑中没有建立与供应商、经销商长期的战略合作意识，管理者追求短期业绩的心理较重。如果不能从组织上保证供应链管理系统的运行环境，供应链的绩效也会受到影响。

本 章 小 结

供应链绩效评价是指围绕供应链的目标，对供应链整体、各环节(尤其是核心企业运营状况及各环节之间的运营关系等)所进行的事前、事中和事后分析评价，即对整个供应链的整体运行绩效、供应链节点企业、供应链上的节点企业之间的合作关系所做出的评价。

现行的企业绩效评价体系和方法并不适应供应链环境下的绩效管理。在供应链管理环境下，重新构建供应链绩效评价系统，遵循一定的原则，构建并选择合适的供应链绩效评价体系，从反映供应链业务流程和节点关系的供应链绩效评价指标体系和反映供应链上、下节点企业之关系的绩效评价指标构建综合评价体系。供应链绩效评价与绩效评价体系密切相关，同时与绩效评价方法相关。绩效评价的方法包括层次分析法、ROF 法、平衡记分卡法、标杆管理法和供应链运作参考模型法等。在供应链绩效评价过程中，要结合不同的供应链结构选择不同的绩效评价方法，以合理、有效地评价供应链绩效。

供应链环节企业众多，为了激励不同的企业在供应链环境下协调运作，需要采用多种方式对供应链节点企业进行激励。供应链激励机制要关注主体与客体、激励目标和激励手段。在供应链激励机制设定时，要综合考虑多种因素，选取合适的激励模式。

复习思考题

一、名词解释

供应链绩效　激励机制　供应链节点企业产需率　满意度　平衡记分卡　SCOR 模型

二、问答题

1. 供应链绩效评价与传统的绩效评价有何不同？
2. 供应链绩效评价由哪些部分组成？
3. 供应链绩效评价有哪些步骤？
4. 供应链绩效评价的原则和方法有哪些？

5. 反映供应链业务流程和节点关系的供应链绩效评价指标体系有哪些?
6. 反映供应链上、下节点企业之间关系的绩效评价指标有哪些?
7. 平衡记分卡包括哪几个纬度?如何实施平衡记分卡管理?
8. 标杆管理在供应链绩效评价中有哪些应用?如何实施标杆管理?
9. 供应链激励机制有哪些特点?
10. 供应链激励机制包括哪些内容?

综合案例 10-1:弗莱克斯特罗尼克斯的供应链管理

电子制造服务(EMS)提供商弗莱克斯特罗尼克斯国际公司两年前便面临着一个既充满机遇又充满挑战的市场环境。弗莱克斯特罗尼克斯公司面临的境遇并不罕见。事实上,许多其他行业的公司都在其供应链中面临着同样的问题。很多岌岌可危的问题存在于供应链的方方面面——采购、制造、分销、物流、设计、融资等。

供应链绩效控制的传统方法

在惠普、3COM、诺基亚等高科技原始设备制造商(OEM)出现外包的趋势下,来自电子制造服务业的订单却在减少,同时,弗莱克斯特罗尼克斯受到来自制造成本和直接材料成本大幅度缩减的压力。供应链绩效控制变得日益重要。

与其他公司一样,弗莱克斯特罗尼克斯首要的业务规则是改善交易流程和数据存储。通过安装交易性应用软件,企业同样能快速减少数据冗余和错误。比如,产品和品质数据能够通过订单获得,并且和库存状况及消费者账单信息保持一致。或者将采购、车间控制、仓库管理和物流等操作流程规范化、流程化。这主要是通过供应链实施软件,例如仓库管理系统等实现的,分销中心能使用这些软件接受、选取和运送订单货物。

控制绩效的两种传统方法是指标项目和平衡记分卡。在指标项目中,功能性组织和工作小组建立和跟踪那些被认为与度量绩效最相关的指标。不幸的是,指标项目这种方法存在很多的局限性。试图克服某些局限性,许多公司采取了平衡积分卡项目。虽然概念上具有强制性,绝大多数平衡积分卡作为静态管理"操作面板"实施,不能驱动行为或绩效的改进。弗莱克斯特罗尼克斯也被供应链绩效控制的缺陷苦苦折磨着。

供应链绩效管理周期

弗莱克斯特罗尼克斯实施供应链绩效管理带给业界很多启示:供应链绩效管理有许多基本原则,可以避免传统方法的缺陷;交叉性功能平衡指标是必要的,但不是充分的。供应链绩效管理应该是一个周期,它包括确定问题、明确根本原因、以正确的行动对问题做出反应、连续确认处于风险中的数据、流程和行动。

弗莱克斯特罗尼克斯公司认为,定义关键绩效指标、异常条件和当环境发生变化时更新这些定义的能力,是任何供应链绩效管理系统令人满意的一大特征。一旦异常情况被确认,使用者需要知道潜在的根本原因,可采取行动的选择路线及这种可选择行为的影响。以正确的行动对异常的绩效做出快速的响应是必要的,但是,一旦响应已经确定,只有无缝地、及时地实施这些响应,公司才能取得绩效的改进。这些响应应该是备有文件证明的、系统根据数据和信息发生及异常绩效的解决不断地更新、调整。响应性行动导致了对异常、企业规则和业务流程的重新定义。因此,周期中连续地确认和更新流程十分必要。

在统计流程控制中,最大的挑战往往是失控情形的根本原因的确认。当确认异常时,需要确认发生这些异常的根本原因。供应链绩效管理应该在适当的位置上支持理解和诊断任务。这允许管理者迅速重新得到相关的数据,相应地合计或者分解数据,按空间或者时间将数据进行分类。

成功的例子

弗莱克斯特罗尼克斯公司的成功,确认了供应链绩效管理作为供应链管理的基础性概念和实践的力量及重要性。

弗莱克斯特罗尼克斯使用了供应链绩效管理的方法,使它能确认邮政汇票的异常情况,了解根本原因和潜在的选择,采取行动更换供应商、缩减过度成本、利用谈判的力量。绩效管理的方法包括实施基于 Web 的软件系统加速供应链绩效管理的周期。弗莱克斯特罗尼克斯在 8 个月的"实施存活期"中节约了几百亿美元,最终在第一年产生了巨大的投资回报。

识别异常绩效,弗莱克斯特罗尼克斯系统根据邮政汇票信息连续比较了合同条款和被认可的卖主名单。如果卖主不是战略性的或者订单价格在合同价格之上,系统就提醒买方。如果邮政汇票价格在合同价格之下,系统就提醒货物管理人员可能的成本解决机会。向近 300 个使用者传递的邮件通告包含详细绩效信息的 Web 链接和异常情况的总结。

弗莱克斯特罗尼克斯的管理人员随后使用系统了解问题和选择方案。他们评价异常情况并且决定是否重新谈判价格,考虑备选资源或者调整基于业务需求的不一致。同样,采购经理分析市场状况,计算费用,然后通过商品和卖主区分成本解决的优先次序。在供应链绩效管理周期开始之前或者周期进行中,弗莱克斯特罗尼克斯确认数据、流程和行动的有效性。当实施它们的绩效系统时,弗莱克斯特罗尼克斯建立指标和界限,并且保证数据的质量和合时性。使用绩效管理系统,弗莱克斯特罗尼克斯已经能通过资本化各种机会节约成本并获得竞争优势。

(资料来源:弗莱克斯特罗尼克斯成功的供应链案例. 中大网校.
http://www.wangxiao.cn/wl/fudao/al/9911238876.html.)

问题:
(1) 供应链绩效管理中,弗莱克斯特罗尼克斯有哪些突破?
(2) 结合案例,谈谈供应链绩效评估和激励的关系。

综合案例 10-2:从两个成功案例看如何进行供应链绩效管理

在统计流程控制中,最具挑战性的任务往往是如何界定那些导致失控的根本原因。在供应链绩效管理中也是这样。当例外情况被分辨出来后,必须分辨出导致这些例外的根本原因是什么。正如在看医生的例子中,诊断是关键,一旦作出正确的诊断,说明治疗的方式将是很简单的事情。供应链绩效管理系统(SCPM)也应该支持这种对任务的理解和诊断。这将允许管理者迅速找回相关数据,正确综合或分解数据,并根据地理和历史因素剖析数据。

另外，与恰当地组织内部人员和组织外部关键人员交流同样重要，信息不再为"专家们"分析和决策所独用，而是分散到组织中恰当的人员，以使他们能够理解问题、评价可选方案，并且采取合适的行动。成功的供应链绩效管理也需要受过大量对口教育的人和绩效管理方法，它还需要创造一个合作性环境，以及将责任分派给合适的人。

下面介绍两个领导型公司如何在超越传统方法的绩效管理方法中获得显著的效益。他们的成功强化了 SCPM 作为基石性的概念和实践力量的重要性。

Flextronics 如何利用 SCPM 提高采购灵活性

利用前一部分描述的 SCPM 方法，Flextronics 公司能够甄别出生产运营的例外情况，理解导致这些例外情况的根本原因和潜在的替代性方法，并采取改变供应商的行动，修正超额成本和调节谈判力量。该方法包括用网络软件实施系统装备 SCPM 循环。Flextronics 公司在 8 个月内节约了几百万美元，最终在第一年就产生了显著的投资回报。这都是供应链绩效管理(SCPM)带来的好处。

为了甄别出绩效例外，Flextronics 公司的系统可以不断比较合同条款内容和已经许可的供应商名单。如果供应商并非是战略性的，或者订货价格高于约定价格，该系统将对采购方提出警告。如果生产运营价格低于约定价格，该系统将提醒管理者这个可能的节约成本的机会。

Flextronics 公司的管理者还利用该系统理解问题和找到可选方案。他们评价例外条件、决定是否重新谈判采购价格、考虑可选方案，或者证明基于业务需要的不一致性是必要的(如及时满足客户订货的需要)。同样，采购经理分析市场条件，综合费用，然后再区分节约成本费用的机会。

然后，系统用户对有高度影响力的问题和机会来采取行动。SCPM 循环之前和之中，Flextronics 公司都会确认数据、流程和行动。当实施绩效系统之时，Flextronics 建立关键指标和必要的门槛高度，还要确保数据质量和时间性要求。在日常使用中，他们还需确认行动的结果，加速整体的例外解决循环。

DaimlerChrysler 公司的 Mopar 零件集团是如何提高供应链周转率的

DaimlerChrysler 公司的 Mopar 零件集团销售额 40 亿美元，在美国和加拿大地区经营汽车零配件的分销。Mopar 有一个极为复杂的供应链，其中包括 3000 个供应商、30 个分销中心和每天来自 4400 个北美经销商的 225 000 份订单。然而，售后零配件销售极难预测，因为它不是直接为生产所驱使，而是由天气、车辆地点、车辆磨损和破坏，以及顾客对经销商促销的反应等不可预测因素所决定。顾客不愿意为替换零件而花费等待的时间，因此零售商不得不寻求可替代的零配件资源以避免顾客不满和失去市场份额。为了保证经销商不使用非 OEM 零件，汽车公司一般都因订货管理、库存平衡、供应奖励收费等导致高昂的补货成本。Mopar 零件公司就面临着这样一个困境。

DaimlerChrysler 公司意识到他们未来的竞争力在于甄别、理解、采取解决行动并防止昂贵的服务供应链问题的能力，因此，他们开始投入到 SCPM 系统的实施中。

Mopar 的 SCPM 系统通过监测未来需求、库存和与预先确定的目标相关的供应链绩效关键指标来甄别出绩效例外。然后，用户利用该系统探究问题，找到个别的或相互关联的可选方案。导致问题的潜在根本原因包括非季节性天气、竞争性促销、对预测模型的不准备假设。理解问题和可选方案后，系统用户即可采取行动解决问题。Mopar 集团通过削减安全库存和不必要的"过期"运输每年可节约数百万美元的成本。仅仅在第一年，DaimlerChrysler 公司就将他们的决策周期从几个月缩短到几天，同时减少了超额运输成本，将补货率增加了一个百分点，还节约了 1500 万美元存货。看来，DaimlerChrysler 从 SCPM 中获得了竞争力的巨大提升。

怎样开始管理供应链绩效

可以从以下三个方面达成持续的、可接受的供应链提升。

第一，鼓励绩效驱动的组织，如 GE、Flextronics 和 DaimlerChrysler；提升 SCPM 绩效的第二和第三个方面是迅速、全面实施一个健全、可升级的系统。如果组织不是绩效驱动，并且没有变得更具"适应性"的目标，技术上的投资只会带来一点点好处。

因此，一个快速的、可接受的实施非常重要。这可使组织瞄准提升领域和快速达到结果。公司期望通过大量、长期的项目实现快速变革无异于一场噩梦。通过实施一个强有力的、集中的业务计划，成功的公司经常更早地获得整个投资的收益。实际上，在实施变革计划后的 10 天内，Mopar 就在可避免的订单库存方面节约了数百万美元。

第二，快速、全面的实施允许组织从早期成功中不断学习进步。例如，Flextronics 已经利用早期成功经验建立后面的项目，以此扩展了其绩效管理系统的范围。

第三，健全和可升级的绩效管理系统是一个改进的平台。它必须基于例外管理，并允许用户预防问题、解决问题、获取知识和保持改进。该系统必须能够处理增长的用户数和信息量。当它必须变得更加个性化和易于使用的同时，它还必须确保高度的安全性和隐秘性。

从供应链绩效管理到企业管理

SCPM 今天被用于领导性组织以管理内外部供应链绩效，比如供应网络。超越这些供应链，当这种方法被应用于一个企业的其他功能性领域，如产品开发、产品生命周期管理、财务管理、售后服务支持、销售和市场、客户关系管理，甚至战略规划，它的潜在价值将是惊人的。

在某种程度上，SCPM 向企业管理的演进也伴随着类似的质量运动的演进。Deming 是第一个支持质量控制的必要性和重要性的人，但他更认为同样狂热地提高质量的方式也可以应用到一般管理。他用著名的 14 条管理规则概括了这一思想。当 Motorola 创作出著名的 6Sigma 质量改进程序后，GE 采用了这一方法作为公司管理哲学的普遍原则。与 6Sigma 一样，SCPM 通过严格的、反复的方法提高顾客满意度和财务绩效。同样，SCPM 循环不仅用于供应链，还用于扩展的供应链及企业管理的所有方面。最终，通过管理跨越企业边界的无数流程的绩效，公司将赢得企业绩效管理(EPM)的愿景。

现在就开始行动——你不能再等

在一个需要更多反馈和集中于底线的商业环境中，供应链绩效管理对提高竞争优势和全面的业务改进是至关重要的。SCPM 使公司能够甄别出绩效例外，理解问题和可选方案，对具有高度影响力的问题和机会采取行动，并不断确认与目标和结果相关的行动的正确性。

通过采用这样一个系统，公司已经提高了反馈率和客户服务能力、削减库存和采购成本、提高了生产和分销资产的利用率。这些好处是引人注目的，这条通往成功的道路得到肯定。现在正是开始供应链绩效管理行动的时候。

(资料来源：从两个成功案例看如何进行供应链绩效管理. 畅享网. http://www.vsharing.com/k/SCM/2003-12/A472410.html.)

问题：
(1)达成持续的、可接受的供应链提升的关键是什么？
(2)结合案例，探讨供应链绩效管理的重要性和常用方法。

参 考 文 献

[1] 马士华，林勇，陈志祥. 供应链管理[M]. 北京：机械工业出版社，2000.
[2] 邱灿华，蔡三发，栗山. 运作管理[M]. 上海：同济大学出版社，2004.
[3] Roger G. Schroeder. 运营管理新概念与案例[M]. 张耀平，杨玲莉，等译. 北京：清华大学出版社，2003.
[4] Derek L Waller. 运营管理——一种供应链方法[M]. 丁立言，译. 北京：清华大学出版社，2003.
[5] 王道平，侯美玲. 供应链库存管理与控制[M]. 北京：北京大学出版社，2011.
[6] 杨思远. 供应链管理[M]. 北京：冶金工业出版社，2008.
[7] 刘振华. 供应链管理[M]. 天津：南开大学出版社，2010.
[8] 吴登丰. 供应链管理[M]. 北京：电子工业出版社，2007.
[9] 马士华，林勇. 供应链管理[M]. 北京：高等教育出版社，2003.
[10] 王昭凤. 供应链管理[M]. 北京：电子工业出版社，2008.
[11] 万志坚. 供应链管理[M]. 北京：高等教育出版社，2007.
[12] 约翰·加托纳. 供应链管理手册[M]. 王海军，马士华，张翔译. 北京：电子工业出版社，2005.
[13] 森尼尔·乔普瑞，彼得·梅因德尔著. 供应链管理——战略、规划与运营[M]. 北京：社会科学文献出版社，2003.
[14] 大卫·辛奇等. 供应链设计与管理：概念、战略与案例研究[M]. 季建华，等译. 上海：上海远东出版社，2000.
[15] 霍佳震. 物流与供应链管理[M]. 北京：高等教育出版社，2006.
[16] 陈兵兵. SCM 供应链管理——策略、技术与实务[M]. 北京：电子工业出版社，2004.
[17] 王爱晶. 供应链管理[M]. 广州：广东高等教育出版社，2008.
[18] 姜方桃. 供应链管理实务[M]. 武汉：武汉理工大学出版社，2007.
[19] 万强，范珍. 供应链管理实务[M]. 北京：中国传媒大学出版社，2011.
[20] 杨国荣. 供应链管理[M]. 北京：北京理工大学出版社，2010.
[21] 郝晓燕，苏龙. 物流成本管理[M]. 大连：大连理工大学出版社，2009.
[22] 孙颖荪. 供应链管理[M]. 中国科学技术大学出版社，2010.
[23] 胡建波. 供应链管理[M]. 2 版. 西南财经大学出版社，2009.
[24] 安德鲁·伯杰，约翰·加托纳. 网际时代的供应链管理[M]. 马士华，游知，译. 北京：电子工业出版社，2002.
[25] 刘永胜. 供应链管理中协调问题研究[C]. 天津大学博士学位论文，2003.
[26] 查敦林. 供应链绩效评价系统研究[C]. 南京航空航天大学博士学位论文，2003.
[27] 曲盛恩. 供应链绩效评价的系统研究[C]. 哈尔滨工程大学博士学位论文，2006.
[28] 苏涛永. 供应链战略成本管理体系研究[C]. 同济大学博士学位论文，2007.
[29] 洪艳. 基于供应链的绩效评价系统及指标体系研究[C]. 哈尔滨工程大学硕士学位论文，2006.
[30] 耿庆科. 供应链管理系统协调研究[C]. 暨南大学硕士学位论文，2006.
[31] 达庆利，张钦，沈厚才. 供应链中牛鞭效应问题研究[J]. 管理科学学报，2003，6(3).

[32] 徐学军,花雪兰. 供应链设计的匹配策略[J]. 科技进步与对策,2005(1).
[33] 胡泳. 平衡记分卡[J]. 商务周刊,2005(5).
[34] 张泳. 供应链战略管理现状及对策研究[J]. 商业研究,2006(2).
[35] 秦华,王志波. 基于SCOR模型和平衡记分法的供应链绩效评价体系研究[J]. 资源与产业,2006(8).
[36] 王晶. 作业成本法的理论及应用研究[J]. 商情,2008(2).